CB069247

E DEIXOU DE SER COLÔNIA
UMA HISTÓRIA DA INDEPENDÊNCIA DO BRASIL

E DEIXOU DE SER COLÔNIA
UMA HISTÓRIA DA INDEPENDÊNCIA DO BRASIL

Organização
JOÃO PAULO PIMENTA

70

E DEIXOU DE SER COLÔNIA
UMA HISTÓRIA DA INDEPENDÊNCIA DO BRASIL

© Almedina, 2022

Organização: João Paulo Pimenta

Diretor da Almedina Brasil: Rodrigo Mentz
Editor de Ciências Sociais e Humanas e Literatura: Marco Pace
Assistentes Editoriais: Isabela Leite e Larissa Nogueira
Estagiária de Produção: Laura Roberti
Revisão: Luciana Boni

Edição Original Espanhola: *Y dejó de ser colonia: una historia de la independencia de Brasil*. Madrid: Sílex Ediciones, 2021, tradução Marisa Montrucchio.

Diagramação: Almedina
Design de Capa: Roberta Bassanetto
Imagem de Capa: Mauro Restiffe, São Paulo – Ipiranga # 1, 2014

ISBN: 9788562938870
Agosto, 2022

Dados Internacionais de Catalogação na Publicação (CIP)
(Câmara Brasileira do Livro, SP, Brasil)

E deixou de ser colônia : uma história da independência do Brasil
organização João Paulo Pimenta. São Paulo, SP
Edições 70, 2022.

Bibliografia.
ISBN 978-85-62938-87-0

1. Brasil – História 2. Brasil – História – Independência I.
Pimenta, João Paulo.

22-111637   CDD-981

Índices para catálogo sistemático:

1. Brasil : Independência : História 981

Eliete Marques da Silva – Bibliotecária – CRB-8/9380

Este livro segue as regras do novo Acordo Ortográfico da Língua Portuguesa (1990).

Todos os direitos reservados. Nenhuma parte deste livro, protegido por copyright, pode ser reproduzida, armazenada ou transmitida de alguma forma ou por algum meio, seja eletrônico ou mecânico, inclusive fotocópia, gravação ou qualquer sistema de armazenagem de informações, sem a permissão expressa e por escrito da editora.

Editora: Almedina Brasil
Rua José Maria Lisboa, 860, Conj. 131 e 132, Jardim Paulista | 01423-001 São Paulo | Brasil
www.almedina.com.br

*Este livro é dedicado a István Jancsó (1938-2010),
historiador da independência.*

SOBRE O ORGANIZADOR

JOÃO PAULO PIMENTA é doutor em História e professor do Departamento de História da USP desde 2004. Foi professor visitante do Colegio de México, da Universidad Andina Simón Bolívar-Equador, da PUC-Chile, da Universitat Jaume I-Espanha, e da Universidad de la República-Uruguai. Especialista na história do Brasil e da América dos séculos XVIII e XIX, nos processos de independência e construção dos Estados nacionais americanos, na história do tempo histórico e na questão nacional. Pesquisador do Projeto Iberconceptos-3 e do LabMundi-USP. Autor de trabalhos acadêmicos e de divulgação histórica, incluindo oito livros editados em seis países, como *Estado e nação no fim dos impérios ibéricos no Prata* (2002), *A independência do Brasil e a experiência hispano-americana* (2015), e *Tempos e espaços das independências* (2017). Suas obras mais recentes são: *O Livro do Tempo: uma história social* (2021) e *Independência do Brasil* (2022).

SOBRE OS AUTORES

ALAIN EL YOUSSEF é bacharel (2007), mestre (2011) e doutor (2019) em História Social pela Universidade de São Paulo. Especialista em política, diplomacia, tráfico negreiro, escravidão e abolição no Império do Brasil. Membro do Laboratório de Estudos sobre o Brasil e o Sistema Mundial (Lab-Mundi/USP) e coordenador do grupo de investigação "Capital, Estado e Trabalho: a crise da escravidão negra no longo século XIX". Também é pesquisador do Bonn Center for Dependency and Slavery Studies, da Universität Bonn (Alemanha). Autor do livro *Imprensa e escravidão: política e tráfico negreiro no Império do Brasil. Rio de Janeiro, 1822-1850* (2016). Atualmente realiza estudos de pós-doutorado na Universidade de São Paulo voltados à elaboração de um livro sobre o processo abolicionista brasileiro em perspectiva global.

ANA ROSA CLOCLET DA SILVA é doutora em História pela Universidade Estadual de Campinas (2000), com pós-doutorado pela Universidade de São Paulo (2007). Professora e pesquisadora da Pontifícia Universidade Católica de Campinas, vinculada à Faculdade de História e ao Programa de Pós-graduação em Ciências da Religião, dedica-se à História das Religiões. Faz parte do *Proyecto de Historia Conceptual Iberoamericana – Iberoconceptos*, no qual estuda trajetórias semânticas na imprensa católica do Brasil no século XIX. É autora dos livros:

Inventando a nação. Intelectuais ilustrados e estadistas luso-brasileiros na crise do Antigo Regime português: 1750-1822 (2006); e *Construção da nação e escravidão no pensamento de José Bonifácio: 1783-1823* (1999). Em colaboração com Roberto Di Stefano, organizou as obras coletivas: *História das Religiões em perspectiva: desafios conceituais, diálogos interdisciplinares e questões metodológicas* (2018), e *Catolicismos en perspectiva histórica: Argentina y Brasil en diálogo* (2020).

ANDRÉA SLEMIAN é formada em História pela Universidade de São Paulo; mestra (2000) e doutora (2006) pela mesma instituição. Desde 2010 é professora do quadro permanente da Universidade Federal de São Paulo. Desenvolveu investigações na Universidade Nova de Lisboa, Portugal, e na Università di Roma "La Sapienza", Italia. Foi professora visitante na Universitat Jaume I, Espanha; no Instituto Tecnológico Autónomo de México, ITAM; na Université Jean Jaurés, Toulouse; na University of Texas, Estados Unidos; na Universidad del País Vasco, Bilbao; e na Universidade Federal do Espírito Santo, Brasil. Especialista em História de Brasil entre os séculos XVIII e XIX, com ênfase nas reformas ilustradas, independência e formação do Estado nacional. Atualmente seus temas principais de pesquisa incidem sobre a história da justiça e suas instituições, com crescente interesse por uma história integrada ibero-americana. Pesquisadora de Produtividade em Pesquisa (nível 2) pelo CNPq.

CECÍLIA HELENA L. DE SALLES OLIVEIRA é doutora em História Social pela Universidade de São Paulo. Foi diretora do Museu Paulista da USP (2008-2012). É professora dos programas de pós-graduação em História Social e em Museologia da mesma universidade. Especialista no processo de independência do Brasil, em especial seus fundamentos políticos e sociais e as relações entre política, memória e as histórias nacionais criadas nos séculos XIX e XX. Investiga também o papel dos museus de história na construção dos estados nacionais e na elaboração da história. Autora, dentre outras obras, de *A astúcia liberal: relações de mercado e projetos políticos no Rio de*

Janeiro, 1820/1824 (2ª edição, 2020) e "Independence and revolution: themes of politics, history and visual culture" (Revista *Almanack*, 2020).

EDUARDO SILVA RAMOS é graduado em Ciências Econômicas pela Universidade Federal de São Paulo, graduado e mestre em História pela Universidade de São Paulo, e atualmente realiza doutorado em História Econômica pela mesma instituição. Pesquisador da Cátedra Jaime Cortesão da Faculdade de Filosofia, Letras e Ciências Humanas e da Cátedra José Bonifácio do Instituto de Relações Internacionais, ambas da Universidade de São Paulo. Seus estudos se concentram no sistema econômico-fiscal e seu impacto em diferentes setores da sociedade imperial brasileira ao longo do século XIX.

FERNANDA SPOSITO é graduada (2002), mestra (2006) e doutora (2013) pela Universidade de São Paulo. Atua como professora do Departamento de História da Universidade Federal de Paraná. Foi pesquisadora visitante na Brown University, Estados Unidos, entre 2019 y 2020, processo que fez parte de seu estágio pós-doutoral em História pela Universidade Federal de São Paulo (2020). Especialista em América colonial, especialmente povos indígenas, políticas coloniais, jesuítas, bandeirantes, São Paulo colonial, Paraguai e Rio da Prata. Também se dedica à história do Brasil Imperial, estudando os indígenas no contexto de formação do Estado nacional e sua situação na província de São Paulo. Mais recentemente tem se dedicado ao estudo de políticas indigenistas e sua articulação com redes ibéricas de poder nas Américas do período moderno.

JULIANA GESUELLI MEIRELLES é graduada em Comunicação Social pela Pontifícia Universidade Católica de Campinas; graduada e mestra em História, e doutora em História Política pela Universidade Estadual de Campinas. Desde 2014 é professora das Faculdades de História e Biblioteconomia da Pontifícia Universidade Católica de Campinas. Atualmente desenvolve investigação de pós-doutorado em história social da cultura escrita pela Universidade de São Paulo. Também é pesquisadora colaboradora do Centro de Memória da Universidade Estadual de Campinas. Entre suas publicações se destacam os livros: *Política e cultura no governo de D. João VI* (2017), *A família real no Brasil* (2015) e *Imprensa e poder na corte joanina* (2008). Estuda a história da América portuguesa, principalmente os seguintes temas: imprensa, história social da cultura escrita no mundo ibérico, espaços de sociabilidade (teatros, bibliotecas, academias científicas), independência de Brasil, e cultura e política na Idade Moderna, particularmente no século XVIII e começos do XIX. Em 2007 sua dissertação de mestrado recebeu o prêmio luso-brasileiro D. João VI de Pesquisa, da COLUSO. Desde 2020 vem se dedicando à produção e divulgação do conhecimento científico nas redes sociais.

MARCELO CHECHE GALVES é professor da Universidade Estadual do Maranhão. Doutor em História pela Universidade Federal Fluminense, com estágio pós-doutoral na Universidade Nova de Lisboa. Pesquisa na área de História do Brasil no século XIX, com ênfase em estudos sobre imprensa e circulação de ideias políticas. Coordena o Núcleo de Estudos do Maranhão Oitocentista (NEMO), e integra a Rede Proprietas (INCT Proprietas), coordenado por Márcia Maria Menendes Motta (Universidade Federal Fluminense) e o Projeto PRONEX – Caminhos da Política no Império do Brasil, coordenado por Lúcia Maria Bastos Pereira das Neves (Universidade do Estado do Rio de Janeiro). Bolsista de Produtividade em Pesquisa do CNPq – Nível 2.

MARISA SAENZ LEME é professora do Departamento de História da Faculdade de Ciências Humanas e Sociais da Universidade Estadual Paulista, em Franca. Responsável, na graduação, pela disciplina "História do Império do Brasil" e, na pós-graduação, pelo curso "Nação, reforma e revolução nas independências americanas". Focadas nos períodos da Independência e do Primeiro Reinado, suas publicações versam sobre os projetos estatais apresentados à

Assembleia Constituinte de 1823 por parte dos líderes das distintas correntes políticas da época, bem como sobre os mecanismos institucionais de governo provincial desenvolvidos durante a primeira organização do Estado brasileiro. Por meio desses temas, problematiza a caracterização conceitual do Estado formado no Brasil. Sua tese de livre-docência (2020) se intitula: *Monopólios fiscais e da violência nos projetos de Estado no Brasil independente: um contraponto entre imprensa 'liberal-radical' e 'liberal-moderada'*.

NOTA DO ORGANIZADOR

Esta obra foi editada originalmente em língua espanhola, como parte da coleção Sílex Ultramar (Madri, 2021). No efervescente contexto do bicentenário da Independência do Brasil, quando um número incomum de pessoas têm buscado no passado respostas para suas inquietações no presente, sua edição em português foi considerada pertinente pelas Edições 70, que tomou a si a tarefa de fazê-la no Brasil e em Portugal. Seus autores são todos especialistas na matéria, e aqui oferecem sínteses interpretativas gerais ao mesmo tempo que análises aprofundadas de aspectos centrais de um processo histórico da maior importância para a história do mundo do século XIX, mas que nem sempre é de domínio do público leitor ávido por história. Foi pensando nesse público, que pode incluir desde estudantes universitários e historiadores profissionais até leitores cultos não especialistas, que este livro foi planejado e executado. Pontuais passagens do texto original foram revistas e eventualmente retificadas, e a esta edição foi acrescentado um pequeno caderno de imagens, nenhuma das quais deve ser tomada como uma descrição fiel e direta de quaisquer aspectos do processo histórico aqui tratado: todas são, estritamente, representações, e sua inclusão tem a intenção de apenas sensibilizar e aguçar o pensamento e a imaginação histórica do leitor. Cada um de seus capítulos possui certa autonomia, e pode ser utilizado como peça de leitura e consulta autossuficiente; mas todos convergem quanto aos objetivos gerais da obra, e aos serviços que ela quer prestar: explicar o passado em seus próprios termos, do que sem dúvida pode-se extrair muitos ensinamentos no presente. E se ela conseguir prestar tais serviços, terá sido graças ao interesse e empenho editorial de Manuel Chust e Ramiro Domínguez, da parte espanhola, e de Marco Pace, da parte luso-brasileira, a quem agradecemos enfaticamente.

SUMÁRIO

INTRODUÇÃO – ESPAÇOS, DIMENSÕES E TEMPOS
DA INDEPENDÊNCIA DO BRASIL
João Paulo Pimenta 23
    Espaços 24
    Dimensões 28
    Tempos 36

CAPÍTULO 1 – O BRASIL E A CRISE DO ANTIGO REGIME,
1750-1808
Ana Rosa Cloclet da Silva 41
    O Brasil nas reformas pombalinas: "experiências"
        e "prognósticos" 47
    O Brasil como "possessão inavaliável" 64
    O Brasil como o "grande recurso" na "grande tempestade" 71

CAPÍTULO 2 – A CORTE NO BRASIL E O GOVERNO
DE D. JOÃO VI, 1808-1820
Juliana Gesuelli Meirelles 85
    A guerra peninsular vivida pela margem americana
        do Império Português: os primeiros anos da corte
        portuguesa no Rio de Janeiro (1808-1815) 85

Da elevação do Brasil a reino aos ecos da Revolução
do Porto: o auge da crise do antigo regime português. . 115

CAPÍTULO 3 – A INDEPENDÊNCIA DO BRASIL:
CONSTITUCIONALISMO E DIREITOS, 1820-1824
Andréa Slemian 135
   No Reino de Portugal 139
   A revolução chega ao Rio de Janeiro: Independência
      e instalação da Constituinte...................... 145
   A Constituição do Império do Brasil................. 158
   Considerações finais................................ 163

CAPÍTULO 4 – O IMPÉRIO DO BRASIL E O PRIMEIRO
REINADO, 1822-1831
Marisa Saenz Leme..................................... 167
   Como datar a Independência?....................... 167
   Entre a constitucionalidade, a guerra e a repressão 168
   Debates constitucionais e legislação 178
   A Constituição outorgada 183
   Os anos autoritários................................ 187
   A reabertura parlamentar e o progressivo embate
      com o Executivo................................ 191
   O enfrentamento financeiro, a constitucionalidade
      dos impostos e dos recrutamentos................. 201
   A elaboração legislativa 209
   À guisa de um balanço: o Primeiro Reinado e a instituição
      do Estado liberal 214

CAPÍTULO 5 – POVOS INDÍGENAS NA INDEPENDÊNCIA
Fernanda Sposito 217
   Enquadrando os indígenas em telas e terras............ 217
   Os indígenas e o Brasil: entre os mitos de origem e as leis. . 228
   A independência em termos indígenas 237
   Também era uma questão de trabalho 242

SUMÁRIO

CAPÍTULO 6 – ESCRAVIDÃO E TRÁFICO NEGREIRO
NA INDEPENDÊNCIA
Alain El Youssef.. 251
    A transferência da corte portuguesa e a questão do tráfico
        transatlântico de africanos........................ 253
    Independência, tráfico negreiro e escravidão............ 269
    Conclusão.. 289

CAPÍTULO 7 – IMPRENSA E CULTURA POLÍTICA
NA INDEPENDÊNCIA
Marcelo Cheche Galves.................................. 293
    Os impressos luso-americanos........................ 299
    Cultura política no mundo luso-brasileiro............... 311
    Por fim: dois marcos temporais, uma articulação......... 326

CAPÍTULO 8 – A ECONOMIA E A POLÍTICA ECONÔMICA
NA ÉPOCA DA INDEPENDÊNCIA
Eduardo Silva Ramos................................... 329
    Os momentos decisivos da Independência do Brasil:
        organização econômica e financiamento do Estado.... 339
    A consolidação da Independência na década de 1830
        e as reformas econômicas........................ 358
    Considerações finais................................ 368

CAPÍTULO 9 – HISTORIOGRAFIA E MEMÓRIA
DA INDEPENDÊNCIA
Cecília Helena L. de Salles Oliveira....................... 371
    Os cem anos da Independência e o entrelaçamento entre
        memória do Império e história da República......... 393
    Reelaborações sobre a Independência: da revolução
        à transição conservadora........................ 399
    Perspectivas contemporâneas e ampliação dos campos
        de investigação................................ 408

CADERNO DE IMAGENS................................ 415

INTRODUÇÃO

ESPAÇOS, DIMENSÕES E TEMPOS DA INDEPENDÊNCIA DO BRASIL

João Paulo Pimenta

Em 12 de agosto de 1822, Felisberto Caldeira Brant Pontes recebeu de seu superior, José Bonifácio de Andrada e Silva, instruções para uma importante missão em Londres: Pontes deveria tentar obter, do gabinete britânico, o reconhecimento formal do governo português do Brasil, então a cargo do príncipe Pedro de Bragança. O pai de Pedro, o rei João VI, já tinha retornado a Portugal há mais de um ano, e estava submetido ao poder das Cortes legislativas e constituintes reunidas em Lisboa; e no Brasil o descontentamento com as Cortes crescia na mesma proporção em que aumentava o prestígio político do príncipe. Nas instruções a Brant, José Bonifácio argumentava que "se os Governos Independentes das ex-Províncias Americanas Espanholas têm sido por tais reconhecidas", naturalmente "com maior justiça deve ser considerado o Brasil, que há muito tempo deixou de ser Colônia, e foi elevado à categoria de Reino pelo seu legítimo Monarca, e como tal foi reconhecido pelas Altas Potências da Europa"[1].

De fato, desde dezembro de 1815 o Brasil era parte do Reino Unido de Portugal, Brasil e Algarves, devidamente reconhecido pelas principais monarquias europeias. Mas isso jamais tinha implicado uma separação de reinos; pelo contrário, o Reino Unido português

---

[1] "Instruções de José Bonifácio a Brant, Rio, 12/08/1822", *Arquivo Diplomático da Independência*, I, Rio de Janeiro: Ministério das Relações Exteriores, 1972, p. 9.

integrava, e não separava suas partes, e era para isso que ele tinha sido criado. Agora, quase sete anos depois, esse Reino Unido tinha dois governos discrepantes e em conflito. O que tinha acontecido para que uma medida em prol da unidade política se convertesse em argumento a favor da ruptura? O Brasil "deixou de ser colônia" de Portugal, mas para se tornar exatamente o quê?

As palavras de José Bonifácio indicam bem a natureza de um processo de grande importância na história das Américas e de todo o mundo: a separação entre Brasil e Portugal, e que resultou na criação de um Estado, de uma nação e de uma identidade nacional brasileiros até então inexistentes. De muitas maneiras, o Brasil tal qual o conhecemos hoje começou a ser criado em meio a esse processo. Mas isso não ocorreu de repente, tampouco de uma única maneira ou em um único lugar. Por alguns anos, o Brasil já não era mais colônia, mas sem ter ainda se tornado o Império que ele logo seria. Essa é a história tratada neste livro: uma história de diferentes espaços, dimensões e tempos que por vezes divergem, por vezes convergem, e que em meio a muitas possibilidades interpretativas pode ser enquadrada em algumas linhas gerais.

Espaços

Entre os séculos XVI e XVIII, o Brasil foi uma somatória pouco ou nada articulada de diferentes espaços coloniais, todos eles submetidos em menor ou maior grau ao poder metropolitano português. Esse poder jamais foi exclusivo ou total, apenas majoritário, e organizava uma enormidade de poderes menores diversificados que atuavam em nome do rei. A arquitetura resultante das relações entre tais poderes sempre foi dinâmica, historicamente construída por estruturas, conjunturas, interesses, conflitos e possibilidades históricas das mais variadas. A partir do século XVIII, com o desenvolvimento da exploração aurífera em regiões interioranas dessa fragmentada América portuguesa, ensaiou-se uma integração territorial, com novos

INTRODUÇÃO

fluxos comerciais internos ao continente (conectados com os fluxos da economia exportadora e com o tráfico de escravos africanos), o adensamento da malha urbana, e um significativo aumento populacional. A unidade máxima, porém, continuava a se fazer na Europa, principalmente em Lisboa; e o Brasil colonial, por vezes administrativamente dividido em dois Estados diferentes e em muitas outras jurisdições legais e eclesiásticas, jamais conheceu uma sociedade completamente própria, uma identidade política geral, ou um poder soberano que se sobrepusesse ao português. A Independência, ocorrida em começos do século XIX, não foi, em nenhum momento e de nenhuma forma, uma luta de teor nacionalista, pela liberdade de uma colônia contra a exploração de uma metrópole, tampouco o resultado de conflitos longamente maturados entre brasileiros e portugueses que, como conceitos contrapostos de nacionalidade, simplesmente não existiam.

Uma vez que foram sendo criadas, em finais do século XVIII, mas principalmente a partir de 1807, as condições para a quebra da unidade desse Império Português que envolvia o Brasil e sua grande diversidade interna, a Independência foi ganhando forma em meio a uma grande dinâmica de espaços. Desde 1808 a sede da Corte passou a ser o Rio de Janeiro, e foi nessa cidade e em torno dela que, principalmente a partir de 1821, a Independência implicou um projeto de Império do Brasil que se tornaria vencedor. No entanto, esse processo jamais se limitou ao Rio de Janeiro e às províncias (antigamente chamadas de "capitanias") mais diretamente ligadas a ela em termos econômicos, políticos e geográficos, como Minas Gerais, São Paulo e o Rio Grande de São Pedro (hoje Rio Grande do Sul). A transformação do Rio de Janeiro em sede do Império Português sempre contou com apoios e rejeições em todas as partes. Isso explica por que, a partir de 1822, a Independência foi frontalmente contestada em províncias como Pará, Maranhão, Piauí, Ceará, Bahia e Cisplatina (a antiga Banda Oriental hispânica), onde o choque entre partidários das Cortes de Lisboa, partidários do novo Império do Brasil, e muitos outros grupos políticos movidos por interesses dos mais variados, levou às Guerras de Independência. Em Pernambuco, Paraíba, Alagoas, Rio Grande do

Norte e Ceará, projetos políticos republicanos também contribuíram para a diversificação espacial de um processo conflitivo e violento[2].

Na configuração das dinâmicas espaciais desse processo, as territorialidades coloniais tiveram um peso considerável. Pernambuco e Bahia, que desde o século XVI eram os dois centros mais antigos de povoamento regular e de produção agroexportadora da América portuguesa, jamais se submeteram por completo à emergência econômica e política do Rio de Janeiro, ocorrida no século XVII, aprofundada no século seguinte e finalmente coroada – literalmente – com a presença da Corte em 1808. O Maranhão, outra zona de colonização pujante desde o século XVII, também não. E nem o Pará, que se constituía em uma espécie de "porta de entrada" do mundo atlântico para a vasta região amazônica portuguesa. O Pará, sua vizinha capitania do Rio Negro (hoje Amazonas), o Maranhão, o Mato Grosso e partes de Goiás estavam mais próximas entre si do que de regiões do sul do Brasil; Pará e Maranhão, inclusive, se comunicavam mais facilmente com Lisboa do que com o Rio de Janeiro[3]. E essas dinâmicas territoriais se multiplicavam por toda parte: Pernambuco articulava regiões do atual nordeste; Rio de Janeiro e sul de Minas Gerais (a partir do século XVIII) se conectavam com o Espírito Santo e São Paulo, e daí com os confins sulinos limítrofes com a América espanhola; e a Bahia se estendia pelo Vale do Rio São Francisco ligando-se com outras regiões do interior do continente sobretudo por meio da pecuária. Por toda parte, populações indígenas com variáveis graus de nomadismo e sedentarismo tensionavam os territórios coloniais portugueses.

Essa complexa arquitetura espacial se completava com as conexões externas da América portuguesa: com o litoral da África ocidental, por meio do tráfico de escravos (a partir do século XVIII também

---

[2] Denis Bernardes, *O patriotismo constitucional: Pernambuco, 1820-1822*. São Paulo: Hucitec, 2006; Hélio Franchini Neto, *Independência e morte: política e guerra na emancipação do Brasil, 1821-1823*. Rio de Janeiro: Topbooks, 2019.

[3] André Roberto Machado, *A quebra da mola real das sociedades: a crise política do Antigo Regime português na província do Grão Pará (1821-1825)*. São Paulo: Hucitec, 2010.

desenvolvido no litoral oriental); com o Rio da Prata e sua embocadura; com as vastas regiões de fronteira entre Portugal e Espanha no interior da América, umas mais intensas do que outras; e, claro, com a Europa e as articulações políticas, econômicas e geográficas que cruzavam o Oceano Atlântico e inseriam as regiões do Brasil em um sistema mundial em expansão. Nos primeiros anos do século XIX, inclusive, a abertura dos portos do Brasil ao comércio internacional aumentaria, direta ou indiretamente, as conexões da América com outras partes do mundo, como os países germânicos, a Escandinávia, a Rússia, a Índia e a China.

A história da Independência do Brasil é, assim, a história desses muitos espaços, e jamais pode ser reduzida a um ou apenas alguns deles. A historiografia, porém, tem suas preferências. Os meandros do reconhecimento do Império do Brasil por Portugal e Grã-Bretanha em 1825, por exemplo, são melhor conhecidos do que suas implicações para o Rio da Prata ou Angola; os impactos da Revolução do Porto de 1820 são mais estudados para o Rio de Janeiro ou Minas Gerais que para Goa; e a Revolução Pernambucana de 1817, que também foi conhecida e debatida na América espanhola e nos Estados Unidos, quase sempre é estudada dentro dos limites estritos do Brasil. As lutas políticas ocorridas no Rio de Janeiro, em São Paulo ou na Bahia mereceram muito mais atenção do que – a despeito de meritórios e pioneiros estudos[4] – as do Rio Negro, Mato Grosso ou Goiás.

Na análise histórica, é claro, delimitações são necessárias, mas não devem implicar miopia de observação. A Independência do Brasil não apenas ocorreu *em muitos lugares diferentes*, mas também sofrendo

---

[4] Adilson Ishihara Brito, *Insubordinados sertões: o Império português entre guerras e a fronteira no norte da América do Sul – Estado do Grão-Pará, 1750-1820*. São Paulo: FFLCH-USP, 2016 (tese); Martha Victor Vieira, *Disputas políticas e jurisdicionais na província de Goiás: a contribuição da elite dirigente goiana para a construção da ordem no Brasil central (1821-1840)*. Rio de Janeiro: UFRJ-IFCS, 2011 (tese); André Nicacio Lima, *Rusga: participação política, debate público e mobilizações armadas na periferia do Império (província de Mato Grosso, 1821--1834)*. São Paulo: FFLCH-USP, 2016 (tese).

parciais determinações *advindas de outros lugares*. Neste ponto, o que ocorreu em Portugal, Grã-Bretanha, França, Espanha, Buenos Aires e Montevidéu sem dúvida foi mais importante para a Independência do que o que ocorreu em Quito, Moçambique, Império Otomano ou Macau[5]. Com necessárias ênfases próprias a cada estudo, porém, todos esses espaços, sem exceção, fazem parte de uma mesma história.

Dimensões

A dinâmica espacial da Independência do Brasil nos convida à observação de suas *dimensões*, isto é, daqueles quadrantes específicos da realidade social nos quais se verificam e adquirem inteligibilidade os elementos mais importantes do processo histórico; e também onde se alocam os principais fatores que condicionaram esse mesmo processo, oferecendo-lhe as condições de possibilidade para a sua realização. Em que quadrantes da realidade a Independência ocorreu?

As dimensões *políticas* são, sem dúvida, as mais centrais. Afinal, antes de mais nada, a Independência foi uma disputa por espaços de poder com variáveis graus de abrangência e de formalidade, envolvendo sujeitos, instituições e projetos de organização coletivos que expressaram uma rica dinâmica de rupturas e continuidades em termos de formas concretas de ação, linguagens, discursos, enfrentamentos e entendimentos de todo tipo. Isso se observa já desde 1807, quando a retirada da Corte de Lisboa, para amortizar os efeitos da guerra contra os exércitos franceses, entregou Portugal ao governo de uma regência apoiada pelo exército britânico, e do outro lado do Atlântico inaugurou uma situação totalmente inédita, de conversão de uma cidade colonial em sede de um império global. O fim das guerras napoleônicas entre 1814 e 1815 despertou justas expectativas de que a Corte retornasse ao agora seguro Portugal, mas não foi isso o que ocorreu: a Corte se manteve no Brasil que, elevado a reino,

---

[5] João Paulo Pimenta, *A independência de Brasil e a experiência hispano-americana (1808-1822)*. São Paulo: Hucitec, 2015.

foi até equiparado em estatuto político a Portugal. O agravamento das diferenças entre interesses portugueses europeus e portugueses americanos começou a evoluir em direção a um conflito aberto. Esse agravamento teve várias feições, inclusive a revolução republicana de Pernambuco, no norte do Brasil, em 1817, e contrária ao governo do Rio de Janeiro; e a revolução constitucionalista do Porto, iniciada em 1820 e que criou as condições mais imediatas para que a prática de um governo autônomo do Brasil – ainda ligado a Portugal – se convertesse em projetos de Estado e de nação, sob a roupagem do novo Império formalizado em fins de 1822.

Em meio a esse processo, politicamente revolucionário embora não completamente inovador, a diversidade espacial do Brasil entrou em cena: o suporte material e intelectual à presença da Corte no Rio de Janeiro, por exemplo, sempre foi assimétrico, bem como a aceitação da criação do Reino Unido português; a Revolução de Pernambuco, estendida a outras províncias vizinhas, foi duramente reprimida pelo governo realista da Bahia, levou à deportação de prisioneiros para a Banda Oriental, e repercutiu por toda parte; e a Revolução do Porto, assim como a aclamação de Pedro I (em 12 de outubro de 1822) e sua coroação como imperador (em 01 de dezembro) provocaram reações das mais diversas, reavivaram antigas disputas políticas e criaram muitas novas, tornando impossível o discernimento de um único padrão político. A diversidade espacial do Brasil se metamorfoseou em uma diversidade de ações, projetos, expectativas, linguagens, conflitos e soluções.

A vida do Império do Brasil não seria fácil. Seu reconhecimento por algumas províncias só ocorreu em meio às Guerras de Independência que duraram até 1824. Externamente, seu reconhecimento por Grã-Bretanha e Portugal (e também por outros governos), em 1825, forma parte de uma global reconfiguração do sistema mundial em curso nas primeiras décadas do século XIX, e permitiu que o Brasil se tornasse mais um dentre os novos países americanos que estavam surgindo à época. A guerra contra o governo de Buenos Aires (1825--1828) pela possessão de um território que logo seria reconhecido como a República Oriental do Uruguai, é apenas um dos episódios que levaram à abdicação de Pedro I em 1831 (que marca o fim do Primeiro Reinado), e àquilo que à época muitos protagonistas da cena política consideraram a realização de "fato" da Independência. Desse ponto de vista, a queda de seu principal artífice, paradoxalmente, permitia que a Independência finalmente se consolidasse[6].

A história do Brasil entre 1808 e 1831 também foi profundamente marcada por dinâmicas institucionais, com a criação de órgãos anteriormente existentes somente em Portugal, a manutenção de setores da antiga administração colonial, e a progressiva nacionalização de instâncias de governo e de poderes políticos, sobretudo a partir de 1822. Parte importante da Independência se fez dentro da Corte ou de governos provinciais, nas relações de uns com os outros, destes com governos estrangeiros, nas Cortes de Lisboa ou, após 1822, na Assembleia Constituinte brasileira (1823) e no Parlamento nacional (inaugurado em 1826). Nem todas as instituições envolvidas no processo político, porém, eram diretamente ligadas a poderes formais ou a espaços de governo: a imprensa, a maçonaria e diversas forças militares são bons exemplos disso[7].

Outra face das dimensões políticas da Independência do Brasil é o fato da criação do novo Império ter ocorrido sob a batuta de um regime monárquico. O que não significa que não houvesse outros projetos em disputa, ou que essa monarquia não se distinguisse da antiga em vários aspectos fundamentais (como no fato de ser liberal e constitucional, e não mais absolutista). Para todos os efeitos,

---

[6] Gladys Sabina Ribeiro, *A liberdade em construção: identidade nacional e conflitos antilusitanos no Primeiro Reinado*. Rio de Janeiro: FAPERJ, Relume Dumará, 2002.

[7] Marco Morel, "La génesis de la opinión pública moderna y el proceso de independencia (Río de Janeiro, 1820-1840)", in: F.X. Guerra/A. Lempérière (et. al.), *Los espacios públicos en Iberoamerica: ambiguedades y problemas. Siglos XVIII-XIX*. Mexico: FCE, 1998; pp. 300-320; Alexandre Barata, *Maçonaria, sociabilidade ilustrada e independência do Brasil (1790-1822)*. Juiz de Fora/São Paulo: Editora da UFJF/Annablume/Fapesp, 2006.

a Independência não *manteve a monarquia*, mas sim *recriou-a* em novas bases, além de deslocá-la, aos poucos, de uma nacionalidade portuguesa para uma brasileira. Como um processo fundamentalmente político, a Independência foi um complexo e fascinante jogo entre rupturas e continuidades, entre inovações e tradições, entre novos e velhos paradigmas. Palavras como *monarquia, independência* e *império*, bem como muitas outras amplamente utilizadas à época, carregaram marcas dessa mesma complexidade, mesclando velhos e novos significados, servindo a discursos fluidos nos quais a mudança de opinião e a troca de posições no xadrez político nunca foram aberrantes exceções, mas a marca de uma época de grandes instabilidades[8]. O triunfo de um projeto sobre outros, a prevalência de certos espaços sobre outros, bem como o protagonismo de alguns agentes sobre outros, não deve significar, jamais, um processo monolítico, pré-determinado ou inevitável: significa apenas que, como tudo em história, o mais e o menos importante se completam.

As dimensões *econômicas* da Independência desde sempre acompanharam as dimensões políticas, e em muitos sentidos até as precederam. Já mencionamos o fato de que desde meados do século XVIII os territórios portugueses da América conheceram uma diminuição de seu tradicional isolamento em função da urbanização, do comércio de abastecimento e de exportação e do aumento populacional dinamizado pela exploração do ouro. Seria em torno dessa geoeconomia, reforçada e parcialmente reconfigurada com a instalação da Corte no Rio de Janeiro em 1808, que se desenharia a geopolítica da principal base de apoio ao projeto de Independência, envolvendo principalmente (mas não só) grupos do Rio de Janeiro, São Paulo, Minas Gerais e Rio Grande de São Pedro[9]. A partir de

---

[8] István Jancsó, "A construção dos Estados nacionais na América Latina: apontamentos para o estudo do Império como projeto", in: T. Szmrecsányi/J.R. Lapa (orgs.), *História econômica da independência e do império*. São Paulo: Hucitec, 1996, pp. 3-26.

[9] Cecília Helena de Salles Oliveira, *A astúcia liberal: relações de mercado e projetos políticos no Rio de Janeiro (1820-1824)*. Bragança Paulista: Edusf/Ícone, 1999.

1808, a intensificação das rotas comerciais internas se conjugou com a diversificação da produção agroexportadora que se desenvolvia desde fins do século XVIII, mas também com o aumento do comércio de escravos africanos para o Brasil, um crescimento populacional significativo, e os acordos comerciais que forneceram a contrapartida portuguesa ao apoio político e militar britânico nas guerras napoleônicas. Como aliada de Portugal em sua nova sede, a Grã-Bretanha passou a monitorar atentamente os crescentes conflitos de interesses entre portugueses do Brasil e da Europa e, como vimos, chancelou o reconhecimento formal da Independência em 1825.

Desde 1808 novas instituições econômicas vinham dando suporte ao governo português no Brasil; poucos anos depois, tal governo se converteria na base do novo Império, em meio a um aumento e diversificação da inserção brasileira na economia capitalista mundial. Por exemplo, com o endividamento do governo de João VI no Brasil, e que prosseguiu pelos anos do Império, levando à contratação de empréstimos junto a financistas britânicos e à fundação da dívida pública em 1827[10]. Há que se destacar, ainda, uma das poucas unanimidades na historiografia da Independência: o rompimento com Portugal e a criação do Império o Brasil só foram possíveis pela articulação de interesses políticos e econômicos que uniram grandes proprietários de terras e comerciantes contra as tentativas britânicas de abolição do comércio de escravos, que era a base de toda a economia colonial do Brasil desde fins do século XVI[11]. À exemplo do que ocorreu com a monarquia, a escravidão não foi propriamente *mantida* no Brasil

---

[10] Wilma Peres Costa, "A economia mercantil escravista nacional e o processo de construção do Estado no Brasil (1808-1850)", in: T. Szmrecsányi/J. R. Lapa (org.), *História econômica da independência e do império*. São Paulo: Hucitec, 1996, pp.147-159; Eduardo Silva Ramos, *Centralização e privilégio: instituições econômicas e fiscalidade na formação do Estado brasileiro (1808-1836)*. São Paulo: FFLCH-USP, 2018 (mestrado).

[11] Luiz Felipe de Alencastro, "Le traite négrière et l'unité nationale brésilienne", *Revue Française d'Histoire d'Outre Mer*, Paris, v. 66, n. 244, 1979, pp. 395-419.

independente, mas *recriada*. De uma forma de exploração do trabalho tipicamente colonial, ela se tornou nacional – projetando seus efeitos por toda a história posterior do país – e cada vez mais ajustada com o capitalismo mundial[12].

A escravidão e a sociedade escravista dela derivada são um bom pretexto para observarmos dimensões *sociais* da Independência. Do ponto de vista da imensa maioria das pessoas que viveram os processos políticos e econômicos das primeiras décadas do século XIX, o ano de 1822 trouxe pouca ou nenhuma novidade: quem era pobre continuou pobre, quem era rico também, e os que mandavam e obedeciam quase nunca trocaram de posição. No entanto, é uma simplificação que distorce a realidade a interpretação, bastante comum, de que a Independência não significou nada em termos de mudança social, uma vez que ela não implicou a tomada do poder por grupos subalternos, e não quebrou com as principais hierarquias sociais vigentes. De fato, as dimensões sociais a serem destacadas não incluiriam tais possibilidades; no entanto, a profundidade das transformações políticas, assim como a densidade das dinâmicas econômicas implicaram, sim, modificações em estruturas sociais.

Em primeiro lugar, pelo fato de que os acontecimentos entre 1808 e 1831 abriram muitas novas possibilidades de participação política e econômica, correspondentes à grande variedade de projetos e interesses em disputa. Em algumas ocasiões, como na Revolução de Pernambuco de 1817 e nas Guerras de Independência entre 1822 e 1824, escravos, ex-escravos, homens e mulheres livres porém pobres, e também indígenas, puderam pegar em armas ou se aproximar de espaços públicos de discussão que até então lhes tinham sido

---

[12] Florestan Fernandes, "A sociedade escravista no Brasil", in: *Circuito fechado: quatro ensaios sobre o poder institucional*. São Paulo: Hucitec, 1976, pp.11-63; Rafael Marquese, "Governo dos escravos e ordem nacional: Brasil e Estados Unidos, 1820-1860", in: I. Jancsó (org.). *Brasil: formação do Estado e da nação*. São Paulo: Hucitec/Fapesp/Editora Unijuí, 2003, pp. 251-265.

interditados[13]. Houve, inegavelmente, uma ampliação do espectro social da participação política no Brasil e o advento de novas sociabilidades, o que aliás já vinha ocorrendo em alguns movimentos de contestação ocorridos em fins do século XIX, como a Inconfidência Mineira, de 1788-1789, e a Inconfidência Baiana, de 1798 (nenhuma das quais tinha tocado na questão na Independência do Brasil)[14]. A independência dos Estados Unidos, a Revolução Francesa e a Revolução do Haiti continuaram a ecoar em alguns espaços do Brasil, e a imprensa, mesmo que majoritariamente monárquica e acessível diretamente apenas a poucas pessoas letradas, contribuiu para expandir, qualificar e inovar esses espaços públicos: quem não lia ou escrevia, ouvia e recontava.

Em segundo lugar, a Independência implicou a construção de uma ordem societária nacional, em muitos pontos distinta da ordem colonial. Essa nova ordem, se não trouxe significativas modificações de hierarquias relativas entre as pessoas, trouxe uma inovação de natureza, uma vez que foi erguida sobre leis, códigos, conceitos e instituições representativas muitas das quais inexistiam antes de 1822. Além, claro, de se associar com uma nação e uma identidade nacional brasileiras construídas paulatinamente, mas que, uma vez despontadas em associação com o projeto político vencedor em 1822, jamais deixaram de existir e de expandir sua base social[15]. Muitos milhares de pessoas modificaram sua própria identidade coletiva: tendo nascidas

---

[13] Luiz Geraldo Silva, "Negros patriotas. Raça e identidade social na formação do Estado nação (Pernambuco, 1770-1830)", in: I. Jancsó (org.). *Brasil: formação do Estado e da nação*. São Paulo: Hucitec/Fapesp/Editora Unijuí, 2003, pp. 497-520.

[14] István Jancsó, "A sedução da liberdade: cotidiano e contestação política no final do século XVIII", in: Fernando A. Novais (dir.). *História da vida privada no Brasil: cotidiano e vida privada na América portuguesa*. São Paulo: Companhia das Letras, v. 1, 1997, pp. 388-437.

[15] István Jancsó & João Paulo Pimenta, "Peças de um mosaico (ou apontamentos para o estudo da emergência da identidade nacional brasileira)". *Revista de História das Idéias*, Coimbra, v. 21, 2000, pp. 389-440.

portuguesas, elas se tornaram brasileiras. Uma mudança de identidade dessa monta pode não ser uma melhoria de condições socioeconômicas de vida; nem por isso, deixa de ser uma profunda mudança.

Finalmente, cabe articular as dimensões *políticas, econômicas* e *sociais* da Independência a dimensões *culturais*. Aqui podemos incluir culturas políticas, culturas econômicas, e manifestações contundentes de formas de pensar e representar o mundo que acenavam para uma generalizada percepção coeva de que, nas primeiras décadas do século XIX, o Brasil passava por transformações significativas nas formas tradicionais de existência cotidiana. A presença de artistas estrangeiros nos anos que envolveram a Independência (majoritariamente franceses), a fundação de instituições culturais e, também, a atuação de pintores, escritores e artesãos de todo o tipo nascidos no Brasil ou nele radicados, são apenas uma parte do fenômeno. Igualmente, o processo de Independência se fez em meio a mudanças intelectuais e conceituais que politizaram e expandiram linguagens e deram substância a uma generalizada percepção de um futuro qualitativamente novo. Nesses termos, os componentes modernos da Independência não devem ser exagerados, mas sim cotejados com muitas outras manifestações de conservadorismo e de defesa de valores sociais tradicionais. Em contrapartida, esses componentes modernos tampouco devem ser subestimados: a separação do Brasil em relação a Portugal só foi possível porque mobilizou vontades coletivas em direção a um novo conceito de história que começava a surgir, mesmo que nem todos os seus conteúdos devessem ser novos[16].

---

[16] João Paulo Pimenta & Valdei Araujo, "Historia – Brasil", in: J. Fernández Sebastián (dir.). *Diccionario político y social del mundo ibero-americano: la era de las revoluciones, 1750-1850*. Madrid: Fundación Carolina/Sociedad Estatal de Conmemoraciones Culturales/Centro de Estudios Políticos y Constitucionales, 2009, pp. 593-604.

Tempos

Uma vez observados sumariamente espaços e dimensões da Independência, podemos tratar de seus tempos. Há muitas maneiras de se abordar essa questão, que aqui limitaremos ao problema da cronologia. As respostas às perguntas: *quando ela começou*, e *quando terminou*, só podem ser satisfatoriamente dadas em consideração à relatividade do ponto de observação adotado: depende da ênfase dada a determinado espaço e a determinada dimensão. Destacaremos a mobilidade de periodizações possíveis a partir de uma mistura de espaços e dimensões, da qual resultam o que chamamos de *temas*. É neles que a maioria da vasta historiografia sobre a Independência do Brasil encontra seu lugar de identificação.

Em termos de um processo político de criação de governos, dos conflitos entre eles, e da separação entre os de Lisboa e Rio de Janeiro, a Independência pode ter um marco inicial em 1808, com a instalação da Corte portuguesa no Brasil; depois, em 1815, com a criação do Reino Unido de Portugal, Brasil e Algarve; o marco seguinte talvez seria a Revolução do Porto, iniciada em agosto de 1820, e principalmente o início da formação no Brasil de governos a ela adesistas, em janeiro de 1821; logo, a aclamação de D. Pedro I, em 12 de outubro de 1822 (mais importante, sem dúvida, do que a canônica declaração de 07 de setembro, que pouco ou nenhum impacto efetivo teve no processo), e sua coroação em 01 de dezembro; finalmente, sua abdicação, em 07 de abril de 1831, e que inaugurou um momento muito distinto dos anteriores em termos de processo político. Essa é, *grosso modo*, a periodização adotada pela maioria dos estudos sobre a Independência, mas ela dificilmente dará conta da diversidade espacial dos processos políticos próprios das diferentes províncias. E não seria despropositado ainda considerar, como marcos finais, o fim da monarquia no Brasil e a proclamação da República, em 1889.

Em termos de relações externas, um marco inicial possível é não exatamente a chegada da Corte ao Brasil, mas sua saída de Portugal, em novembro de 1807; e embora esse evento não tenha resultado em nenhuma ação ou projeto imediatos em defesa de uma ruptura entre Brasil e Portugal (pelo contrário, contribuiu para reforçar a união entre ambos), ele definiu o protagonismo britânico em um processo que, desde então, começaria a criar fissuras internas no Império Português. O reconhecimento do Império do Brasil por Grã-Bretanha e Portugal em 1825 – pouco antes e pouco depois, também por outros governos – é um marco final possível. No entanto, se considerarmos que um dos resultados mais destacados da Independência foi a configuração de um novo Estado nacional e sua inserção no sistema internacional, talvez fosse conveniente estender essa periodização até 1828 (o fim da Guerra da Cisplatina), 1850 (o fim do tráfico negreiro) ou mesmo 1870 (o fim da Guerra da Tríplice Aliança).

Se a periodização levar em conta, sobretudo, temas relacionados às dimensões econômicas da Independência, seu marco inicial poderia ser 1808 (a abertura dos portos do Brasil ao comércio internacional) ou 1810 (a assinatura dos tratados de amizade e aliança com a Grã-Bretanha). Um marco final poderia coincidir com um dos possíveis de relações externas: o fim do tráfico negreiro, em 1850.

Os temas ligados a estruturas e dinâmicas jurídicas podem ser bem periodizados a partir de marcos coloniais, uma vez que várias delas foram mantidas após 1822. Mas é inegável que houve também ruptura, o que indica um bom marco inicial em 1820, com o advento em Portugal do constitucionalismo moderno que, por meio da Revolução do Porto, teve enorme impacto em muitos lugares do Brasil, e subsidiou diretamente projetos e linguagens políticas, além de legar uma continuidade ao Império do Brasil que se fez, também ele, uma monarquia constitucional. A Assembleia Constituinte do Brasil de 1823, assim como a outorga por Pedro I da primeira constituição, em 1824, são outros dois marcos fundamentais. Aqui, a periodização final será, quiçá, mais difícil de identificar, e certamente escapará da coincidência de limites aproximados com outras periodizações, para adquirir feições próprias: o Ato Adicional de 1834, que reformou parcialmente a Constituição e reenquadrou juridicamente a territorialidade política do Império do Brasil; a constituição republicana de

1891; ou até mesmo a criação do primeiro código civil, somente em 1916, são três balizas possíveis.

A Independência do Brasil pode ser vista sob o prisma das definições de fronteiras territoriais e de limites de jurisdição. A devolução de Caiena, no extremo norte do Brasil, à França, consumada em 1817 após uma ocupação iniciada em 1809, pode ser lembrada, mas teve pouca relação direta com a Independência. Mais impactante foi o definitivo reconhecimento brasileiro de que a antiga Banda Oriental (transformada parcialmente em Província Cisplatina em 1821), não mais pertencia ao Império, em 1828. As mais significativas definições de fronteira desse Estado nacional surgido em 1822 não se confundem com seu processo de independência, extrapolando-o no passado e no futuro. Suas balizas iniciais poderiam ser os tratados imperiais entre Portugal e Espanha assinados ainda no século XVIII, como o de Madri (1750) ou o de Santo Ildefonso (1777); a final, o Tratado de Petrópolis, que em 1903 definiu o Acre como parte do território brasileiro e praticamente "fechou" as fronteiras do país tais quais elas se apresentam até hoje.

Já afirmamos que um dos resultados mais importantes da Independência do Brasil foi a definição de uma nação e de uma identidade nacional inexistentes antes de 1822. Esse tema também apresenta feições específicas e merece uma periodização própria. Os movimentos de contestação política de fins do século XVIII (como os de 1788 e 1798), embora não tenham sequer vislumbrado a independência de um Brasil que, repitamos, continuava a ser um arquipélago de espaços plurais sem que se esboçasse qualquer unidade efetiva, politizaram identidades coloniais. Desde então, ser "filho das Minas" ou "bahinense" não significaria mais tão-somente ser natural das capitanias de Minas Gerais ou Bahia: podia significar aderir a um projeto político anticolonial inovador (mesmo que fracassado). Poucos anos depois, a emergência de uma identidade "brasileira" se deu em estreita articulação com o próprio processo de Independência, e herdou de um recente passado colonial essa possibilidade de simbiose entre um lugar geográfico e um projeto político. Como marco final, a abdicação de Pedro I (1831) parece se impor sobre outras possibilidades: depois dela, e com muitas reacomodações de identidades provinciais em meio aos grandes, numerosos e violentos conflitos que caracterizam o chamado Período Regencial (1831-1840), quase ninguém contestou seriamente a existência de uma nação brasileira.

Por fim, se tomarmos a Independência como sendo, ela própria, uma experiência temporal, que periodização poderíamos atribuir-lhe? De início, com os primeiros sinais, para os próprios participantes do processo histórico, de que o tempo estava se acelerando, e o passado se distanciava do presente de modo a abrir o espectro de um futuro fundamentalmente novo. Novamente pode-se mencionar os movimentos de contestação política de fins do século XVIII, que, ao politizarem identidades coletivas coloniais, começaram a politizar também o próprio conceito de história; ou certos influxos coloniais do Reformismo Ilustrado português que agiram na mesma direção. Mas foi sem dúvida a chegada da Corte ao Rio de Janeiro, em 1808, que deu feições inequívocas a esse movimento, expandindo-o até mesmo entre defensores da manutenção da unidade do Império Português. Entre 1820 e 1822, uma nova experiência temporal fortemente politizada e carregada de orientações para o futuro – sendo, nesse sentido, notadamente revolucionária – já desempenhava papel relevante; mas ela passaria ainda por significativas transformações que recomendam que a observação do fenômeno se estenda até pelo menos a década de 1850, quando a ordem imperial brasileira se consolidou, e a Independência pôde ser vista como a realização de um projeto político de ruptura com o passado.

Muitos outros temas descortinam alternativas de periodização que podem dar conta da multiplicidade de tempos da Independência, segundo seus espaços e suas dimensões. Assim, poderíamos falar também de periodizações apropriadas a temas *militares, artísticos, religiosos, indígenas,* segundo instituições específicas, de acordo com gerações de personagens, etc. O importante é conceber cada uma dessas possibilidades como cortes preferenciais que permitirão aprofundar aspectos dificilmente perceptíveis em observações generalizadoras; e por isso mesmo, tais cortes darão conta de certas coisas, mas não de outras, o que sempre demandará novos esforços de síntese. O Princípio da Incerteza de Heinsenberg, em sua modalidade própria para historiadores, é assaz conhecida: quanto mais generalizante a observação de uma realidade, menor o conhecimento de suas particularidades; mas o inverso é igualmente verdadeiro.

Bem se vê que estamos muito longe de endossar uma concepção linear de história da Independência, segundo a qual seus eventos se sucederiam em uma lógica de sucessão, causa e efeito, a desembocar em uma solução final. Tampouco endossamos uma periodização da Independência de acordo apenas com um, dois ou três marcos de validade supostamente inquebrantável. A complexidade do processo histórico exige um olhar que respeite a pluralidade simultânea, dinâmica, hierárquica e conflitiva entre espaços, dimensões e tempos da Independência. E pelo menos nesse ponto, o que ocorreu no Brasil das primeiras décadas do século XIX, com todas as suas particularidades, não será fundamentalmente distinto de nenhum outro grande processo histórico.

Os espaços, as dimensões e os tempos da Independência do Brasil projetam os eventos do passado em direção ao presente. O Brasil do século XXI, com seus mais de duzentos milhões de brasileiros, é, de muitas formas, tributário de uma história que teve momentos iniciais e finais, mas que ainda não se fechou. Não apenas suas enormes consequências de longa duração mantêm-na viva: também a memória da Independência, que é um componente de sua própria história. É essa memória que, junto aos legados da Independência, coloca o tema deste livro como parte da nossa história atual. Duzentos anos depois de seus principais eventos, a Independência do Brasil continua a nos tocar, a nos provocar, a nos fazer pensar e entender algo do mundo em que vivemos.

CAPÍTULO 1

O BRASIL E A CRISE DO ANTIGO REGIME, 1750-1808

Ana Rosa Cloclet da Silva

"Nos quadros da civilização ocidental, o fim do século XVIII e o início do XIX aparecem como um desses momentos tormentosos e fecundos em que se acelera significativamente o tempo histórico: o movimento revolucionário promove a demolição progressiva do Antigo Regime [...]. O processo varia grandemente no tempo e no espaço, mas no conjunto todo o arcabouço do velho regime político e social é revolvido, e a pouco e pouco se transfigura a paisagem do mundo ocidental: é efetivamente uma nova fase da história que se inaugura".[1]

Na frase que introduz uma das principais contribuições historiográficas para o tema que orienta o presente capítulo, Fernando Novais sistematiza com precisão e enorme poder de síntese o quadro que circunscreve as sociedades ocidentais da época a que se refere, convulsionadas por acontecimentos inéditos, atestadores da progressiva falência das formas e mecanismos até então capazes de reiterar a normalidade da vida política e social, nos moldes do Antigo Regime. No âmbito de tensões desde antes acumuladas e de transformações acentuadas, progressivamente, a partir da Revolução Francesa – evento "que afetou o mundo inteiro, extensivamente, e todos os homens,

---

[1] Fernando Novais, *Portugal e Brasil na crise do Antigo Sistema Colonial (1777-1808)*. 4a. ed., São Paulo: Hucitec, 1986, pp. 3-4.

intensivamente"² –, percepções críticas e atitudes de contestação à ordem vigente emergiram como sintomas de uma crise que, embora ainda não percebida politicamente, manifestava-se e adquiria efetiva vigência na busca de alternativas. É nesta "invocação do futuro" que se delineia uma das condições de possibilidades históricas deflagrada pela crise: a separação das colônias americanas em relação às suas respectivas metrópoles europeias e, no seu âmbito, do Brasil em relação a Portugal.

Experiência revolucionária de caráter essencialmente moderno, da qual resultaria como artefato político um Estado e uma Nação brasileiros dotados de feições próprias e irredutíveis ao constructo anterior de cuja crise emergiram, a Independência do Brasil constitui um dos temas mais frequentados pela historiografia brasileira. O que, longe de torná-lo uma obviedade, ou resultar em algum consenso analítico, sustenta polêmicas historiográficas atuais, elucidativas sobre os modos como operamos com o passado, à luz de nossos sucessivos presentes.³

Resulta daí a necessidade de um diálogo recorrente com o saber acumulado na perspectiva da superação mas, também, da incorporação de contribuições e problemáticas permanentemente recicladas. Embora esse "movimento pendular entre o que se tem por sabido e as evidências empíricas da sua incompletude"⁴ não constitua exatamente uma novidade na produção do conhecimento histórico, permanece como condição imprescindível para aquele exercício de "elucidação

---

² Reinhart Koselleck, *Crítica e crise*. Trad. L.V.B.Castelo-Branco, Rio de Janeiro: EDUERJ/Contraponto, 1999, p. 10.

³ Para uma análise das interpretações historiográficas sobre o tema, na perspectiva das ênfases conferidas aos aspectos de ruptura e continuidade que o mesmo comportou, veja-se: Wilma Peres Costa, "A Independência na historiografia brasileira", em: István Jancsó (org.), *Independência: história e historiografia*. São Paulo: Hucitec, 2005, p. 54.

⁴ István Jancsó, "Brasil e brasileiros – Notas sobre modelagem de significados políticos na crise do Antigo Regime português na América", *Estudos Avançados*, 22, 62, 2008, p. 257.

historiográfica", melhor definido como a "ferramenta por meio da qual é possível assumir a herança que pesa sobre o domínio preciso de que nos ocupamos e traçar os seus limites"[5]. O que não implica, necessariamente, acompanhar a longa trajetória da historiografia sobre o tema eleito – procedimento que foge aos objetivos deste texto – mas, para o pesquisador, torna-se possibilidade de "confessar simplesmente a localização de seu discurso num espaço sociocultural preciso"[6], descobrindo limites e singularidades que o organizam, bem como situando aquelas linhas de força que permanecem atuais, modelando as relações entre a disciplina e o objeto.

É deste exercício que o presente capítulo extraiu uma problemática, orientada por alguns pressupostos e orientadora de uma estrutura argumentativa que pretende elucidá-la, ainda que não resolvê-la. Como problema geral, enfrenta o desafio de localizar algumas percepções formuladas por intelectuais e estadistas luso-brasileiros, entre meados do século XVIII e começos do XIX, que singularizaram o lugar atribuído ao Brasil no interior do Império português e, enquanto tal, pautaram iniciativas capazes de redefinir as condições históricas de sua inserção no contexto revolucionário mundial da época.

A escolha deste marco cronológico não é acidental, pois situa o momento em que a percepção das singularidades de suas partes interligadas – pelos súditos de ambos os lados do Atlântico – emergia, simultaneamente, como sintoma e acelerador da crise do Antigo Regime. Assim, enquanto as primeiras elaborações emblemáticas neste sentido radicam nos diagnósticos e nas diretrizes formulados durante o reinado de D. José I (1750-1777), graças à atuação de seu primeiro ministro Sebastião José de Carvalho e Melo – futuro marquês de Pombal[7] –, a partir do último quartel do setecentos, a

---

[5] Dominique Julia, "A religião: história religiosa", in: Jacques Le Goff & Pierre Nora (orgs.), *História: novas abordagens*. Rio de Janeiro: Francisco Alves, 1995. p. 125.

[6] Julia, "A religião: história religiosa...", cit.

[7] Sebastião José de Carvalho e Melo (1699-1782) foi representante português nas Cortes de Londres e Viena, durante o reinado de João V. A partir de 1750,

politização destas singularidades que integravam o conjunto luso-
-brasileiro constitui uma das mais eloquentes manifestações da crise,
criando possibilidades históricas para atitudes carregadas de novos
conteúdos políticos, que culminariam na alternativa inédita em toda
a história da colonização moderna: a instalação da sede da monarquia
portuguesa em sua colônia americana, desde 1808. Evento que abre
um novo horizonte de expectativas aos súditos luso-brasileiros, do
que resultaria – não de maneira imediata, nem tampouco linear – a
Independência do Brasil.

A problemática eleita acarreta algumas implicações e desafios
que, embora não contemplados na sua totalidade pelo presente capítulo, justificam recortes e ênfases por ele conferidas. A começar pelo
fato de estarmos lidando com um fenômeno que, embora afete o
conjunto das monarquias europeias e seus domínios americanos,
só pode ser apreendido a partir de suas manifestações singulares.
O que, no caso abordado, explica a preocupação em se explicitar
algumas das conexões essenciais e básicas da experiência luso-
-brasileira com o conjunto das experiências revolucionárias de dimensões ocidentais, que "envolve o Brasil e se modifica também por esse
envolvimento".[8]

Decorre desta compreensão que as percepções coevas acerca da
condição do Império português no cenário internacional e, no seu
interior, da singularidade atribuída ao Brasil, devam ser tomadas
como "reflexos, respostas ou reações orgânicas a estímulos histórica
e reciprocamente provocados" por experiências articuladas, algumas
das quais profundamente interligadas e convergentes, porque regidas

---

assume o cargo de Secretário dos Negócios Estrangeiros do rei José I e, desde
1755, o de Secretário de Estado dos Negócios Interiores do Reino, cargo homó-
logo ao de primeiro-ministro, ao qual acrescentou os títulos de conde de Oeiras,
em 1759, e marquês de Pombal, em 1770.

[8] João Paulo Pimenta, *Tempos e espaços das independências: a inserção
do Brasil no mundo ocidental, c.1780-c. 1830*. São Paulo: Intermeios, 2017,
p. 12.

"por dinâmicas estruturais comuns e porque pertencentes a um mesmo conjunto cultural e político fundamentalmente sistêmico".[9]

Efetivada nestas transformações conectadas, a crise é tanto um elemento de articulação entre as realidades compósitas de um mesmo contexto revolucionário, como vivência concreta, pessoal e cotidiana, que afeta formas tradicionais de existência e movimenta a ordem costumeira, integrando e, ao mesmo tempo, redefinindo o lugar do Brasil no interior do sistema luso-brasileiro. O que implica considerar as condições diferenciadas da experiência da crise entre os súditos dos dois lados do Atlântico, os quais vivenciaram, também de maneira específica, a erosão dos elementos constitutivos do Antigo Regime: no plano político, o absolutismo; no plano econômico o capitalismo comercial; no plano social, a sociedade estamental.[10]

Esta última observação torna este capítulo tributário de algumas contribuições historiográficas que, nos últimos anos, vêm instituindo a variedade interna à América portuguesa, e desta em relação a Portugal, na qualidade de "problema crucial a ser enfrentado"[11]. Especificamente, trata-se de considerar que a formação do Antigo Regime português nos trópicos deu-se a partir de "multifacetadas experiências humanas" acumuladas no decorrer da colonização, assim como comportou diferenças significativas de ritmos e escalas em relação à metrópole, cujos impactos "sobre a configuração da crise que levou à ruptura com a Monarquia" não podem ser desprezados[12]. Neste contexto, algumas realidades constituintes do universo americano

---

[9] Caso representado pelas experiências convergentes dos Impérios ibéricos, face ao sistema do noroeste europeu. Mariana Ferraz Paulino, *"La potência que no adelanta mientras adelantan las demás, atrasa": a semântica do tempo no discurso de reformistas ilustrados sobre as Américas Ibéricas (c. 1750-c.1807)*. São Paulo: Universidade de São Paulo, 2020 (mestrado), pp. 28-29.

[10] Luiz Carlos Villalta, *O Brasil e a crise do Antigo Regime português (1788--1822)*, Rio de Janeiro: FGV, 2016, p. 25.

[11] István Jancsó, "Independência, Independências", em: I. Jancsó (org.), *Independência: história e historiografia*. São Paulo: Hucitec, 2005, p. 22.

[12] István Jancsó, "Independência, Independências"..., pp. 23-24.

sobressaíram aos olhos do Estado português, orientando políticas reformistas que, como se visa a demonstrar, justamente por ignorarem as singularidades do "viver em colônias"[13], tenderam a conceber a possibilidade histórica da coesão dos vários "brasis".

A ênfase nos enunciados e atitudes que tenderam a singularizar a condição do Brasil no conjunto do Império português, no arco temporal recortado, obriga-nos a considerar não apenas os seus enquadramentos macroestruturais como, também, o peso assumido por determinados acontecimentos que, desencadeados no plano internacional, foram "capazes de alterar estruturas da própria realidade que os fez surgir"[14]. Neste sentido, o presente capítulo incorpora uma das contribuições mais fecundas da Nova História Política, ao considerar que o acontecimento não se limita ao superficial, podendo modificar em profundidade a vida dos indivíduos e das sociedades, alterando definitivamente o curso das coisas.[15]

É este o significado que pode ser associado ao marco de chegada deste capítulo: a transferência da corte para o Rio de Janeiro, acordada pelo Conselho de Estado português, em novembro de 1807. Desfecho e novo marco da crise, a partir do qual se reconfigura de forma irreversível o lugar conferido ao Brasil no interior do Império português e, dentro em breve, como corpo político autônomo, dele emancipado.

Orientado por estas linhas de força duplamente históricas e historiográficas, que inscrevem o objeto deste capítulo na qualidade de vetor não só temático, mas de problema a ser revisitado, as reflexões que seguem se organizam em três momentos. Num primeiro,

---

[13] Expressão consagrada na fala de Luiz dos Santos Vilhena, nascido em Portugal e nomeado professor das aulas régias, assumindo a cadeira de língua grega em Salvador, Bahia, em 1787, onde permaneceu até o ano de 1799. Daí copilou algumas notícias e testemunhos históricos da vida na capitania, em vinte e quatro cartas dedicadas ao príncipe D. João (Luiz dos Santos Vilhena, *Notícias soteropolitanas e brasílicas*. Salvador: Imprensa Oficial do Estado, 1922, 2 v.).

[14] João Paulo Pimenta, *Tempos e espaços das independências...*, cit., p. 36.

[15] René Rémond (org.), *Por uma história política*. Trad. D. Rocha, 2.ª ed., Rio de Janeiro: FGV, 2003.

interroga sobre o lugar conferido ao Brasil no contexto das reformas empreendidas por Sebastião José de Carvalho e Melo – doravante designadas como "reformas pombalinas" –, o qual inaugura importantes mudanças na prática governativa, tanto no Reino como nas colônias e conquistas. Em seguida, situa a fase inicial do reinado de Maria I (1777-1816)[16], quando se reconfiguram as condições de inserção de Portugal no contexto internacional e do Brasil no interior do Império, mediante eventos tomados como sintomas e aceleradores da própria crise. Finalmente, a discussão recai sobre a conjuntura dramática do conflito franco-britânico, que se projetando sobre as monarquias ibéricas e seus domínios americanos, conferiu consistência e viabilidade à decisão acordada pelo corpo de ministros do príncipe regente D. João[17], em novembro de 1807: transferir a corte bragantina para o Rio Janeiro.

O Brasil nas reformas pombalinas: "experiências" e "prognósticos"

No cenário europeu de meados do século XVIII, as reformas no Império português inauguradas por Sebastião José de Carvalho e Melo, entre 1750 e 1777, sob o reinado de D. José I, longe de se revelarem meramente reativas aos desafios impostos pela competição internacional, devem ser interpretadas como resultado de transformações operadas em nível das práticas político-administrativas e

---

[16] O início do reinado de Maria I tem sido designado como o período da "viradeira". Termo que se refere ao clima instaurado pela reação a certas diretrizes das reformas empreendidas por Pombal – como o antijesuitismo –, bem como pela ascensão de seus antigos desafetos políticos a importantes cargos administrativos, conferidos pela rainha.

[17] Desde 1792, a monarquia portuguesa esteve sob o governo do príncipe D. João, devido à constatação da debilidade mental da rainha, supostamente agravada pela morte de seu marido Pedro III (1786) e do seu filho, o príncipe herdeiro D. José, em 1788. Oficialmente, o herdeiro D. João assume a regência desde 1799.

no plano das ideias, em curso desde pelo menos a primeira metade do setecentos. Neste sentido, o que singulariza a administração pombalina é, precisamente, este poder de "elaborar acontecimentos passados" a partir de circunstâncias presentes ao seu governo, que ao abrir um novo campo de ação e previsões, libera expectativas que já não "decorrem apenas da experiência".[18]

É sob esta perspectiva que deve ser considerada a natureza e a envergadura das medidas implementadas por Carvalho e Melo, pautadas em diagnósticos sobre a situação do Império português e seus domínios que, tampouco, nascem na sua administração, remontando àqueles primeiros difusores das Luzes em Portugal[19]. Valendo-se de suas comuns trajetórias pelas cortes europeias, esses indivíduos interpretaram a situação de Portugal no cenário da competição internacional pelos mercados coloniais como atestadora de um suposto *atraso cultural do Reino,* principal obstáculo a ser superado no processo de reversão de sua *decadência econômica.* Expressões estas que singularizavam o modo como a crise – que "de maneira alguma constituía um conceito central para a época"[20] – foi então percebida e enfrentada por aqueles primeiros ilustrados portugueses.

Ainda que estes relatos, diagnósticos e vivências compusessem o conjunto de experiências disponíveis ao contexto da administração pombalina, importa reconhecer a novidade histórica de seus usos

---

[18] Reinhart Koselleck, *Futuro passado*: contribuição à semântica dos tempos históricos. Tad. W. P. Mass e C. A. Pereira. Rio de Janeiro: Contraponto-Ed, PUC-Rio, 2006, p. 313.

[19] Foi assim que se destacaram indivíduos como o padre Rafael Bluteau, Serrão Pimentel, Caetano de Lima, Azevedo Fortes e o Conde da Ericeira, ainda que o verdadeiro avanço neste sentido tenha se dado com os letrados e estadistas das décadas seguintes, com especial destaque para D. Luís da Cunha (1662-1749), Luís Antônio Verney (1713-1792) e Antônio Nunes Ribeiro Sanches (1699-1783), a cujas atividades viria juntar-se a da Congregação do Oratório (Ana Rosa Cloclet da Silva, *Inventando a Nação: intelectuais ilustrados e estadistas luso-brasileiros na crise do Antigo Regime português, 1750-1822.* São Paulo: Hucitec, 2006, pp. 36-49).

[20] Koselleck, *Crítica e crise...,* cit., p. 201.

determinados, desde 1750, com a subida de Carvalho e Melo ao poder, inicialmente como ministro dos Negócios Estrangeiros e da Guerra. A exemplo de outros estadistas portugueses, sua longa carreira diplomática junto às Cortes de Londres (1738) e de Viena (1749) orientou suas primeiras avaliações críticas sobre a situação de Portugal no equilíbrio político europeu, medindo os "efeitos do seu isolamento", da suntuosidade da corte de D. João V, do fato dos jesuítas terem se apoderado dos "ânimos do monarca", bem dos "vícios da administração portuguesa"[21]. Além da experiência pessoal, estes diagnósticos foram enriquecidos pelas correspondências trocadas com seus interlocutores situados em outras cortes, pelas leituras de Pufendorf, Grotius, Locke, Voltaire, dentre outros expoentes do pensamento ilustrado, com especial ênfase naquelas dirigidas aos assuntos da administração, inspirando-se especialmente nos ministros Richelieu e Colbert.[22]

Destas observações "astutas e sistemáticas" sobre a situação europeia[23], brotava seu programa de governo, cuja verdadeira extensão e profundidade só seriam reveladas a partir de 1755, quando Sebastião José de Carvalho e Melo, além do cargo de ministro dos Negócios Estrangeiros e da Guerra, foi encarregado das obras de reconstrução de Lisboa, pelo rei D. José I, assumindo a pasta de Secretário de Estado dos Negócios Interiores do Reino. Estabelecendo uma direta relação entre decadência econômica, dependência política e a suposta falta de arejamento mental do Reino, reiterou diagnósticos anteriormente

---

[21] Estas críticas estão registradas em seus escritos diplomáticos redigidos entre 1738 e 1742, compilados na obra: Sebastião José de Carvalho e Melo. *Escritos econômicos de Londres, 1741-1742*. Lisboa: Biblioteca Nacional de Lisboa, 1986.

[22] A relação destes livros está descrita na documentação identificada pelos códices de n.º 165, 166 e 167, da Coleção Pombalina da Biblioteca Nacional de Lisboa (Ana Rosa Cloclet da Silva, *Inventando a nação...*, cit., p. 44).

[23] Kenneth Maxwell, *A devassa da devassa: a Inconfidência Mineira, Brasil e Portugal, 1750-1808*. Rio de Janeiro: Paz e Terra, 1978, p. 22.

elaborados por D. Luís da Cunha[24], que em seus escritos diplomáticos denunciava o "governo absoluto dirigido pela Companhia de Jesus, pelo Santo Ofício e pela influência estrangeira"[25], como sendo os principais obstáculos à renovação intelectual e à superação da dependência econômica de Portugal em relação à Inglaterra.

Tal quadro, segundo o primeiro-ministro do rei José I, barrava tanto o nascimento de "grandes reformadores" – pois não se pode "formar jamais homens de Estado, em um reino onde as ciências estão banidas, e onde não se sai a viajar" – como as próprias obras destes, caso viessem a surgir, não vingariam, por não "ter precedido outras luzes às suas"[26]. Derivava deste raciocínio uma particular preocupação pedagógica, pautada na crítica ao método de ensino longamente mantido pela Companhia de Jesus[27], assentado na "prevalência da

---

[24] Membro de uma família nobre, D. Luís da Cunha (1662-1749) iniciou sua carreira como magistrado, sendo nomeado para sucessivos cargos como desembargador e representante diplomático nas cortes de Londres (1715-1719), Madri (1719-1720), Paris (1720-1728 e 1736-1749) e Haia (1728-1736), onde travou contato com os meios científicos e políticos destes países (José Calvet de Magalhães, *História do pensamento econômico em Portugal. Da Idade Média ao Mercantilismo*. Coimbra, 1967, pp. 304-305).

[25] D. Luís da Cunha, *Testamento político*. São Paulo: Alfa-Omega, 1976 [1748], p. XV.

[26] "Discurso político sobre as vantagens que o Reino de Portugal pode tirar da sua desgraça, por ocasião do terremoto de 1º. de Novembro de 1755", em: Sebastião José de Carvalho e Melo, *Memórias secretíssimas do Marquês de Pombal e outros escritos*, Lisboa: EuropaAmérica, s.d., p. 188. Embora este documento tenha sido a ele atribuído ao Marquês de Pombal, teve várias edições, em francês (1756) e espanhol (1762), tendo sua autoria atribuída a Ange Goudar, descendente de um inspetor geral do comércio nascido em Montpellier, por volta de 1720, e que faleceu em Londres em 1791. Mesmo assim, sua autoria não parece ter sido contestada pelo próprio Pombal, à época em que circulou, exalando anglofilia.

[27] Críticas estas registradas no *Compêndio histórico do estado da Universidade de Coimbra no tempo da invasão dos denominados jesuítas e dos estragos feitos nas ciências e nos professores e diretores que a regem pelas maquinações, e publicações dos novos estatutos pore les fabricados,* Lisboa: Régia Officina Typ., 1771.

filosofia peripatética"; no "descaso ao estudo do grego e latim"; na "desordem do conteúdo ensinado nas cadeiras universitárias"; na "falta de disciplinas subsidiárias e na fragmentação do conhecimento", assim como na do "método empírico" e do "ecletismo"[28]

Com relação à aliança anglo-lusitana, o futuro marquês de Pombal tributava a ruína da economia portuguesa aos diversos tratados comerciais firmados entre os dois países, durante o período que sucedeu à união das coroas ibéricas (1580-1640) – com especial destaque para o Tratado de Methuen, estabelecido em 27 de dezembro de 1703, entre o embaixador extraordinário britânico John Methuen e D. Manuel Teles da Silva, marquês de Alegrete –, que teriam resultado numa completa subordinação de Portugal em relação à Inglaterra, da qual passara a depender do "necessário clínico" que lhe faltava[29]. Com isso: "A proteção que o governo deu sempre aos ingleses, recebendo os seus panos, desanimou a atividade natural dos portugueses" e engendrou uma dependência em relação à Inglaterra sustentada tanto "pelo vestido, como pelo sustento".[30]

Além disso, a Inglaterra teria aniquilado o comércio do Reino de Portugal com suas colônias, de modo que "todos os negócios desta monarquia passavam pelas suas mãos", tornando os portugueses meras "testemunhas do grande comércio", vindo "até dentro de Lisboa

---

[28] Flávio Rey de Carvalho, *Um iluminismo português? A reforma da Universidade de Coimbra (1772)*. São Paulo: Annablume, 2008, p. 52.

[29] "Discurso político sobre as vantagens que o Reino de Portugal pode tirar da sua desgraça...", p. 142. Estas reflexões sobre os inconvenientes do comércio britânico foram precocemente desenvolvidas por Pombal na sua "Relação dos gravames que ao Comércio e Vassalos de Portugal se tem inferido e estão atualmente inferindo por Inglaterra, com as infrações que dos pactos recíprocos se tem feito por este Segundo Reino assim nos atos de Parlamento que publicou como nos costumes que estabeleceu e nos outros diversos meios de que se serviu para fraudar os tratados entre as duas nações", em: Carvalho e Melo, *Escritos econômicos de Londres...*, cit., p. 95.

[30] "Discurso político sobre as vantagens que o Reino de Portugal pode tirar da sua desgraça...", p. 144.

roubar-lhe o comércio do Brasil"[31]. Acrescia a esta dependência a exaustão das rendas do Reino, bem como o fato de Portugal não conseguir tirar nenhuma vantagem das minas de ouro do Brasil, uma vez que as riquezas destas são sempre "quiméricas para os Estados que as possuem", pertencendo antes "aos povos industriosos que as fazem valer".[32]

No diagnóstico de Carvalho e Melo, portanto, a crítica duplamente dirigida à aliança anglo-lusitana e ao atraso cultural de Portugal se apresentava como sintoma de uma crise, então percebida como o ataque a dois alicerces do Antigo Regime português: o exclusivo comercial das colônias e a soberania da monarquia. Afinal, argumentava-se, era graças à aliança luso-britânica que os ingleses teriam "peado [prendido] esta Nação e a tinham debaixo de sua pendência; eles a tinham insensivelmente conquistado, sem ter provado algum dos inconvenientes das conquistas", de modo que o "governo português não tinha já alma [...]".[33]

A dependência econômica e política, por sua vez, ao barrar o desenvolvimento das ciências e das artes em Portugal, comprometia o novo padrão de concorrência que começava a ser delineado no plano da competição internacional, acentuando sua defasagem em relação aos impérios do noroeste europeu. Assim, uma vez que as "ciências entram no plano do sistema político", completava-se o círculo vicioso, sendo certo que, "porque a Inglaterra e a França têm feito progressos nas artes liberais, que têm adquirido a superioridade sobre as demais

---

[31] Idem, p. 143. Referia-se, provavelmente, à prática do contrabando em vários ramos do seu comércio, praticado pelos "comissários volantes" ingleses. Estes eram mercadores itinerantes portugueses, aos quais os comerciantes ingleses ou de outras nações, estabelecidos em Lisboa, forneciam crédito e mercadorias com os quais sustentava o contrabando nos mercados do Brasil. Prática que Pombal buscaria eliminar, proibindo a presença desses "comissários", por alvará de 6 de dezembro de 1755.

[32] "Discurso político sobre as vantagens que o Reino de Portugal pode tirar da sua desgraça...", p. 143.

[33] Idem, p. 141.

nações". Em Portugal, ao contrário, ressentia-se da falta dessas "Luzes", sendo "impossível que um povo ignorante não declinasse".[34]

Com base neste diagnóstico, Carvalho e Melo empreenderia um amplo e radical programa de reformas, cuja natureza e alcance se devem não só à "autoridade virtualmente completa" que lhe foi atribuída pelo rei José I[35] – caracterizando uma experiência clássica do "despotismo esclarecido"[36]-, mas ao fato de que, no seu governo, triunfaram alterações no ideário e na prática político-administrativa do Império, em curso desde os anos de 1720-30[37]. Especificamente, é este o momento em que se transita de uma concepção corporativa da sociedade e do poder[38], para um paradigma jusnaturalista, pautado numa lógica regida pela "razão de Estado", por meio da qual se buscou empreender uma "administração ativa", em que a ordem da sociedade passou a ser definida pelo rei, encarregado de assegurar o bem-estar e a segurança aos súditos. Tratava-se, em suma, de um processo de construção do poder unificado, que abarcava a organização institucional,

---

[34] Idem, p. 185.

[35] K. Maxwell, *Marquês de Pombal. Paradoxo do Iluminismo*. Trad. A. de P. Danesi, 2ª. ed., Rio de Janeiro: Paz e Terra, 1996, p. 4.

[36] Em termos políticos, as circunstâncias históricas que o levaram ao cargo de primeiro-ministro do rei, D. José I, a partir de 1755, viabilizando uma concentração de poderes e iniciativas em diversos âmbitos, revelam-se em sintonia com as experiências de outras monarquias europeias da segunda metade do século XVIII, conhecida como "despotismo esclarecido", ou "absolutismo ilustrado". Nestas, as respostas dos governantes aos primeiros sintomas da crise do Antigo Regime redundaram em reformas administrativas inspiradas numa apropriação seletiva das Luzes, visando ao fortalecimento do Estado monárquico (Francisco José Calazans Falcon, *A época pombalina*. São Paulo: Ática, 1982).

[37] Monica da Silva Ribeiro, " 'Razão de Estado' e Pombalismo. Os modos de governar na administração de Gomes Freire de Andrada", em: Francisco Falcon e Claudia Rodrigues (orgs.), *A "Época Pombalina" no mundo luso-brasileiro*. Rio de Janeiro: FGV, 2015, p. 93.

[38] António Manuel Hespanha, "A constituição do Império português. Revisão de alguns enviesamento correntes", em: João Fragoso *et alli* (orgs.), *O Antigo Regime nos Trópicos. A dinâmica imperial portuguesa (séculos XVI-XVIII)*. Rio de Janeiro: Civilização Brasileira, 2001, p. 165.

jurídica, social, cultural, econômica e mesmo geográfica do Estado, guiado por uma nova inserção ordenadora e criativa do poder central.[39]

Para tanto, as medidas adotadas por Sebastião José de Carvalho e Melo foram no sentido de promover uma "maior racionalidade administrativa, com um melhor controle econômico e fiscal, e com o desenvolvimento literário e intelectual (...) tanto no centro quanto nas periferias do império luso"[40]. Para efeitos deste capítulo, interessa sublinhar algumas diretrizes das suas reformas para o Brasil, o qual, desde o século XVII, assumia crescente importância no conjunto do Império português.

Do ponto de vista político-administrativo, tal importância se fez sentir já por volta de 1640, no contexto da Restauração da independência de Portugal em relação à Espanha e da ocupação holandesa na África meridional, em 1641. Foi então que a Coroa portuguesa "começou a implementar medidas que pudessem melhor viabilizar a retomada de seu governo sobre o conjunto imperial"[41]. Sintomático, neste sentido, foi a criação do Conselho Ultramarino, em 1642, que substituindo o antigo Conselho das Índias das Conquistas Ultramarinas, guiava-se pelo intuito de uniformizar e impor uma maior racionalização e padronização à administração dos territórios ultramarinos.

No conjunto destas modificações, o Brasil receberia atenção especial, seja na prática de concessão de privilégios e mercês "enquanto

---

[39] António Manuel Hespanha, *Poder e instituições na Europa do Antigo Regime*. Lisboa: Fundação Calouste Gulbenkian, 1984, pp. 61-77; José Subtil, "Os poderes do centro: governo e administração", em: José Mattoso (dir.), *História de Portugal*. Vol. 4 – O Antigo Regime (1620-1807). Lisboa: Ed. Estampa, 1998, pp. 142-167.

[40] Ribeiro, "'Razão de Estado' e Pombalismo...", cit., p. 91.

[41] Maria de Fátima Gouvêa, "Poder político e administração na formação do complexo atlântico português (1645-1808), in: João Fragoso; Maria Fernanda Baptista Bicalho; Maria de Fátima Gouvêa (orgs.), *O Antigo Regime nos Trópicos: a dinâmica imperial portuguesa (séculos XVI-XVIII)*. Rio de Janeiro: Civilização Brasileira, 2001, p. 292.

área privilegiada no interior das hierarquias espaciais do conjunto imperial"[42], seja pela condição de "Principado" à qual foi elevado por Carta Régia de 26 de outubro de 1654. Expediente que o alçava a uma condição diferenciada no contexto imperial da época, além de reafirmar a união do rei com seus vassalos ultramarinos, em especial aqueles do complexo Atlântico Sul.

Foi este, também, o momento em que, visando contrabalançar a queda nos preços internacionais do açúcar em face da concorrência antilhana, a Coroa portuguesa buscou dinamizar a pauta das exportações do Brasil, transplantando para este domínio algumas produções asiáticas. Plano este aventado pelo jesuíta Antônio Vieira, em 1675, e retomado por Duarte Ribeiro de Macedo, nas suas *Observações sobre a transplantação dos frutos da índia ao Brasil*, orientando a introdução do cultivo da canela e pimenta na Bahia, por volta de 1683[43]. Da mesma forma, o Brasil punha em evidência o problema da ingerência inglesa no comércio com Portugal, dada a prática do contrabando em vários ramos do seu comércio, praticado pelos "comissários volantes" ingleses.[44]

A percepção da crescente importância do Brasil no conjunto no Império ultramarino português resultara na máxima enunciada por D. Luis da Cunha, registrada no seu *Testamento político,* de 1748, segundo o qual "Portugal não pode sobreviver sem as riquezas do

---

[42] Idem, p. 293.

[43] "A colônia do Sacramentos e a expansão no extremo sul", em: Sérgio Buarque de Holanda (org.), *História geral da civilização brasileira,* "A época colonial", v. 1, 5ª. ed., Rio de Janeiro: Difel, 1976, pp. 344-345.

[44] Os comissários volantes ingleses haviam se fixado em Portugal e que usufruíam dos tratados e isenções de taxas, realizando assim a prática de contrabando com outros países europeus, chegando a concorrer com os próprios produtos ingleses no mercado mundial (Kenneth Maxwell, *Chocolate, piratas e outros malandros*. São Paulo: Paz e Terra, 1999, pp. 109-110). Sobre a pauta dos contrabandos no comércio colonial, veja-se: José Jobson de Andrade Arruda, "A circulação, as finanças e as flutuações econômicas", em: Maria Beatriz Nizza da Silva (coord.), *O Império luso-brasileiro (1750-1822)*. Lisboa: Estampa, 1986, pp. 155-214.

Brasil, enquanto o Brasil pode sobreviver facilmente sem aquelas de Portugal"[45]. Do que concluía ser a melhor alternativa política a ser tomada a transferência da corte para o Rio de Janeiro, de onde governaria sob o título de "Imperador do Ocidente".

A ideia não era nova, tendo sido aventada pelo Prior de Crato em 1580, quando da invasão de Portugal pela Espanha, seguida pela unificação das coroas ibéricas por Felipe II, e retomada pelo padre Vieira, durante a Guerra de Restauração (1640-1668)[46]. Contudo, ganhava plausibilidade mediante as circunstâncias gestadas a partir da década de 1740, tanto no plano europeu, quanto sul-americano: no primeiro, a deflagração da crise de sucessão austríaca (1740-1748) e a Guerra dos Sete Anos (1756-1763); no segundo, a tentativa de implementação do Tratado de Madrid, assinado pelas cortes portuguesa e espanhola, em janeiro de 1750, ainda durante o reinado de D. João V, visando estabelecer o controle sobre uma região há muito disputada pelos dois impérios ibéricos[47]. Ao assumir o governo, Pombal anteviu as dificuldades de executar o Tratado, particularmente no que se refere à cláusula de "expulsão dos jesuítas e índios convertidos das missões uruguaias"[48]. Motivo pelo qual as negociações se estenderam até 1751, quando se procedeu às missões de demarcação fronteiriça, ao norte e ao sul do Brasil.

No plano das reformas administrativas executadas pelo marquês de Pombal, a atenção a estas duas regiões da América portuguesa

---

[45] D. Luís da Cunha, *Testamento Político,* São Paulo: Alfa-Omega, 1976 [1748]., pp. 43-46.

[46] Maria de Lourdes Viana Lyra, *A utopia do poderoso império. Portugal e Brasil: bastidores da política, 1798-1822. Rio de Janeiro:* Sette Letras, pp. 107-108.

[47] Se por um lado Portugal só se engajou diretamente no conflito europeu a partir de 1761 – quando o "Pacto de Família" estabeleceu a aliança franco--espanhola contra proeminência inglesa no mundo colonial – a definição das fronteiras ao sul do Brasil representava uma questão premente, desde o fim da união ibérica (Fernando Novais, *Portugal e Brasil na crise do Antigo Sistema Colonial...,* cit., pp. 43-47).

[48] Kenneth Maxwell, *Marquês de Pombal...,* cit., p. 53.

levaram-no a travar uma sistemática troca de informações com os dois administradores e chefes das expedições encarregadas das demarcações fronteiriças, por ele nomeados: respectivamente, Francisco Xavier de Mendonça Furtado, seu irmão e governador das capitanias do Grão-Pará e Maranhão, e Gomes Freire de Andrada (conde de Bobadela) – governador do Rio de Janeiro entre 1748 e 1763 e encarregado da administração das Minas Gerais, Mato Grosso e Goiás. Ambos foram figuras centrais da burocracia colonial, além de encarregados de implementar os novos princípios administrativos, pautados nas "razões de Estado".

Assim, reconhecendo que "a força e a riqueza de todos os países consistem principalmente no número e multiplicação da gente que o habita" e que esta condição "se fazia mais imprescindível agora na raia do Brasil para sua defesa", o ministro josefino instruía Gomes Freire de Andrade a abolir "toda diferença entre Portugueses e Tapes (índios), privilegiando e distinguindo os primeiros quando casarem com filhas dos segundos"[49]. Além disso, reforçava ser preciso cuidar para que os governadores e magistrados enviados a estas regiões fossem "homens de religião, justiça e independência", incapazes de qualquer "diferença a favor dos portugueses".

Ao fracasso de se fazer cumprir o Tratado e seu desdobramento na Guerra Guaranítica (1753-1756), seguiram-se os episódios verificados ao norte do Brasil, onde a presença dos jesuítas esbarrava nas medidas econômicas de cunho mercantilista, implementadas por Pombal. A questão aí girava em torno da antiga oposição dos colonizadores aos jesuítas, pelo fato destes últimos monopolizarem o controle sobre a mão-de-obra indígena e o comércio na região.

---

[49] "Primeira carta secretíssima de Sebastião José de Carvalho e Melo, para Gomes Freire de Andrada, para server de suplemento às instruções que lhe foram enviadas sobre a forma de execução do Tratado Preliminar de Limites, assinado em Madri a 13 de janeiro de 1750", Lisboa, 21 de setembro de 1751, em: Marcos Carneiro de Mendonça, *O Marquês de Pombal e o Brasil*. São Paulo: Nacional, s.d., pp. 188-189.

A mesma denúncia era relatada nas correspondências enviadas a Pombal, pelo então governador Francisco Xavier de Mendonça Furtado, nas quais acusava os jesuítas de não apenas monopolizarem o "governo espiritual das aldeias, mas também o temporal e político", controlando o trabalho dos indígenas nelas estabelecidos e, dessa forma, "arruinando com ele e com o grosso comércio que fazem, não só o Erário Real, mas a praça comum e as plantações e lavouras em particular"[50]. Recomendava, assim, a criação de uma Companhia Geral do Comércio para a região, visando resolver o problema da falta de "Pretos", sem os quais não se podia cultivar as terras acarretando, ainda, a excessiva exploração dos indígenas. Além disso, a participação dos jesuítas no comércio da região articulava-se ao problema dos contrabandos, uma vez que aqueles padres eram um dos principais fornecedores das "drogas nativas" aos comissários volantes ingleses.[51]

Amparado por estas informações, portanto, Pombal reforçou sua perseguição aos jesuítas – expulsos do Reino de Portugal e seus domínios pela lei de 3 de setembro de 1759[52] –, bem como suas políticas mercantilistas, criando a Companhia Geral de Comércio do Grão--Pará e Maranhão, por alvará régio de 7 de junho de 1755, seguido pelo alvará de 6 de dezembro do mesmo ano, que fortalecia a prática mercantilista nesta região da América portuguesa.[53]

---

[50] "Carta de Francisco Xavier de Mendonça Furtado a seu irmão Sebastião José de Carvalho e Melo", Pará, 21 de novembro de 1751, em: Marco Carneiro de Mendonça, *Aula de commercio*. Rio de Janeiro: Xerox do Brasil, 1982, p. 25.

[51] "Carta de Francisco Xavier de Mendonça Furtado a seu irmão Sebastião José de Carvalho e Melo", Pará, 21 de novembro de 1751"..., pp. 35-38 e 48-50.

[52] "Lei de expulsão da Companhia de Jesus de Portugal e seus domínios", de 3 de setembro de 1759, em: Mendonça, *O Marquês de Pombal*..., cit., pp. 59-63.

[53] Segundo Maxwell, as medidas monopolistas que buscavam monopolizar e centralizar as relações comerciais entre colônia e metrópole, não feriam os privilégios das feitorias inglesas estabelecidas nos portos da metrópole, nem, tampouco, os tratados entre as duas nações. Era uma forma de assegurar a política de boa vizinhança com a Grã-Bretanha, ainda que buscando fortalecer o controle de Portugal sobre o comércio de produtos coloniais (Kenneth Maxwell, *Chocolate, piratas e outros malandros*..., cit.).

As denúncias de Furtado de Mendonça sobre a situação de atraso econômico e declínio da população indígena na Capitania do Grão Pará e Maranhão inspiraram, ainda, a legislação pombalina sobre os indígenas. Encarregada a funcionários civis, tal intuito demarcava uma "ruptura importante em termos de política colonial e indigenista", deslocando a perspectiva da "catequese", tão cara aos jesuítas, para o objetivo da "civilização"[54]. Era esta a concepção registrada na lei de 6 de junho de 1755[55] – que abolia a escravidão indígena – e nos textos programáticos conhecidos como *Diretório dos Índios*, publicado em 3 de maio 1757.[56]

Esta dinâmica troca de informações entre a administração colonial e o ministro do rei D. José I demonstra o quanto as reformas foram moldadas a partir das pulsões provindas do mundo colonial, avaliadas e reconfiguradas sob a influência de eventos desencadeados na conjuntura internacional da crise. É assim que se pode interpretar as consequências do Pacto de Família, assinado em agosto de 1761, que ao selar a aliança franco-espanhola, pressionava Portugal a aderir ao embargo comercial contra os ingleses, sob ameaça de invasão por tropas da Espanha, em 1762. Episódio que obrigou Pombal a recorrer à ajuda britânica, evidenciando a debilidade portuguesa na defesa do Reino. A resistência inicial da Inglaterra em enviar a assistência requerida por Pombal se fez acompanhar pela publicação de um folheto anônimo – o *Punch's Politiks* – dirigido ao rei José I, o qual

---

[54] Felipe Luis dos Santos, *Da catequese à civilização: colonização e povos indígenas na Bahia*. Salvador: UFRB, 2014, p. 195.

[55] "Lei de 6 de junho de 1755. Abole a escravidão índia no Estado do Grão-Pará e Maranhão', in: A. D. da Silva, *Collecção da Legislação Portugueza – desde a última Compilação das Ordenações – Legislação de 1750 a 1762*, Lisboa: Typografia Maigrense, 1830, pp.369-376. Disponível em: https://nacaomestica.org/blog4/wp-content/uploads/2017/02/Lei-de-6-de-junho-de-1755.pdf. [Acesso em: 19/04/2022]

[56] *Diretório que se deve observar nas Povoações dos Índios do Pará, e Maranhão, enquanto Sua Majestade não mandar o contrário*, Pará, 3 de maio de 1757. Disponível em: https://www.nacaomestica.org/diretorio_dos_indios.htm. [Acesso em: 19/04/2022]

lembrava o interesse britânico sobre o comércio do Brasil, aconselhando a própria retirada da corte portuguesa para esta sua porção imperial.[57]

Tal situação foi agravada com o fim da Guerra dos Sete Anos (1757-1763), travada nos territórios coloniais britânicos e franceses da América do Norte, que culminaria na vitória da Grã-Bretanha. Nas *Instruções* dirigidas ao Conde da Cunha – sobrinho de D. Luís da Cunha e vice-rei do Brasil, entre 1763-67 –, Pombal compreendia que o fim da guerra "constituiu os ingleses na maior vaidade, e elevou tanto a sua natural arrogância, que entendem que se acham no estado de conquistarem os Domínios Ultramarinos de todas as outras potências da Europa cada vez que acharem ocasião ou pretexto para o empreenderem".[58]

Desse modo, os eventos desencadeados no plano internacional, ao alterarem o equilíbrio de forças favoravelmente à Grã-Bretanha, reconfiguraram o lugar do Brasil na crise do Antigo Regime, levando Sebastião José de Carvalho e Melo a executar um conjunto sistemático de medidas, a partir de 1763, denominado *Sistema Fundamental do Governo Político, Militar e Civil da América Portuguesa*[59]. Dentre as medidas por ele contempladas, cuidou de transferir a sede do Vice-Reino da Bahia para o Rio de Janeiro, de modo a reforçar a proteção da fronteira sul. Acreditava existir aí uma conspiração fomentada pelos jesuítas, que mesmo depois de expulsos, teriam prometido aos ingleses "introduzi-los em todos os Domínios, de Portugal e Castela", do que resultava a necessidade de se prevenir

---

[57] Maxwell, *Marquês de Pombal*..., cit., p. 120.

[58] "Instruções de 20 de junho de 1767", para o Conde da Cunha, em: Mendonça, *O Marquês de Pombal*..., cit., p. 64.

[59] Momento sincrônico com o reforço do mercantilismo tardio inglês sobre suas colônias da América do Norte, responsável pela progressiva insatisfação dos súditos em relação ao Parlamento inglês. O que, alimentando um sentimento "antibritânico", desembocaria na Declaração de Independência, em 1776 (Willi P. Adams, "Revolución y fundación del Estado nacional, 1763-1815", em: *Los Estados Unidos de América,* México: Siglo XXI, 1984, pp. 12-30).

desde logo, "como se já estivéssemos em uma atual guerra com os ditos ingleses".⁶⁰

Além de representar uma estratégia militar, a transferência da capital do Brasil para o Rio de Janeiro vinculava-se à ideia de promover uma divisão territorial-administrativa da América portuguesa, com o fim de obter uma racional distribuição do poder. Ao mesmo tempo, tal demarcação procurava moldar-se à composição natural do território do Brasil, cujo conhecimento vinha sendo desde antes apurado, embora mantido em segredo por "razões de Estado".⁶¹

Tal divisão administrativa, contudo, deveria ser acompanhada por medidas que garantissem a coesão entre as diversas partes do Brasil e, evidentemente, entre estas e Portugal. É neste sentido que, seguindo orientações de Pombal, o então Secretário de Estado da Marinha e do Ultramar, Martinho de Melo e Castro, instruía os governadores das capitanias sobre o fato de que todas as "Colônias Portuguesas são de Sua Majestade e todos que as governam são Vassalos seus" e que, assim, "tanta obrigação tem um Governador de uma Capitania de a defender quando for atacada, como de mandar todas as forças ao socorro de qualquer outra das mesmas capitanias que precisar de assistência". Assegurava que, "nesta recíproca união de poder consiste essencialmente a maior força de um Estado e na falta dela toda a fraqueza dele"⁶².

---

⁶⁰ "Instruções de 20 de junho de 1767 [II]", do Conde de Oeiras para o Conde da Cunha, em: Mendonça, *O Marquês de Pombal...*, cit., pp. 70-73.

⁶¹ Este conhecimento foi aprimorado desde o reinado de D. João V, quando foi confeccionado um detalhado atlas do Brasil, com a colaboração dos jesuítas italianos Carbone e Capassi. No contexto das demarcações fronteiriças sob Pombal, foi aprimorado por Francisco Furtado, que se utilizou da presença de cartógrafos, astrônomos e militares presentes na região norte em função da implementação do Tratado de Madrid, para elaborar um "grande inquérito cartográfico e geográfico do *hinterland* amazônico (Charles R. Boxer, *The Golden Age of Brazil-1695-1750*. Berkley and Los Angeles: University of California Press, 1962, pp. 296-297).

⁶² "Instrução de Martinho de Melo e Castro para Martim Lopes de Saldanha", Salvaterra, 24 de janeiro de 1775, em: Marcos Carneiro de Mendonça,

No mesmo documento, a instrução de Melo e Castro era reforçada pela constatação da desproporção territorial da pequena metrópole em relação aos seus vastos domínios, de modo que um reino "tendo braços muito extensos, muito distantes e muito separados uns dos outros [...] não pode ter meios, nem forças com que se defenda a si próprio, e com que acuda ao mesmo tempo com grande socorro à preservação dos mesmos domínios".[63]

Estas percepções guiaram o *Sistema Fundamental de Governo para a América Portuguesa* a contemplar as esferas fiscal e administrativa. Estendeu ao Brasil os novos métodos de contabilidade do Tesouro Real adotados em Portugal, instituindo as "juntas de fazenda" em nível das capitanias, orientadas para fornecer à metrópole dados precisos sobre os gastos e receitas de cada uma delas e, muito especialmente, da de Minas Gerais, que em virtude da exploração aurífera, era reconhecida como aquela a qual a Coroa "tem mais que tirar".[64]

Além disso, as Juntas tenderam a reunir uma série de atribuições fiscais, cuidando das despesas e arrecadação em nível das capitanias, além da administração dos contratos. Funções estas que estiveram na base de uma ação mais ampla, que visava encolher o papel representado pelo Conselho Ultramarino – órgão que tradicionalmente concentrara a comunicação entre Portugal e Brasil – e, simultaneamente, envolver as elites locais na administração[65]. O que demonstra o quanto a suposta centralização das políticas de Sebastião José de Carvalho e Melo viabilizara-se, em algumas de suas dimensões, graças a uma descentralização na base.

Século XVIII – século pombalino no Brasil., Rio de Janeiro: Editora Xerox, 1989, p. 624.

[63] "Instruções de Martinho de Melo e Castro a Luiz de Vasconcelos e Souza, acerca do Governo do Brasil", 1775, *Revista do Instituto Histórico e Geográfico Brasileiro*, 25, 1862, p. 481.

[64] "Carta Instrução de Martinho de Melo e Castro a Martins Lopes Lobo de Saldanha", 1775, em: Mendonça, *Século XVIII...*, cit., p. 519.

[65] Luciano Figueiredo, "Pombal cordial. Reformas, fiscalidade e distensão política no Brasil: 1750-1777", em: Francisco Falcon e Claudia Rodrigues (orgs.), *A "Época Pombalina" no mundo luso-brasileiro...*, cit., pp. 125-174.

Todas estas medidas dependiam da escolha de pessoas justas que, segundo Pombal, não distinguissem entre "vassalos europeus e vassalos americanos", e que fossem exemplares em "predicados virtuosos", que em "qualquer decisão" seguissem o princípio da "prudência na deliberação, destreza na preparação e perseverança para concluir".[66]

Observadas no seu conjunto, portanto, as reformas político-administrativas dirigidas ao Brasil, coerentes com sua condição de principal domínio português e orientadas por uma "razão de Estado", visavam reforçar tanto a imagem do rei – derivando daí a preocupação com o perfil de uma burocracia colonial à altura de representá-lo –, quanto o papel das colônias, que conforme Pombal registrava em documento datado de 1776, foram estabelecidas "com o preciso objeto da utilidade da metrópole a que eram pertencentes".[67]

Assim observadas, as reformas empreendidas pelo primeiro-ministro do rei José I, ao mesmo tempo que configuram uma "experiência completa" – cujas "causas são passadas", mas elaboradas a partir de um presente saturado de realidade –, liberam e orientam prognósticos capazes de alterar as próprias condições de enunciação dos discursos e efetivação das práticas. Um destes prognósticos, com capacidade de "modificar a situação de onde ele surge", se refere ao novo estatuto conferido ao Brasil no conjunto do Império marítimo português. Nele, "a experiência futura, antecipada como expectativa", seria decomposta "em uma infinidade de momentos temporais"[68], que começariam a ser vivenciados a partir de 1777.

---

[66] "Instruções do Marquês de Pombal (então Conde de Oeiras) a João Pedro Câmara, governador de Mato Grosso", abril de 1761, in: Mendonça, *Século XVIII...*, cit., p. 770.

[67] *Fragmentos de Pombal sobre o comércio nas colônias*, s.d., in: Biblioteca Nacional de Lisboa, Reservados, Coleção Pombalina, doc. 637, fols. 100-110.

[68] Koselleck, *Futuro passado...*, cit., pp. 310-313..

O Brasil como "possessão inavaliável"

As dificuldades impostas ao Império português – percebidas desde a primeira metade do Setecentos pelas noções do atraso e da dependência político-econômica em relação à Inglaterra – seriam agravadas a partir de 1777. Desde então, seguindo à morte do rei D. José I e ao afastamento do seu primeiro-ministro da vida política, instaura-se no mundo luso-brasileiro um novo estado de coisas, no âmbito do qual a crise se complexifica e acelera.

No plano internacional, a "Revolução americana" – como foi coevamente denominada a independência das treze colônias inglesas norte-americanas, em 1776[69] –, configurou uma experiência histórica inédita, que abriria aos demais súditos americanos a possibilidade de projetarem novos arranjos políticos capazes de prescindir dos laços com suas respectivas metrópoles. Em breve, a Revolução Francesa "conduziria a um abalo generalizado da Europa monárquica em seus equilíbrios mais enraizados", ainda que este não tenha se dado de maneira imediata, nem tampouco sincronizada[70]. Trata-se, em suma, de um "desses momentos tormentosos e fecundos em que se acelera significativamente o tempo histórico"[71], reconfigurando a própria crise.

Em Portugal, a nova conjuntura vinha agravada pelo afloramento de tensões tipicamente estamentais[72], impondo à coroa recompor os quadros burocráticos e, conforme recomendado por João Carlos de

---

[69] Conotação que dá título à obra do abade iluminista e um dos principais divulgadores do anticolonialismo das Luzes, Guillaume-Thomas François Raynal, *A Revolução na América*. Trad. R.C.S. Lopes, Rio de Janeiro: Arquivo Nacional, [1781] 1993.

[70] Michel Vovelle, A Revolução Francesa e seu Eco, *Estudos Avançados,* v. 3, n.6, 1989, p. 26.

[71] Novais, *Portugal e Brasil...*, cit., pp. 3-4.

[72] Andrèe Mansuy Diniz-Silva, "Groupes de pression et de décision dans la politique brésiliènne du Portugal entre 1750 et 1808", *Revue Françoise d'Histoire d'Outre-Mer,* t. 67, 1979, p. 244-245.

Bragança, segundo duque de Lafões, "dar convergência às capacidades mentais que, neste país se esterilizavam pelo isolamento"[73], de modo a apresentar respostas à altura dos problemas diagnosticados. O empreendimento que melhor expressou o intuído do novo governo foi a fundação da *Academia Real das Ciências de Lisboa,* em 1779, iniciativa conectada ao pragmatismo cientificista das Luzes, bem como à necessidade de formar homens capacitados para integrar os quadros burocráticos e empreender reformas. Apropriando-se dos métodos da História Natural e do conhecimento empírico proveniente da metódica investigação dos três reinos da natureza ultramarina, os intelectuais aí reunidos elaboraram diagnósticos e soluções que, conforme registrado no "Discurso Preliminar" do abade José Corrêa da Serra às *Memórias Econômicas* produzidas no âmbito da nova agremiação científica, visavam a apontar soluções que permitissem o aproveitamento de "vantagens" supostamente naturais – tais como o "Clima feliz de Portugal, a sua situação, as suas conquistas, a variedade de suas produções" – para fazer vingar a esta Monarquia, um alto grau de riqueza e poder [...]".[74]

Agregados por este intuito, aqueles intelectuais e estadistas luso-brasileiros do final do setecentos identificaram uma gama de problemas setorizados – na esfera produtiva e na circulação –, procedendo, ainda, a um sistemático mapeamento do potencial natural ultramarino, desdobrado na verdadeira obsessão por identificar, nomear e classificar seus produtos e materiais, como se a informação mais precisa fosse a condição da reforma mais eficiente[75]. A formação e objetivos relativamente comuns, a experiência na administração colonial e de pertencimento muitas vezes simultâneo às esferas

---

[73] Rômulo de Carvalho, *D. João Carlos de Bragança, Segundo Duque de Lafões, fundador da Academia Real das Ciências de Lisboa,* Lisboa: Publicações da Academia das Ciências de Lisboa, 1987.

[74] "Discurso Preliminar [...] proferido pelo Abade José Corrêa da Serra", em: *Memórias Econômicas da Academia Real das Ciências de Lisboa,* Lisboa: Officina da Academia, 1789, v. 1.

[75] Silva, *Inventando a Nação...,* cit., pp. 124-150.

científicas e políticas no Reino e no Ultramar, contribuiu para uniformizar as concepções daqueles estadistas e intelectuais acerca do universo estudado, derivando uma visão integrada do Império, no âmbito da qual se consolidava a certeza de que "sem o Brasil, Portugal é uma insignificante potência".[76]

Nas *Memórias* da Academia – narrativa que pode ser tomada como registro do modo como a crise do Antigo Regime se apresentava às consciências daqueles ilustrados e estadistas luso-brasileiros –, esta percepção vinha amparada não apenas pelas atividades científicas que davam a conhecer o potencial natural da América portuguesa, mas pelas notícias e pulsões que daí provinham, sinalizando com outros sintomas da crise.

Assim, as inúmeras correspondências enviadas pelos administradores coloniais a Lisboa denunciavam a persistência da prática do comércio ilícito com o Brasil, atribuída tanto à infidelidade dos oficiais inferiores encarregados da fiscalização – os quais, conforme denúncia do Vice-Rei o Conde de Resende, facilitavam aos contrabandistas "os meios de conseguirem uma segura negociação com os moradores da cidade" do Rio de Janeiro[77]-, quanto às insatisfações dos colonos, dentre as quais a crítica às Companhias de comércio eram apenas uma delas.[78] Em virtude do quadro observado, os relatos enviados à corte pelos administradores das capitanias do Brasil, entre 1780 e 1790, recomendavam medidas para promover a defesa do território,

---

[76] Ideia esta registrada numa correspondência do então Secretário de Estado da Marinha e do Ultramar, Martinho de Melo e Castro ("Instruções de Martinho de Melo e Castro a Luiz de Vasconcellos e Souza, acerca do Governo do Brasil, Palácio de Salvaterra dos Magos, 27 de janeiro de 1779", *Revista do Instituto Histórico e Geográfico Brasileiro,* 25, 1862, p. 480.

[77] "Correspondência oficial do Vice-Rei Conde de Resende com a Corte de Lisboa acerca da frequência no Porto do Rio de Janeiro de navios de Guerra ingleses", 1795, *Revista do Instituto Histórico e Geográfico Brasileiro,* 2, 1869, p. 297.

[78] Correspondências de várias autoridades e avulsos", *Revista do Instituto Histórico e Geográfico Brasileiro,* 65, 1902, pp. 264-265; 269-272; 299.

seja por meio da ajuda mútua entre as capitanias, seja pelo fomento de atividades econômicas e científicas, que não só engrossariam as rendas da Coroa, como concorreriam para o aumento de vassalos "úteis" e "laboriosos", diminuindo o número de "vadios e ociosos que perturbam e inquietam" a ordem pública.[79]

Contudo, uma vez aplicadas, as medidas recomendadas ecoavam entre os súditos americanos com sentidos divergentes dos seus propósitos originais, acirrando a crítica aos administradores locais e, progressivamente, deslocando para o próprio Estado o cerne das insatisfações[80]. Estas tensões, ao irromperem nos movimentos sediciosos deflagrados na América portuguesa, no último quartel do século XVIII, atestavam diferentes compreensões dos mesmos fenômenos observados, informando manifestações distintas da crise no Brasil e em Portugal as quais, em última instância, radicavam nas próprias singularidades do Antigo Regime, em cada uma das partes do Império.[81]

No Brasil, especificamente, a tentativa de reproduzir o modelo herdado de Portugal, no decorrer dos séculos XVI, XVII e XVIII, demonstrou "de certo modo, a flexibilidade da sociedade por ordens e sua adaptabilidade a novas categorias e situações sociais"[82], criadas

---

[79] "Instrução do Visconde de Barbacena, Luís Furtado de Mendonça, governador e capitão geral da Capitania de Minas Gerais, de Martinho de Melo e Castro, escrita em 29 de janeiro de 1798", *Revista do Instituto Histórico e Geográfico Brasileiro,* 6, 1844, pp. 5-56.

[80] Roberta Giannubilo Stumpf, *Filhos das Minas, americanos e portugueses: identidades coletivas na Capitania das Minas Gerais (1763-1792).* São Paulo: Hucitec, 2001.

[81] Luiz Carlos Villalta, *O Brasil e a crise do Antigo Regime português (1788- -1822)...,* cit., pp. 26-33.

[82] Stuart Schwartz, *Segredos internos: engenhos e escravos na sociedade colonial, 1550-1835.* São Paulo: Companhia das Letras, 1988, p. 213. Vale dizer: embora a escravidão já existisse na metrópole de forma marginal, na colônia, atrelada à própria lógica da colonização moderna, ela cria novas e complexas realidades sociais "que precisavam ser conciliadas aos princípios portugueses de organização social para cá transferidos".

pela presença do escravismo. Assim, "replicante" e "desviante" em relação à sua congênere europeia[83], a sociedade que aí se formara tendeu a operar segundo a lógica da inversão, resultando ser profundamente específica. E como a inversão é "também uma forma de articulação"[84], na conjuntura observada, o esgotamento desta lógica operativa implicava a "busca de alternativas" que tendiam a tensionar e distender os vínculos com a metrópole, sendo esta uma das mais eloquentes manifestações da crise[85].

Inspiradas no mesmo substrato ideológico revolucionário em voga – que nas palavras do Conde de Resende passaram a dar "leis ao mundo"[86] – e demonstrando estarem sintonizadas com as experiências de mesmo teor disponíveis[87], as atitudes de contestação deflagradas nas capitanias de Minas Gerais (1789)[88], Rio de Janeiro (1794)[89] e

---

[83] István Jancsó, "Brasil e brasileiros"..., cit., p. 260.

[84] Fernando Novais, "Condições de privacidade na colônia", em: Laura de Mello e Souza (org.), *História da vida privada no Brasil*, v.1. São Paulo: Companhia das Letras, 1997, p. 14.

[85] István Jancsó, *Na Bahia contra o Império: História do ensaio de sedição de 1798*. São Paulo: Hucitec/Salvador, EDUFBA, 1996, p. 203.

[86] "Correspondência Oficial do Vice-Rei Conde de Rezende com a corte acerca de um projeto de revolução". Rio de Janeiro, 1794", *Revista do Instituto Histórico e Geográfico Brasileiro*, 32, 1869, pp. 285-291.

[87] Como no caso hispano-americano, as experiências disponíveis aos colonos da América portuguesa se revelaram mais influentes que o substrato ideológico das Luzes, pois este não tinha necessariamente um conteúdo revolucionário do ponto de vista político, já que tinha na Coroa sua mais poderosa força de renovação, não implicando questionamentos sobre o ordenamento monárquico ou a unidade imperial (Maria de Fátima Gouvêa, "Revolução e Independências: notas sobre o conceito e os processos revolucionários na América Espanhola", *Estudos Históricos,* 20, 1997, pp. 275-294).

[88] Sobre a Inconfidência Mineira, veja-se: Maxwell, *A devassa da devassa...*, cit.

[89] Sobre a Conspiração arquitetada no âmbito da Sociedade Literária do Rio de Janeiro, em 1794, veja-se: Afonso Marques dos Santos, *No rascunho da nação: Inconfidência no Rio de Janeiro*. Rio de Janeiro: Secretaria Municipal de Cultura, Turismo e Esportes, Departamento Geral de Documentação e Informação Cultural, 1992.

Bahia (1798)[90], pautadas cada qual em razões e condições objetivas, dirigiram-se contra aquelas marcas estruturais da colonização portuguesa na América.

Não cabe nos objetivos deste capítulo analisar cada um destes movimentos. Ainda que nenhum deles possa ser qualificado como antecedente direto da independência do Brasil – associação esta especialmente cara às representações sobre a Inconfidência Mineira, que, desde a proclamação da República no Brasil, ocupou posição privilegiada no processo de construção da memória nacional[91] – o certo é que, ao irromperem, foram capazes de alterar, ou no mínimo tensionar, as "estruturas da própria realidade que os fez surgir"[92]. A começar pelos impactos nas condições de enunciação e exequibilidade das políticas reformistas, na medida em que evidenciaram o esgotamento dos antigos padrões de exploração colonial e a impossibilidade de executá-los sem levar em conta as especificidades dos muitos "brasis". O que, de certo modo, reconfigurava a própria percepção da crise, por parte daqueles intelectuais e estadistas metropolitanos.

A síntese coeva mais aperfeiçoada desta compreensão foi registrada na *Memória sobre o Melhoramento dos Domínios Portugueses na América,* elaborada pelo então Secretário de Estado da Marinha e Ultramar, D. Rodrigo de Sousa Coutinho, em 1797[93]. Neste documento, retomou as principais ideias apresentadas no plano de reformas editado por Sebastião José de Carvalho e Melo, para um novo

---

[90] Sobre a Conjuração Baiana, veja-se: István Jancsó, *Na Bahia contra o Império: história do ensaio de sedição de 1798.* São Paulo: Hucitec, 1996.

[91] José Murilo de Carvalho, *A formação das almas. O imaginário da República no Brasil.* São Paulo: Companhia das Letras, 1990. Este tema é abordado no nono capítulo da presente coletânea.

[92] O que institui tais movimentos na qualidade de *eventos*, nos termos propostos por João Paulo Pimenta, *Tempos e espaços das independências...,* cit., pp. 35-36.

[93] D. Rodrigo de Sousa Coutinho, "Memória sobre o melhoramento dos Domínios de Sua Majestade na América", *Brasília,* 4 (s.d), pp. 405-422. Uma cópia do documento original se na Seção de Manuscritos da Biblioteca Nacional do Rio de Janeiro, Coleção Linhares, Cod. I-29,13,16.

Sistema Fundamental do Governo Político, Militar e Civil da América Portuguesa, tratando do problema do índio, da organização militar da colônia americana integrada à da metrópole, de questões fiscais e administrativas. Reinscrevia-as, contudo, nas novas circunstâncias, em que o fomento de novas atividades econômicas nas colônias era articulado ao desenvolvimento da metrópole.[94]

Desse modo, preocupou-se em prescrever medidas específicas às capitanias do Brasil, dedicando uma particular atenção ao problema da taxação na capitania de Minas Gerais, referida numa instrução de Martinho de Melo e Castro ao Visconde de Barbacena, então seu governador e capitão general, como "uma das mais importantes" do Brasil[95]. Ainda com vistas a contemplar as especificidades regionais dos domínios ultramarinos, preocupava-se com sua reorganização política, projetando o agrupamento das capitanias do Brasil em "dois grandes centros de força": um ao norte (com sede na Capitania do Pará) e outro ao sul (com sede no Rio de Janeiro), sob os quais deveriam reunir-se "os territórios que a Natureza dividiu tão providencialmente por grandes Rios, ao ponto de fazer ver que esta concepção política é ainda mais natural que artificial".[96]

Entretanto, o que desponta nesta Memória é, sobretudo, a verdadeira reformulação dos fundamentos ideológicos da unidade imperial, levada a cabo por D. Rodrigo. Convencido de que "os domínios portugueses na Europa não [...] formam senão a capital e o centro das suas vastas possessões", condicionava o "próspero" futuro de Portugal à conservação do "inviolável e sacrossanto princípio da Unidade, primeira Base da Monarquia", ressaltando as vantagens da "reunião

---

[94] Fernando Novais, "O Reformismo ilustrado luso-brasileiro: alguns aspectos", *Revista Brasileira de História,* 7, 1994.

[95] "Instrução para o Visconde de Barbacena, Luís António Furtado de Mendonça, governador e Capitão Geral da Capitania de Minas Gerais", de Martinho de Melo e Castro, escrita em 29 de janeiro de 1788, *Revista do Instituto Histórico e Geográfico Brasileiro,* 6, 1844, p. 12.

[96] D. Rodrigo de Sousa Coutinho, "Memória sobre o melhoramento dos Domínios de Sua Majestade na América...", cit., pp. 407-408.

de um só todo composto de partes tão diferentes que separadas jamais poderiam ser igualmente felizes"[97]. O reconhecimento da primazia assumida pelo Brasil no conjunto do Império – "não pelo que é atualmente, mas pelo que pode ser tirando da sua extensão, situação, e fertilidade todos os partidos que a Natureza nos oferece" –, levava-o projetar o estabelecimento de um "vasto Império luso-brasileiro", no qual as colônias figurariam como províncias de Portugal, "todas reunidas ao mesmo sistema administrativo, todas estabelecidas para contribuírem à mútua e recíproca defesa da Monarquia", compondo uma grande "família lusitana".[98]

Tal projeto seria reconfigurado no contexto do acirramento do conflito entre França e Grã-Bretanha, quando se impôs aos ministros de D. João uma escassez de meios e tempo para a implementação das reformas desde antes projetadas. Nesta conjuntura, ganharia consistência e contornos mais definidos a ideia gestada no âmbito do reformismo ilustrado de finais do século XVIII, segundo a qual, no quadro das experiências revolucionárias então aceleradas, o Brasil representava a principal alternativa, como reduto da Monarquia e base para um poderoso Império. Tratava-se, em suma, de uma "possessão inavaliável"[99], cuja perda estava fora de cogitação.

O Brasil como o "grande recurso" na "grande tempestade"

A confirmação da aliança franco-espanhola, pelo Tratado de Santo Ildefonso, em 1795[100], seguida pelo acirramento da rivalidade anglo-

---

[97] Idem, pp. 406-407.

[98] Idem, p. 411.

[99] "Demonstração das principais causas com que se tem arruinado a agricultura, indústria e povoação do Reino de Portugal, e os meios com que me parece se pode restabelecer", anônima, 1796, em: *Memórias Econômicas da Academia Real das Ciências de Lisboa...*, p. 126.

[100] O Tratado de Santo Ildefonso ia na contramão dos tratados de aliança assinados quase simultaneamente por Portugal com Espanha e Inglaterra, em

-francesa, a partir de 1803, envolveu o Império luso-brasileiro numa avalanche de acontecimentos nem um pouco previsíveis, capazes de intensificar as conexões recíprocas entre os espaços que integravam uma mesma experiência revolucionária moderna[101]. Como resultado, configurou-se uma situação de "insegurança" generalizada – própria às situações de crise –, atravessada pela sensação de, em que se soubesse "ao certo quando ou como", uma decisão capaz de pôr fim a tal estado crítico deveria ser tomada.[102]

Neste caso, a principal decisão ponderada pelo gabinete ministerial do Príncipe Regente[103] dizia respeito ao rompimento do estatuto de neutralidade de Portugal no conflito europeu e a como proceder, mediante as consequências que daí adviriam. Considerando o agravamento das pressões impostas neste sentido, tanto pelo lado britânico, quanto francês, D. Rodrigo de Sousa Coutinho foi um dos primeiros estadistas a constatar o esgotamento das condições diplomáticas até então vigentes, alegando ser "pueril a ideia de neutralidade, que no momento não existe nem pode existir".[104]

1793, contra a França revolucionária. Andréa Slemian; João Paulo Pimenta, *A corte e o mundo. Uma história do ano em que a família real portuguesa chegou ao Brasil*. São Paulo: Alameda, 2008, p. 45-46.

[101] João Paulo Pimenta, *Tempos e espaços das Independências...*, cit., p. 36.

[102] Koselleck, *Crítica e crise...*, cit., p. 111.

[103] De 1792 a 1799, o príncipe D. João assumiu informalmente a direção dos negócios de Estado, dada a débil saúde mental da Rainha. Com o atestamento definitivo de sua incapacidade para governar, assumiu a regência oficialmente, por decreto de 15 de julho de 1799, a qual se prolongou até 1816, quando a morte de Maria I levaria D. João a ser aclamado Rei de Portugal, Brasil e Algarves, como D. João VI (Joaquim Jaime B. Ferreira-Alvez, Festejos Públicos no Porto pela "Declaração da Regência", de D. João, Príncipe do Brasil, in: *Anais do Seminário Internacional. D. João VI. Um rei aclamado na América,* Rio de Janeiro: Museu Histórico Nacional, 2000, pp. 64-81.

[104] D. Rodrigo de Sousa Coutinho, "Ofício de 14 de outubro de 1795", Arquivo Nacional da Torre do Tombo, Ministério dos Negócios Estrangeiros, caixa 869.

Ainda que o Tratado de Amiens, acordado em 27 de março de 1802, tenha sinalizado com a expectativa de uma trégua no conflito franco--britânico[105], a pressão francesa sobre o país – exercida, sobretudo, pela atuação do general Lannes – levou Sousa Coutinho a interpretar os termos do Tratado como consolidando a "grandeza da França", dando "lugar a que Bonaparte e seu Conselho se propusessem vistas ambiciosas de uma tal extensão, que em qualquer outro período houveram sido consideradas, mais como sonhos de um Político delirante, do que como Planos de um Governo [...]"[106]. Ao mesmo tempo, considerava o estado de "sujeição" da corte espanhola em relação ao governo francês, atribuída à "fraqueza do Ministério que rege aquela Monarquia"[107], o que reforçava as pressões sobre o governo português, vindo, muito provavelmente, exigir-lhe que "se deixe conduzir à última ruína fechando os Portos aos Ingleses, recebendo nele Guarnição Francesa, e fazendo-se tributário da Nação Francesa [...]"[108]. Em vista deste cenário, recomendava uma "enérgica, forte e desesperada defesa da Coroa de V.A.R", sem desconsiderar a "certeza de ir em qualquer caso V.A.R. criar no Brasil um grande Império, e segurar para o futuro a reintegração completa da Monarquia em todas as suas partes".[109]

---

[105] Valentim Alexandre, *Os sentidos do Império: questão nacional e questão colonial na crise do Antigo Regime português*. Porto: Afrontamento, 1993, p. 126.

[106] D. Rodrigo de Sousa Coutinho, "Carta dirigida ao Príncipe Regente D. João fazendo uma detalhada exposição sobre as condições políticas da Europa em face das Guerras de Napoleão; aludindo à invasão da Península e provável invasão às Capitanias do Rio Grande e São Paulo pelos franceses", Quinta de São Pedro, 16 de Agosto de 1803, *Biblioteca Nacional do Rio de Janeiro*, Seção de Manuscritos, doc. I-29,13,22.

[107] Referia-se à atuação do primeiro-ministro da Corte de Carlos IV, Manuel de Godoy, denominado "Príncipe da Paz", que tinha fama de bajulador de Napoleão e amante da rainha da Espanha, Maria Luísa (Slemian e Pimenta, *A corte e o mundo...*, cit., p. 31).

[108] D. Rodrigo de Sousa Coutinho, *Carta dirigida ao Príncipe Regente D. João...*, cit.

[109] Idem.

Apesar do quadro complexo, até aquele momento a ruptura da neutralidade de Portugal não era uma alternativa consensual entre o corpo de estadistas da Corte portuguesa, tendo sido ponderada nos termos da opinião divulgada por um *Guia de Príncipes,* datado de 1804, acerca da "Neutralidade" e das "Ligas". Segundo este documento, dependeria "muito da prudência declarar-se o Príncipe ou ficar Neutral entre outros", considerando que, "de qualquer sucesso da guerra, as resultas serão danos [...]"[110]. Menos consensual, contudo, foi o sentido dos alinhamentos diplomáticos plausíveis naquele contexto, sobretudo a partir de 1803, quando ganha destaque a tendência pró-francesa no gabinete português, com destaque para Antônio de Araújo de Azevedo, futuro Conde da Barca, empossado no ministério dos Negócios Estrangeiros Ministro, em abril de 1804.[111]

Ciente das virtualidades do poderio militar francês e desconfiando dos interesses da ajuda britânica, sua estratégia ia no sentido de assegurar a paz com a França e uma harmonia tática com a Grã-Bretanha, postura esta que se afirma a partir de 1806. Neste ano, sob o pretexto de oferecer ajuda ao governo português a uma iminente invasão franco-espanhola de seu território, uma esquadra britânica adentrou pelo Tejo, pressionando pela quebra da neutralidade. Naquele contexto, Antônio de Araújo e Azevedo endereçou uma nota em nome do rei ao comandante da missão britânica – o lorde Rosslyn –, "agradecendo muito a S. M. Britânica os seus amáveis conselhos", mas reconhecendo-se "obrigado, para não alterar a tranquilidade dos Seus Vassalos, a continuar a observância da sua

---

[110] *Guia de Príncipes,* 1804. Biblioteca Nacional de Lisboa, Reservados, Coleção Pombalina, doc. 686.

[111] A ascensão da tendência pró-francesa no gabinete português implicou a queda de D. Rodrigo de Sousa Coutinho e de D. João de Almeida, então Ministro dos Negócios Estrangeiros, substituído por Antônio de Araújo. As pressões francesas contaram, ainda, na demissão de Pina Manique do cargo de administrador geral da alfândega e da intendência de polícia, no qual permaneceu por nomeação de D. Maria I de 1790 a 1805 (Alexandre, *Os sentidos do Império...,* cit., p. 128).

neutralidade, esperando que entretanto se verifique a desejada conclusão da Paz".[112]

A viabilidade desta estratégia diplomática, contudo, começava a ser desacreditada a partir de 1807, quando aumentam as exigências francesas sobre D. João, em torno dos seguintes pontos: adesão ao Bloqueio Continental – decretado em 21 de dezembro de 1806, como resposta à derrota francesa na batalha de Trafalgar –; declaração de guerra à Inglaterra, com a reunião das esquadras portuguesas às franco-espanholas; expulsão do ministro britânico em Lisboa – o lorde Strangforf[113] – e detenção de todos os súditos britânicos residentes em Portugal e seus domínios, seguida pelo confisco de seus bens e propriedades.

A estas pressões, viriam somar-se os acontecimentos ocorridos na vizinha Espanha, que não tardaria a passar de aliada a inimiga da França. Desde 1804, eram conhecidas as negociações entre Manuel de Godoy, primeiro-ministro espanhol, e Napoleão Bonaparte, em torno da conquista e partilha de Portugal, para o que era franqueada a passagem do exército francês pelo território da Espanha. Embora estas negociações só viessem a ser formalizadas pelo Tratado de Fontainebleau, assinado em 27 de outubro de 1807, estivera na base da crescente impopularidade do rei e do seu primeiro-ministro, bem como dos conflitos palacianos suscitados pelos partidários do herdeiro Fernando VII, cuja popularidade crescia por todo o Império, como o "portador das esperanças da regenerar uma dinastia corrompida".[114]

---

[112] "Nota dirigida a Lord Rosslyn por Antônio de Araújo de Azevedo, em 22 de setembro de 1806", em: Marquês de Funchal, *O Conde de Linhares,* Lisboa: Bayard, 1908, p. 272.

[113] Sobre a atuação do Lord Strangford, principal interlocutor inglês de D. Rodrigo de Sousa Coutinho nas negociações com a Inglaterra, veja-se: Rose Macaulay, *Ingleses em Portugal.* Porto: Editora Civilização, s.d., pp. 359-379; Alberto Rangel, *Os dois Ingleses: Strangford e Stuart.* Rio de Janeiro: Conselho Federal de Cultura/Arquivo Nacional, 1972, pp. 5-43.

[114] Slemian & Pimenta, *A corte e o mundo...,* cit., p. 32

A crise de legitimidade da monarquia espanhola estreitava sua dependência em relação à aliança com a França, cujos exércitos não tardariam a ocupar o país atendendo aos apelos do rei para reestabelecer a ordem interna, desestabilizada pelos motins de Aranjuez, em março de 1808[115]. Antes disso, porém, serviu de termômetro aos ministros de D. João, que entre agosto e novembro de 1807, passariam a se reunir sistematicamente no Conselho de Estado português, polarizando no seu interior as posturas pró-britânica e pró-francesa.

Principal representante da primeira tendência – que ficaria conhecida como o "partido inglês" –, D. Rodrigo de Sousa Coutinho avaliava as notícias da Espanha como sinal evidente de "que nenhum tratado por mais solene que seja deterá a França; que as vistas de Bonaparte estão claras; que ele deseja pilhar este Reino, se apossar da pessoa sagrada de S.A.R. para forçá-lo a assinar as abdicações"[116]. Em função disso, a "saída de S.A.R. ao Brasil com todos os capitais do Reino, e com o exército" parecia-lhe a mais plausível e urgente decisão a ser tomada. De tal forma que, "pondo sobretudo em segurança a pessoa de S.A.R. e dando então as mãos aos ingleses, e fazendo uma guerra eterna contra a França, nós afugentaremos os espanhóis de toda a América Meridional, e quem sabe um dia reconquistaremos Portugal [...]".[117]

Dessa forma, na iminência da invasão francesa, a alternativa aventada em diferentes momentos da Monarquia portuguesa, ganhava

---

[115] Como é sabido, estes episódios culminariam nas chamadas "abdicações de Baiona". Atendendo aos apelos do rei Carlos IV, Napoleão decidiu convocar toda a família real espanhola na cidade de Baiona, a fim de negociar os termos da requerida ajuda, enquanto o exército francês ocupara Madrid, suscitando um levante popular contra o invasor. Em represália, Napoleão exigiu que Fernando VII e Carlos IV abdicassem do trono em favor de José Bonaparte, irmão de Napoleão, em maio de 1808 (Slemian & Pimenta, *A corte e o mundo...*, cit., pp. 34-35).

[116] "Extrait d'Opinion que D. Rodrigo de Sousa Coutinho a remis au Prince du Brésil le 21 Aôut 1807, au Palais de Mafra – Avec quelques détails sur les Conseils d'État tenus à Mafra le 27 Aôut et le 2 Séptembre de la même année, par le General Thiébault", em: Marquês de Funchal, *O Conde de Linhares...*, p. 304 (tradução minha).

[117] Idem.

consistência e densidade, na medida em que esgarçava sua dupla finalidade: preservar a principal parte do Império – como desde antes era considerado o Brasil – e salvaguardar o princípio da soberania, associado à imagem do "rei soberano"[118], reforçada desde meados do século XVIII pela lógica jusnaturalista, regida pela "razão de Estado". Cumprindo este duplo objetivo, esperava ainda saciar a cobiça britânica sobre o comércio com o Brasil a qual, conforme visto, desde finais do século XVIII corria pelas vias ilegais do contrabando, sendo um dos alvos das políticas reformistas.[119]

Por este motivo, na perspectiva dos ministros pró-ingleses, a retirada estratégica da Corte para o Brasil deveria se dar sob a tutela britânica. Conforme registrado na carta de Frei Matias, guardada junto ao *Assento do Conselho de Estado* português, datada de 8 de novembro de 1807, o "grande recurso que V.A.R. sempre teve e sempre conservou ter, e atualmente tem [...] com tanta vantagem aos Príncipes da Europa [...] está inteiramente dependente da conservação da aliança com a Nação Inglesa". Assim que se quebrasse "o vínculo desta aliança tão antiga", previa, "infalivelmente fica V.A.R. perdendo aquele recurso", do qual pode dispor "na grande tempestade".[120]

---

[118] Na lógica do Antigo Regime a pessoa do rei resumia o corpo coletivo, representando a "unidade e a identidade do estado", concentrando a soberania e reproduzindo as hierarquias sociais. Esta associação entre "pessoa do rei" e "rei soberano" pressupunha, ainda o poder do monarca de legislar de modo que a soberania passava a significar sua própria vontade em ação, independente e indivisível, sendo apenas controlada pela "leï natural, a ética cristã, leis fundamentais, a experiência de séculos passados e instituições" (Keith Michael Baker, "Representation", in: *The French Revolution and the creation of Modern Political Culture*. Oxford: Pergamon Press, 1987, p. 469; Michel Antoine, "The Absolute Monarchy", in: *The French Revolution and the creation of Modern Political Culture*, p. 537).

[119] Novais, *Portugal e Brasil...*, cit., pp. 242-243.

[120] "Carta de Frei Matias de São Bruno Sobre as Medidas Militares contra a Inglaterra", in: *O Conselho de Estado Português e a Transmigração da Família Real em 1807*, Rio de Janeiro: Arquivo Nacional/Ministério da Justiça, 1968, pp. 51-52.

A alternativa era especialmente vantajosa para a Inglaterra – como viria a se confirmar pelo Tratado de Aliança, Comércio e Amizade, assinado em 1810 –, a qual oferecia pronta escolta para a retirada da família real portuguesa ao Brasil. Num panfleto manuscrito redigido em Londres, datado de outubro de 1807, reavivava-se a ideia de Portugal não ser "mais do que um acessório da Potência Lusitana", sendo que "no Brasil, que é o seu inexpugnável escudo contra a tirania da Europa [...] livre da tirania de Bonaparte, e da ignomínia da Espanha, ele pode severamente puni-los".[121]

Os prós e contras da aliança britânica – apontada desde os primeiros diagnósticos ilustrados que orientaram a prática do marquês de Pombal, como uma das causas do atraso e da dependência econômica de Portugal –, eram assim reavaliados mediante as circunstâncias conjunturais da crise. A impopularidade de tal plano repercutiu entre os súditos do Reino – por verem afastar-se de si a paternal figura do rei e serem expostos à expectativa de um sanguinolento conflito – e, especialmente, entre a burguesia mercantil, pelas atitudes imperialistas da Inglaterra, que se apossaria do vantajoso comércio do Brasil.

Estas suspeitas eram reforçadas mesmo entre os representantes do "partido inglês", pela recente ocupação britânica das Ilhas da Madeira e dos domínios de Goa, Damão e Diu, no contexto das hostilidades deflagradas entre Espanha e Portugal, em 1801, por ocasião do episódio conhecido como a Guerra das Laranjas[122]. Foi justamente com a finalidade de se assegurar das intenções inglesas, num momento em que esta parecia a única alternativa a se desenhar no horizonte de expectativas dos estadistas portugueses, que D. Domingos de Souza Coutinho foi nomeado Plenipotenciário do Príncipe Regente

---

[121] *Reflexões sobre a conduta do Príncipe Regente de Portugal,* Londres: Off. de T. Harpes, outubro de 1807 (Academia das Ciências de Lisboa, *Série Azul,* manuscrito n. 1884)

[122] Ocasião em que o ministro da Espanha, Manuel de Godoy, comandou em pessoa a invasão de Portugal, ocupando as praças portuguesas de Olivença, Juromenha, Portalegre e Castelo de Vide (Slemian & Pimenta, *A corte e o mundo...,* cit., p. 31).

em Londres, em 27 de setembro de 1807. Sua missão: ajustar uma convenção "com o fim de conservar intacta a esta Monarquia a referida Ilha da Madeira, e as mais Possessões Ultramarinas".[123]

Se a desconfiança em relação à tutela britânica pairava mesmo entre os ministros pró-ingleses, os episódios mencionados, aliados ao fato de que a França se convertera, desde 1803, num dos principais importadores dos produtos coloniais de Portugal[124], embasaram os argumentos do principal representante do "partido francês", Antônio de Araújo de Azevedo. Apesar de admitir não restar "outro prudente partido a tomar, senão o de seguir o sistema do Continente", preocupava-o os mesmos objetivos primordiais defendidos por D. Rodrigo de Sousa Coutinho: garantir, duplamente, a preservação do Brasil e da soberania dinástica, sustentáculos do Antigo Regime português. Estes pontos aproximavam os argumentos dos membros do Conselho de Estado português, orientando o parecer favorável de Antônio de Araújo ao plano de se enviar ao Brasil o Príncipe da Beira, revestindo--o "de uma dignidade adequada a Sua Pessoa Real". Assim, lembrando que "um Príncipe primogênito não tem por nascimento o direito a exercer" a "coleção de todos estes poderes que constitui a soberania", recomendava que o rei conferisse "ao seu Augusto Sucessor [...] o título militar de Condestável", superior a todos os outros empregos militares[125].

O plano que visava a defender o Brasil e salvaguardar a soberania na pessoa do herdeiro do trono português não eliminava, contudo,

---

[123] "Credencial acreditando Dom Domingos Antonio de Souza Coutinho como Plenipotenciário do Príncipe Regente junto de S.M.B. para ajustar uma convenção, a fim de conservar intacta a Monarquia Portuguesa", em: Funchal, *O Conde de Linhares...*, cit., pp. 273-274.

[124] Jorge Borges de Macedo, *O Bloqueio Continental, Economia e Guerra Peninsular*. 2a. ed., Lisboa: Gradiva, s.d., pp. 50-51.

[125] "Parecer de Antônio e Araújo de Azevedo sobre o Título a ser Conferido ao Príncipe da Beira, no caso de sua Ida para o Brasil e sobre a Organização da Administração daquele Vice-Reino", 8 de setembro de 1807, em: *O Conselho de Estado Português e a transmigração da Família Real em 1807*, pp. 32-33.

os investimentos de Araújo de Azevedo no sentido de dissuadir os franceses de invadirem Portugal. Ainda que o logro deste objetivo fosse se tornando cada vez mais desacreditado – o que emprestava aos argumentos pró-franceses um tom mais retórico e estratégico –, era esta sua postura defendida numa carta dirigida ao Ministro Plenipotenciário britânico em Lisboa, lord Strangford, em 17 de outubro de 1807. Nesta, o ministro pró-francês reconhecia não caber "nas forças de Portugal, ainda quando fossem auxiliadas pelas de Inglaterra, o resistir à França e à Espanha, e por meio de uma insuficiente resistência, ficaria S.A.R. responsável da perda deste Reino para com Seus Augustos Sucessores, para com a Nação Portuguesa, e para com toda a Europa"[126].

A esta altura, porém, os representantes diplomáticos da França e Espanha já haviam desistido das negociações com os ministros portugueses, abandonando Portugal e encaminhando-se para a assinatura do Tratado de Fontainebleau, em 27 de outubro de 1807, pelo general-de-divisão francesa Michel Duroc e o Conselheiro Honorário de Estado e da Guerra do rei da Espanha. Munidos de plenos poderes, acordaram a invasão e divisão de Portugal, para o que se fez acompanhar uma Convenção Secreta assinada na mesma data, tratando da operacionalização desta missão.

Estas circunstâncias levavam Araújo de Azevedo a se aproximar da decisão sustentada pelos ministros pró-ingleses, ao conjecturar com a tutela britânica para a retirada do Príncipe Regente, frente a uma invasão que pusesse em risco a pessoa do soberano. Conforme registrado em ofício de 17 de outubro de 1807 dirigido a Domingos de Souza Coutinho, sobre esse "importante objeto", comunicava "que S.A.R. nem há de desertar por terror pânico, o que já assustou o Povo desta Capital, suspeitando que ele se dispunha a partir, nem também há de esperar o último perigo,

---

[126] "Nota de Antonio d'Araújo a Lord Strangford, Ministro Plenipotenciário de S.M.B. em Lisboa", 17 de outubro de 1807, em: Funchal, *O Conde de Linhares...*, cit., p. 281.

arriscando-se a haver ventos contrários que obstem à saída deste Porto [de Lisboa]".[127]

A esta altura, a decisão de transferir a família real para o Brasil já havia sido tomada pelo Conselho de Estado português, conforme indica a observação de Antônio de Araújo acrescida ao referido ofício: "O Paquete demorou-se mais do que eu julgava porque cuidei que partisse ontem de manhã; e agora sou obrigado a dizer a V. S^a. que amanhã é o dia destinado para se publicar o partido que tomamos". Recomendava, porém, que "como isto há de ir aos Tribunais, e depois de amanhã é o dia feriado, talvez se não venha a saber no Público senão no dia seguinte".[128]

Tal postura demonstra que, no contexto dramático da invasão francesa – quando as virtualidades inscritas na crise do Antigo Regime acenavam àqueles estadistas reunidos no Conselho de Estado português com a dupla ameaça de perca da possessão americana e da integridade física e moral do rei soberano –, as divergências entre os ministros pró-franceses e pró-ingleses se explicam muito mais em termos de seus julgamentos táticos sobre a melhor ocasião para disporem daquele "recurso" com o qual sempre pode contar a Coroa: a sua retirada estratégica para o Brasil. De tal forma que, quando as tropas comandadas por Junot adentraram Portugal, em 19 de novembro de 1807, e nada demonstrava dissuadir Napoleão de seus intentos, a decisão acordada pelo Conselho de Estado português, em 26 de novembro do mesmo ano, foi no sentido de concretizá-la, seguindo a máxima pouco antes proferida pelo naturalista Domingos Vandelli: "Contentemo-nos com a honra e a dignidade da Coroa; mas não percamos a Coroa por querer conservar a honra e a dignidade".[129]

---

[127] "Ofício de Antônio de Araújo e Azevedo a D. Domingos de Souza Coutinho Ministro Plenipotenciário em Londres", 17 de outubro de 1807, em: Funchal, *O Conde de Linhares...*, cit., pp. 275-277.

[128] "Ofício de Antônio de Araújo e Azevedo a D. Domingos de Souza Coutinho...", p. 277.

[129] Domingos Vandelli, "Memória sobre a conveniência de Portugal realizar uma aliança ofensiva e defensiva com a França e a Espanha", s.d. (Arquivo Nacional

*

Em vista do desempenho revelado pelo gabinete de Estado português, portanto, embora emergencial e adotada numa situação de extrema vulnerabilidade, a retirada da família real portuguesa para o Brasil não pode ser interpretada como uma decisão inscrita apenas na curta duração, por mais que a iminência da invasão francesa a tenha precipitado. Tampouco caracterizou uma fuga, arquitetada por ministros inábeis e um monarca supostamente "medroso"[130]. Concluir dessa forma seria ignorar o que configurou a preocupação central deste capítulo: demonstrar de que maneira, desde meados do século XVIII, determinados acontecimentos no plano da política mundial reconfiguraram, qualitativamente, o lugar do Brasil no interior do Império português, conferindo-lhe a condição de principal "alternativa" à crise do Antigo Regime. Uma crise cujo principal sintoma era, justamente, acentuar a percepção do acelerado processo de diferenciação entre as partes deste mesmo Império e dele em relação a outros com trajetórias convergentes, mergulhados numa mesma experiência revolucionária de proporções efetivamente mundiais e de caráter essencialmente moderno.

Neste contexto, não resta dúvida sobre o fato de que a instalação da corte no Rio de Janeiro, em 1808, representou o desfecho de uma longa trajetória, conferindo possibilidades concretas para a realização da ideia setecentista de edificação de um "Grande e vasto Império" a partir do Brasil, fortalecendo momentaneamente os vínculos em torno da monarquia e o próprio sentimento de "patriotismo imperial" entre os súditos americanos. Ao mesmo tempo, porém, instaurou

---

do Rio de Janeiro, Fundo Negócios de Portugal, cod. 807, vol. 25, doc. 14). Esta Memória se insere num conjunto de outras redigidas pelo naturalista italiano e sócio da Academia Real das Ciências de Lisboa, Domingos Vandelli, entre 1796 e 1806, cujos originais se encontram na Torre do Tombo, tendo sido trazidos para o Brasil em 1807 (Leopoldo Collor Jobim, "Domingos Vandelli e a Revolução Francesa", *Revista de História das Ideias,* Coimbra: 1988, pp. 249-264).

[130] Como bem apontam Slemian & Pimenta, *A corte e o mundo...*, cit., p. 47.

novas abrangências e complexidades, sinalizadoras do esgotamento da alternativa reformista, que visava "anular" a própria aceleração do tempo histórico.[131]

No horizonte aberto por este evento, portanto, a decisão tomada cumpria seu fim – alterar as "circunstâncias vigentes" –, embora instaurasse novas incertezas e complexidades, invocando outras perguntas ao "futuro histórico"[132]. Mas estas já não se inscrevem nas respostas oferecidas por este capítulo.

---

[131] No plano conceitual, esta ruptura deslocava a ênfase do projeto reformista do conceito de "restauração" (de glórias passadas da monarquia e do império, nos moldes do Antigo Regime), para o de "regeneração", a partir do aproveitamento das potencialidades naturais do Brasil, mas, também, essenciais dos brasileiros (Valdei Lopes de Araujo, *A experiência do tempo: conceitos e narrativas na formação nacional brasileira (1813-1845)*. São Paulo: Hucitec, 2008, p. 36).

[132] Koselleck, *Crítica e crise...*, cit., p. 111.

CAPÍTULO 2

A CORTE NO BRASIL E O GOVERNO DE D. JOÃO VI, 1808-1820

Juliana Gesuelli Meirelles

A guerra peninsular vivida pela margem americana do Império Português: os primeiros anos da corte portuguesa no Rio de Janeiro (1808-1815)

> "onde eu existo, e resido é que necessariamente se deve considerar a sede, e ponto central do Império. Príncipe Regente".[1]

Escrita do Rio de Janeiro, em maio de 1808, esta declaração de D. João aos seus governadores do Reino de Portugal já demarcava uma mudança fundamental da perspectiva política que até então regia o Império Português: com a nova sede da monarquia situada na América, mais especificamente no Rio de Janeiro, o Reino perdera o seu papel de nexo da unidade imperial.[2] O ineditismo deste fato – a transferência da Família Real e de toda estrutura governamental para o Brasil –, ao colocar em cena a questão da *capitalidade* do Império Português "desencadeou um processo de transformações únicas e

---

[1] Arquivo Nacional da Torre do Tombo (ANTT), Série Ministério do Reino, Registro de Ordens expedidas pelo Príncipe Regente aos governadores do Reino, Livro 380, p. 10.

[2] Maria de Lourdes Viana Lyra, *A utopia do poderoso Império. Portugal e Brasil: bastidores da política (1798-1822)*. Rio de Janeiro: Sette Letras, 1994, p. 119.

absolutamente singulares no âmbito do processo histórico das relações até então mantidas entre a metrópole europeia e seus territórios ultramarinos".[3]

Uma mudança dessa monta, no entanto, apesar de ter ocorrido "às pressas" em novembro de 1807, sempre esteve no horizonte de expectativas da monarquia lusitana, debatida desde o século XVI como alternativa plenamente viável diante de um cenário de crise política no reino e/ou no Velho Mundo. Esta escolha política – administrar o Império na América –, marcava uma rearticulação das bases de sustentação de seu poder sob uma perspectiva transatlântica, que ficaria patente na política cultural da realeza voltada, sobretudo, para os periódicos por ela patrocinados nos dois lados do oceano.

Neste contexto, portanto, em 10 de junho de 1808 o Príncipe Regente declarava guerra ao imperador francês e seus vassalos. Do Rio de Janeiro, ordenava que "por mar, e por terra se lhes façam todas as possíveis hostilidades" contra a nação francesa.[4] Enquanto em Portugal o foco da atuação política e militar visava à expulsão dos inimigos do território lusitano ocupado pelo exército francês, no Brasil era mister construir uma estratégia eficiente de defesa de tão vasto continente e parte fundamental do Império, como apregoava D. Rodrigo de Souza Coutinho desde 1803, para que a monarquia portuguesa se mantivesse a salvo.[5]

---

[3] Maria de Fátima Silva Gouvêa, "De vice-rei a rei – 1808-18: marcos históricos na transformação do governo do Brasil", in: Rachel Soihet (org.), *Mitos, projetos e práticas políticas: memória e historiografia*. Rio de Janeiro: Civilização Brasileira, 2009, p. 394.

[4] "Declaração de guerra aos franceses". Arquivo Nacional do Rio de Janeiro (ANRJ). Tribunal do Desembargo do Paço, Cx. 231, pct. 1. Doc. 1.

[5] Vamireh Chacon, *O Conde de Linhares*. Brasília: Theseaurus, 2008, p. 12. A preocupação com a defesa da Colônia e a importância das aulas de arquitura militar em todo o território foi patente desde o final do século XVII, quando a Coroa lusitana institucionalizou estes espaços nos principais centros urbanos, a saber: Salvador (1696), Rio de Janeiro (1698-1699), São Luís do Maranhão (1699), Recife (1701) e Belém (1758).

Na posição de secretário de Estado da Marinha e Domínios Ultramarinos (1796-1801) e, posteriormente, presidente do Real Erário (1801-1803), desde o final do século XVIII D. Rodrigo de Souza Coutinho propugnava que o Brasil era uma parte fundamental do Império, sendo necessário discutir amplamente as potencialidades do que o país poderia vir a ser.[6] Na obra *Sobre os melhoramentos dos domínios de S. Majestade na América* (1797), Souza Coutinho já delineava as linhas de seu programa de reformas ilustradas. Como assevera o historiador Guilherme Pereira das Neves, esse projeto pretendia "reforçar a unidade do Império como um todo, por meio da concepção de um Império luso-brasileiro, cuja ideia deveria ser inculcada nos portugueses das quatro partes do mundo, graças a uma elite de talentos, através de mecanismos modernos como a *escola*, e de outros nem tanto, como a Igreja".[7] A tensão entre a unidade do Império e a autonomia de suas partes não exigiria, segundo a

---

[6] D. Rodrigo de Sousa Coutinho, "Sobre os melhoramentos dos domínios de S. Majestade na América", 1810, p.25 in: Américo Pires de Lima. *Memória de D. Rodrigo de Sousa Coutinho (1º Conde de Linhares) "Sobre os melhoramentos dos domínios de S. Majestade na América"*. Coimbra: Coimbra Editora Limitada, 1948. Em relação à posição geopolítica e às medidas a serem tomadas, o ministro refletia: "A feliz posição do Brasil dá aos seus possuidores uma tal superioridade de forças pelo aumento da povoação, que se alimenta de seus produtos, e facilidade do comércio, que sem grandes erros políticos jamais os vizinhos do norte e do sul lhes poderão ser fatais [...] Para assegurar os meios da nossa superior força, é que com os olhos políticos se deve estabelecer a divisão das nossas capitanias, e aí salta aos olhos a necessidade de formar dois grandes centros de força, um ao norte, outro ao sul [...]." Idem, p. 25-26.

[7] Guilherme Pereira das Neves, "Rodrigo de Souza Coutinho, conde de Linhares", in: Lúcia Bastos Pereira das Neves; Ronaldo Vainfas (orgs.), *Dicionário do Brasil Joanino*. Rio de Janeiro: Objetiva, 2008, p.399 (grifo nosso). Para uma análise mais detalhada sobre o projeto reformista de D. Rodrigo de Souza Coutinho: Maria de Lourdes Viana Lyra, *A utopia do poderoso Império. Portugal e Brasil: bastidores da política (1798-1822)*. Rio de Janeiro: Sette Letras, 1994, pp. 61-106; Andrée Mansuy-Diniz da Silva, *Portrait d'un homme d'État: D. Rodrigo de Souza Coutinho, Comte de Linhares, 1755-1812*. Lisboa: Fundação Calouste Gulbenkian, 2006, pp. 63-126.

historiadora Nívia Pombo, uma absorção das *províncias* por um *centro,* mas resguardaria – mesmo que simbolicamente – a hegemonia da monarquia portuguesa. Para Souza Coutinho, portanto, a constituição do Império luso-brasileiro "era a saída possível para aliviar a insatisfação com a forma pela qual a metrópole tratava a elite intelectual brasileira, que se julgava plenamente capaz de colaborar com a administração colonial".[8]

Até 1807 a complexa diplomacia portuguesa de neutralidade causava grandes apreensões no Velho Mundo. Entre os anos de 1803 e 1806, em meio ao agravamento da crise diplomática europeia e as intrigas palacianas da corte, D. Rodrigo de Souza Coutinho foi afastado da cena pública[9], reconquistando a confiança do Príncipe Regente em 1807, quando as duríssimas exigências do Bloqueio Continental batiam à porta de Portugal.[10]. Nesse período de exílio de Souza Coutinho, Antonio de Araújo e Azevedo (Conde da Barca) esteve à frente do Ministério dos Negócios Estrangeiros e da Guerra (1801-1804). De concepções diplomáticas diametralmente diferentes, enquanto Souza Coutinho prezava pela fidelidade à aliança britânica, defendendo a transmigração da corte para salvaguardar a integridade imperial, Araújo de Azevedo – francófilo assumido – valorizava muito mais a diplomacia de Portugal na Europa do que com as possessões ultramarinas. Como afirmam Jorge Pedreira e Fernando Dores Costa, "Antonio de Araújo só *in extremis* aceitaria afastar-se: tratava de ceder à França quanto bastasse para evitar a guerra e acima de tudo a entrada dos exércitos estrangeiros em território nacional, mas sem ir ao ponto de arriscar o conflito armado com a Inglaterra".[11] Ao fim e ao

---

[8] Nívia Pombo, *Dom Rodrigo de Sousa Coutinho: pensamento e ação político-administrativa no Império Português (1778-1812)*. São Paulo: Hucitec, 2015, p. 190.

[9] Idem, p. 75.

[10] Jorge Pedreira & Fernando Dores Costa, *D. João VI. Um príncipe entre dois continentes*. São Paulo: Cia das Letras, 2008, pp. 158-159.

[11] Enquanto D. Rodrigo de Souza (Conde de Linhares) foi o líder do "Partido Inglês", Antonio de Araújo de Azevedo (Conde da Barca) era o representante por excelência do "Partido Francês". Neste aspecto, importa estabelecer os sentidos

cabo, o projeto político de Souza Coutinho saía vitorioso e, no início de março de 1808, a coroa portuguesa acompanhada por cerca de três mil cortesãos chegava uma parte à Bahia, outra ao Rio de Janeiro, onde logo todos se reuniriam.[12] A possessão americana do Império tornava-se a nova residência da realeza.

O impacto da chegada da corte joanina sob as auspiciosas diretrizes do príncipe regente D. João mudaria radicalmente o universo sociocultural da capital da Colônia. A começar pelo crescente número de habitantes entre os anos de 1808 e 1821. Se até 1808 o Rio de Janeiro era uma cidade com cerca de 60.000 habitantes, o censo de 1821 já apontava para uma população em torno de 79.321 pessoas, contando o alto número de estrangeiros que fixaram residência, escravos, libertos e a população livre.[13] Entre as realidades vividas em Lisboa e o Rio de Janeiro, todavia, havia uma diferença fulcral: a escravidão. Em 1821, na cidade havia cerca de 43.139 homens livres, e 36.182 escravos.[14] Como nos mostra Manolo Florentino, até por volta de 1808, 640 mil escravos tinham sido embarcados da África para o Brasil. "Tratava-se do maior tráfico negreiro das Américas, desvelando a firme opção das

---

de um "partido" no mundo português, em fins do século XVIII e início do século XIX, em uma sociedade de Corte. Na acepção de Pedreira e Costa, "Trata-se de agrupamentos de pequeníníssima dimensão, completamente informais e muito instáveis, constituídos por homens de corte unidos por 'amizades' em função da distribuição de lugares de governo. A designação de partidos era negativa, usava-se contra os adversários e ninguém a reconhecia em relação a si próprio e ao seu grupo". Neste contexto, dois vieses foram fundamentais na luta pela ascensão política: as orientações diplomáticas em relação à França e Inglaterra e as divergências entre a primeira nobreza do Reino e os cortesãos denominados de "pombalinos. Pedreira & Costa, *D. João VI...*, cit., p. 82.

[12] Jurandir Malerba, "Sobre o tamanho da comitiva", *Revista Acervo*, v. 21, n.1, jan-jun. 2008, pp. 47-62.

[13] Para uma análise historiográfica sobre o crescimento da população no período, ver Leila Mezan Algranti, *O feitor ausente. Estudo sobre a escravidão urbana no Rio de Janeiro (1808-1821)*. Petrópolis: Vozes, 1988, p. 30.

[14] Idem, p. 29.

elites luso-brasileiras de reprodução externa de sua principal mão-de-obra, na contramão do abolicionismo [que se iniciava na época]".[15]

Para além de suscitar uma discussão sobre as bases de um projeto político, a transladação da monarquia no início do século XIX também objetivava atingir metas culturais mais amplas: trazia consigo o que o historiador Afonso Carlos Marques dos Santos chamou de *projeto de ocidentalização* pela perspectiva de uma "Europa possível". Nesse sentido, o autor nos chama a atenção para duas dimensões básicas no que se refere à cidade do Rio de Janeiro – a primeira referente à intenção administrativa de interferência no espaço urbano através das medidas da Intendência Geral da Polícia, tendo à frente Paulo Fernandes Viana; e a segunda concebendo a cidade como cenário de poder e de festejos das datas comemorativas da realeza. Segundo Marques dos Santos, tal estratégia "não apenas afirma e institucionaliza o poder, mas procura inserir a cidade no imaginário do ocidente".[16]

Com a fundação da Intendência Geral da Polícia, chefiada pelo desembargador fluminense Paulo Fernandes Viana ao longo de todo o período joanino, o cotidiano da cidade ganharia novos contornos. Viana organizou a Guarda Real, que seria responsável pelo patrulhamento e administração da cidade. Como relata Leila Mezan Algranti, logo de início o intendente mandou fazer uma relação dos habitantes em todos os bairros da Corte, recomendando que se vigiassem com especiais cuidados as ocupações dos habitantes "para se descobrir as pessoas sem ofício e suspeitosas".[17] Tais medidas eram relatadas ao Príncipe Regente, com quem o intendente se encontrava três vezes por semana[18].

---

[15] Manolo Garcia Florentino, "Escravidão", in: Neves; Vainfas (orgs.), *Dicionário do Brasil Joanino...*, cit., p. 150.

[16] Afonso Carlos Marques dos Santos, "A fundação de uma Europa possível", in: *Seminário Internacional D. João VI: um rei aclamado na América*. Rio de Janeiro: Museu Histórico Nacional, 2000, p. 10.

[17] Algranti, *O feitor ausente...*, cit., p. 76.

[18] BNRJ, Divisão de Manuscritos, II-30, 23, 6,7. Alexandre José de Melo Moraes, *Dados sobre a chegada ao Rio de Janeiro da Família Real, problemas de*

Viana gozava do mesmo status que os ministros reais. De caráter político-administrativo, a Intendência Geral da Polícia foi criada dentro de um contexto europeu mais amplo – em que muitos países do Ocidente estavam compondo seus códigos criminais a partir de uma ideia de cidade consonante com pensamento das Luzes, cuja concepção era intrínseca às possibilidades de policiar o espaço urbano. No Império Português, particularmente, essa nova concepção de *cidade* e suas transformações advindas do processo de reurbanização eram indissociáveis do Estado *de polícia,* concebido como uma ciência de governo em busca do "bem-estar geral" da nação.[19] Em meados de 1813, o Visconde da Lapa – sócio da Academia Real das Ciências de Lisboa –, produzia o documento *Ideias Gerais sobre a Polícia,* muito provavelmente a pedido da Coroa, em que evidenciava a relação entre o bem geral do Estado e a administração do espaço urbano pela polícia:

> "O conhecimento do todo [da cidade], e de cada uma das suas partes, é indispensável, e sem isso, não é possível estabelecer salutíferas [sic] ativas providências. A ciência da polícia consiste em adotar no estado atual de qualquer Nação ou Império, aquelas prudentes medidas, que mais concorram para conservar e aumentar a fortuna do Estado, na sua constituição interior, e no seu progresso sucessivo em todas as partes. Deve ser o princípio geral da Polícia, dar tal tendência a este ente constitucional político, que se conserve e aumente o bem do Estado".[20]

---

habitação para a comitiva, vida social e política, hábitos da família real, volta para Portugal, falecimento de D. João VI e Pedro I como imperador, S.l, s.d, Original (transcrição feita por Cecília Coelho, maio de 2001), p. 116.

[19] Biblioteca Nacional de Portugal (BNP), Res., Mss. 246, n. 28. Ofício de 28 de Setembro de 1820 para o 1º Conde da Lapa, Manuel de Almeida e Vasconcelos, ministro plenipotenciário na Corte da Rússia. O manuscrito é datado de fevereiro de 1813.

[20] BNP. Res., Mss. 246, n. 28. Ofício de 28 de Setembro de 1820 para o 1º Conde da Lapa, Manuel de Almeida e Vasconcelos, ministro plenipotenciário na Corte da Rússia.

Dentro desse novo contexto de mudança radical do cotidiano da cidade, Marieta Pinheiro de Carvalho destaca que "iniciava-se um período de constantes publicações de editais fixando normas de comportamento aos habitantes da cidade". Ao visar implementar a *ordem* promovendo o *bem-estar*, a polícia foi "o instrumento do governo português que levaria à transformação da cidade do Rio de Janeiro em sede do Império"[21]. Em relação aos festejos públicos, o historiador Emílio Lopez afirma o quanto estes "revelavam-se como espaço de manifestação dos sentimentos dos habitantes da América portuguesa ante aos acontecimentos da Europa, em especial da corte".[22]

Na nova capital houve numerosas e significativas mudanças que passaram a ocorrer cotidianamente nos múltiplos universos da cidade, a começar pela estruturação e/ou criação das instituições político--administrativas e culturais concluídas já em 1808, tamanha era a necessidade de acomodação para o melhor exercício do poder deste lado do oceano. Dentre os órgãos, destacam-se o Conselho Supremo Militar e de Justiça, o Tribunal da Mesa do Desembargo do Paço e da Mesa de Consciência e Ordens, a Casa de Suplicação do Brasil, o Erário Régio e o Conselho da Fazenda, o Tribunal Real da Junta do Comércio, Agricultura, Fábricas e Navegações do Brasil e Domínios Ultramarinos além da Intendência Geral da Polícia.

No universo da cultura foram criadas, ao longo dos anos, instituições como as seguintes: a Impressão Régia (1808), a Real Academia da Marinha (1808), a Real Academia Militar (1810), o Hospital Real Militar, a Escola Médico-Cirúrgica (1813), o Laboratório Farmacêutico, o Teatro S. João (1813), a Real Biblioteca (1814) e o Jardim Botânico – as quais, apesar de vinculadas à manutenção da ordem política, possuíam um caráter científico e cultural que propalavam uma nova realidade

---

[21] Marieta Pinheiro de Carvalho, *Uma ideia de cidade ilustrada: as transformações urbanas no Rio de Janeiro de D. João VI (1808-1821)*. Rio de Janeiro: Odisseia, 2008, pp. 130-131.

[22] Emílio Carlos Rodriguez Lopez, *Festas públicas, memória e representação: um estudo sobre manifestações políticas na Corte do Rio de Janeiro: 1808-1822*. São Paulo: Humanitas, 2004, p. 45.

acerca da constituição do saber e da circulação das ideias, mesmo que estivessem alicerçadas por um aparato censório de extensa monta.[23] Como analisa a historiadora Iara Lis Schiavinatto, esse impacto radical na transformação da cidade, vinha inserido "numa retórica normatizada do poder, da burocracia, cheia de etiquetas, de modo a arrefecer o impacto do acontecimento", salientando que essa nova sociabilidade e prática discursiva mantinham a "tendência e tentativa de conservar o mundo tal qual era conhecido [...] com o próprio poder monárquico que mudava desde que se conservasse".[24] Uma parte da corte desembarcou em Salvador em 21 de janeiro de 1808 enquanto a outra seguiu para o Rio de Janeiro. Uma semana após sua chegada à Bahia, o Príncipe Regente D. João abriria os portos "às nações amigas", medida econômica de absoluta relevância que mudaria em definitivo a relação entre Metrópole e Colônia.[25] Nas *Memórias para servir a história do Brasil* (1825) o padre Luiz Gonçalves dos Santos, mais conhecido como padre Perereca, compreende a dimensão do acontecimento que rompia com o Pacto colonial e já representava o início da "liberdade" do Brasil. Ao citar a carta de abertura dos portos em suas *Memórias*, afirmava ter esta um "teor imortal" e que "era digna

---

[23] Leila Mezan Algranti, *Livros de devoção, atos de censura: cultura religiosa na América Portuguesa*. São Paulo: Editora Hucitec/FAPESP, 2004. Ver especialmente capítulos 4 e 7, em que a historiadora analisa os procedimentos da censura joanina e da atuação dos censores (cap.4) tanto quanto mostra os sentidos e significados de ser censor na sociedade joanina do Antigo Regime, no Rio de Janeiro. (cap. 7).

[24] Iara Lis Schiavinatto, "D. João VI no Rio de Janeiro: entre festas e representações" In: *Seminário Internacional D. João VI: um rei aclamado na América*. Rio de Janeiro: Museu Histórico Nacional, 2000, p. 51.

[25] Desde 1792, D. João atuava como Regente *de fato* da monarquia portuguesa; em decorrência da constatação da doença da mãe. A governança informal do Príncipe do Brasil durou até 1799, quando foi sancionada a regência *de jure*. A partir de então, ele passava a ser assumidamente a cabeça absoluta do Império Português, chancelada na sua assinatura como "Príncipe Regente". Com a morte de D. Maria, em 1816, passaria, na prática, a ser rei de fato – tendo sido aclamado no Rio de Janeiro em fevereiro de 1818.

de ser gravada em letras de ouro".²⁶ Outro avanço destacado por ele foi Alvará do 1º de abril de 1808 que permitia a criação de indústrias no Brasil. Considerando o comércio e a indústria as principais bases da sociedade, tal transformação permitiria que o Brasil desse "em poucos anos passos agigantados na carreira da prosperidade".

> "Foi, portanto nesta ilustre cidade da Bahia, que S.A.R., pela sua memorável carta-régia de 28 de janeiro de 1808, dirigida ao distinto governador, conde da Ponte, abolindo o velho sistema colonial, concedeu aos brasileiros o comércio franco com todas as nações estrangeiras, e amigas da Sua Real Coroa, abrindo-lhes aos seus navios os principais portos do Brasil"²⁷.

Essa medida estava de acordo com o projeto de reforma fiscal pensado pelos ministros de D. João sob a liderança de Souza Coutinho. Mesmo que a Carta Régia declarasse sua "interinidade" e "provisoriedade" enquanto não houvesse um sistema geral que, de fato, regulasse as semelhantes matérias, o fato é que, na prática, tornavam-se "admissíveis nas Alfândegas do Brasil todos e quaisquer gêneros, fazendas e mercadorias transportados, ou em navios estrangeiros" que na ocasião se conservavam "em paz e harmonia" com o reino de Portugal, além de fixar a taxa de 24% *ad valorem* sobre os produtos importados desembarcados nos portos do Brasil.²⁸ Em outras palavras, era o fim do pacto colonial que ocorria concomitantemente a um processo de metropolização do Rio de Janeiro, o que, na prática, segundo a historiadora Kirsten Schultz, "representava uma procura para tornar a cidade não apenas 'esplendorosa', mas também ordeira, decorosa, fiel. Neste sentido, tornando-se uma corte real, a cidade tornou-se policiada." Ainda segundo Schultz, o sentido de policiar não era indissociável da ideia de seguridade pública. Torná-la metrópole

---

²⁶ Luís Gonçalves dos Santos, *Memórias para servir à História do Brasil*. Belo Horizonte: Itatiaia, São Paulo: Edusp, 1981, v. 1, p. 170.

²⁷ Idem, p. 200.

²⁸ *Collecção das Leis do Brazil*, 1890, p. 2.

perpassava, sobretudo, pelo reconhecimento das "diferenças existentes entre a metrópole e a colônia de modo a poder diminuí-las" através de um projeto civilizador.[29]

A sugestão desse processo de abertura econômica foi atribuída a José da Silva Lisboa (1756-1835), um dos principais nomes da intelectualidade e da política lusitana. Ligado ao partido político de D. Rodrigo de Souza Coutinho – marcadamente anglófilo – e com amplos conhecimentos de política e economia, Lisboa era adepto de Adam Smith e publicaria, pelos anos seguintes, vários livros saídos dos prelos da Tipografia Régia, dentre eles *Memória dos benefícios políticos de El-Rey Nosso Senhor D. João VI* (1818). Nesta obra, o futuro visconde de Cairu, elegeu o ano de 1808 como ponto de inflexão da história da monarquia portuguesa. De acordo com Renato de Mattos, ao compor a "cronologia dos eventos subsequentes à transferência da família real, a partir da distinção dos episódios da abertura dos portos e da assinatura dos tratados de aliança e comércio com a Inglaterra em 1810", Silva Lisboa configurava tais acontecimentos como "decisivos do processo de reorganização da Coroa lusitana no Rio de Janeiro"[30]. Já a análise da historiadora Tereza Cristina Kirschner concebe a *Memória* pela perspectiva da constituição de um novo projeto político, enfatizando "um otimismo em relação ao futuro do Império luso-brasileiro" que consolidava, "ao mesmo tempo, a autoridade régia e a unidade do Império".[31] Importante ressaltar, no entanto, que a transferência da Corte ao Brasil foi uma medida de preservação da unidade do império, ocorrida em meio à ameaça napoleônica. Portanto, quando Silva Lisboa colocou a pena no papel, já ficavam claras as limitações dessa medida enquanto tal. Ainda em relação ao

---

[29] Kirsten Schultz, *Versalhes Tropical: império, monarquia e a Corte Real portuguesa no Rio de Janeiro, 1808-1821*. Trad. Renato Aguiar. Rio de Janeiro: Civilização Brasileira, 2008, p. 194.

[30] Renato de Mattos, "Versões e interpretações: revisitando a historiografia sobre a abertura dos portos brasileiros (1808)". *HiSTOReLo*, v. 9, 2017, p. 478.

[31] Tereza Cristina Kirschner, *José da Silva Lisboa, Visconde de Cairu: itinerários de um ilustrado luso-brasileiro*. São Paulo: Alameda, 2009, p. 191.

universo econômico destacam-se os Tratados de 1810 que marcariam indelevelmente as relações comerciais e diplomáticas da coroa portuguesa com a Grã-Bretanha.[32] Para o historiador Valentim Alexandre, a abertura portuguesa às negociações do tratado de comércio pode ser lida como a garantia dada pela Grã-Bretanha de que a legitimidade da monarquia bragantina estaria assegurada em solo português.[33] Resultado de uma longínqua e conturbada diplomacia entre Portugal e Inglaterra, sobretudo no que tangia à proteção marítima e apoio econômico britânico à transferência da corte para o Brasil, os Tratados de 1810 sintetizaram a preeminência britânica sobre a coroa lusitana e suas possessões coloniais. À frente das negociações entre Londres e Rio de Janeiro, que duraram dois anos, temos Lord Strangford como representante inglês e D. Rodrigo de Souza Coutinho, ministro dos negócios estrangeiros e da guerra da coroa portuguesa.

Os Tratados de 1810, assinados em 19 de fevereiro, foram o de *Aliança e Amizade* (11 artigos públicos e 2 decretos), e o de *Comércio e Navegação* (32 artigos), além de uma Convenção (13 artigos). O Tratado de Aliança e Amizade englobava questões políticas, com a garantia da aliança perpétua entre os dois países sob a obrigação da manutenção da paz. Dentre os principais artigos, salienta-se o 9º e 10º em que respectivamente o Príncipe Regente obrigava-se a não permitir

---

[32] Desde o início do século XVIII, o sistema de alianças entre as potências europeias colocava Portugal alinhado à Coroa britânica, numa clara situação de desvantagem. Desta constatação, interessa-nos ressaltar a proteção inglesa à navegação Atlântica, que durante todo esse período garantiu a comunicação entre os portos portugueses e brasileiros, e o pioneirismo inglês na revolução industrial. Já no início do século XIX, em meio às guerras napoleônicas, escancaravam-se ainda mais a dependência política, econômica e militar de Portugal em relação à Inglaterra. Para além da proteção britânica aos navios portugueses no processo de transladação da família real para o Brasil, o Tratado de 1810 selava as vantagens econômicas da Coroa inglesa no comércio anglo-luso-brasileiro. Isso sem contarmos com a presença do exército inglês em Portugal entre os anos de 1808 e 1821, simbolizado na constante presença de Lord Beresford.

[33] Valentim Alexandre, *Os sentidos do Império. Questão nacional e questão colonial na crise do antigo regime português*. Porto: Afrontamento, 1993, p. 210.

o estabelecimento da Inquisição no Estado da América Meridional, e consentia a abolição gradual da escravidão e delimitava as possessões portuguesas da África que poderiam permanecer com o tráfico, estando este proibido nas demais regiões. Em relação ao *Tratado de Comércio e Navegação*, enquanto o artigo 12º garantia aos ingleses residentes na América liberdade de consciência e culto religioso, o artigo 19º estipulava a taxa de 15% *ad valorem* para as mercadorias inglesas, menor do que a dos produtos portugueses, fixada em 16% desde 1808[34].

O *Tratado de Comércio e Navegação* suscitou muitas críticas principalmente entre os comerciantes lusitanos. Dentre aqueles que duvidaram da efetivação do princípio de reciprocidade comercial firmado entre os dois países, destacava-se a voz do cardeal português Francisco de São Luís Saraiva (1776-1845), que afirmava:

> "não era válido dizer-se 'recíproca' a liberdade que se dava aos navios portugueses de levarem mercadorias nossas para a Inglaterra e aos navios britânicos de trazerem as suas diretamente para Portugal, quando, refere, 'todo o mundo sabe que enquanto dois ou três navios portugueses navegam para Inglaterra, vem de lá duzentos ou trezentos' para os portos nacionais".[35]

O desequilíbrio nas relações comerciais e de navegação também apareceria na circulação de paquetes que transitavam pelo Oceano Atlântico e tinham como função primordial transportarem as correspondências diplomáticas, os periódicos estrangeiros e também as mercadorias inglesas importadas pelo Brasil. Os desdobramentos

---

[34] Sheila de C. Faria, "Tratados de 1810", in: Neves e Vainfas (orgs.), *Dicionário...*, cit., pp. 434-437.

[35] Francisco de São Luís, *Que effeitos produzio o tratado de 1810?* In: Arquivo da Família Caldeira, "Gavetão", apud Pedro Henrique de Mello Rabelo; Cláudia Maria das Graças Chaves, " Uma revisão do tratado de 1810: soberania, mercado e projetos políticos no Brasil (1808-1825)", in: *Anais Eletrônicos do II Seminário Internacional Brasil no século XIX*. Niterói: Sociedade de Estudos do Oitocentos, 2016. v. 2. p. 3.

de atividade tão relevante são analisados pela historiadora Adriana Angelita da Conceição:

> "Neste intenso vai e vem de navios, de diferentes dimensões, a presença de malotes de papéis foi indispensável à manutenção de redes de informação de ordem pública e privada. A comunicação à distância foi garantida pela escrita manuscrita e impressa que atendia as necessidades de governar e informar".[36]

Os sentidos da comunicação marítima no período moderno foi uma temática absolutamente relevante para os contemporâneos e, nas últimas décadas, tornou-se objeto privilegiado de investigação historiográfica, sobretudo dentro da perspectiva História Social da Cultura Escrita.[37] A preocupação com a circulação de informações diplomáticas interatlânticas era tão patente que foi, inclusive, discutida na imprensa da época, em meio às eminentes controvérsias das guerras napoleônicas. Em 29 de agosto de 1811, o *Diário Lisbonense* publicava uma peça ministerial denominada "Convenção para o arranjamento dos paquetes entre S.M. [Britânica], e S.A.R, o Príncipe Regente de Portugal em que se discutiam os princípios da exata Reciprocidade, que as duas Coroas têm havido adotar por Base de suas mútuas relações"[38], composta por treze artigos. Dentre eles, interessa-nos especialmente os artigos I, IV, VI e XI. Vejamos:

> "Artigo I – Sairá de Falmouth para o Rio de Janeiro um paquete em cada mês. S.A.R o Príncipe Regente de Portugal se reserva o direito

---

[36] Adriana Angelita da Conceição, "A produção e a conservação das cartas do vice-rei D. Luís de Almeida, 2º marquês do Lavradio, como problemática de análise". *Histórica* (São Paulo. Online), v. 1, p. 2, 2015.

[37] Para aprofundamento na temática, ver o trabalho de Edú Trota Levati, *Os periódicos da independência e suas geografias políticas: estudo do surgimento do Brasil independente e de sua inserção no contexto mundial (1808 – 1822)*. São Paulo: FFLCH-USP, 2015 (mestrado).

[38] *Diário Lisbonense,* 1811, n. 192.

de para o futuro estabelecer paquetes entre outros portos do Brasil e a Grã Bretanha, se o estado do comércio o requerer.

Artigo IV – Os paquetes serão por agora embarcações Britânicas, navegadas conforme as leis da Grã Bretanha. Porém S.A.R, o Príncipe Regente de Portugal se reserva o direito de estabelecer para o futuro paquetes brasilienses ou portugueses.

Artigo VI – As duas altas partes contratantes se obrigam reciprocamente a fazer todos os esforços para prevenir [...] quanto for possível, a ilegal coleção e condução de Cartas.

Artigo XI – Depois da chegada do paquete ao Rio de Janeiro, o enviado ou ministro de Sua Majestade Britânica fixará o dia em que o referido paquete voltará para a Inglaterra [...] E os paquetes durante sua estada nos portos ou baias de sua Alteza o Príncipe Regente serão considerados como debaixo da especial proteção do enviado ou ministro se sua Majestade Britânica, da mesma forma como seus correios ou expressos".[39]

A problemática dos paquetes tangenciava uma questão relevante para a sobrevivência e sustentação da monarquia lusitana e que perpassou o debate dos estadistas durante todo o período: a determinação do lugar do poder no mundo imperial português. De acordo com Ana Rosa C. da Silva, a ausência do rei atingia os fundamentos da estrutura política do Antigo Regime e da própria unidade de Império. A preeminência inglesa nos assuntos de âmbito político e econômico da vida luso-brasileira contribuía para agravar a fragilidade do poder imperial. "A invasão do mercado português por manufaturas inglesas representava um forte fator de desequilíbrio econômico para este país,

---

[39] Convenção para o arranjamento dos Paquetes entre S.M.B, e S.A.R, o Príncipe Regente de Portugal, assinada no Rio de Janeiro aos 19 de Fevereiro de 1810, In *Diário Lisbonense*, 1811, n. 192, pp. 1-3.

cujos efeitos foram amplamente denunciados nas diversas correspondências enviadas à corte pelos governadores do reino", contextualiza a autora.[40] Tão expressiva foi a questão que a própria *Gazeta do Rio de Janeiro* punha em dúvida a confiabilidade das notícias que chegavam ao porto fluminense por paquetes não registrados, mesmo quando essas eram favoráveis aos portugueses no contexto das guerras napoleônicas.[41]

*

Uma das grandes transformações ocorridas no Rio de Janeiro a partir de 1808 foi a introdução da tipografia, até então estritamente proibida pela Coroa portuguesa. Com o nascimento da *Impressão Régia* deste lado do Atlântico, sancionada pelo decreto de 13 de maio de 1808, data do aniversário do Príncipe Regente. O documento concebia transformação de tal monta como uma atividade administrativa necessária para o estabelecimento da Coroa deste lado do Atlântico – na prática, como assinalou Rubem Borba de Moraes, dava-se *continuidade* às mesmas praxes e rotinas até então existentes em Lisboa.[42] Instalada de início na Rua do Passeio, na própria residência do Conde da Barca, político do alto escalão governamental que ficou responsável por trazer os prelos para a América, a Impressão Régia tinha importantes funções, tais como imprimir com exclusividade todos os papéis ministeriais e diplomáticos do real serviço de todas as repartições, além de produzir obras de particulares e um jornal oficial, a *Gazeta do Rio de Janeiro*.[43] Também foi uma excelente editora, publicando dezenas de livros de grande valor cultural que convergiam "de maneira extraordinária para o progresso dos

---

[40] Cloclet da Silva, *Inventando a nação...*, cit., p. 223.

[41] *Gazeta do Rio de Janeiro*, 1811, n. 21.

[42] Rubens Borba de Moraes, *Livros e Bibliotecas no Brasil colonial*. São Paulo: Livros Técnicos e Científicos, 1979, p.100.

[43] Ana Maria de Almeida Camargo & Rubens Borba de Moraes, *Bibliografia da Impressão Régia do Rio de Janeiro*. São Paulo: Edusp 1993, p. XVIII.

espíritos" deste lado do Atlântico.⁴⁴ Dos decretos reais aos livros que "saíam à luz" ou se "achavam à venda"⁴⁵, perpassando os almanaques, cartazes e a própria *Gazeta do Rio de Janeiro,* entre outros periódicos, os habitantes da nova capital do Império Português – a despeito da atuação dos censores – tinham ao seu alcance a possibilidade de realizarem múltiplas leituras acerca da realidade vivida, sobretudo através da oralidade – uma prática cultural tradicional nas monarquias ibéricas até então.⁴⁶

Especificamente em relação ao tipo de imprensa nascente na nova capital, então representada pela *Gazeta do Rio de Janeiro,* o historiador Marco Morel ressalta a característica primordial do periódico: o relato das ocorrências no âmbito da Coroa estampados cotidianamente pelas páginas da folha real. Das decisões político administrativas às celebrações reais perpassando às visitas de autoridades estrangeiras, as notícias publicadas visavam servir de ligação e difusão entre a vida política da Coroa e setores mais amplos da sociedade . "Note-se que

---

⁴⁴ Wilson Martins, *A palavra escrita: história do livro, da imprensa e da biblioteca.* São Paulo: Ática, 1996, p. 310.

⁴⁵ Enquanto algumas obras saíam do prelo, outras ficavam apenas no projeto. Ainda de acordo com Nizza da Silva, estas duas situações ocorriam por razões distintas. Quando a *Impressão Régia* editava as obras "por ordem de S.A.R", os custos da impressão saíam do Real Erário, não gerando despesas financeiras para os autores. Por outro lado, a Tipografia Real também aceitava publicar textos de escritores desconhecidos. Estes originais, além de serem submetidos à censura, precisavam recorrer ao tradicional sistema de subscrição para virem à luz, dado o alto valor da impressão. Maria Beatriz Nizza da Silva, "Livro e sociedade no Rio de Janeiro". *Separata da Revista de História* n.94, São Paulo, 1973, p. 443.

⁴⁶ Para uma análise sobre a multiplicidade desse universo impresso, ver Maria Beatriz Nizza da Silva "A imprensa periódica na época joanina", in: Lúcia Maria Bastos Pereira das Neves, *Livros e Impressos: retratos do Setecentos e do Oitocentos.* Rio de Janeiro: EdUERJ, 2009, pp. 15-30., Marco Morel. "Das gazetas tradicionais aos jornais de opinião: metamorfoses da imprensa periódica no Brasil", in: Idem, pp. 153-184; Juliana Gesuelli Meirelles, *Imprensa e poder na corte joanina: a gazeta do Rio de Janeiro (1808-1821).* Rio de Janeiro: Ed. Arquivo Nacional, 2008.

essa é uma dimensão coerente com uma esfera pública do tipo absolutista na qual apenas os membros do Estado [...] tinham legitimidade para atuar em nome do que se definia como interesse comum", ressalta Morel.[47]

A *Gazeta do Rio de Janeiro* seguia a dimensão padrão dos jornais estrangeiros com formato *in-quarto*. Bissemanal, circulava às quartas-feiras e aos sábados, sendo também comum a circulação das edições extraordinárias, publicadas quando notícias de caráter "excepcional" e/ou "urgente" se faziam presentes.[48] Estruturada em duas partes – *seção noticiosa* e de *avisos* – no primeiro campo, para além das notícias da realeza, a folha circunscrevia a fala do redator, incluindo (e editando) artigos escolhidos de diversos jornais europeus. A prestação de serviços também era o foco do jornal e estava destinada à seção dos anúncios. Neles incluíam-se as notícias marítimas e saídas de correio assim como as publicações que se relacionavam ao universo cultural da cidade: vendas de livros de variados gêneros literários, periódicos, mapas, vendas de escravos e imóveis, leilões etc. eram constantes. No mesmo espaço também havia avisos referentes à educação (alfabetização, aulas particulares, ensino de línguas), sendo também comuns aqueles referentes à subscrição semestral da *Gazeta do Rio de Janeiro*, e à venda e subscrição de outros periódicos produzidos pela Coroa ou com linha editorial convergente com os interesses da realeza, como é o caso de *O Patriota* (1813-1814), *O Investigador Português em Inglaterra* e o *Jornal de Coimbra*. A seção "Avisos", destarte, explicitava a relação

---

[47] Morel, "Das gazetas tradicionais aos jornais de opinião...", cit., pp. 153-184.

[48] Da 1ª publicação da *Gazeta do Rio de Janeiro* em 10 de setembro de 1808 ao último número em 29 de dezembro de 1821, houve um total de 1617 exemplares contando as publicações extras, que eram intituladas *Gazeta Extraordinária do Rio de Janeiro*. Enquanto a folha saía aos sábados e quartas-feiras; as *Gazetas Extraordinárias* não tinham dias específicos da semana para serem veiculadas, cujas publicações se tornaram, desde o início, prática comum na Corte. Essa estrutura do jornal foi mantida até julho de 1821, quando o periódico passou a ser trissemanal, saindo às terças e quintas-feiras e aos sábados. Na prática, a *Gazeta* tornou-se quase uma folha diária.

existente entre imprensa e sociedade, cotidianamente delineada no Rio de Janeiro no início do século XIX.

A ordem de imprensa que vigorava do outro lado do Atlântico – em Lisboa e Londres especialmente –, também teve importância capital na política cultural da coroa que, em última instância, esteve voltada para a superação da crise política e a salvaguarda da integridade imperial luso-brasileira. Da mesma forma que nos portos do Brasil aportavam navios carregados de ampla documentação europeia, dentre ela os periódicos de nações como Inglaterra, França, Espanha, Holanda, entre outros, a *Gazeta do Rio de Janeiro* também circulava no Velho Mundo, sendo uma das principais fontes de informação da imprensa portuguesa sobre a governança de D. João na América. Neste sentido, sobretudo as folhas que saíam dos prelos da Impressão Régia (mas não só) estampavam as notícias da *Gazeta do Rio de Janeiro* em suas páginas. Dentre as publicações portuguesas, destacamos o *Diário Lisbonense* (1809-1813), o *Correio da Tarde* (1809) e o *Correio de Lisboa* (1812), a *Minerva Lusitana* (1808-1811).[49] Ao final do período, em 1820, já sob os ventos da Revolução do Porto, a *Gazeta* novamente apareceria em primeira página em novembro no *Correio do Porto,* jornal que circulava "com permissão do supremo governo provisório do reino"[50], o que demonstra sua relevância ao longo de todo o período.

Os "jornais na imigração"[51] – entenda-se, aqueles periódicos produzidos por súditos luso-brasileiros da Coroa em Londres – também tem importância basilar na política cultural da monarquia portuguesa. O diálogo com o *Correio Braziliense* (1808-1822), de Hipólito José da Costa, se foi marcado por tensões significativas, mormente entre os anos de 1808 e 1811 a ponto de a Coroa financiar

---

[49] Diferentemente dos periódicos anteriormente citados, *A minerva Lusitana* saía da imprensa da Universidade de Coimbra, por Ordem do Governo.

[50] *Correio do Porto*, 10.11.1820, n. 39.

[51] Utilizo da expressão do historiador José Tengarrinha, "Os Comerciantes e a Imprensa Portuguesa da Primeira Emigração". *Estudos em Homenagem a Luís Antonio de Oliveira Ramos*. Porto: Faculdade de Letras da Universidade do Porto, 2004, pp. 1069-1084.

o nascimento de *O Investigar Português em Inglaterra* (1811-1819) para combatê-lo, demonstra quão relevante era a preocupação da realeza com a formação da opinião pública no período. Jornalista destemido, Hipólito fez do *Correio Braziliense* o baluarte da liberdade de pensamento da imprensa luso-brasileira no raiar do século XIX. Em um momento de grande tensão política, a redefinição do papel da imprensa era crucial, tornando-se um poderoso instrumento de poder político no Império Português: a disputa pelos leitores, pela conquista do lugar de primazia na formação (e condução) da opinião pública – através de linhas editoriais bem demarcadas – foi uma tônica muito marcante no período joanino, entre os anos de 1808 e 1821.[52] Contra a bajulação política daqueles que "não olham à qualidade dos meios que empregam com tanto que obtenham os seus fins", pois arruinaria o progresso cívico e moral da nação portuguesa[53], buscava iluminar os espíritos patrióticos através do incentivo ao exercício crítico da razão. A imprensa livre das amarras da censura era o espaço por excelência para a prática desse ofício – o esclarecimento. Como cidadão da nação portuguesa, exercia-o independente do quilate político de seus interlocutores: chefes de Estado, políticos poderosos, homens comuns. Todos estavam sob a mira de Hipólito da Costa.[54]

Pela perspectiva da Coroa lusitana, sob a direção de D. Domingos de Souza Coutinho (Conde de Funchal) – ministro plenipotenciário na capital britânica – *O Investigador* incentivava a participação dos leitores. Pela pena de seus redatores, esse projeto visava formar, evidenciar e

---

[52] Para informações mais precisas da política antifrancesa em Portugal, ver José Augusto dos Santos Alves "A Revolução Francesa e o seu eco em Portugal nos arquivos da Intendência Geral da Polícia em finais do século XVIII e princípios do século XIX", *Revista de História e Teoria das Ideias*, v. XVIII, Lisboa: 2004.

[53] *Correio Braziliense*, v. IV, p. 314.

[54] Sobre as controvérsias do exercício de Hipólito da Costa como homem de imprensa, ver. Luís Munaro, "A unidade do Reino luso-brasileiro: uma discussão jornalística em Londres." *VIII Encontro Nacional de História da Mídia*. 2011, pp. 1-15.

consolidar a força intelectual da comunidade luso-brasileira – que se pretendia em consonância com as decisões políticas da monarquia portuguesa – no universo da imprensa londrina. Em abril de 1812, o Conde de Funchal enviava para o Brasil dois ofícios que justificavam a continuidade d'*O Investigador*, uma vez que os governadores do reino informavam-lhe sobre a circulação do *Correio Braziliense* em Lisboa, escrito pelo "libelista revolucionário".[55] Dizia o diplomata:

> "Os ofícios por si falam, e creio que justificam a necessidade da espécie de protesto que eu faço pelas consequências futuras. Os motivos que me persuadem a assim obrar a respeito da probidade do Correio Braziliense são os mesmos que tenho levado a Real Presença, e que S.A.R., parece aprovar completamente, e em que representei a necessidade absoluta, e urgente de um Jornal como o Investigador *para servir de antídoto aos métodos usados para desacreditar o Governo de S.A.R. e fazê-lo odioso ao Ministério Britânico*".[56]

O cenário político da comunidade luso-brasileira em Londres, como demonstrou Tengarrinha, foi marcado por interesses e divergências muito específicas, sendo os negociantes portugueses (sobretudo através do seu Clube em Londres), a corte, os governadores do reino e a maçonaria os principais atores dessa disputa.[57] Em meio a tantas diferenças de olhares, disputar a atenção dessa gama heterogênea de leitores, tornando-se um órgão de destaque na formação da opinião pública, era o que movia *O Investigador Portuguez* e o *Correio Braziliense* nesse debate. Hipólito da Costa, por exemplo, tinha vantagens no comércio luso-anglo-brasileiro por uma razão central: seus leitores (e subscritores) eram, na maioria, negociantes portugueses que viviam e atuavam como profissionais liberais na Inglaterra,

---

[55] ANTT Ministério dos Negócios Estrangeiros, Livro 451, N. 552.
[56] ANTT, Ministério dos Negócios Estrangeiros, Livro 451, N. 347.
[57] José Tengarrinha, "Os Comerciantes e a Imprensa Portuguesa da Primeira Emigração", cit., p. 1078.

além dele próprio pertencer à maçonaria. Entre 1811 e 1819, esses dois periódicos, considerados pelo pesquisador José Carlos Oliveira "paradoxalmente irmãos siameses", viveriam em disputa, discórdia e concorrência, procurando cada um a sua maneira se mostrar mais imparcial e confiavél que o outro.[58]

Seja através da liberdade de imprensa que vigorava em Londres, seja em meio ao sistema de censura vigente no Império Português, a produção da palavra impressa veiculada nos jornais luso-brasileiros como, por exemplo, A *Idade d'Ouro* publicada na Bahia a partir de 1811, sob a autorização da Coroa, esteve intimamente associada às relações políticas e diplomáticas da Coroa portuguesa com as nações europeias, mormente França e Inglaterra.[59] Ademais, as discussões públicas de temas caros à formação da opinião pública mostraram como a condução da pena desses homens de letras tinha uma missão comum: o debate acerca dos melhores caminhos para que a sociedade civil luso-brasileira fosse instruída e educada dentro da concepção de progresso da época, cujo sentido estava intrínseco ao adiantamento em proveito das artes e ciências, dois campos do saber ainda tão interdependentes e vinculados à força do pragmatismo pedagógico.[60] Também havia a questão da própria segurança da monarquia e dos territórios portugueses em meio à crise. Daí a linha editorial voltada à guerra peninsular e, decorrente desse processo e concepção, também o acompanhamento cada vez mais interessado do que ocorria na América espanhola. A fala do jornalista português Francisco Solano Constâncio sintetiza a concepção geral dos homens de letras vinculados ao Império e que faziam da pena seu caminho de intervenção.

---

[58] José Carlos Oliveira, "Os periódicos portugueses de Inglaterra e a Cultura Científica Brasileira (1808-1821)". *Revista da SBHC,* n. 19, 1998, pp. 31-62.

[59] Em formato de gazeta, A *Idade d'Ouro* também circulava na Corte e, durante todo o período joanino foi uma folha cujo discurso e objetivos eram complementares aos da *Gazeta do Rio de Janeiro.*

[60] Juliana Gesuelli Meirelles, *Política e Cultura no governo de D. João VI: imprensa, teatros, academias e bibliotecas (1792-1821).* São Bernardo do Campo: Editora UFABC, 2017, pp. 432-433.

"Sem esta condição [a união da teoria e prática] é quase impossível conseguir um grau notável de superioridade; e é unicamente por tal sistema que cada nação tem em diversas épocas adquirido a preeminência nas artes, nas ciências, na navegação, na arte da guerra etc.".[61]

A questão diplomática teve importância capital nos treze anos em que D. João governou o Império a partir do Rio de Janeiro. Como já dissemos, os primeiros anos da administração portuguesa, entre 1808 e 1812, foram marcados pela preeminência política de D. Rodrigo de Souza Coutinho e seu aliado, o também ministro D. Fernando José de Portugal. Ao analisar o olhar crítico de Hipólito José da Costa acerca das escolhas do Príncipe Regente na composição do seu ministério, com Coutinho no Ministério dos Negócios Estrangeiros e da Guerra e Portugal na Secretaria dos Negócios do Brasil, a historiadora Marieta Pinheiro de Carvalho assevera que esta organização "buscou contemplar a relevância de se escolher alguém capaz de efetuar uma aproximação com os ingleses, que auxiliaram na transferência para a América, ao lado da importância de eleger uma pessoa conhecedora da realidade colonial, o que facilitaria a estruturação do governo".[62] Se 1809, com a morte do visconde de Anadia, D. João de Almeida de Melo e Castro (conde das Galveias) assumia a pasta da Marinha e Domínios Ultramarinos, em 1812, com o óbito de D. Rodrigo de Souza Coutinho, o conde das Galveias passava a ter em suas mãos – mesmo que interinamente – a Secretaria dos Estados Estrangeiros e da Guerra. Esse cenário, mais uma vez, evidenciava que a escolha dos ministros esteve relacionada à conjuntura política europeia[63], sendo tema de grande interesse dos contemporâneos como o ajudante de bibliotecário Luís Joaquim dos Santos Marrocos, que chegou ao Rio

---

[61] Francisco Solano Constâncio, "Ideias sobre a Educação da Mocidade portuguesa nas Ciências Físicas e nas Artes". In: Maria Leonor Machado de Sousa, *Portugal e o mundo nos primeiros decênios do século XIX: Francisco Solano Constâncio*, Lisboa: Arcádia, 1979, p. 396.
[62] Carvalho, *Os sentidos da Administração...*", cit., p. 49.
[63] Idem, p. 53.

de Janeiro em 1811, aos trinta anos de idade, incumbido de transladar segunda leva de livros do acervo da Real Biblioteca d'Ajuda para o Brasil.[64] Na carta enviada ao pai, comunicava-o sobre o falecimento de Linhares e a questão da transição ministerial.

> "É fama que foi daqui Ordem para vir para esta Corte Cipriano Ribeiro Freire, e agora acrescentam que também Dom Miguel Pereira Forjaz para uma das secretarias: o certo é que a dos Negócios Estrangeiros e da Guerra, vaga por morte do conde de Linhares, ainda está interina nas mãos do Conde das Galveias".[65]

Para Marrocos, o momento parecia sofrer um vácuo político e a nova condição do conde das Galveias era vista com cuidado, uma vez que sofria de "grande ataque de nervos", o que, segundo Marrocos o paralisava politicamente. Os assuntos de sua vida privada pareciam invadir o espaço público.[66] Neste sentido, ao repudiar o

---

[64] A primeira leva de caixotes foi acompanhada por José Joaquim de Oliveira, servente da Real Biblioteca e trazia também os "estratégicos" Manuscritos da Coroa e uma coleção de 6 mil códices que se achavam em um arquivo reservado na Livraria do Paço da Necessidades, em Lisboa. Em duas viagens distintas em 1811, a Coroa portuguesa completava a travessia do rico acervo documental. A segunda leva de caixotes chegava em março, com Luís Joaquim dos Santos Marrocos. Já em setembro, este mesmo bibliotecário informava a seu pai sobre a entrada dos "últimos 87 caixotes de livros" no Rio de Janeiro, que vinham sob a responsabilidade de José Lopes Saraiva, servente da Real Biblioteca. Luís Joaquim dos Santos Marrocos, *Cartas do Rio de Janeiro (1811-1821*, Biblioteca Nacional de Portugal, Lisboa: 2008, p. 96 (Carta N.° 10); Adriana. A. Conceição & Juliana Gesuelli Meirelles, "Entre cartas e livros: a livraria real e a escrita do bibliotecário Luís Joaquim dos Santos Marrocos no período joanino (1808-1821)". *Tempo*, v. 21, 2015, pp. 46-64.

[65] Luís Joaquim dos Santos Marrocos, *Cartas do Rio de Janeiro (1811-1821)*. Coordenação: Elisabet Carceller Guillamet; Pesquisa e Revisão: Maria Conceição Geada; Transcrição e Índices: Cristina Pinto Basto, Elisabet Carceller Guillamet. Lisboa: Biblioteca Nacional de Portugal, 2008, p. 127 (Carta 20).

[66] "É de espantar e de enjoar o vício antigo, e porco deste homem, que a Vossa Mercê não será estranho; pois sendo homem e casado, desconhece inteiramente

comportamento do político português, o funcionário real também levantava a hipótese da sua provável fraqueza na administração dos negócios públicos. No plano internacional, a morte de Linhares impulsionou a saída do Conde de Funchal da embaixada de Londres, que foi substituído por Palmela.[67]

Ademais, entre os anos de 1812 e 1815 as mudanças no cenário mundial foram de grande relevância: do lado americano do Atlântico, a região da Banda Oriental do Rio da Prata (atual Uruguai) desde 1809 vivia conflagrações políticas entre diversos grupos, cujas tensões ganhariam contornos ainda mais dramáticos em 1812.

"Havia os que desejavam a independência da região, mas estavam divididos entre soluções monárquicas e republicanas, havia os partidários de uma aliança com Buenos Aires; e havia um partido português, que propunha a incorporação ao Brasil", contextualiza Lúcia Bastos Pereira das Neves.[68] A princesa Carlota Joaquina, inclusive, articulou com grupos político-econômicos rio-platenses, inclusive com exilados espanhóis na Corte, para assumir a administração das colônias espanholas em nome de Fernando VII, seu irmão deposto por Bonaparte. Além disso, a Constituição espanhola de Cádis, de 1812, de caráter liberal, ecoou no universo luso-americano, sobretudo a partir da Revolução do Porto, em 1820. Na análise de Márcia Berbel e Cecília Helena de Salles Oliveira, a Constituição de Cádis foi uma das "formas de percepção da 'crise' e emergiu com projetos que visavam equacionar conflitos e reivindicações no presente buscando o estabelecimento de novos parâmetros de ação e de relacionamento entre

---

sua mulher, e nutre a sua fraqueza com brejeiros e sevandijas. Por causa deste vício, em que está mui debochado, tem padecido muitos ataques, que o paralisam totalmente; mas ele confessa que não pode passar sem *a sua diária!*". Marrocos, *Cartas...*, cit., p.127 (grifo do original).

[67] Sobre a difícil transição ministerial portuguesa na embaixada de Londres, ver Oliveira Lima, *D. João VI no Brasil...*, cit., pp. 303-306.

[68] Lúcia Bastos Pereira das Neves, "Guerra da Cisplatina". In: Neves; Vainfas (orgs.), *Dicionário do Brasil Joanino*, cit., p. 185.

atores sociais dos dois lados do Atlântico".[69] A singularidade fundamental dessa percepção política e ideológica, segundo Manuel Chust Calero, é que a revolução liberal hispânica integrou os territórios americanos como parte do Estado-Nação, contribuindo sobremaneira para a queda do Antigo Regime espanhol.[70] Com o fim das guerras napoleônicas em 1814, a Paz Geral e o Congresso de Viena (1815), o Velho Mundo passava por um processo de restauração das monarquias absolutistas o que, na prática, significava uma rearticulação das alianças entre as Coroas. Em 1814, D. João saudava Luís XVIII e abria os portos do Brasil ao comércio francês pela primeira vez, justamente porque cessava o período napoleônico em que a Península Ibérica, em geral, e Portugal, em particular, vivenciou desdobramentos políticos centrais advindos da invasão francesa. Esse rearranjo político também norteou a escolha do seu novo ministério na corte do Rio de Janeiro. Se Galveias foi o nome escolhido pelo regente para substituir interinamente o Conde Linhares, a partir de 1814 o principal ministro de D. João seria Antonio de Araújo e Azevedo, o conde da Barca, que ao sair de um longo exílio político, enfim, pôde expressar publicamente sua francofilia entre os anos de seu ministério (1814 a 1817); como no caso da chegada da comitiva dos artistas franceses em 1816, que aportavam no Rio de Janeiro "em situação insegura: boa parte deles falida, sem outras possibilidades de emprego, e ainda contando com a oposição dos franceses partidário dos Bourbon, que os acusava de bonapartista e regicida"[71] O grupo era liderado por Lebreton, secretário perpétuo do Instituto de França e chefe desse grupo de

---

[69] Márcia Berbel & Cecília H. de Salles Oliveira (orgs.), *A experiência constitucional de Cádis: Espanha, Portugal e Brasil,* São Paulo: Alameda, 2012, p. 8.

[70] Manuel Chust Calero, As cortes de Cádis, a constituição de 1812 e sua transcendência americana, In: Berbel & Oliveira, *A experiência constitucional de Cádis...*, p. 19.

[71] Lilia M. Schwarcz, *O sol do Brasil: Nicolas Antoine Taunay e as desventuras artísticas dos artistas franceses na Corte de D. João.* São Paulo: Companhia das Letras, 2008, p. 15.

artistas.⁷² Durante o período em que o grupo francês permaneceu na capital, seus integrantes foram pensionados pela Coroa.⁷³

Importante ressaltar que entre os anos de 1808 e 1815, a produção discursiva da Coroa contra Napoleão Bonaparte – comumente chamado de Anticristo pelas publicações saídas dos prelos da Impressão Régia e também pelas páginas da *Gazeta do Rio de Janeiro* – colocou em evidência a especificidade da estratégia de comunicação da realeza denominada pela historiografia como "ciclo napoleônico".⁷⁴ Em outras palavras, os súditos da monarquia portuguesa acompanharam a rearticulação do seu discurso político pelos prelos reais a partir de uma ampla gama de obras contra o imperador da França; também o discurso transatlântico da *Gazeta do Rio de Janeiro* e dos jornais da América espanhola foram pautados como arma de guerra.⁷⁵ Especialmente em relação à tradição da ibérica, o pesquisador Fernando Nicolazzi nos mostra que desde o início do século XVIII "letras e armas são termos que se coadunavam para estabelecer as relações entre pretensões políticas e intenções literárias". Por um viés pragmático tão caro ao

---

⁷² Idem, pp. 176-177.

⁷³ Idem, p. 209.

⁷⁴ A historiadora Maria Beatriz Nizza da Silva denominou de "Ciclo Napoleônico" a ampla produção de obras saídas da Impressão Régia entre os anos beligerantes (1808 a 1815). No capítulo de mesmo título, a historiadora fez um minucioso estudo sobre a produção, entrada e circulação dos folhetos napoleônicos no Brasil, através de um sistemático levantamento dos principais títulos produzidos e impressos pela *Impressão Régia*. Para além dessa circunscrição das obras, Nizza da Silva também analisou as características e ressonâncias desses papéis na sociedade fluminense, comentando o conteúdo de alguns folhetos da época. Maria Beatriz Nizza da Silva, *Cultura e sociedade no Rio de Janeiro (1808--1821)*. São Paulo: Cia Nacional, 1978, pp. 215-224.

⁷⁵ Meirelles, *Imprensa e poder na corte joanina...*, cit., pp. 91-129. A historiadora Raquel Stoiani também faz uma análise pormenorizada sobre o uso da Impressão Régia como arma de guerra contra os franceses. Raquel Stoiani, *Napoleão visto pela lupa d'El-Rei: construção e usos políticos do imaginário francês napoleônico na América Portuguesa (1808-1821)*. São Paulo: FFLC-USP, 2009 (tese), pp. 106-164.

reformismo ilustrado português, a reciprocidade entre linguagem e experiência, palavra e ação, ciência e política misturavam-se ao ponto de a tarefa do literato e do militar poderem "ser equiparadas segundo príncipios equivalentes".[76] Por outro lado, com a queda definitiva de Napoleão em 1815, os jornais franceses passam a ser publicados na *Gazeta* com a mesma seriedade que as fontes inglesas, não havendo mais desconfianças explícitas acerca das notícias. Essa mudança de tratamento jornalístico esteve estritamente associada à política cultural joanina e às mudanças do cenário diplomático.

Com o fim das guerras, era chegado o momento da corte portuguesa voltar para a Europa. Daí em diante, essa problemática suscitou muitas controvérsias políticas nos dois lados do Atlântico, sobretudo nos bastidores da política da monarquia lusa. De acordo com Ana Rosa C. da Silva, o ano de 1814 deu início a um vivo debate sobre qual deveria ser o lugar hegemônico do poder no mundo luso-brasileiro. Para a autora, o debate emergia em um contexto delicado em que muitos interesses estavam em jogo. Ao mesmo tempo em que os habitantes do reino desejavam recuperar sua centralidade política no conjunto do Império, a América Portuguesa e particularmente o Rio de Janeiro –, já tinha conquistado "toda uma conformação de interesses e um *status* político-econômico não passíveis [sic] de serem simplesmente abolidos, revertidos ou ignorados".[77] Em meio às conjecturas acerca do possível retorno da realeza nos dois lados do Atlântico, as missivas de Luís Joaquim dos Santos Marrocos ao pai, novamente, aparecem como documentação privilegiada. Ao comentar sobre os rumores ocorridos no Rio de Janeiro, em 12 de maio de 1814, o bibliotecário dizia que "nunca se pensou menos nessa matéria, do que agora".[78] Menos de um mês depois, as súplicas dos governadores do reino já

---

[76] Fernando Nicolazzi, Entre 'letras & armas', a história como disputa. Considerações sobre a historiografia luso-brasileira no século XVIII. *Almanack Braziliense*. São Paulo: n.11, maio de 2010, pp. 41-42.

[77] Cloclet da Silva, *Inventando a nação...*, cit., p. 247.

[78] Marrocos, *Cartas...*, cit., p. 256 (Carta N.º 67).

se faziam públicas e constantes na corte. Para Marrocos, apesar das embarcações de diversas nações no cais, que congratulavam a aliança com a coroa portuguesa, os preparativos para o retorno ainda eram incertos. Sobre a sua situação particular e a da livraria, elucubrava:

> "Quando Sua Alteza Real se retirar para Lisboa, ou levará consigo a Livraria, ou não; se a levar, creio não nomeará pessoas de fora, quando tem empregados antigos para tratar dela, até que chegue a ocasião de embarcar. Os dois Padres, que aqui se acham, não podem ficar, um por ser Confessor de sua Alteza as Senhoritas, e o outro por ser Companheiro do Confessor, que por força hão-de [sic] acompanhar suas Amas: na falta destes dois Padres não há outro de Casa, em quem possam pôr a albarda, senão em mim: e que será de mim, se eu disser que não quero, e que só quero ir-me embora?"[79]

Mesmo sendo apenas suposições sobre o possível destino da realeza portuguesa, seu relato colocava em cena a problemática da materialidade do poder monárquico, simbolizado pela existência da Livraria. Ficar ou partir? Esta dúvida crucial tornou-se um tema de reconhecida centralidade no alto escalão governamental, tendo, inclusive, sido, à época, objeto de reflexão do conselheiro Silvestre Pinheiro Ferreira (1814).[80]

Com a elevação do Brasil a reino, equivalente a Portugal, e parte do novo Reino Unido de Portugal, Brasil e Algarves, e diante da Santa Aliança, em 1815, os contornos em torno da definição política diante da questão "qual deveria ser o lugar hegemônico do poder no mundo luso-brasileiro", na acepção de Ana Rosa C. da Silva, começavam a

---

[79] Idem, p.261 (Carta N.º 69).

[80] Sobre as ideias de Silvestre Pinheiro Ferreira acerca da volta de D. João VI, ver seu escrito "Memórias Políticas sobre os abusos gerais e o modo de os reformar e prevenir a revolução popular redigidas por ordem do Príncipe Regente no Rio de Janeiro em 1814 e 1815", in: *Revista Trimestral do Instituto Histórico Geográfico e Etnográfico do Brasil*, tomo XLVII. parte.1. Rio de Janeiro: Typografia Universal de H. Laemmert e &, 1884.

endossar a patente fragilidade do Império e do sistema absolutista, cuja predominância para a valorização da América na conjuntura imperial passava a ser cada vez mais clara. Segundo a autora, se no Brasil a repercussão do novo status político foi interpretada pelas "múltiplas noções de *unidade, igualdade* e *identidade*"[81], em Portugal ele insuflava entre os governadores do reino "um sentimento de reação à nova categoria política do Brasil, acirrando o processo de reivindicação pelo retorno da Monarquia à sua antiga sede".[82] Neste contexto, a particular preocupação do bibliotecário Marrocos em transportar novamente a Real Biblioteca para a capital do Império, independentemente de ser Lisboa ou Rio de Janeiro, parecia ser, antes, uma inquietação da própria Coroa, que concebia este *locus de saber* como símbolo máximo de força, vitalidade e independência da monarquia luso-brasileira. Afinal de contas, na modernidade as coleções reais simbolizavam o alto grau de civilização de uma sociedade.[83]

Araújo de Azevedo era assaz diferente de Souza Coutinho. Erudito com ampla experiência internacional, sua política em relação à cultura, contudo, era mais voltada para o âmbito das artes, das belas letras e da história natural. Mesmo sendo um experiente diplomata, nele o avanço do conhecimento intrínseco à arte da guerra, tão caro a Souza

---

[81] Cloclet da Silva, *Inventando a nação...*, cit., p. 250 (grifos do original).

[82] Idem, p. 254.

[83] As livrarias foram consideradas espaços de saber de suma importância para a política cultural joanina em fins do Setecentos e início do Oitocentos. Apenas na Corte, a Coroa portuguesa gerenciou o nascimento de dois *locus*: a Real Biblioteca do Rio de Janeiro, e a biblioteca da Academia dos Guarda-Marinhas (1810); isto sem contar com as principais livrarias conventuais de São Bento e São Francisco, existentes desde o século XVIII. Porém, como nos relembra Rubens Borba de Moraes, a divulgação da cultura não estava presa exclusivamente às livrarias dessas instituições. Para além dos estabelecimentos já citados, ainda funcionavam na cidade diversos institutos de estudos superiores criados pelo governo, tais como a Real Academia Militar, o Laboratório Químico-Prático, a Academia Médico-Cirúrgica, o Arquivo Militar e a Academia dos Guarda-Marinhas. Quanto ao restante do país, o grande empreendimento foi a Biblioteca Pública da Bahia.

Coutinho (que idealizou e abriu às portas da Real Academia Militar em 1810), parece ter ficado em segundo plano.[84] Ou seja, a elevação do Brasil à posição de reino, unido a Portugal e Algarves indicava uma mudança significativa na direção política do Império Português e sensibilizava sobremaneira os súditos portugueses da monarquia: independentemente dos seus lugares na sociedade, estes se mostravam cada vez mais insatisfeitos por estarem relegados a um plano político periférico, agora institucionalizado.

Da elevação do Brasil a reino aos ecos da Revolução do Porto: o auge da crise do antigo regime português

> "Tendo o Senhor D. João VI no Brasil um Paraíso Terreal, com inexauríveis Fontes de Riquezas terrestres e marítimas, a União de seus Estados, com equação política de Direitos, era a Consolidação mais conveniente, e decisiva à Grandeza e Estabilidade da Monarquia Lusitana, e sua condigna Representação na Ordem das Potências mais influentes no progresso da civilização em ambos os Hemisférios".[85]

Saída do prelo em 1818, a *Memória* de José da Silva Lisboa considerou a elevação do Brasil a reino um capítulo decisivo da história do Império português: o novo status político do Brasil era, para ele, uma garantia fundamental da estabilidade imperial, consolidada nos dois hemisférios. Associada ao fato de o Rio de Janeiro ser *a* residência

---

[84] Sobre os principais interesses do Conde da Barca enquanto viveu no Brasil, o pesquisador Antonio Pedro de Sousa Leite destaca as atividades científicas, como o seu laboratório químico, a instalação de uma fábrica de porcelanas, além de seus experimentos no Jardim Botânico com os chás estrangeiros. Antonio Pedro de Sousa Leite, *O Conde da Barca e o seu papel em alguns aspectos das relações culturais de Portugal com a Inglaterra e a Alemanha*. Braga: Edição do Autor, 1962, pp. 13-42.

[85] José da Silva Lisboa, *Memória dos benefícios políticos de El-Rey Nosso Senhor D. João VI*. Rio de Janeiro: Impressão Régia, 1818, pp. 113-114.

da Coroa desde 1808, o estabelecimento da igualdade jurídica que abolia no papel a antiga relação entre metrópole e colônia colocava em evidência a preeminência da América no conjunto imperial. Apesar disso, segundo a historiadora Kirsten Schultz, independentemente de memorialistas e burocratas do Estado considerarem as inúmeras razões para tal decisão, "todos concordavam que, para a monarquia portuguesa o fim das 'colônias' americanas não significava o fim do seu Império". Ao contrário, tal medida estreitava os laços entre Portugal e Brasil, o que não significou o fim dos conflitos; ao contrário, aumentá-los-ia ao longo dos anos vindouros. "Como novo discurso e nova prática imperial [...] a mudança serviu fundamentalmente a um objetivo conservador: o triunfo de um Império histórico unificado".[86] Tornar o Brasil Reino foi uma estratégia política que não esteve desvinculada das discussões vigentes no Velho Mundo, com destaque para o Congresso de Viena (1814-185), exaltado nas Memórias de José da Silva Lisboa, que circunscrevia a "tão providente [e] Espontânea Resolução Soberana" a partir das "seguintes observações do Escritor sobre o *Congresso de Viena*".[87] Observemos o que o discurso do estadista:

> "Uma nova cena foi aberta na Europa. O que os Holandeses se propuseram a executar quando Luiz XIV trovejava às portas de Amsterdã; o que Filipe V projetava, quando a fortuna contraria parecia entregar a Espanha à sua rival; o que o resoluto Pombal aconselhava, quando Lisboa engolida pelo terremoto parecia não assentar senão sobre um abismo; o que Carlos IV. Ia empreender depois de, já mui tarde, esclarecido sobre a sorte que lhe estava preparada ; foi executado pelo Príncipe do Brasil. Dele é que veio o exemplo dado aos Soberanos da Europa para unanime Confederação e Resistência ao Déspota da França [...].

---

[86] Schultz, *Versalhes Tropical: império, monarquia e a Corte Real portuguesa no Rio de Janeiro, 1808-1821*. Trad. Renato Aguiar. Rio de Janeiro: Civilização Brasileira, 2008, p. 277.

[87] Lisboa, *Memória dos benefícios políticos...*, cit., p. 113.

Portugal não tem mais Colônias na América: ora tem tudo a ganhar, e nada a perder. O Soberano deve agradecer ao Céu de o levar [sic] à suas terras sem limites de espaço e de riquezas, para encher os destinos preparados à Humanidade, entrando agigantado na Política do Universo, e constituindo-se Independente".[88]

Sob a ótica da restauração das monarquias absolutistas na Europa e tendo em vista uma aguda observação do que ocorria com o Império espanhol na América, onde se acentuava a distância entre as partes, a preservação do princípio da legitimidade dinástica aparecia como um problema central para o Ocidente. Não à toa a fala de José da Silva Lisboa exaltava a ação de D. João pensando-a a partir de uma perspectiva histórica de longa duração em que a manutenção da civilização aparecia como valor supremo a ser ainda mais enraizado na América pela benignidade do soberano. Afinal de contas, a sobrevivência do Império também dependia da sua historicidade em amplo diálogo com a Europa. Este prisma de análise não era novidade, como bem demonstrou o historiador Manoel Luís Salgado Guimarães ao analisar as páginas do periódico *O Patriota (1813-1814)* a partir de sua concepção de história, compreendida como "mestra da vida" – considerada uma forma peculiar de voltar-se para o passado. Por esse prisma, supunha-se o fato de que

> "para além de um pretenso e necessário aprendizado com a história, uma certa temporalidade está também implicada, pois só nos seria possível a aprendizado caso o passado pudesse de alguma forma guarda com o presente uma relação de tal proximidade e intimidade que os fatos sucedidos em outro tempo e segundo outras injunções pudessem servir de referencial e horizontes para um tempo posterior e, portanto, para outras experiências humanas".[89]

---

[88] Idem, p. 114.
[89] Manoel Luiz Salgado Guimarães, As luzes para o Império: história e progresso nas páginas de O Patriota", in: Lorelai Kury (org.), *Iluminismo e Império no Brasil: O Patriota (1813-1814)*. Rio de Janeiro: Editora Fiocruz, 2007, p. 75.

As leituras dos contemporâneos de tal concepção também podem ser compreendidas a partir de da experiência do presente na relação com projetos de futuro ou, na acepção de Reinhart Koselleck, a partir de novos "horizontes de expectativa".[90] Dentro desse contexto, o historiador João Paulo Pimenta ressalta que a elevação do Brasil a reino "reforçaria os descontentamentos políticos peninsulares e promoveria novas fissuras na nação portuguesa" ao mesmo tempo em que indicava a "generalização de uma crise que agora ninguém se atreveria a caracterizar como exclusivamente espanhola". Nessa perspectiva, portanto, Pimenta destaca que "o governo português pretendia-se portador devidamente autorizado pelas potências europeias dos princípios políticos "legítimos" ou, se preferirmos "antirrevolucionários" na América".[91] A partir de então, o sentimento de orfandade dos portugueses, agora agravado pela percepção de um rebaixamento político em relação ao Brasil, também visto como uma inversão de papéis entre metrópole e colônia, foi a razão que levou os governadores do reino – Marquês de Borba, Principal Souza, Ricardo Raimundo Nogueira e João Antonio Salter de Mendonça – a enviarem uma carta a D. João em 1817. O conteúdo do documento registrava o profundo pesar da sociedade lusitana pela ausência da realeza:

> "Não devemos, porém, Senhor, ocultar a V. Magestade, por nossa honra e obrigação, o descontentamento geral de todos os seus fiéis vassalos pela demora de V. Majestade no Reino do Brasil, depois dos ordinários sacrifícios e heroicidades que fizeram, para conseguirem a salvação da Monarquia e a pronta restituição de V. Magestade à antiga sede da mesma ... E todos suplicamos a Deus Nosso Sr. que inspire a V. Magestade, que se compadeça da necessidade que temos da Sua

---

[90] Reinhart Koselleck, *Futuro Passado: contribuição a semântica dos tempos históricos*. Rio de Janeiro: Ed. PUC-Rio/ Contraponto, 2006.

[91] João Paulo Pimenta, *A independência do Brasil e a experiência hispano--americana (1808-1822)*, São Paulo: Hucitec, 2015, pp. 236-237.

Augusta Presença nestes Reinos para a conservação dos mesmos, e nosso amparo e se digne pela sua misericórdia dispor tudo de maneira que V. Magestade possa vir com toda a brevidade".[92]

Por outra perspectiva, a reflexão anônima de um português pelos idos de 1818 também é reveladora:

"Agora por nossa desgraça, estamos vendo os louros voltados, o que vinha do Brasil, para Portugal, vai agora de Portugal para o Brasil ... e não somos nós por ventura, vassalos de V. M. para sermos tratados pela mesma maneira que são hoje os brasileiros? Que tão felizes se acham e nós em tanta desgraça? Há muito bem pode V. M. socorrer--nos, quando não, será por tempos, V. M. Rei de um Povo mendigo, e desgraçado".[93]

Ambos os registros refletiam, em graus díspares, um sentimento coletivo de angústia e desesperança do povo português que ganhava cada vez mais força desde 1814, quando as discussões sobre o (in)evitável retorno da realeza começaram a fazer parte do debate político. Dois anos depois da elevação do Brasil a reino, a tensão apenas se acentuava. E dentro desse cenário destacou-se o ano de 1817, que foi crucial para o Império Português.

*

Entre os meses de março e maio de 1817 ocorreu no Brasil a *revolução pernambucana*. De composição heterogênea, o movimento contou com o apoio de negociantes de grosso trato, proprietários de terras, homens do clero (muitos deles formados no Seminário de

---

[92] ANTT, Ministério do Reino. Governadores do Reino. Registro de Cartas ao Príncipe Regente, Livro 317, Carta 466, 17.3.1817, fl. 377.
[93] "Carta de hum fiel vassallo a El rei D. João VI, relatando o estado do reino de Portugal sob o governo regencial e pedindo a volta se S. M" *Documentos para a História da Independência,* 1923, p. 6.

Olinda), pequenos sitiantes, homens livres, boticários e, inclusive, a população escravizada. A insatisfação de grande parcela da região – que englobava Cerará, Rio Grande do Norte, Paraíba, Alagoas e parte do Sergipe – tinha a capitania de Pernambuco como "centro aglutinador da produção e circulação de mercadorias, riqueza, tramites administrativos e ideias políticas".[94] Insatisfeitos no plano político – com a ampliação dos impostos decretada pela Coroa desde 1808 – cuja soma mensal girava Recife em torno da pequena fortuna de 30 contos de réis; e no plano econômico – com a crise dos principais produtos da região nordestina (açúcar e algodão principalmente, mas em menor escala o couro, pau-brasil, aguardente, mel e arroz) – sendo ainda norteada pelas políticas monopolistas, as quais, a despeito da abertura dos portos, continuavam concentrando os lucros nas mãos de comerciantes portugueses[95], os revoltosos exigiam mudanças.

Ao conseguirem dominar o Governo Provincial, os líderes do movimento – o negociante Domingos José Martins, Antônio Carlos de Andrada e Silva, Padre João Ribeiro, o magistrado José Luís Mendonça, o representante da agricultura Manuel Corrêa de Araújo, o militar Domingos Theotônio Jorge Martins Pessoa – instalaram um governo provisório. De caráter republicano, propunham a abolição de alguns impostos e a elaboração de uma constituição que estabelecesse a liberdade religiosa e de imprensa, bem como a igualdade de todos os proprietários perante a lei. No tocante à abolição do regime escravista, acenava-se para o fim *gradual* da escravidão, que ocorreria em um futuro ainda incerto. Ou seja, entre as noções de igualdade e propriedade, os revoltosos defendiam mais veementemente a segunda. Tal viés, contudo, apontava para outra questão de suma relevância: a noção de igualdade colocava em prática o rompimento dos laços de fidelidade com o rei. Em *Preciso*, nota escrita pelo líder

---

[94] Pimenta, *A independência do Brasil e a experiência hispano-americana*..., cit., p. 267.
[95] Idem, pp. 268-269.

José Luís de Mendonça, no dia 10 de março de 1817, em meio ao movimento, o magistrado refletia sobre as razões da queda do governo provincial:

> "Depois de tanto abusar da nossa paciência por um sistema de administração combinado acinte para sustentar as vaidades de uma corte insolente sobre toda a sorte de opressão de nossos legítimos direitos, restava caluniar agora a nossa honra com o negro labéu de traidores, aos nossos mesmos amigos, parentes e compatriotas naturais de Portugal; e era esta por ventura, a derradeira peça que faltava de se pôr a máquina política do insidioso governo extinto de Pernambuco".[96]

Ao relatar todos os acontecimentos ocorridos entre os dias 5 e 10 de março, Mendonça encerrava o escrito felicitando a nova pátria e os patriotas. Exaltava, por fim, que findasse "para sempre a tirania real". Já no poder, os insurgentes conquistaram o apoio das províncias de Paraíba e Rio Grande do Norte que, juntamente com Pernambuco, viveriam por mais de setenta dias sob um governo provisório que proclamava a independência da região sob a bandeira republicana.[97] "Enquanto durou o movimento, corriam boatos de que a sublevação atingira também Minas Gerais, São Paulo e Rio Grande do Sul, o que decerto configurava um exagero a despeito das instáveis situações políticas dessas capitanias", afirma o historiador João Paulo Pimenta.[98] O fato é que a coerção ao movimento foi de grande monta. As foças repressivas encabeçadas pelo governador da província de Pernambuco – o conde dos Arcos – associadas com as tropas vindas do Rio de Janeiro comandadas por Luiz do Rego realizaram um forte bloqueio naval sobre Recife e conseguiram vencer os rebeldes. "As condições

---

[96] Evaldo Costa; Hildo Leal da Rosa; Débora Cavalcantes de Moura (org.), *Memorial do dia seguinte: a revolução de 1817 em documentos da época*. Recife: Arquivo Público Estadual, 2018.
[97] Meirelles, *A família real no Brasil...*, cit., pp. 46-48.
[98] Pimenta, *A independência do Brasil e a experiência hispano-americana...*, cit., p. 273.

de rendição impingiam que se honrassem as bandeiras reais, salvas fossem dadas às fortalezas que se gritassem sete vezes: *Viva El-Rei nosso senhor e toda a família real,* com os militares descarregando três vezes as suas armas; estes eram os sinais de capitulação", descreve a historiadora Iara Lis Schiavinatto.[99]

Em meio a essa turbulência política, reiterar a fidelidade dinástica que unia o monarca aos seus súditos era uma estratégia mais do que necessária. Portanto, em 13 de maio era selado o laço matrimonial entre D. Pedro de Alcântara e a princesa Leopoldina, comemorado poucos dias depois no Teatro São João.[100] No dia seguinte, a *Gazeta do Rio de Janeiro* estampava as primeiras notícias acerca da revolução pernambucana, noventa dias após o ocorrido e, principalmente, depois de o movimento ter sido debelado.[101] Ao mesmo tempo em que Manuel Ferreira Guimarães, redator da *Gazeta*, justificava a ausência de notícias – "Temos demorado por longo tempo a comunicar os nossos leitores quanto nos constava dos desastrosos sucessos, acerca da revolta de Pernambuco" para não "adiantar fato, ou circunstancia alguma em coisa por sua natureza tão odiosa"[102], também exaltava a grandeza da festividade do enlace real, que tinha sentidos políticos muito precisos: simbolizava a aliança vitoriosa de duas coroas europeias que "transfundia o sangue da continuidade monárquica nas casas reinantes aniquiladas ou oprimidas"[103] por Napoleão e, portanto, merecia ser celebrada com grande pompa. Como podemos notar, diferentemente das exaltações sociais, os protestos e resistências populares eram silenciados pela folha, que jamais noticiava a indiferença e as ausências dos súditos nas festividades, ou mesmo as quebras

---

[99] Iara Lis Schiavinatto, *Pátria Coroada: o Brasil como Corpo Político Autônomo 1780-1831.* São Paulo: Ed. Unesp, 1999, p. 73.

[100] *Gazeta do Rio de Janeiro*, 1817.n. 43.

[101] Idem, n. 39.

[102] Idem, n. 39.

[103] Luís Norton, *A Corte de Portugal no Brasil: notas, alguns documentos diplomáticos e cartas de imperatriz Leopoldina.* 3ª Ed. Ilus. São Paulo: Nacional, 2008, p. 72.

de luminárias como a ocorrida em Portugal durante as comemorações pela Aclamação de D. João VI, em 1818.[104]

Em julho de 1817, a mesma folha anunciava que os sócios do Teatro particular do Rocio desejavam "dar um público testemunho do seu regozijo pela gratíssima notícia", que, segundo o redator, "tem feito objeto de nosso júbilo"[105], referindo-se ao triunfo militar da Coroa diante dos revolucionários pernambucanos. De acordo com o historiador Evaldo Cabral de Mello, a "facilidade e rapidez da vitória em Dezessete impressionaram os contemporâneos."[106] A análise comparativa do viajante francês Tollenare entre a revolução pernambucana e francesa é ressaltada pelo autor: "'o povo [em Pernambuco] não tomava parte alguma na insurreição' nem demonstrava 'nenhum entusiasmo, nenhum transporte'. E lembrando-se da jornada de Paris exclamava: 'Que diferença de ardor entre essa população e a nossa!'".[107] Sobre os festejos do "triunfo revolucionário" na capital, Araújo Guimarães afirmava ter tido grande número de espectadores, que se deleitaram com o refinamento do repertório.

> "Desempenhou-se então a *Medeia,* tragédia do célebre *Longepierre,* traduzida pelo insigne *Francisco Manoel,* e os atores se esmerarão e conseguiram retratar fielmente aquele original. [...] Concluiu-se o divertimento com o Entremez da *Castanheira* com toda a sua música, o qual se representou com a mais completa satisfação de todos os espectadores".[108]

A continuidade das comemorações ao sucesso real ocorria novamente no dia 05 do corrente mês. Nesta data, foi representado um elogio alegórico cujo intuito era "mostrar que o coração dos

---

[104] Lopez, *Festas públicas...*, cit., p. 65.
[105] *Gazeta do Rio de Janeiro,* 1817. n. 56.
[106] Evaldo Cabral de Mello, *A outra independência: o federalismo pernambucano de 1817 a 1824.* São Paulo: Ed. 34, 2004, p. 38.
[107] Idem.
[108] *Gazeta do Rio de Janeiro,* 1817. n. 56.

Portugueses era inabalável às sugestões do crime". À noite também contou com a comédia *O delirante por amor;* que foi seguida de uma dança. Tanto a autoria do elogio quanto a composição da música tinham sido produzidas por um dos sócios do teatro.[109] Diante da fragilidade política vivida pela monarquia, notamos que todos os eventos artísticos destacados pelo gazeteiro da Corte estavam em consonância com um discurso que exaltava a valorização e o respeito mútuo entre o monarca e seus súditos. Não foi à toa que em outubro de 1817, Araújo Guimarães rememorava o empenho dos negociantes da cidade na elevação do *Real Teatro de São João*, no Rio de Janeiro. Ao construírem-no em menos de dois anos, mostravam "o quanto [eram] capaz[es] de produzir o amor e adesão a um Monarca Justo, que se preza sobretudo por ser o Pai dos Seus Vassalos".[110]

Toda essa prédica oficial expunha a inversão de papéis que começava a assolar o universo político luso-brasileiro: com a Revolução Pernambucana, ao nordeste do Brasil, e a Conspiração de Gomes Freire de Andrada, de forte influência maçônica em Lisboa, a Coroa portuguesa vivia sob a constante (e real) ameaça da desintegração do Império Português.[111] E a defesa do Brasil era medida

---

[109] *Gazeta do Rio de Janeiro*, 1817.n. 56.

[110] *Gazeta do Rio de Janeiro*, 1817, n. 78. *Merope,* peça em três atos de autoria do famoso libretista veneziano Apóstolo Zeno, por exemplo, foi publicada pela *Impressão Régia,* em 1815, e encenada no Teatro de S. João, em 08 de novembro de 1817. Segundo Guimarães, este espetáculo teve uma importante novidade que atraiu a atenção geral: Fernando José de Almeida, proprietário do teatro, ofereceu gratuitamente uma ópera ao seleto público, que contava, inclusive, com a presença de D. João e os demais membros da Família Real. Essa grande iniciativa realizava-se em nome do casamento de D. Pedro de Alcântara e D. Leopoldina, ocorrido três dias antes (05 de novembro de 1817).

[111] De forte influência maçônica, a contestação foi de caráter militar e reuniu jovens oficiais insatisfeitos com os governadores do Reino e a sua submissão política aos militares ingleses no país, sob a direção de Beresford. Ademais, os revoltosos tiveram na figura de Gomes Freire o seu principal líder. "Freire tornara-se o confidente, "o pólo de confluência dos militares afastados ou licenciados por Beresford, de todos os descontentes" contextualiza o pesquisador

de caráter irrevogável. Com defendeu a historiadora Ana Rosa Cloclet da Silva, com tais acontecimentos "acentuava-se a tendência da fixação da Monarquia no Brasil, entendida na perspectiva anteriormente assinalada pelo conselheiro Silvestre Pinheiro Ferreira, como *medida essencial para se evitar a fragmentação desta parte do Império,* sujeita às tendências republicanas então manifestas".[112] Por esse prisma, portanto, era necessário que D. João reconquistasse a confiança de seus súditos, que deveriam acreditar na saúde política do Império.[113]

Em outras palavras, a partir de 1817 as ações da Coroa no espaço público tinham como objetivo explícito a reconfiguração do apoio político de seus vassalos, pois só assim continuariam a existir nos moldes que tanto almejava manter. A viabilidade dessa empreitada, no entanto, mostrava-se cada vez mais complicada. Enquanto os revoltosos lisbonenses consideravam-no um rei ingrato que por sua ausência prolongada havia rompido o pacto social que sustentava a monarquia portuguesa; os revolucionários pernambucanos tinham ganhado uma importante batalha: por maior que fosse a derrota militar, a expansão do ideal republicano pelas outras capitanias do nordeste era uma realidade.[114] O sistema monárquico absolutista

---

Fernando Pereira Marques. A situação era alarmante: o atraso no pagamento dos soldos era uma grave realidade, sendo que o Real Erário não tinha meios financeiros para saná-la: "[...] por vezes uma parte dos tratamentos é paga em papel, e sucedem casos em que a alimentação falta aos soldados e aos subalternos", comenta o historiador. Fernando Pereira Marques, *Exército e Sociedade em Portugal no declínio do Antigo Regime e advento do liberalismo.* Lisboa: Ed. A Regra do Jogo, 1981, p. 180.

[112] Silva, *Inventando a nação...,* cit., p. 274 (grifos do original).

[113] Meirelles, *Política e cultura no governo de D. João VI...,* cit., pp. 207-246.

[114] "Além de contestar a soberania monárquica, um dos efeitos mais alarmantes do movimento, pela perspectiva das autoridades régias, residiu no seu alastramento para outras Capitanias do Nordeste Brasileiro, acenando com a possibilidade da fragmentação do projetado Império do Brasil. Ainda que, efetivamente, seu sucesso tenha se restringido às Capitânias da Paraíba e do Rio Grande do Norte – sendo abortada no Ceará onde se esboçou pretensa

estava sendo contestado pelos súditos da realeza em ambas as margens do Atlântico. Diante desses fatos e tendo uma visão ampliada da situação, o letrado Heliodoro Jacinto de Araújo Carneiro – que vivia em Londres tendo certa proximidade com D. João –, avisava-o em missiva de junho de 1817 acerca da crescente insatisfação dos reinóis. Para ele, o monarca deveria "tomar medidas para que seus Vassalos de Portugal governassem de privilégios, com que se não pudessem considerar Colonos". E finalizava: "se a estada de V.M no Brasil é útil para até garantir a independência de Portugal: isto não vê o povo, o que vê é um vácuo e uma mudança de Metropolitanos em Colonos".[115]

Ainda em Londres, Hipólito José da Costa lia os acontecimentos de Pernambuco com cautela, e "diante da escala de destruição que o movimento pernambucano acarretara também no que se refere a vidas humanas" o jornal logo mudaria de posição. Se antes era contrário ao movimento, passava a especificá-lo a partir da perspectiva *revolucionária,* mas sendo "obra do momento, parto da inconsideração, e nunca sustentada por plano combinado".[116] Como assevera João Paulo Pimenta, o *Correio Braziliense* foi de grande contribuição para o reconhecimento do movimento pernambucano generalizado como "uma *revolução* para subversão da ordem vigente, obrigando até mesmo aqueles agentes políticos empenhados na manutenção dessa ordem a descartar o vocabulário como indicador de reformas e rearranjos conservadores, como até então era possível".[117]

No ano seguinte o Rio de Janeiro assistiria um dos mais destacados eventos de caráter político ocorrido na capital do Império: em 06 de fevereiro de 1818, a aclamação de D. João VI foi um festejo digno de uma monarquia europeia. Afinal de contas, era a primeira vez que um

---

adesão, e na Bahia, pela ação fulminante do Governador Conde dos Arcos." Silva, *Inventando a nação...*, cit., p. 270.

[115] Heliodoro Jacinto de Araújo Carneiro, *Cartas dirigidas a S. M. El-Rey D. Joao VI desde 1817. A cerca do Estado de Portugal e Brasil e mais outros documentos escritos.* Londres: Impressão de Mess. Cox e Bayllis, 1821, carta de 25.06.1817.

[116] *Correio Braziliense*, v,. XIX, n. 110, julho de 1817.

[117] Pimenta, *A independência do Brasil...*, cit., p. 287.

rei europeu era aclamado na América.[118] Desde a morte de D. Maria I, em 20 de março de 1816, este momento estava sendo idealizado pela alta cúpula governamental, e foi marcado por simbologias e conexões políticas cuidadosamente arquitetadas pela elite luso-brasileira, a aclamação tinha como meta política a consolidação do *Reino Unido de Portugal, Brasil e Algarve*s. A cerimônia foi concebida como um espaço de legitimação do poder real que renovava a relação entre o rei e seus súditos. Nesse sentido, o alcance da adesão maciça de todas as camadas da sociedade era um fator de fundamental relevância, sobretudo depois da monarquia ter vivenciado momentos de grande fragilidade política em decorrência do movimento revolucionário de 1817. As celebrações começaram às 9 horas da manhã, com todas as pompas dignas de uma festa da realeza. "Toda a família real estava resplandecente de diamantes e de todas as vestimentas da Corte eram notáveis pela riqueza e elegância", observava o artista Jean-Baptiste Debret, ao acompanhar a chegada dos membros reais à missa solene, na Capela Real, que selava a magnitude do evento digno das circunstâncias "pela eloquência política e religiosa".[119]

A questão central da aclamação, no entanto, estava intimamente associada a dois fatos políticos de suma importância para a manutenção da integridade da monarquia portuguesa. No que se refere à elevação do Brasil a reino, consumada em dezembro de 1815, o festejo visava reafirmar a autonomia do Brasil dentro do Império Português,

---

[118] A escolha do dia 06 de fevereiro como data que oficializava sua coroação também foi um aspecto particularmente arquitetado por D. João VI. Como nos informa o historiador Emílio Lopez, a associação com a fundação do Reino de Portugal "se prestava à rememoração das antigas tradições fincadas em torno do princípio legitimador da autoridade, do direito divino dos reis", em contraposição à "concepção de soberania popular defendida pelos revolucionários" na sedição pernambucana de 1817. Na prática, portanto, para além da data da cerimônia tornar-se uma resposta aos princípios republicanos dos revolucionários, ainda perpetuaria no calendário monárquico uma versão vitoriosa da história que solapava a visão dos "vencidos". Lopez, *Festas públicas*..., cit., pp. 127-133.

[119] Jean-Baptiste Debret, *Viagem pitoresca e histórica do Brasil*. Trad. e notas Sérgio Milliet. Belo Horizonte/ São Paulo: Itatiaia/Edusp, 1989, p. 65.

assim como imortalizar a figura de D. João como o responsável por trazer a prosperidade e a civilização ao vasto continente do Brasil. Em 1818, a festa de aclamação foi maciçamente financiada pelos grandes comerciantes como Fernando Carneiro Leão, Amaro Velho da Silva, Francisco José Guimarães, Francisco Pereira de Mesquita, João Rodrigues Pereira de Almeida entre outros. O grande dinheiro despendido nos festejos tinha como estratégia enaltecer a figura do rei, para assim, consolidarem suas órbitas de influência junto a D. João VI. Um dos arcos construídos no Rio de Janeiro – o arco do triunfo – realçava a imagem de um rei que dialogava com ideias ilustradas, cujo projeto era proteger e avançar as atividades comerciais e artísticas do Brasil, agora elevado a uma porção fundamental, e civilizada do Império. Luís Gonçalves dos Santos, o Padre Perereca, descreveu com riqueza de detalhes as comemorações na cidade, que toda iluminada, celebrava a coroação "pelas igrejas, e conventos, mas também todas as casas com maior, ou menos número de luzes" pareciam um "magnífico teatro, em que se desenvolvia em brilhantes chamas, fogos de artifício, o amor, e o prazer de seus fiéis vassalos."[120]

Apesar de tantas solenidades durante os três dias em que duraram as comemorações, nem tudo foram flores. Quase um ano depois das contestações políticas ocorridas em 1817, D. João ainda desconfiava da audácia das classes médias e populares, colocando em dúvida a lealdade de seu povo. "No primeiro e no segundo arco, onde eu me

---

[120] Santos, *Memórias para servir a História do Reino do Brasil,* cit., v. 2, p. 167. As luminárias e iluminações construídas por numerosos personagens endinheirados da cidade davam as diversas nuanças do regozijo que marcava o momento. O comendador Luís de Sousa Dias mandou construir um arco na porta da Alfândega que registrava a imagem da elevação do Brasil a Reino. Já a iluminação feita pelo tenente general José d'Oliveira Barbosa reafirmava o poder divino do rei com os dizeres "Deus e o meu Rei". Porém, as manifestações de apoio e fidelidade a D. João não chegavam apenas da parcela mais rica da sociedade. Bernardo Avelino Ferreira de Souza, um contemporâneo dos fatos, afirma que os mais pobres que viviam nos subúrbios também realizavam suas comemorações de acordo com suas possibilidades.

achava quase rente dele [D. João], pareceram-me provir de vagas suspeitas originadas de maus dizeres, que continuamente se estiveram a segredar em seu ouvido. Tive uma semelhante oportunidade de o observar, cerca de meia hora antes de seu início da cerimônia"[121], comentava o viajante inglês John Luccock. O contato de Luccock com as classes médias e populares, no entanto, convencia-o de que não havia a menor razão para o temor, já que estava convicto "de que nunca houvera capital mais afeiçoada do que o Rio de Janeiro deste tempo".[122]

Para garantir a segurança pessoal do monarca e do cerimonial, a Intendência da Polícia distribuiu os soldados reais pela cidade. Munidos de cartuchos de pólvora, muitos deles se infiltravam em meio à gente miúda e cercavam o palácio para evitar possíveis distúrbios. Na multidão também foram implantados espiões para vigiarem os "elementos suspeitos" que poderiam atentar contra a vida do rei. O olhar privilegiado (e crítico) de Luccock destacava os meios repressivos com que as tropas reais se precaviam diante do povo e, sobretudo, contra os estrangeiros. "Não era permitido a ninguém falar língua estrangeira em meio do povo. No momento em que um senhor natural de Veneza se dirigiu a mim em inglês, um soldado lhe ordenou rudemente que falasse português ou calasse a boca."[123]

A grande participação popular nessa festividade tão marcante não escondia as normas e etiquetas vigentes na sociedade de Corte, perpetuada pela monarquia portuguesa em datas comemorativas. Todo esse cerimonial era regido por uma ordem hierárquica de acesso ao monarca. Primeiro, tinham vez os maiores representantes da nobreza portuguesa, em seguida tinham espaço os procuradores das cidades e vilas – sempre determinados por graus de importância – e, por último,

---

[121] John Luccock, *Notas sobre o Rio de Janeiro e partes meridionais do Brasil, tomadas durante uma estada de dez anos nesse país, de 1808 a 1818,* Trad. Milton da Silva Rodrigues, São Paulo: Livraria Martins, 1942, p. 379.
[122] Idem.
[123] Idem.

era a vez do clero que, diferentemente dos demais estamentos, não tinha o privilégio de tomar a mão do rei entre as suas; o que delineava graus de influências e consequências políticas. A aclamação popular, por outro lado, também marcava um momento importantíssimo da celebração. Era a ocasião em que acontecia a ovação dos súditos do rei que, amontoados no Terreiro do Paço, legitimavam os laços políticos existentes entre o povo e o soberano. Logo após, o monarca e a Corte seguiam para a Capela Real, saudando o povo como exigia a tradição. Finalmente, às quatro horas da tarde, era chegada a hora da majestade aparecer publicamente pela primeira vez para os seus vassalos, em todo o seu esplendor real.

Os lugares e hierarquias tanto dos súditos ao redor de El Rei quanto das instituições em destaque – como o senado da Câmara do Rio de Janeiro e os representantes da Universidade de Coimbra –, estavam bem delimitados e demonstravam a influência de cada um dos atores sociais nesse jogo de poder permeado por inúmeras representações e construções da memória coletiva. Em meio às descrições da suntuosidade da festa, júbilo e participação popular, o redator da Corte ressaltou a demonstração de alegria e fidelidade de Paulo Fernandes Viana. O Intendente da Polícia não só erigia em sua casa uma grande iluminação como também expunha um interessante emblema. De acordo com Araújo Guimarães:

> "dos dois lados do emblema da Coroação, se via em grandes quadros uma lira, e por cima a letra *União;* no centro as iniciais do Reino Unido, e em baixo *Harmonia.* [...] Em todas as três noites teve esse digno Magistrado coro de Música vocal e instrumental, que cantava o hino nacional, e várias peças de Música".[124]

Como podemos notar, Viana saudou o novo rei da maneira que mais lhe apetecia: com um discurso condizente às metas políticas da monarquia – a manutenção da união e harmonia no Reino Unido de

---

[124] *Gazeta do Rio de Janeiro,* 1818, n. 4.

Portugal, Brasil, e Algarves –, e também com um repertório musical ao gosto real. Linhas à frente, porém, o redator destacava a atitude "benigna" de Paulo Fernandes diante da Aclamação:

> "Aproveitamos esta ocasião para mencionar que o mesmo benemérito Magistrado fez chegar a alegria à habitação da miséria, mandado soltar 31 presos no Dia Faustíssimo da Aclamação de Sua Majestade, e nesse e nos dois seguintes [dias] dando alimento a 239 presos das cadeias que em razão de suas culpas não deviam gozar da liberdade".[125]

Na prática, como já dissemos, a responsabilidade pela manutenção da boa ordem na cidade estava nas mãos da Intendência da Polícia. E isso incluía a fiscalização das celebrações públicas, sejam aquelas ocorridas nas ruas do Rio de Janeiro ou no Teatro São João.

Em 1818, o intendente geral da polícia exigia a prisão de todos aqueles "que deitam da plateia e camarotes dinheiro aos cômicos e dão muxoxo e assobios".[126] Adiante, determinava ao juiz do crime responsável pela inspeção do teatro que "esta diligência se faça pública, para que cessem os males que se querem antes evitar do que punir". Por fim, concluía: "É preciso por todos os meios desarraigar do Teatro este gênero de perturbação que reflete sobre a boa polícia com que se deve manter, ficando em pé todas as outras providências que a este respeito se tem dado".[127] Diante de todos esses acontecimentos, podemos supor que, muito provavelmente, a valorização da boa ação de Fernandes Viana pelo redator da *Gazeta,* em meio aos festejos da Aclamação de D. João VI, tinha o intuito de reaproximá-lo da sociedade, que tanto se sentia amedrontada pela sua figura deveras autoritária. Pouco mais de dois anos depois da Aclamação, em 31 de julho de 1820 Heliodoro Jacinto de Araújo Carneiro aconselhava D. João VI a tornar-se rei constitucional:

---

[125] Idem.
[126] ANRJ. Polícia da Corte. Códice 329. Vol.4, f.89, V/ 90 v.
[127] Idem.

"governo constitucional é hoje uma palavra mágica, pela qual os povos se seduzem [...] V.M. não pode ter algum susto em dar uma constituição, pois que enquanto a dá é considerado o autor, que faz e pode desfazer: evitando assim a exaltação, que vem de se excitar na Espanha pela má política".[128]

Menos de um mês depois estourava a Revolução do Porto, em 24 de agosto. Sob a defesa da bandeira da monarquia constitucional, os revolucionários exigiam a convocação das Cortes e a liberdade de imprensa. Em meio às discussões políticas, o jornal *Correio do Porto* defendia a revolução com base na ideia de *regeneração*:

"Quando no sempre memorando e imortal dia vinte e quatro de Agosto, se ouviu o patriótico brado proclamador de nossa liberdade e independência nacional, e mensageiro feliz de nossa necessária Regeneração; vivificante alegria que ele mui naturalmente incitou, anunciando o término dos males pretéritos".[129]

A exaltação de um novo futuro *regenerador* era a tônica da retórica do periódico, significando o passo definitivo para a obtenção da tão almejada liberdade. De acordo com Ana Rosa C. da Silva, a *regeneração* foi entendida pelas elites ilustradas e revolucionárias portuguesas não como uma ruptura, mas, antes, como um *resgate* – do constitucionalismo da monarquia lusitana que se opunha à ideia de um Estado Absolutista. Na prática, afirma a historiadora, reatavam-se laços tradicionais existentes entre o soberano e o povo – através de uma lei fundamental – a Constituição – indicativa dos meios de apoio entre ambos.[130] A repercussão dos fatos políticos revolucionários era de interesse de toda a nação portuguesa, sobretudo no que se referia

---

[128] Carneiro, *Cartas dirigidas a S. M. El-Rey D. Joao VI desde 1817...*, cit., carta de 31/07/1820.
[129] *Correio do Porto*, 3/10/1820, nº 6.
[130] Silva, *Inventando a nação...*, cit., pp. 284-286.

aos seus desdobramentos no Brasil; mais particularmente, em relação à atitude de D. João VI, frente à decisão soberana de convocarem as Cortes para instituírem uma constituição. Ao analisar o sentido das Cortes para a sociedade portuguesa a historiadora Iara Lis define que tal processo tinha o intuito de dar um novo sentido à soberania, na sua origem, na sua atribuição, no seu desempenho, e, pela primeira vez, emergia uma concepção política enlaçada à ideia de nação.[131]

Em 5 de setembro de 1820, os governadores do Reino de Portugal enviavam ao Rio as primeiras cartas de ofícios de portugueses, informando para o monarca as providencias da Regência de Lisboa que convocara as Cortes. As notícias chegaram à Corte pouco mais de um mês depois, em 17 de outubro, e propagaram-se rapidamente. Lúcia Neves encontrou um registro da Polícia do Rio de Janeiro de 20 de outubro que – comprovava que soldados espanhóis tinham sido presos porque, em um domingo, depois das três horas da tarde, passavam pelas ruas do Rio de Janeiro cantando coisas que parecia ser o seu hino constitucional. O fato é que as notícias de um projeto revolucionário em Portugal já eram de conhecimento dos portugueses do Brasil, como atestava uma folha inglesa traduzida e publicada pelo *Correio do Porto*, no início de outubro. Sobre a troca de informações políticas no Rio de Janeiro, a historiadora Cecília H. L. Salles Oliveira afirma que comerciantes importantes, radicados no Brasil, como Joaquim Gonçalves Ledo, Clemente Pereira e Manuel Joaquim da Silva Porto já estavam cientes da movimentação política em Portugal antes mesmo da deflagração do pronunciamento de agosto de 1820.

É fato, porém, que ao final de 1820 era traduzido na Bahia um folheto em francês intitulado *Le Rói et Ia Famille Royale de Bragance Doivent-Ils, dans lês Circonstances Presentes, Saourner à Portugal, ou Bien Resterau Brésil?* que, apesar de anônimo, teve sua autoria atribuída a Cailhé de Geine, intendente da polícia da Bahia. O escrito suscitava uma polêmica que já vinha sendo delineada dentro dos gabinetes de alta política desde pelo menos 1814: o rei e a família real

---

[131] Schiavinatto, *Pátria coroada...*, cit., p. 85.

deveriam ficar no Brasil ou voltar para Portugal? O folheto defendia explicitamente o abandono de Portugal e a manutenção do absolutismo monárquico no Brasil.[132] Esse impresso teve grande impacto na Corte. Ao gerar importantes discussões, o escrito já prefigurava o nascer de 1821 no Rio de Janeiro, quando explodiria a discussão pública de temas políticos de grande relevância para o destino da Nação, em que a pluralidade de opiniões seria a tônica principal do debate. A ressonância da leitura desse folheto foi de tal monta que a própria *Gazeta do Rio de Janeiro* anunciava em 31 de julho de 1821: "Na loja da Gazeta se acha vertido em português e analisado o folheto *Francês* que há tempos se espalhou no Rio de Janeiro, que tinha por título *O Rei e a Família Real devem nas circunstâncias presentes voltar para Portugal ou ficar no Brasil,* por 960 réis".[133] As transformações advindas de todo esse processo nos anos que se seguiriam, entre 1821 e 1823, inclusive com a consumação da Independência do Brasil, já é outra história...

---

[132] Neves, *Corcundas e constitucionais...,* cit., p. 139.
[133] *Gazeta do Rio de Janeiro,* 1821, n. 65.

CAPÍTULO 3

A INDEPENDÊNCIA DO BRASIL: CONSTITUCIONALISMO E DIREITOS, 1820-1824

Andréa Slemian

Em 26 de janeiro de 1821, abriam-se os trabalhos das Cortes Gerais e Extraordinárias da Nação Portuguesa, que tinham por tarefa fundamental aprovar uma Constituição para o Reino Unido de Portugal, Brasil e Algarves. No discurso de abertura dos trabalhos, o presidente da junta provisional do governo do Reino evocava alguns dos principais valores políticos então em voga:

> "Sobre estes fundamentos é que deve erigir-se o majestoso edifício da Constituição; a qual, tendo em vista os sagrados direitos da Liberdade Civil, da Propriedade, e da Segurança individual do Cidadão, há de traçar com mão segura e firme a linha invariável de demarcação que deve separar para sempre entre si – a Lei e o Arbítrio – o Poder e o Despotismo – a Liberdade e a Licença – a Obediência e a Escravidão".[1]

A defesa da Constituição como primordial "salvaguarda" dos direitos individuais fazia-se em nome da construção de um governo amparado na lei e na liberdade, sendo uma arma contra os despotismos dos regimes até então vigentes, o arbítrio dos monarcas e

---

[1] *Diário das Cortes Gerais e Extraordinárias da Nação Portuguesa*, sessão de 27/01/1821, n. 1, p. 3. Disponível em: https://debates.parlamento.pt/catalogo/mc/c1821, acessado em 19/04/2022.

a "escravidão" política dos povos. Quaisquer semelhanças com os slogans espraiados pela experiência revolucionária francesa desde finais do século XVIII não era mera coincidência, ao contrário: ainda que tardio em relação ao resto da Europa e também da América (inglesa e espanhola), um movimento iniciado na cidade do Porto em agosto de 1820 partira de ideais transformadores semelhantes e rapidamente se difundiria pela Península Ibérica e domínios americanos de Portugal, exigindo sua aceitação por parte do monarca, D. João VI, que se encontrava no Rio de Janeiro.[2]

Desde então em Portugal, em meio à radicalização dos discursos típicos desse momento, que exaltavam a soberania da nação e bradavam pelo controle do poder do monarca, também estiveram presentes as marcas da moderação. As mesmas podem ser vistas no trecho acima, pois os "fundamentos" mencionados logo no início da frase referiam-se, nada mais nada menos, que à *monarquia* e à *religião*. Entender a mescla entre novidade e tradição em meio às disputas por projetos políticos que se abririam logo após a Revolução do Porto, no Reino de Portugal e igualmente na América portuguesa, é um ponto importante da história que pretendemos contar nestas páginas sobre a Independência do Brasil. Sem minimizar a profunda ruptura que todo este processo significou na política em ambos lados do hemisfério, é fato que a alternativa de monarquia constitucional, que se enunciou desde o início como alternativa ao regime tradicional vigente, teve ares de maior radicalidade em Portugal do que no Brasil, quando em 1822 surgiu o projeto de um novo Império.

Para análise desse processo, elegemos discutir o constitucionalismo como uma cultura de direitos, tal qual se enunciava como uma

---

[2] A Corte portuguesa havia deixado a Península em direção aos seus domínios americanos em 1807, como resposta imediata à expansão napoleônica na Europa e defesa do seu governo. Desde o ano seguinte, 1808, ela se encontrava no Rio de Janeiro sem evidente expectativa de retorno. Andréa Slemian & João Paulo Pimenta, *A Corte e o mundo: uma história do ano em que a família real portuguesa chegou ao Brasil*. São Paulo: Alameda, 2008.

das novidades no momento.³ As transformações no vocábulo *constituição* expressam bem as marcas do que viríamos a conceber como *constitucionalismo moderno*: se anteriormente ao século XVIII, a palavra possuía um sentido de normas descritivas de um determinado domínio, seria a partir de então que ela adquiriria um papel normativo prescritivo acerca das regras que deveriam ser seguidas pelos novos governos que se formariam após as revoluções. Neste sentido, ela encarnou um papel demiúrgico de criação de pactos políticos que marcariam as regras de governo com a regulação de direitos e obrigações, tanto de governantes como de governados.⁴ É importante frisar que a existência de direitos remontava a uma larga tradição do mundo moderno, a qual alimentava uma série de ações em nome de justiça, como vem sendo cada vez mais estudado.⁵ Neste sentido, a caracterização da sociedade do Antigo Regime como *garantista* responde exatamente a uma operação de proteção aos direitos dos súditos pelos soberanos, e mesmo de resistência aos oficiais régios e aos próprios soberanos quando justificados seus abusos (como na tensão presente no slogan "viva o rei e morra o mau governo"). Obviamente que falamos de direitos distribuídos desigualmente, e que se aproximavam muitas vezes do sentido de privilégios naquele mundo, os quais não precisavam ser declarados por lei ou regulamentos (como ocorria posteriormente), mas sim reconhecidos como intrínsecos à condição de cada qual e/ou corporação.⁶

---

³ Neste sentido, são inspiradoras as questões levantadas por Bartolomé Clavero, *Happy Constitution. Cultura y lengua constitucionales*. Madri: Trotta, 1997

⁴ Dieter Grimm, *Constitucionalismo e direitos fundamentais*, Madrid: Editorial Trotta, 2006; Horst Dippel, *Constitucionalismo moderno*, Madrid: Marcial Pons, 2009.

⁵ Veja-se, como exemplos: M. Van der Heijden; G. Vermeesch, *The uses of justice in global perspective, 1600-1900*, Londres: Routledge, 2019; para o caso do Brasil, Silvia Lara; Joseli Mendonça (org.), *Direitos e justiças no Brasil: ensaios de história social*, Campinas: Unicamp, 2006.

⁶ Paz Alonso, *Orden procesal y garantias entre antiguo regimén y constitucionalimo gaditano*, Madrid: Centro de Estudios Políticos y Constitucionales, 2008; António Manuel Hespanha, *Como os juristas viam o mundo, 1550-1750: direitos, estados, pessoas, coisas, contratos, ações e crimes*, Lisboa: Create Space, 2015.

Essa noção de direitos foi tensionada desde as primeiras formulações jusnaturalistas do século XVII, quando a extensão da qualidade de *naturais* à totalidade dos "homens" colocava à prova a visão providencialista medieval/moderna de ordem social. Mas seria apenas em finais do século XVIII que a universalidade dos direitos fundamentais ganharia protagonismo como matéria a ser assegurada pelos pactos constitucionais. Foi quando, sob a tutela de direitos, se passou a falar em liberdades (de expressão, de religião, de locomoção, entre outras) associadas com proteção à propriedade e às garantias as mais variadas contra arbitrariedades (algumas destas até existentes anteriormente). A partir de então, haveria muita variação na equação entre umas e outras, com expressão de maior ou menor garantia das liberdades individuais perante o governo. Foi assim que, em um ambiente de restauração monárquica que nas primeiras décadas do XIX tenderia a refrear incisivamente quaisquer convulsões sociais, as constituições e sua subjacente expressão de direitos estariam presentes mas ganhariam feições mais conservadoras.

Quais e que direitos, como vinham marcados, e o que eles poderiam dizer acerca dos regimes que se projetavam para o futuro do Império português, em um primeiro momento, e logo para o Império do Brasil? Ao seguir este movimento é possível entender as disputas em torno da alternativa monárquica que se desenhou para a independência, e como a ruptura política de 1822 abriu espaço para projeção de posições mais ou menos radicais. Iremos defender que, embora a outorga de uma Carta Constitucional para o Brasil em 1824 apontasse para uma solução liberal moderada, nos debates constituintes de 1823 houve espaço para disputas e um desenho de maior valorização dos *direitos* que não apenas *garantias* dos cidadãos. Inclusive de uma agenda de valorização da participação popular na justiça com o papel de tutela de direitos. Ao final, frisaremos como deve-se ter cuidado em considerar este sentido popular como democrático, à medida que a agenda da universalização dos direitos construiria seus próprios impasses.

No Reino de Portugal

O movimento revolucionário que se iniciou na cidade do Porto em agosto de 1820 foi um duplo golpe ao governo de D. João, por tudo que envolvia de ataque ao regime e também pelo fato do monarca ainda permanecer na América. Desde 1815, já se tornara evidente que o então príncipe regente não tinha intenções de retornar para a antiga metrópole tão cedo. Políticos influentes da Corte pareciam igualmente não se abalar com o agravamento da situação econômica e política de Portugal, em que ao problema da dependência em relação à Grã-Bretanha juntava-se o da subordinação política ao Brasil, agora sede da monarquia.[7] Como resposta a essa situação, surgiam em Portugal as primeiras ideias de instauração do liberalismo, em paralelo com o movimento já desencadeado na Espanha desde 1812 e reavivado em janeiro de 1820.[8] Esses foram os gérmens do movimento de 1820 no Porto, que reuniu vários setores sociais portugueses insatisfeitos com a política ditada pelo Rio de Janeiro, e que se juntariam aos clamores por um novo governo, bem como pela volta do monarca à Europa.

A proposta de ruptura gestada em Portugal se fazia em nome de uma monarquia constitucional e, num misto entre tradição e inovação que estaria presente nos discursos desde o movimento do Porto, a ideia de *constituição* vinha agregada à ideia de *regeneração* da própria nação portuguesa.[9] Regenerar significava alicerçar o novo edifício político sob a base da legitimidade monárquica, operação que se materializou por meio da construção de um discurso que valorizava o passado longínquo da nação e suas "leis fundamentais", cujos

---

[7] Valentim Alexandre, "O nacionalismo vintista e a questão brasileira", Miriam Halpern Pereira (org.). *O liberalismo na Península Ibérica na primeira metade do século XIX*, Lisboa: Sá da Costa Editora, 1981, p. 291.

[8] Ana Cristina Bartolomeu de Araújo, "O 'Reino Unido de Portugal, Brasil e Algarves 1815-1822'", *Revista de História das Idéias*, Coimbra, Faculdade de Letras/Inst. de História e Teoria das Idéias, 14, 1992, p. 255.

[9] Benedicta Maria Duque Vieira, *O problema político português no tempo das primeiras Cortes liberais*, Lisboa: Edições João Sá da Costa, 1992, p. 21.

vícios e despotismos caberia sanar. Cabe supor que o clima antirrevolucionário que se havia implementado na Europa após as guerras napoleônicas e as restaurações dinásticas impusesse certa cautela aos mais radicais portugueses na evocação do "princípio de legitimidade" e da religião, em troca da expansão e adesão ao movimento do Porto.[10] O fato é que leituras distintas sobre a monarquia constitucional, mais ou menos tradicionalistas ou radicais, encontraram espaço, se não desde o primeiro momento, sobretudo à medida que as adesões ao movimento ocorriam nos dois lados do Atlântico, marcando o terreno das disputas políticas.

Mas a ruptura era óbvia, e os anos que se seguiram em Portugal estariam marcados por uma tendência de maior controle sobre o poder dos monarcas. Logo após o movimento de agosto de 1820, a junta de governo de Lisboa convocou eleições para composição das Cortes concebidas como "soberanas". Abertas apenas com representantes do Reino de Portugal, sua primeira tarefa foi elaborar as "Bases" que deveriam servir para a futura constituição, as quais foram elaboradas por uma comissão em duas semanas e rapidamente aprovadas em discussão no plenário. Logo na primeira seção, marcavam-se os "direitos individuais do cidadão", e o artigo número um estipulava que o texto constitucional deveria "manter a liberdade, segurança e propriedade". Eram ao todo quinze artigos em que se tratavam dos direitos naturais e civis e suas garantias, semelhantemente ao estipulado no início da Constituição Francesa de 1791. No tocante à liberdade, previa-se que cada um poderia fazer tudo o que a lei não proibisse, mas também que caberia a estrita observância dessa última. Pregava-se igualmente a extinção de privilégios (e que todos pudessem ser admitidos nos cargos em função dos seus talentos), a defesa da liberdade de comunicação, desde que controlados os abusos, e que as cartas privadas não pudessem ser violadas.[11]

---

[10] Rui Ramos (coord.), *História de Portugal*, Lisboa: A Esfera Livros, 2010, p. 458.

[11] Vieira, *O problema político português...*, cit., pp. 69-72.

Juntamente a todos esses direitos, havia aqueles que se referiam especificamente às garantias de segurança. Na experiência revolucionária francesa eles foram evocados como os mais "preciosos de todos os direitos" após a liberdade,[12] e claramente tratados como "o objeto mais importante de uma sábia Constituição".[13] Eram os direitos que previam alguma proteção do governo para conservação de direitos pessoais, como: não ser preso sem culpa formada, que nenhuma pena fosse admitida sem necessidade, e que todas as pessoas pudessem apresentar por escrito suas reclamações, queixas e petições. Como direitos que amparavam os súditos, eram típicos do mundo do Antigo Regime conforme apontamos acima, quando dependiam de procedimentos e disposições judiciais que lhes garantissem sua efetivação. Era em função disso que, desde essa primeira experiência revolucionária, o poder judicial era visto como indispensável como tutela de proteção ao exercício da liberdade e da cidadania, bem como instância de controle sobre os juízes e formas de justiça popular, como ver-se-á a seguir.

As Bases para a Constituição portuguesa defendiam o regime de "monarquia constitucional hereditária", mas marcavam um protagonismo político das Cortes *vis-à-vis* a redução drástica do poder real. Pregavam um sistema unicameral, sem Câmara Alta, a defesa da "lei" como "vontade de seus cidadãos declarada pelos seus representantes juntos em Cortes" (artigo 24º.), mas igualmente o catolicismo como religião oficial. Ainda que se possa discutir o quanto de tradição estivesse presente nos seus 37 artigos, e mesmo quais elementos de soberania popular estiveram mesclados com soberania régia, não há dúvida que seu texto foi um marco de ruptura. Ainda mais tendo-se em conta que as Bases foram aprovadas sem que se soubesse ainda qual a reação que despertariam por parte do monarca que se

---

[12] Clara Alonso Alvarez, "El derecho de seguridad personal y su proteción em las primeras etapas liberales", *Anuario de Historia del Derecho español*, 1989, p. 284.

[13] "Observações à lei de liberdade de imprensa", in: Vieira, *O problema político português...*, cit., v. 1, p. 172.

encontrava no Rio de Janeiro. Até então, a tão desejada adesão das províncias da América ao movimento constitucional e o esperado regresso do rei a Portugal eram apenas hipóteses de uma sequência possível dos fatos para os revolucionários portugueses – dispostos a correr o risco da desagregação política do então Reino Unido, caso o Brasil não aceitasse as decisões vindas do outro hemisfério.[14]

Um projeto oficial de constituição foi apresentado às Cortes em 25 de junho de 1821, o qual começou a ser discutido no mês seguinte.[15] Nele se mantinha o mesmo espírito das Bases, inclusive basicamente todos os artigos que estavam previstos como direitos dos cidadãos. Com a exceção de um, o artigo 19º, que pregava alguns deveres:

"Art. 19º. Todo o cidadão deve ser justo e benfazejo. O amor da Pátria é o seu primeiro dever. Ele deve, portanto, defendê-la com as armas, quando for chamado pela Lei; obedecer à Constituição e às leis; respeitar as autoridades constituídas e contribuir para as despesas do Estado".

Aí ficava claro como a constituição tinha um papel como expressão de um projeto político ao qual se deveria aderir e defender. Na versão final do artigo entraria igualmente que todo português deveria "venerar a Religião". O que não seria de se estranhar pois, da mesma forma que na Constituição de Cádis, que costuma ser evocada como inspiradora ao texto constitucional português, seus preâmbulos eram abertos em "nome da Santíssima e Indivisível Trindade".[16]

---

[14] Alexandre, "O nacionalismo vintista e a questão brasileira"..., cit., pp. 287-307.

[15] Joel Timóteo R. Pereira, "Projeto oficial da Constituição Política da Monarquia Portuguesa", in: Vital Moreira, José Domingues (coords.), *Os projetos da Constituição portuguesa de 1822. Relatórios do 3º. Ciclo de estudos em Direito*, Lisboa: Universidade Lusíada Editora, 2018, pp. 52 seg.

[16] José Joaquim G. Canotilho, *Direito Constitucional e Teoria da Constituição*, 7ed., Coimbra: Coimbra Editora, 2003; Andréa Slemian, "A administração da justiça como um problema: de Cádis aos primórdios do Império do Brasil", M. Berbel, Cecília H. de S. Oliveira (orgs.), *A experiência constitucional de Cádis. Espanha, Portugal e Brasil*, São Paulo: Alameda, 2012, pp. 251-283.

Apesar disso, no projeto de constituição portuguesa, e igualmente no seu texto final, vigoraria um protagonismo das Cortes (como poder legislativo) nos destinos da nação, solução semelhante ao primeiro constitucionalismo moderno de finais do século XVIII, imbuído de um esforço de controle sobre o monarca e os seus ministros. No que toca aos direitos, o fortalecimento de formas populares de justiça fora notável, diante da feroz crítica que se difundiria aos magistrados, identificados não apenas com os reis, mas com corruptelas, arbitrariedades e corrupções, como reverberaria no mundo sobretudo com a polarização jacobina. O discurso de que caberia aos juízes à "aplicação" da lei e não sua interpretação ganharia a cena em muitos movimentos revolucionários. Nas Cortes portuguesas seriam igualmente valorizadas soluções como a dos juízes de paz e dos jurados (*jury* ou júri), agentes nomeados localmente sem formação jurídica, como uma das formas de tutela aos direitos dos povos.[17] Seu caráter popular não estava apenas no fato de serem eletivos e/ou leigos, mas também na ideia de garantia de controle dos direitos via procedimentos da justiça que contavam com elementos de participação dos povos na linha de formas tradicionais de governos locais de tão vastos Impérios.

Foi neste ambiente de ataque às tradicionais instituições de justiça, que a proposta de jurados ganharia ainda maior amplitude do que proposto originalmente no projeto. Nesse aparecia previsto que apenas os processos criminais seriam formados e julgados em "conselhos de jurados ou juízes de feito" (fato). No entanto, tão logo começou a discussão nas Cortes, colocou-se a questão de que seria necessário discutir desde então se haveria ou não jurados, e se apenas para o crime, ou se também para o cível. Foi neste momento que se expressou uma opinião majoritária sobre o júri:

---

[17] Andréa Slemian; Carlos Garriga, "Justicia popular Sobre la dimensión judicial del primer constitucionalismo ibero-americano". *Jahrbuch für Geschichte Lateinamerikas/Anuario de Historia de América Latina*, 51, 2018, pp. 27-59. Disponível em: https://journals.sub.uni-hamburg.de/hup1/jbla. Jacques-Guy Petit (org.). *Une justice de proximité: la justice de paix, 1790-1858*. Paris: PUF, 2003.

"Uma vez que se estabeleça o conselho de Jurados, é sem dúvida que eles são os que formam o verdadeiro juízo do fato; ouvem o depoimento das testemunhas, podem interrompê-las e repergunta-las, examinam todas as provas, etc., e em fim dão a sua declaração, ou sentença. Julgam, pois, verdadeiramente do fato: o juiz de direito não faz mais que aplicar esse fato, que está julgado, à lei, como dizem os mais apurados, ou a lei ao fato, como vulgarmente se usa."[18]

Ou seja, os juízes "do fato" ganhavam um protagonismo diante dos juízes de direito.

Ao longo da discussão sobre o poder judicial, aprovou-se que haveria "juízes de fato" tanto nas causas crimes como nas cíveis. (artigo 177°) E no artigo seguinte, que eles seriam "eleitos diretamente pelos povos formando-se em cada distrito lista de um determinado número de pessoas, que tenham as qualidades legais". Era assim que, em relações aos direitos projetados para o novo regime liberal português, aumentavam-se suas formas mais populares do projeto inicial à Constituição aprovada no ano seguinte de 1822. Discussão essa que não gerou imensas polêmicas, mesmo que no tocante ao poder dos juízes de direito houvesse certa tensão sobre as formas para seu controle. E vale dizer que se terminou aprovando a garantia da antiguidade como formação prioritária da progressão na carreira para os de direito, igualmente sem maiores comoções.[19]

A questão dos vínculos do Brasil com o Reino Unido português, ao contrário, seria um dos pontos de maior tensão nas Cortes. Os primeiros deputados provenientes da América a tomar assento nas Cortes de Lisboa foram os de Pernambuco, na sessão do dia 29 de agosto de 1821, ou seja, seis meses após a abertura dos trabalhos das Cortes, e quando os deputados das províncias de Portugal já haviam

---

[18] *Diário das Cortes Extraordinárias*, sessão de 31 de dezembro de 1821, p. 3552, fala do deputado António Pinheiro de Azevedo e Silva.

[19] Benedicta Maria Duque Vieira, *A justiça civil na transição para o Estado Liberal*. Lisboa: Edições João Sá da Costa, s/d, v.5, pp. 19-20.

discutido o texto das Bases Constitucionais, e avançavam no projeto de organização política para os domínios americanos. Depois dos de Pernambuco, os restantes foram chegando com irregularidade. Os representantes do Rio de Janeiro tomaram posse em setembro, os do Maranhão em novembro, os da Bahia em dezembro, e os de São Paulo somente em fevereiro de 1822.[20] Representantes de outras províncias, como de Minas Gerais, e mesmo o deputado eleito pela Província Cisplatina (Lucas José Obes), não chegaram nem a embarcar devido a problemas variados relacionados às lutas políticas em cada província e que que aumentaram muito ao longo de 1822 em função das tensões entre as Cortes e, sobretudo, o Rio de Janeiro.[21] Um dos pontos de maior grita por parte dos deputados americanos, foi o da defesa na manutenção de um centro de poder executivo, *pari passu* ao de Lisboa, no Rio de Janeiro representado pelo príncipe regente – o que seria visto por muitos deputados nas Cortes como inconcebível devido à impossibilidade no controle da autoridade real.[22] Como veremos, o projeto de Independência do Brasil nasceria, em parte, contra as próprias Cortes portuguesas, e terminaria por criar na América uma monarquia mais moderada do que a portuguesa. A discussão sobre os direitos permite que se acompanhe este desfecho.

A revolução chega ao Rio de Janeiro: Independência e instalação da Constituinte

A notícia do movimento do Porto de 1820, bem como a da instalação das Cortes no ano seguinte, encontrariam terreno fértil nas

---

[20] Márcia Regina Berbel, *A nação como artefato. Deputados do Brasil nas Cortes portuguesas 1821-1822*. São Paulo: Hucitec/Fapesp, 1999, p. 67.

[21] Tensões entre os americanos e os peninsulares puderam ser igualmente vividas nas Cortes de Cádis, como demonstra Manuel Chust, *La cuestión nacional americana en las Cortes de Cádiz*, Valencia: UNED-UNAM, 1999.

[22] Andréa Slemian; João Paulo Pimenta, *Naissance politique du Brésil. Origines de l'état et de la nation (1808-1825)*. Paris: Harmattan, 2019.

províncias do Brasil. A política ditada desde o Rio de Janeiro, com um visível fortalecimento da região e dos interesses do Centro-Sul em relação ao resto da América, conheceu resistências de grupos em outras províncias – sobretudo no Norte cujos vínculos com Portugal haviam sido historicamente mais presentes. Não à toa, a primeira província que aderiu ao governo lisboeta foi o Pará, em janeiro de 1821, onde se realizou o juramento da constituição que seria feita em Lisboa, formou-se uma junta provisória de governo e adotou-se temporariamente a Constituição espanhola de Cádiz, de 1812. No mês seguinte foi a vez da Bahia, o que impulsionou a difusão do movimento por todo o Nordeste.[23] Em fevereiro, chegavam ao Rio de Janeiro as primeiras notícias de adesões às Cortes, constrangendo o governo de D. João a aceitar o movimento e jurar, sem restrições, a constituição que estava sendo elaborada em Lisboa; o que ocorreu após grande agitação na véspera de tropas, comerciantes e pequenos proprietários no Largo do Rocio, exigindo sua aprovação e providências para embarque da Família Real de volta à Europa.[24]

Nova grande agitação seguiu-se ao episódio, e após dois meses de profunda instabilidade no Rio de Janeiro, D. João VI embarcou para a antiga metrópole em abril de 1821, deixando seu filho Pedro no Brasil como príncipe regente com plenos poderes. Este seria o ponto maior de desentendimento entre a América e as Cortes. Na chave constitucional que se construía em Lisboa, não haveria espaço para

---

[23] Para uma discussão sobre o processo em cada uma das províncias ver os textos que compõem o dossiê organizado por Andréa Slemian e Clément Thibaud, "Indépendance du Brésil ou des Brésils ? Unité et diversité dans la construction d'un Empire en Amérique au début du XIXe siècle », *Nuevo Mundo Mundos Nuevos. Paris, 2013* (Debates). Disponível em http://nuevomundo.revues.org/64747. Acessado em 19/04/2022. Também Denis Bernardes, *O patriotismo constitucional: Pernambuco, 1820-1822*. São Paulo/Recife: Hucitec/Fapesp/EdUFPe; Geraldo Mártires Coelho, *Anarquistas, demagogos e dissidentes. A imprensa liberal no Pará de 1822*. Belém: Cejup, 1993.

[24] Biblioteca Nacional de Lisboa, *Seção de Reservados*, Relação dos acontecimentos do dia 26 de fevereiro de 1821, nesta Cidade e Corte do Rio de Janeiro, e de algumas circunstâncias que o precederam, e produziram, fl. 4.

existência de uma regência monárquica no Rio de Janeiro sem controle sob suas ações. Foi em função disso que se aprovaram nas Cortes a criação de juntas de governo no Brasil subordinadas à Portugal, bem como a extinção dos tribunais superiores criados desde 1808, e entre setembro e outubro de 1821, a volta imediata de D. Pedro à Europa.[25] Estas medidas potencializaram as disputas na América, e mesmo que estivesse longe de existir um sentimento político-identitário "brasileiro", grupos favorecidos pela política joanina no Centro-Sul do Brasil iniciariam uma ação mais explícita de oposição aos desígnios de Lisboa.[26] Foi quando se organizou um movimento para permanência do príncipe no Rio de Janeiro em que ele decretou publicamente, em 09 de janeiro de 1822, que "ficaria" e não voltaria a Portugal – desde então conhecido como o dia do "Fico". Para fomentar adesão a esse ato, o discurso de que as Cortes teriam intenções "recolonizadoras" em relação ao Brasil foi instrumentalizado para defender a perda de poderes que a volta de D. Pedro acarretaria à América.[27]

---

[25] Cecília Helena de Salles Oliveira, *A astúcia liberal. Relações de mercado e projetos políticos no Rio de Janeiro (1820-1824)*. Bragança Paulista, Edusf/Ícone, 1999; Andréa Slemian, "En la Corte, más allá de la Corte: la construcción de un proyecto de Independencia para Brasil". A. Slemian e C. Thibaud (orgs.), "Indépendance du Brésil ou des Brésils? Unité et diversité dans la construction d'un Empire en Amérique au début du XIXe siècle », *Nuevo Mundo Mundos Nuevos, Paris, 2013*. Disponível em https://journals.openedition.org/nuevomundo/65319. Acessado em 19/04/2022.

[26] Imprescindível ver István Jancsó e João Paulo Pimenta, "Peças de um mosaico (ou apontamentos para o estudo da emergência da identidade nacional brasileira)", in: Carlos Guilherme Mota (org.), *Viagem incompleta: a experiência brasileira (1500-2000). Formação: histórias*. São Paulo: Editora Senac, 2000, pp. 127-175.

[27] Sobre o assunto ver Márcia Berbel, "A retórica da recolonização", in: István Jancsó (org.), *Independência: história e historiografia*, São Paulo: Fapesp/Hucitec, 2005, pp. 791-808; Antônio Penalves Rocha, "A economia política na desagregação do Império português" in José Luis Cardoso (org.), *A Economia Política e os dilemas do império luso-brasileiro (1790-1822)*. Lisboa: Comissão Nacional para as Comemorações dos Descobrimentos Portugueses, 2001.

A base de legitimidade da proposta de independência ganharia corpo a partir de então, construída em nome de um "Império do Brasil", a partir das províncias do Centro-Sul (Rio de Janeiro, Minas Gerais e São Paulo), sob a égide de uma monarquia constitucional na figura do príncipe herdeiro. Ela claramente se colocava contra a política desenhada nas Cortes de Lisboa, mas ainda teria que angariar adeptos em muitas partes do Brasil. Quando da sua declaração, em setembro de 1822, Bahia, Maranhão e Pará, não aderiram; no sul, a principal "dissidência" se encontrava na problemática Província Cisplatina, que havia sido criada em 1821 como parte do Reino Unido português e que agora estava dividida pela alternativa de permanecer vinculada ao Império do Brasil. A esta altura, as tensões na Casa legislativa em Lisboa chegaram a tal nível que deputados de algumas províncias do Brasil abandonaram as Cortes em outubro de 1822, tornando pública suas razões e atribuindo, aos eleitos por Portugal, a responsabilidade pelo rompimento da unidade da nação portuguesa. A Constituição portuguesa que estava sendo discutida seria aprovada em novembro de 1822, quando a perda da América parecia irreversível.

A marca da moderação que esteve presente, desde o início, na configuração da alternativa da independência do Brasil em relação a Portugal não deve obliterar a ruptura que o projeto significou, igualmente se tomamos em conta as possibilidades de radicalização que estiveram, e seguiram, presentes. O fato é que, diferentemente do que ocorreu em Portugal, quando o movimento constitucional eclodiu na América outros processos independentistas já haviam tomado a cena e provocavam radicalização de conflitos e guerras em vários pontos do continente. Neste sentido, o projeto encabeçado pelo herdeiro do trono encampou como principal tarefa servir de amálgama para formação de uma unidade dos territórios até então portugueses na América, valeu-se de estratégias políticas para a adesão das províncias, mas não abriu mão de utilização de forças de repressão contra seus adversários. Sendo assim, é um verdadeiro mito de que no Brasil não houve guerras de independências.[28]

---

[28] Seguimos Slemian & Pimenta, *Naissance politique du Brésil...*, cit..

Um sinal importante para legitimação do projeto de Independência que foi ganhando corpo ao longo de 1822, foi a convocação, pelo príncipe D. Pedro, de uma Assembleia Constituinte para o Império do Brasil, a qual seria instalada em maio de 1823, mesmo que com pouco mais da metade dos deputados esperados. Desde o princípio, a composição da primeira Casa legislativa do recém-criado Império do Brasil espelhou uma dimensão conflituosa: uma de suas primeiras polêmicas se deu entre a posição daqueles que queriam aguardar a chegada dos representantes das províncias ausentes (e que não tinham aderido ao tema) para dar início às discussões de alguns temas, como o dos governos provinciais; enquanto outros defendiam que os representantes deveriam ser da "nação brasileira" e não das províncias. A esta questão se vinculava outra, que estaria presente em vários debates: o de quanto a nação era a expressão da união de todos os portugueses da América, e o quanto ela residia no monarca, como elemento aglutinador da nova unidade política que se pretendia consolidar. Nesse sentido, uma tensão permanente entre qual seria o papel dos representantes na formação de um novo pacto político para o Império do Brasil e o peso do monarca estaria igualmente em cena, tal qual nas Cortes de Lisboa. Diferentemente de lá, agora os partidários da legitimidade monárquica mostraram-se bem mais visíveis no início dos seus trabalhos; mas, à medida que deputados de outras províncias foram compondo a Casa, esta preeminência tenderia a ser diminuída, dando margem à maiores embates.[29]

De alguma forma, é o que se nota na discussão sobre direitos no âmbito da Assembleia do Brasil, onde uma posição mais conservadora a seu respeito foi sendo vencida ao longo dos debates. O projeto de constituição apresentado em setembro de 1823, mantinha logo no seu início um artigo com a enunciação "dos direitos individuais dos Brasileiros" (artigo 7º) em que se determinavam os seguintes:

---

[29] Andréa Slemian, *Sob o império das leis: constituição e unidade nacional na formação do Brasil (1822-1834)*, São Paulo: Hucitec, 2009.

I – A liberdade pessoal
II – O juízo por jurados
III – A liberdade religiosa
IV – A liberdade de indústria
V – A inviolabilidade da propriedade
VI – A liberdade de imprensa

Mal a discussão começou, o primeiro a se manifestar foi o deputado João Severiano Maciel da Costa, eleito por Minas Gerais e posteriormente um dos redatores da Carta de 1824, contrário ao artigo:

> "Antes de passar avante direi que *não sou da opinião dos que pensam que sem este cabeçalho de direitos e deveres do Cidadão não há Constituição política*: 1º. Porque uma Constituição política pressupõe esses direitos; 2º. Porque não é uma tal declaração, por mais fastuosa que ela seja, que há de segurar esses direitos, visto que isso depende, além de outras coisas auxiliares ou secundárias, da boa distribuição dos Poderes Políticos, e das garantias etc.; 3º. Porque não casa bem com um Código Político essa exposição doutrinal e dogmática; 4º. Porque essa enumeração de direitos demanda definições, e elas são dificílimas em matéria tal, e nesse pélago tem naufragado os mais abalizados políticos, quais os da Assembleia Constituinte em França, como mostram as judiciosas críticas que se publicaram contra essa pomposa declaração de direitos".[30] (grifos nossos)

Maciel da Costa argumentava que tal enunciação seria obra do "tempo e da moda", colocando-se claramente oposto a um modelo de constituição como o aprovado na assembleia revolucionária francesa, que ele ironizava como dotada de uma "pomposa declaração de direitos". No entanto, poucas foram as falam contrárias como a dele,

---

[30] *Diário da Assembleia Geral, Constituinte e Legislativa do Império do Brasil-1823* (doravante DAG). Edição fac-similar. Brasília: Senado Federal, 1973, 3v., também disponíveis na internet no endereço: www.camara.gov.br Sessão de 07/outubro, n. 14, pp. 183-4.

e rapidamente o artigo foi aprovado da forma como estava. O mesmo sucedeu com o referente aos outros parágrafos que seguiam.

No bojo da discussão, o ponto de maior polêmica referiu-se à liberdade religiosa. Os contrários a ela argumentaram que a mesma seria "incompatível" com o juramento feito na assembleia, e mesmo contra o "voto comum" e "vontade geral" do "Povo Brasileiro".[31] (193) Era assim que José da Silva Lisboa, o futuro Visconde de Cairu, investiu contra essa liberdade, associando os benefícios da religião à ordem social:

> "É incontestável o quanto contribui para a *unidade* e *força* do Governo, e tranquilidade do Povo, a uniformidade da Religião, que se acha entrelaçada com a Constituição do Estado [...] A tolerância das Seitas pois só é de racionável política a respeito de estrangeiros, quanto a gozarem dos direitos cívicos".[32]

No entanto, vários outros representantes tenderiam a tratar a liberdade religiosa como um direito dos cidadãos, uma garantia da "felicidade geral", e que sendo assim não caberia aos Estados legislar sobre uma questão do âmbito do foro íntimo. Ganhava espaço a ideia de que deveria haver liberdade para escolha da religião, por mais que a oficial do Império fosse à católica. As estratégias dos contrários a ela falavam em nome da tolerância, argumentando que se trataria de mero jogo de palavras já que ninguém poderia ser "inquietado por suas opiniões de Religião".[33] Neste momento foram derrotados, prevalecendo o entendimento de ser ela um direito mais do que uma questão de tolerância (ou mesmo garantia).

No entanto, a questão religiosa era realmente controversa e voltaria em artigos seguintes do projeto de constituição, nos quais se declarava que a "Religião Católica Apostólica Romana é a Religião do Estado por

---

[31] DAG, Sessão de 08 de outubro, p. 193.
[32] Idem, 194-5.
[33] Idem, p. 213.

excelência", que a liberdade só se estendia às "Comunhões Cristãs" (o que incluía os protestantes), e que as outras religiões seriam apenas "toleradas" (artigos 14, 15 e 16 do projeto). Na nova discussão que se seguiu, vislumbra-se claramente que a concepção de *liberdade* religiosa também dava margem a posições que tendiam a entendê-la como "exercício pleno" do que "dita o coração, referindo-se a Deus".[34] Formulação que se aproximava de uma questão de foro íntimo, mas que não garantia sua livre e pública expressão como um direito. A questão não era exclusiva do caso no Brasil, já que todo o constitucionalismo ibero-americano teria forte marca do peso da religião.[35] Ao final, por mais que a Assembleia aprovasse a religião católica como oficial, e mesmo que apenas ela merecesse "culto público", venceu igualmente sua expressão como uma liberdade, e retirou-se a obrigatoriedade de que para exercer direitos políticos seria necessário ser católico.[36]

Outros direitos considerados "individuais", como de petição e de igualdade perante a lei, foram lembrados por alguns deputados que fizeram emendas aceitas. Também foi aprovada a não obrigatoriedade de prestar, "contra sua vontade", serviços pessoais. Mas seria especialmente em referência à garantia de estar fora das prisões que havia um especial detalhamento em três artigos. O primeiro, que pregava que ninguém poderia ser preso sem culpa formada; o segundo, que mesmo com culpa formada, dever-se-ia garantir o direito à fiança; e o terceiro, que ninguém poderia ser preso sem ordem do juiz ou sem que estivesse em flagrante delito. Todos seriam aprovados como constitucionais sem maiores discussões, revelando ser uma das expressões máximas das garantias dos procedimentos judiciais em nome dos direitos, derivada igualmente de uma larga tradição contra as prisões injustas e os remédios para evitá-las existentes desde há muito.

---

[34] Idem, sessão de 30 de outubro, discurso de Francisco Montezuma, p. 342.
[35] José M. Portillo Valdés, *Historia mínima del constitucionalismo en América Latina*, México: El Colegio de México, A. C., 2016.
[36] DAG, Sessão de 06 de novembro, p. 370.

Sobre o direito de "poder ficar ou sair do Império", ou seja, a liberdade de ir e vir (artigo 12º), haveria igualmente falas contrárias, sintetizadas no discurso de José da Silva Lisboa, que na mesma linha já havia se posicionado contra a liberdade religiosa:

> "É portanto injusta e inadmissível a absoluta liberdade da pessoa de cada cidadão, que aliás se deve conformar às Leis estabelecidas, de sair do Estado, quando lhe convenha, contravindo às mesmas Leis, deixando de prestar os serviços, e a responsabilidade, que o Governo tem o direito de exigir".[37]

Na sua fala, o interesse do governo deveria estar acima a esta liberdade. No entanto, o artigo seria igualmente aprovado, evidenciando o clima pela afirmação de valorização dos direitos que predominava na Casa.

Semelhante ambiente influenciou a discussão em uma das questões mais controvertidas: se deveria haver júri apenas em matérias crimes, ou se valeria ampliá-los igualmente ao cível (artigo 13º do projeto). No texto, previam-se inicialmente jurados apenas para o primeiro caso, mas sua ampliação foi aprovada ao final do debate feito entre os deputados. As manifestações dos representantes permitem ver como o júri passara, mais claramente do que nas Cortes de Lisboa, a ser tratado como um ponto fundamental no que tocava aos direitos. Muitas das posições vencedoras favoreceriam uma forma de constitucionalismo de caráter mais popular, como indicamos desde o início. Passamos a analisar alguns dos argumentos que nos parecem eloquentes deste debate.[38]

Os contrários aos jurados, não raras vezes, alegavam tanto a instituição ser "estrangeira" no Brasil, como a falta de nível de *civilização*

---

[37] DAG, Sessão de 20 de outubro, p. 267

[38] Ver igualmente a análise de José Reinaldo de L. Lopes, "As primeiras vicissitudes – jurados, Supremo Tribunal e juízos privilegiados". *História da Justiça e do Processo no Brasil do século XIX*. Curitiba: Juruá, 2017, pp. 17-50.

necessário para seu desempenho. Era assim que ecoava, uma vez mais, a posição conservadora de José da Silva Lisboa:

> "Esta Assembleia tem em vista melhorar o plano da educação do Povo; antes de produzir este os seus saudáveis efeitos, não parece prudente alterar a norma judiciária, e muito menos antes da reforma das Leis criminais, que, na maior parte, são absurdas, e desumanas. Nem vejo o que a Nação ganhará com o sistema dos Jurados, não podendo jamais dispensar o sistema dos Magistrados, que sempre hão de ter grande influxo no diretório dos mesmos Jurados."[39]

Sua fala claramente concebia a justiça como um espaço em que o elemento popular poderia ser disruptivo, e a justiça togada um fator de maior estabilidade.

Houve quem defendesse maior moderação em relação à matéria, alegando que só caberia instituir o júri nas causas criminais. Assim falou Luís José de Carvalho e Mello, deputado pela Bahia, sob o argumento de que nos casos criminais tratava apenas de conhecer das provas, dos fatos do caso:

> "A base principal do Juízo por Jurados em matérias criminais é que os Juízes de fato tendo-o dado por provado, estabeleçam os de Direito à aplicação da Lei".[40]

O problema seria que, no cível, explicitar os "fatos" seria uma operação bem mais difícil por se tratar de um universo com maior complexidade de questões e uma vastidão de assuntos (que tocavam em terras, heranças, sucessões, filhos legítimos, entre outras). Neste caso, entregá-las à juízes leigos foi visto por parte dos mais moderados como um ato mais arriscado.

---

[39] DAG, Sessão de 21 de outubro, p. 276.
[40] Idem, p. 278.

Mas esta não foi a posição dominante na assembleia. Várias foram as razões elencadas pelos favoráveis a implementação do júri nos dois níveis, criminal e civil. Antes de tudo, de que eleger juízos leigos seria uma maneira de deter as arbitrariedades atribuídas aos juízes, os quais estavam naquele momento mais do que nunca sob a mira de críticas. Assim falaria Nicolau Pereira de Campos Vergueiro, representante da província de São Paulo que teria um papel na oposição ao Imperador anos depois, atribuindo aos juízes uma verdadeira função regeneradora:

> "Querer pois melhorar a Magistratura por efeito da nova ordem de coisas é um erro: o único meio de evitar o que se sofre com ela é instituir os Jurados, e instituí-los tanto no cível como no crime. São eles os *únicos em que se pode ter inteira confiança*, porque são da escolha dos Cidadãos pelo direito de rejeitar os que reputam suspeitos, e porque se hoje julgam, podem amanhã ser julgados por eles; circunstância que evita o receio de parcialidade [...] Por todas estas razões sou de parecer que a instituição dos Jurados é a única capaz de manter tanto a segurança pessoal como o direito de propriedade".[41] (grifos nossos)

Muito mais explícitos do que nas Cortes de Lisboa, Vergueiro associava à própria segurança dos cidadãos. Nesse sentido, sua instituição era referida como "protetora Divindade da liberdade de Cidadão", "santíssima" e "baluarte da segurança pública",[42] e, nas palavras de José Ricardo da Costa Aguiar:

> "O Júri, Sr. Presidente, não é outra coisa senão a sociedade aplicada, com precauções e restrições mais ou menos severas, ao exercício da

---

[41] DAG, Sessão de 22 de outubro, 282.

[42] Respectivamente, falas do combativo deputado paraibano Joaquim Manuel Carneiro da Cunha, DAG, 21 de outubro, p. 276; José Martiniano Alencar, DAG, 24 de outubro, p. 300; José Custódio Dias, deputado por Minas Gerais, DAG, 25 de outubro, p. 310.

justiça, como a Magistratura é o Governo aplicado à execução da Lei. É enfim o Júri a *representação do povo para o exercício da justiça*, como o Corpo Legislativo o é para a fatura da Lei."[43] (grifos nossos)

Bastariam as "luzes do simples bom senso para constituir o homem digno de ser Jurado em todas as matérias que fazem o objeto da distribuição da Justiça".[44] Em todas essas falas, a força da instituição estava no empoderamento e participação de agentes locais na justiça, reconhecidos como legítimos defensores dos direitos da comunidade. Neste sentido, a introdução deste elemento popular funcionaria também como garantia da independência de um poder frente à ameaça de que os governos pudessem vir a representar sob novas formas de despotismos – chave discursiva que moveu parte dos projetos que na assembleia criticavam a centralidade do monarca e também do Centro-Sul na formação do Império do Brasil. Não à toa, muitos que falaram a favor do júri, ainda que não todos, eram oriundos de províncias do Norte.

Para que se tenha ideia do clima reinante a favor do júri, o deputado José Joaquim Carneiro de Campos, natural da Bahia, mas representante da província do Rio de Janeiro vinculado ao grupo de apoiadores de D. Pedro I, iniciou seu discurso pela sua valorização e independência do poder judiciário:

> "Uma independência desta natureza, a única capaz de infundir no coração do Povo o sentimento inabalável da segurança dos seus direitos, jamais se verificará no Poder Judicial sem a saudável intervenção dos Jurados; porque só estes se podem reputar Juízes verdadeiramente independentes. É portanto um axioma capital, uma verdade da primeira ordem em Direito Público, que sem Jurados não pode haver Governo

---

[43] DAG, sessão de 25 de outubro, p. 306.

[44] DAG, sessão de 24 de outubro, p. 294, discurso do deputado por Alagoas, Caetano Maria Lopes Gama.

livre (Apoiado) Também não é menos evidente que eles devem ter lugar em todos os Juízos indistintamente, civis, ou crimes".[45]

Em uma clara associação entre "jurados" e "governo livre", o deputado utilizava a frase acima como preâmbulo para justificar, em uma longa fala, que por ora *não* poderia haver jurados nem nos processos civis nem nos criminais, baseado, sobretudo, na precariedade dos "despóticos códigos" legais que regeriam o Brasil. A estratégia de Carneiro Campos era a evidência de que, no ambiente da Assembleia, não havia espaço para criticar os jurados abertamente.

Ao contrário, várias outras razões apareciam atreladas à valorização do júri: de que julgariam com maior eficiência, de que garantiram maior publicidade, dos benefícios da diluição do poder nas mãos de vários, da possibilidade de simplificação dos processos judiciais.[46] Para essa última, a justificativa era a crítica aos pleitos excessivamente longos e demorados, rotundamente dispendiosos e marcados por caminhos tortuosos e uma infinidade de recursos, que tomara corpo com maior virulência desde finais do século XVIII. Por estas razões é correto afirmar que o júri foi visto como um dos elementos que poderiam melhor expressar a defesa dos indivíduos contra as arbitrariedades do governo, numa chave que tendia a ser anti-estatalista.[47]

A essa altura do debate, acumulavam-se tensões na nova Corte imperial do Rio de Janeiro. A incapacidade de se equacionar interesses tão diversos dentro e fora da própria Corte para formação de um novo Império, fez com que o imperador, Pedro I, valendo-se de sua legitimidade monárquica, fechasse a Casa legislativa. O que ocorreu em 12 de novembro de 1823, sob o discurso de conter desordens, e um juramento de fornecer aos brasileiros uma constituição ainda mais "liberal" do que a que estava se construindo na assembleia. O ato foi

---

[45] DAG, sessão de 24 de outubro, p. 294.
[46] Lopes, "As primeiras vicissitudes...", cit., pp. 26-28.
[47] Para pensar a relação entre direitos e Estado, ver Maurizio Fioravanti, *Los derechos fundamentales. Apuntes de Historia de las constituciones*. Madrid: Trotta, 1998.

possível sob o signo da restauração monárquica europeia que fornecera uma real possibilidade de moderação das soluções constitucionais, após 1814-1815, a partir da Santa Aliança. Foi assim que o monarca, ao interromper as atividades da Casa, nomeou imediatamente um conselho composto por 10 homens que lhe inspiravam confiança para redigir um novo projeto de constituição. Entre eles, estavam presentes João Severino Maciel da Costa e José Joaquim Carneiro de Campos, que tiveram algumas das posições mais conservadoras nos debates de que aqui tratamos. O intenso trabalho da comissão na elaboração de um novo texto constitucional teve seu efeito na tentativa de legitimar o fechamento da Constituinte. Não há dúvida que o texto fora devedor dos trabalhos da Assembleia de 1823, mas coube um papel mais moderado no que se tratava dos direitos, como se verá a seguir.

A Constituição do Império do Brasil

Desde 1821, logo que o monarca João VI, no Rio de Janeiro foi obrigado a aceitar o movimento constitucional que eclodira em Portugal, ao lado de manifestações mais radicais no que tocava à transformação do regime, sempre houve espaço para moderação. Era essa a marca da *Memória* que o magistrado José Antonio de Miranda escreveu neste ano, em que a "constituição liberal" pode perfeitamente aparecer vinculada ao amor ao rei e aos valores mais sagrados da família:

> "Bafejados pelo ar saudável de uma Constituição liberal, em que se hão de respeitar os Direitos do homem, e, do Cidadão, e na qual se está trabalhando; não deveis temer os interessados clamores do fanatismo, nem os sofismas da impostura, e da ignorância, nem os furores da inveja. Portugueses tanto da Europa, como do Brasil, sede homens sensíveis e racionáveis, sede esposos fiéis, Pais ternos, Cidadãos zelosos. Amai o vosso Rei, e a Vossa Pátria porque só dele e dela depende a vossa segurança".[48]

---

[48] José Antonio de Miranda, *Memória constitucional e política sobre o Estado presente de Portugal, e do Brasil*, Rio de Janeiro: Typographia Nacional, 1821.

Constitucional aqui vinha agregado a pautas bem tradicionais (como a defesa do monarca e da família), fruto da experiência de mitigação das revoluções no início do século XIX.

Mas as condições para radicalização sempre estiveram abertas desde a aceitação do movimento constitucional português no Brasil, de forma ainda mais contundente do que em Portugal. Não seria errôneo afirmar que a atitude de D. Pedro I e seus apoiadores em fechar a Constituinte em 12 de novembro de 1823 e montar uma comissão para a elaboração da Constituição, seria uma ação também mais agressiva frente às forças em disputa no Rio de Janeiro, e mesmo em outras províncias, diante de vários fatores. Em primeiro lugar, pela ameaça que os movimentos pelas independências no resto da América expressavam desde 1810, cujas experiências foram comprovadamente acompanhadas em todo o Brasil.[49] Igualmente pela existência de demandas raciais na cena política, como foi o caso de um "partido negro" identificado com grupos de afrodescendentes na Bahia, ou mesmo das mobilizações com participação indígena, como se viu especialmente no Norte.[50] Isso sem contar que o protagonismo da Corte também despertou respostas contundentes ao projeto de Império do Brasil em muitas partes, o que sempre poderia significa um elemento desestabilizador. Frei Caneca, um dos líderes do movimento de oposição que ocorreu em Pernambuco em 1824, logo após o fechamento da Constituinte, escreveu que no Brasil existiria muita "fermentação" para se mudar a forma política e se constituir um "estado federativo", sem os "vergonhosos grilhões" que o novo Imperador queria impor.[51]

---

[49] João Paulo Pimenta, *A independencia do Brasil e a experiencia hispano-americana (1808-1822)*. São Paulo: Hucitec, 2015.

[50] João José Reis; Eduardo Silva, "O jogo duro do dois de julho: o "partido negro" na independência da Bahia", in: *Negociação e conflito: a resistência negra no Brasil escravista*. São Paulo: Cia das Letras, 1999, pp. 79-98; André Machado, *A quebra da mola real das sociedades: a crise política do Antigo Regime português na província do Grão-Pará (1821-1825)*, São Paulo: Hucitec, 2010

[51] Slemian & Pimenta, *Naissance politique du Brésil...*, cit., pp. 107-8.

Os embates que se estabeleceram na Assembleia Constituinte demonstravam que a voz pela moderação não fora sempre unânime, especialmente no que tocava ao papel do imperador e do governo que se estava construindo. O fato de que o projeto de independência pôde alcançar adeptos em todas as províncias seguramente esteve vinculado à ameaça de sublevação e desordem que também se colocava, e consequentemente da ruptura do *status quo* existente. Foi dessa forma que a sinalização de D. Pedro I com uma Carta Constitucional outorgada, com a instauração de governos nas províncias e promessa para rápida abertura de um parlamento, angariou igualmente adeptos no resto do Império, para além do Centro-Sul. Este equilíbrio, porém, não tardaria a ruir, pois menos de uma década depois D. Pedro I abdicaria do trono, em 1831, abrindo espaço para uma acirrada disputa política com bandeiras menos centralizadoras e de maior inclusão social em vários pontos do Império.

Distanciando-se de alguns dos princípios mais radicais expressos pela revolução em Portugal, na Carta Constitucional de 1824, mais ainda do que no Projeto de 1823, predominou uma aproximação com o espírito das monarquias restauradas. No entanto, seria um exagero afirmar que o constitucionalismo no Império do Brasil foi reacionário (como se poderia caracterizar algumas pautas da Santa Aliança), haja vista as soluções constitucionais encampadas, mesmo que moderadas. Havia uma clara proposta de separação dos poderes e autonomia do judiciário, para além da introdução de um "quarto poder", o Moderador, como atribuição exclusiva do monarca.[52] Projetava-se um império unitário como "nação livre" que "não admitia com qualquer outro laço algum de união ou federação", mas previa-se um governo para as províncias com conselhos locais, para além dos presidentes nomeados pelo imperador. A expressão de que o poder legislativo

---

[52] Inspirados na proposta de Benjamin Constant de *pouvoir neutre*, os formuladores da Carta de 1824 fizeram com que o imperador acumulasse as funções de chefe do executivo com as do poder moderador (conforme está no artigo 98 da Carta). Slemian, *Sob o império das leis...*, cit.

seria "delegado à assembleia geral com a sanção do imperador" (artigo 13 da Constituição de 1824) deixava claro que ambos o exerciam como representantes da "nação", mas que a autoridade do último teria certa prevalência às medidas da primeira. Para o parlamento, mantinha-se o sistema bicameral sendo a segunda câmara (ou senado), vitalícia, e a câmara de deputados eletiva. Entre as novidades em relação ao projeto discutido na constituinte, destaca-se a ingerência do imperador sobre a câmara de deputados por seu direito de, se necessário, suspendê-la. (artigo 101)

Em relação aos direitos, ficou claro que houve bastante pressão no âmbito da assembleia para que eles fossem reconhecidos e mesmo ampliados com a participação popular (no caso dos jurados). A formulação, copiada das constituições do primeiro momento revolucionário de finais do XVIII, possuía uma explícita declaração de direitos e inspirara os textos produzidos pelas Cortes de Lisboa, sendo igualmente predominante no projeto inicialmente discutido na Constituinte no Rio de Janeiro de 1823. Na discussão analisada acima, viu-se como eles puderam ser entendidos mais do que *garantias*, no sentido da expressão da capacidade dos indivíduos em terem suas liberdades respeitadas, e não apenas protegidas, pelos governos.

Uma equação um pouco distinta dos direitos aparecia agora na proposta de constituição encarregado por D. Pedro a uma comissão – logo outorgado na forma de uma Carta Constitucional em 1824. Antes de mais nada, uma declaração de direitos não estaria presente no seu início, mas viria a compor o último artigo da Carta, o 179.º, em que se garantia a "inviolabilidade dos Direitos Civis, e Políticos dos Cidadãos Brasileiros" que tinham por base a "liberdade, a segurança individual, e a propriedade". A partir deste artigo, listaram-se trinta e cinco parágrafos em que se estabelecia uma longa série de proteção aos cidadãos: de que ninguém seria obrigado a fazer o que a lei não obrigasse, de que ninguém seria perseguido por motivo de religião (sem se declarar liberdade religiosa propriamente), de que ninguém seria preso sem culpa formada e nem sentenciado a não ser por autoridade competente, que as casas e o segredo das cartas seria inviolável, e que todos teriam direito a enviar "reclamações, queixas, ou petições", entre outros. Também se previa a cobrança de responsabilidade dos empregados públicos – o que significava tentar zelar contra as arbitrariedades dos mesmos –, o fim dos privilégios (que não fossem essenciais aos cargos públicos), ainda que a manutenção das "recompensas conferidas pelos serviços feitos ao Estado, quer Civil, quer militares". No que explicitamente dizia respeito à direitos, marcava-se o de propriedade, além do ato de poder "comunicar os seus pensamentos, por meio de palavras, escritos [...] sem dependência de censura"; no entanto, previa-se que os "abusos " no uso dessa liberdade deveriam ser punidos.

Não se encontra no artigo 179º. a defesa dos jurados como um *direito*, conforme estava presente anteriormente, ainda que os mesmos fossem citados na composição do poder judiciário para o cível e o crime, tão logo os códigos determinassem (artigo 151º.). Nos vários parágrafos que compunham o artigo 179, seria mantida a "independência do poder judicial", no sentido de que nenhuma outra autoridade pudesse intervir nos seus assuntos. Por mais que se pudesse argumentar ser esta também uma garantia, o fato é que sua inserção neste grande artigo mesclava algumas matérias diante da não separação formal de uma declaração de direitos. O mesmo se poderia dizer em relação ao último parágrafo (de número 35), uma cláusula de exceção que dotava a assembleia legislativa, em casos de rebelião ou invasão por inimigos, da prerrogativa de dispensar formalidades constitucionais que tocassem na liberdade individual; ou seja, em nome de um discurso da manutenção da ordem sempre se poderia, e no Brasil se pode até hoje, valer-se da dispensa de direitos invioláveis contra inimigos políticos.[53]

Apesar de um feitio mais conservador no que se tratava de direitos, a Carta Constitucional trazia uma novidade no que dizia respeito às formas de participação popular na justiça: constaria do seu texto que haveria juízes de paz, eleitos da mesma maneira que se elegiam os

---

[53] Para a questão, valem as provocações de Giorgio Agambem, *Estado de exceção*. São Paulo: Boitempo, 2004.

vereadores da câmara. (artigo 162) Semelhantemente aos jurados, eles representavam juízes de "fato", sem formação jurídica, ou seja, uma participação leiga na justiça, que seriam especialmente valorizados no seu papel de reconciliadores. Teriam eles muito mais protagonismo no Brasil do que em Portugal, e seriam implementadas por lei aprovada um ano após a abertura do parlamento, em 1827, numa onda de vitória de setores que a historiografia consolidou chamar de "liberais", e que terminaria desestabilizando o governo de D. Pedro I nos anos subsequentes, até sua abdicação em 1831.[54] A outorga da Carta foi uma solução momentânea e moderada para o projeto de independência, mas ninguém poderia então garantir que a legitimidade monárquica estivesse totalmente a salvo.

Considerações finais

Os movimentos revolucionários que ocorreram em finais do século XVIII e nas primeiras décadas do XIX, no Velho e no Novo Mundo, abriram um mundo de expectativas sobre o futuro e construíram muitas alternativas políticas e sociais antes impensadas. As constituições mimetizaram este momento ao projetaram um "dever ser" normativo para os novos regimes à medida que os processos para sua feitura representaram grande parte destes embates travados politicamente, e as disputas para sua adesão apontavam para um divisor de águas entre os apoiadores e os inimigos. Não à toa, seus textos foram marcados pelas ondas de radicalização e moderação legitimista que, em cada contexto, mas sobretudo nos territórios de tradição ibero-americana, encontrariam grande embate no momento das independências. Os novos pactos que se teciam seriam fruto de uma escolha dos povos *vis-à-vis* a aceitação e/ou imposição de projetos, com o intuito de dar fim às guerras e conflitos que se abriram por todas as partes.

---

[54] Adriana Pereira Campos; Andréa Slemian; Kátia Motta, *Juízes de Paz – Um projeto de justiça cidadã nos primórdios do Brasil Império*. Curitiba: Juruá, 2017; Duque, cit., pp. 21-22.

No que tocava aos direitos, a equação não foi nada simples, a despeito da naturalidade com que suas declarações passaram a ser vistas, inclusive posteriormente, como se fossem uma tábua de salvação contra desigualdades e despotismos de qualquer espécie. A politização dos seus significados num ambiente marcado pelas críticas aos regimes monárquicos no século XVIII foi explosiva e fez com que eles passassem a ser centrais nos próprios textos constitucionais. Mesmo nos textos em que imperava uma forma de governo mais afeita à legitimidade monárquica, como terminou sendo a solução da independência do Brasil, que se expressava mais por garantias do que propriamente direitos, sempre haveria cláusulas que deveriam tratar dos mesmos e que pudessem inspirar formas de politização por parte da sociedade.

Não se pode deixar de notar, no entanto, que a experiência revolucionária mais radical havia exaltado a universalização dos direitos fundamentais, a expressão das liberdades e inviolabilidade dos cidadãos, mas igualmente a da imperiosidade de novas leis. Isso significa que as constituições tiveram um estrondoso papel político, mas uma ação menor no campo normativo cotidiano ao tratarem de princípios que dependeriam juridicamente da regulamentação e codificação para sua efetivação. Processo esse que foi criando verdadeiros impasses, e não apenas no Brasil, diante do fato que os novos direitos e garantias deveriam estar positivamente estabelecidos.[55] Nos limitamos, nestas páginas, a traçar as linhas gerais de um debate e de um processo histórico, mas não nos queremos furtar de apontar os perigos que estavam na base para implementação dos *novos* direitos, fundamentais e inalienáveis. Nesse sentido, a ideia de universalização dos direitos, por mais que abrisse condições de possibilidades de radicalização, também passaria a estar revestida por pautas conservadoras que,

---

[55] Dificuldade de se introduzir uma Constituição de cima, Andrea Romano, "Difesa dei diritti e diritti alla difesa nell'esperienza del 'Codice per lo Regno delle Due Sicilie", *De la Ilustración al liberalismo*, Madrid: Centro de Estudios Constitucionales, 1995, p. 325.

apostando na aporia dos direitos, terminavam por privilegiar os brancos, livres, proprietários e católicos. Assim que há que se tomar cuidado: falar em nome da constituição e dos direitos no Império do Brasil adentro, como em quase todos os regimes no século XIX, muito pouco representou em termos de inclusão social.

CAPÍTULO 4

O IMPÉRIO DO BRASIL E O PRIMEIRO REINADO, 1822-1831

Marisa Saenz Leme

Como datar a Independência?

Sete de setembro, doze de outubro, ou...? Oficialmente, comemora-se a independência do Brasil na primeira data, privilegiando-se o momento em que, em viagem feita à província de São Paulo, teria o então regente Pedro proclamado, às margens do riacho do Ipiranga, próximo à capital da província, a frase "independência ou morte!", que depois ordenou se instituísse como divisa do Brasil. O fato decorreria da reação do príncipe ao tomar conhecimento das novas atitudes repressivas por parte das Cortes de Lisboa, em correspondência que teria lhe enviado a princesa consorte, responsável pela Regência na sua ausência do Rio de Janeiro. Contudo, na época, levou algum tempo para que o chamado "Grito do Ipiranga" se difundisse pelas demais províncias da parte americana do Reino Unido de Portugal, Brasil e Algarves. Foi em doze de outubro de 1822, na data do seu aniversário, que se deu a aclamação de Pedro I, em campo aberto, como imperador do Brasil, oficializando-se a consecução de um processo político que, marcadamente, desde o início daquele ano, pautara-se por uma prática governamental de caráter independentista, ainda que sob a égide autonomista.

Dessa forma, entre outras ações, o regente convocara, em três de junho de 1822, uma Assembleia Constituinte e Legislativa específica para o Brasil, a ser eleita pelos mesmos critérios que haviam sido estabelecidos para a escolha dos representantes provinciais às Cortes de Lisboa. Tomando-se o processo constitucional como o fio condutor do modo pelo qual se deu a Independência, a convocação da Constituinte do Brasil pode também ser considerada o marco fundador da separação.

Em primeiro de dezembro, deu-se a sagração e coroação de Pedro I, diferenciando-se, nesse procedimento, a inauguração do Império do Brasil das ritualísticas portuguesas, em que não se procedia à coroação dos reis, bastando a sua aclamação. Nesse mesmo dia, o imperador criou a Ordem Imperial do Cruzeiro do Sul, primeira ordem nobiliárquica especificamente brasileira, logo condecorando várias personalidades que haviam se destacado no processo de independência.[1] As festivas cerimônias da aclamação e da coroação foram cuidadosamente preparadas, contando com grande afluência de público[2]; mas apenas a partir de 1826 consolidou-se o "Grito do Ipiranga" como marco histórico da independência, na medida em que o imperador procurou se impor como o fundador da nação brasileira, em detrimento de outros componentes políticos, como a representação legislativa, que significaria a instituição popular da mesma.[3]

Entre a constitucionalidade, a guerra e a repressão

Como implícito na sua denominação – Assembleia Constituinte e Legislativa das Províncias do Brasil –, a Constituinte brasileira

---

[1] Francisco Adolfo de Varnhagen, *História da Independência do Brasil, até o reconhecimento pela antiga metrópole, compreendendo, separadamente, a dos sucessos ocorridos em algumas Províncias até essa data*. 3ª. ed., São Paulo: Melhoramentos, 1957, p. 172.

[2] Iara Lis Carvalho Souza, *Pátria coroada: o Brasil como corpo político autônomo, 1780-1831*. São Paulo: Ed. Unesp, 1999, pp. 256-281.

[3] Maria de Lourdes Viana Lyra, "Memória da Independência: marcos e representações simbólicas", *Revista Brasileira de História,* 29, 1995, pp. 173-206.

pressupunha a adesão das províncias, não se tratando, portanto, de uma assembleia *nacional,* em que esse consenso já está previamente dado. Adesão essa que, se foi hegemônica nas províncias do atual Sudeste – Rio de Janeiro, Minas Gerais, Espírito Santo e São Paulo – e nas do Sul – Rio Grande de São Pedro e Santa Catarina –, tornou-se problemática ao Norte e no atual Nordeste[4], em que ou a própria independência foi conquistada por meio das armas, ou houve relutância política em se participar do conclave.

Observe-se que, contrariamente à imagem pacifista que se tornou dominante, foi por intermédio de soluções militares que se obteve a independência do Brasil, tal qual veio a se constituir o seu território. Dessa forma, na Bahia, plasmou-se uma guerra civil entre as forças "brasileiras" – compostas por camadas médias e pobres da população urbana, médios proprietários rurais, grandes fazendeiros e alguns grandes comerciantes – e os "portugueses" sediados na capital, Salvador, que controlavam o grosso do comércio da Bahia. Observe-se que não se tratava de nacionalidades distintas, mas de diferentes direcionamentos políticos: os "brasileiros" defendiam a adesão ao governo que se desenvolvia no Rio de Janeiro, enquanto os "portugueses" permaneciam fiéis às Cortes de Lisboa. O conflito armado se desencadeou devido à substituição do comandante de armas escolhido pela junta provincial local, formada no bojo da Revolução do Porto, por outro da confiança das Cortes, que deveria a ela se subordinar diretamente.

Mediante o controle "português" das tropas que dominavam Salvador, em parte recém-chegadas, os "brasileiros" refugiaram-se no chamado Recôncavo, na então rica região dos engenhos de açúcar e

---

[4] Na época, designava-se como Norte, além das províncias do Pará e do Amazonas, a região do Brasil atualmente denominada Nordeste, em que se incluem os estados, então províncias, do Maranhão, Piauí, Ceará, Alagoas, Pernambuco, Sergipe e Bahia. Por sua vez, o Sul compreendia as províncias do atual Sudeste e as de Santa Catarina e Rio Grande de São Pedro, atual Rio Grande do Sul. A província do Paraná foi criada em 1852, pertencendo até então seu território à província de São Paulo.

também produtora dos gêneros alimentícios que abasteciam a cidade. Organizaram a resistência armada, formando milícias com a população pobre livre (brancos, libertos e ingênuos) e com os escravos, às quais se misturavam militares favoráveis ao lado "brasileiro". Salvador viu-se desabastecida.

Iniciadas as primeiras escaramuças em fins de fevereiro de 1822, tropas vindas do Rio de Janeiro chegaram à Bahia em outubro, já proclamada a Independência, sob o comando do general francês Pierre Labatut, mercenário contratado pelo imperador, que incorporou as milícias da Bahia às forças militares. Ao todo, o enfrentamento armado perdurou por mais de um ano, encerrando-se formalmente em dois de julho de 1823, com a entrada em Salvador das forças "brasileiras".[5] Nesse momento, havia um mês que a Constituinte se achava reunida.

Quanto às províncias ao norte, Maranhão e Grão Pará "aderiram" ao Rio de Janeiro por intermédio de intervenções armadas. Avaliando boa parte das suas elites haver maior conveniência em permanecerem unidas a Portugal – sobretudo devido às ligações marítimas muito mais ágeis com a metrópole do que com o Rio de Janeiro – a disputa pelo controle das juntas provinciais e do governo das armas levou aos embates entre as elites favoráveis a Portugal e aquelas progressivamente desejosas de apoiarem a Independência. Na contenda, envolveram-se também as províncias do Piauí e do Ceará.

Dessa forma, sublevou-se inicialmente a vila de Parnaíba, situada no Piauí, no delta do rio do mesmo nome, que o separa do Maranhão. Seguiram-se diversas lutas, algumas bastante sangrentas, como a batalha de Jenipapo, em que cearenses, piauienses e maranhenses enfrentaram as forças sob comando português. Militarmente

---

[5] Luís Henrique Tavares Dias, *A Independência do Brasil na Bahia*. Rio de Janeiro: Civilização Brasileira, Instituto Nacional do Livro, Brasília, 1977; João José Reis, "O jogo duro do Dois de Julho: o 'Partido Negro' na Independência da Bahia" em J. J. Reis e Eduardo Silva, *Negociação e conflito: a resistência negra no Brasil escravista*. São Paulo: Companhia das Letras, 1989, pp. 79-98.

despreparadas, as forças favoráveis ao Rio de Janeiro sofriam duras perdas, mas, por intermédio de diferentes táticas bélicas, foram conquistando as vilas do interior, agregando também contingentes de militares rebeldes.

Já bem desenvolvida a luta interna, chegou a São Luís, capital do Maranhão, a esquadra sob o comando do Almirante Thomas Cochrane, aristocrata, militar e aventureiro escocês que Pedro I nomeara "Primeiro Almirante" da Marinha brasileira. Originalmente enviado à Bahia, mas sem conseguir aportar em Salvador, o almirante dirigiu-se ao Norte e, por intermédio de procedimentos bastante controversos, dominou São Luís, capital do Maranhão, onde também havia se desenvolvido a ideia independentista. A "adesão" ao Rio de Janeiro consumou-se em 28 de julho de 1823. Naquele momento, praticamente todo o interior estava dominado pelos independentistas, que, ainda sem saberem da queda de São Luís, no início de agosto, ocuparam Caxias, um dos mais importantes centros urbanos da província.[6]

Por sua vez, a luta entre as elites do Pará encerrou-se com a intervenção da frota comandada por John Pascoe Grenfell, militar inglês então subordinado a Cochrane, depois definitivamente incorporado à Marinha brasileira. Ele cercou a capital da província, Belém, cometendo atrocidades para assegurar os seus feitos.[7] Tendo sido o primeiro local em que no Brasil se aderira à Revolução do Porto, o Pará, excetuando-se a Cisplatina, foi a última província a acatar a Independência, em 16 de agosto de 1823. Das províncias envolvidas na guerra da independência do Brasil, apenas a Bahia e o Ceará

---

[6] Marcelo Cheche Galves, *'Ao público sincero e imparcial': Imprensa e Independência na província do Maranhão*. São Luís: Café & Lápis/Editora da UEM, 2015, pp. 228-244; Tobias Monteiro, *A elaboração da independência*. Belo Horizonte: Itatiaia/ São Paulo: Edusp, 981, vol. II, pp. 596-604, 2 v; Varnhagen, *História da Independência...*, cit., pp. 325-345.

[7] Monteiro, *A elaboração...*, cit., pp. 604-612; Varnhagen, *História da Independência...*, cit., pp. 345-351.

enviaram representantes à Constituinte, evidenciando a permanência dos conflitos internos às demais, após a "adesão" à Independência.[8]

No plano especificamente político, com exceção da Paraíba, as demais províncias do Norte e do atual Nordeste já haviam se negado a participar do Conselho de Procuradores convocado pelo regente, a 16 de fevereiro de 1822, enquanto que, com exceção de Mato Grosso, todas as demais províncias elegeram representantes para participarem desse organismo. No momento das eleições para a Constituinte, numa província da importância de Pernambuco, cuja influência se fazia fortemente sentir nas províncias vizinhas, ainda perduravam dúvidas sobre a validade do conclave.[9]

A resistência em se reconhecer a autoridade do príncipe regente decorria da fidelidade ao constitucionalismo de Lisboa, aliado ao temor quanto aos procedimentos de centralização monárquica que se desenvolviam no Rio de Janeiro. Mas, em oito de dezembro de 1822, D. Pedro foi aclamado imperador em Pernambuco, em solenidade junto ao Senado da Câmara do Recife. Já no Ceará e no Piauí persistiu a resistência à aclamação, divergindo os procedimentos entre capital e vilas do interior, chegando-se ao reconhecimento da Independência e do imperador entre fins de dezembro de 1822 e janeiro de 1823.[10]

A abertura da Assembleia Geral Constituinte e Legislativa das Províncias do Brasil, em três de maio de 1823, contou com pouco mais da metade dos deputados previstos, num total de cem vagas, com um quórum de metade mais um para a realização das sessões. Mas, excetuando-se aquelas belicamente envolvidas, havia representantes da quase totalidade das demais províncias, faltando apenas a Cisplatina, dada a sua inserção diferenciada no Império do Brasil, e o Mato

---

[8] Galves, *Ao público sincero...*, cit., pp. 357-412; André Roberto de Arruda Machado, *A quebra da mola real das sociedades: a crise política do Antigo Regime português na província do Pará*. São Paulo: FAPESP/Hucitec, 2010, pp. 175-286.

[9] Denis Antonio de Mendonça Bernardes, *O patriotismo constitucional: Pernambuco, 1820-1822*. São Paulo/Recife: FAPESP/Hucitec/Ed. da UFPE, 2006, pp. 573-602.

[10] Varnhagen, *História da Independência...*, cit., pp. 318-321.

Grosso, por impedimentos na verificação de poderes do seu representante, posteriormente resolvidos.[11] Os deputados da Bahia chegaram em julho. As quotas de representação das províncias foram aos poucos se preenchendo, calculando-se que nos meses de setembro, outubro e novembro a presença média nas sessões foi de 70 deputados.[12]

Variando a quota de representantes provinciais de acordo com a população, Minas Gerais estava em primeiro lugar, com 20 cadeiras, seguida pelas províncias da Bahia e de Pernambuco, com treze cadeiras cada. Enquanto as províncias do Sul/Sudeste ocuparam, durante a vigência da Constituinte, todas as vagas a elas designadas, alguns lugares deixaram de ser ocupados pelas províncias do Nordeste. O radical Cipriano Barata, por exemplo, eleito pela Bahia, recusou-se a assumir o cargo, avaliando que seria mais profícuo defender suas plataformas por intermédio da imprensa.[13] Entre o número de vagas atribuído a cada província e a sua devida utilização, obteve-se, na prática, um equilíbrio numérico entre as delegações do Norte e as do Sul.

Na dupla função que lhe fora atribuída, se, de um lado, tratava-se de soldar um pacto político entre as províncias, na institucionalização de um Estado-nação, a Assembleia também deveria se ocupar da

---

[11] *Anais do Parlamento Brasileiro*, Assembleia Geral Legislativa, Câmara dos Srs. Deputados, Sessão de 1826, Tipografia do Imperial Instituto Artístico, vol. I, 4 vols., disponível em: http://imagem.camara.gov.br/pesquisa_diario_basica.asp. Acesso em 19/04/2022.

[12] José Honório Rodrigues, *A Assembleia Constituinte de 1823*. Petrópolis: Vozes, 1974, pp. 26-29.

[13] Cipriano José Barata de Almeida (Salvador, set. 1762 – jun. 1838). Formado em Filosofia e Cirurgia pela Universidade de Lisboa, participou da Conjuração Baiana de 1798 e envolveu-se com os revolucionários pernambucanos de 1817. Deputado pela Bahia às Cortes lisboetas, na sua volta não pôde adentrar a sua terra natal, ocupada pelas tropas portuguesas Dirigiu-se então para Pernambuco, onde desenvolveu intenso ativismo político, publicando o periódico radical *Sentinella da Liberdade na Guarita de Pernambuco* (ab. – nov. 1823), cujos últimos números foram editados da cadeia. Libertado apenas em fins do Primeiro Reinado, permaneceu durante as Regências ativo como jornalista radical.

legislação imediata. Desse modo, além da comissão de constituição, responsável por elaborar um projeto de Carta-Magna, formaram-se logo diversas comissões, responsáveis pela apresentação de propostas para diferentes dimensões societárias. Em setembro, o projeto de Constituição foi colocado para votação em plenário; por sua vez, entre os seis projetos de lei aprovados no conclave, em 20 de outubro promulgou-se a lei reorganizando o governo das províncias. Mas, cerca de vinte dias depois, a Constituinte foi cercada pelos corpos militares, há dias mobilizados, e dissolvida na madrugada do dia doze de novembro de 1823. O episódio ficou conhecido como a "Noite da Agonia", em que a Assembleia, havendo se declarado em sessão permanente desde o dia anterior, manteve-se reunida, em resistência ao ato arbitrário do imperador.[14]

Simultaneamente às medidas constitucionais e ao enfrentamento das dimensões bélicas, o império inaugurara-se também por intermédio da repressão. Assim, entre setembro e outubro de 1822, desencadeara-se o processo de perseguição à imprensa fluminense, comandado pelo poderoso secretário dos negócios do império, José Bonifácio de Andrada e Silva[15]. Defendia ele o estabelecimento de um executivo forte, em confronto com outras correntes independentistas, que privilegiavam o poder legislativo. Proibia-se também a atuação da

---

[14] Para o relato e avaliação da dissolução da Constituinte, vejam-se: Varnhagen, *História da Independência...*, cit., pp. 183-236; Monteiro, *A elaboração...*, cit., pp. 755-789.

[15] José Bonifácio de Andrada e Silva (Santos, jun. 1763 – Niterói, ab. 1838). Membro da ilustração luso-brasileira, formado bacharel em direito por Coimbra, era filho de uma família de comerciantes das mais ricas da vila de Santos. Alçado ao ministério do regente Pedro logo após o Fico, desempenhou importante papel no processo da independência, a ponto de ser por alguns autores cognominado seu "Patriarca". Politicamente inserido no arco conservador-liberal, era contudo adepto das reformas sociais. Exilado após a dissolução da Constituinte, voltou ao Brasil em 1829, sendo nomeado por Pedro I tutor do príncipe herdeiro. Envolvendo-se com projeto de restauração de Pedro I, foi em 1833 destituído desse cargo pelo Parlamento e afastou-se da vida política.

maçonaria, não pelo seu sentido em si, mas pela divisão dos grupos maçônicos, em que se reproduzia a referida disputa política.[16]

No momento da abertura da Constituinte, apenas o *Correio do Rio de Janeiro*, editado da prisão por João Soares Lisboa[17], correspondia ao que se considera a radicalidade liberal, vinda dos anos anteriores, de apoio à Revolução do Porto, ao constitucionalismo português e à dimensão legislativa do Estado brasileiro em formação. No mais, tratava-se basicamente da imprensa áulica, defensora de um executivo forte. Observe-se, porém, a diferença temporal com o que se passava ao Norte, onde a repressão tardou mais a chegar. No Recife, por exemplo, a imprensa considerada liberal radical vicejou hegemonicamente até setembro-outubro de 1823, quando também foi atingida pela repressão instituída pelas juntas que se sucederam na governança da província, cada vez mais próximas ao Rio de Janeiro.

Cerca de três meses após o início dos trabalhos da Constituinte, os irmãos José Bonifácio e Martim Francisco de Andrada[18] (que desde

---

[16] Alexandre Mansur Barata, "Sociabilidade maçônica e a independência do Brasil", em István Jancsó (org.). *Independência: história e historiografia*. São Paulo: FAPESP/Hucitec, 2005, pp. 677-706.

[17] João Soares Lisboa (Porto, ? – Couro das Antas, PE, nov. 1824). Português de nascimento que aderira à "causa do Brasil", era, ao que se indica, pessoa com poucos estudos formais, que teria chegado ao Rio Grande de São Pedro por volta de 1800, possivelmente com 14 anos; enriquecido a partir das suas atividades comerciais, chegou ao Rio de Janeiro em 1821, fundando o seu jornal; perseguido pela "Bonifácia", foi da cadeia que editou a segunda fase do seu periódico, durante o ano de 1823; integrou posteriormente a Confederação do Equador, falecendo numa emboscada, na guerra contra o império.

[18] Martim Francisco Ribeiro de Andrada (Santos, jun. 1775 – fev. 1844). Assim como seus irmãos, José Bonifácio e Antônio Carlos, estudou em Coimbra, mas, diferentemente deles, bacharelou-se em matemática; teve importante desempenho como mineralogista na capitania de São Paulo; envolvendo-se, na defesa de Pedro I, em disputas políticas na sua província natal, foi para o Rio de Janeiro, assumindo o ministério. Constituinte em 1823, destacou-se pela reapresentação de um plano para a implementação dos estudos menores, que, realizado durante o período joanino, incialmente para São Paulo, foi incorporado pela

julho de 1822 ocupava a secretaria dos negócios da fazenda), em atrito com o imperador, saíram do ministério e fundaram, sob a direção formal de outrem, seu próprio periódico oposicionista, o *Tamoyo*. Substituídos os Andradas, com Carneiro de Campos, futuro marquês de Caravelas[19], nos Negócios do Império, e Manuel Jacinto Nogueira da Gama, futuro marquês de Baependi[20], na Fazenda, a tensão política continuou a se expandir, entre outros fatores, opondo-se a Assembleia ao Executivo. Os novos ministros se autodemitiram, já próximo ao golpe. Atuantes deputados na Constituinte, os irmãos Andrada, incluindo Antônio Carlos[21] – que não ocupara cargos executivos – foram presos e exilados com a dissolução da mesma.

---

comissão de instrução pública. A partir da sua volta do exílio, seguiu ocupando cargos legislativos, até o momento da sua morte, já no período da Maioridade de Pedro II.

[19] José Joaquim Carneiro de Campos (Salvador, mar.-1768 – Rio de Janeiro, set. 1836). Ilustrado, formado em Direito e Teologia em Coimbra, integrou a burocracia do Império Luso-Brasileiro, ocupando importantes cargos, em Portugal e no Brasil. Tendo substituído José Bonifácio como ministro do império, recusou-se a assinar o decreto de dissolução da Constituinte; mas é considerado o principal redator da Carta outorgada. Senador pela Bahia desde a abertura do Parlamento, em 1826, pertencente à corrente classificada como conservadora moderada, fez parte da Regência Trina Provisória formada em seguida à Abdicação. Filho de camadas médias, consta não ter acumulado fortuna, vivendo dos rendimentos dos cargos que ocupou, sem se dedicar a atividades privadas. Foi dignatário da Ordem do Cruzeiro e comendador da de Cristo, entre outras titulações honoríficas.

[20] Manuel Jacinto Nogueira da Gama (São João d'El Rey, 1765 – Rio de Janeiro, fev. 1847). Bacharel em matemática pela Universidade de Coimbra, pertenceu à Marinha portuguesa; no governo joanino ocupou diversos cargos fazendários e responsabilizou-se pela organização da Real Academia Militar; deputado à Constituinte pelo Rio de Janeiro, foi em 1826 escolhido Senador por Minas Gerais; ocupou o ministério da fazenda em diversos gabinetes do Primeiro Reinado. Em 1838 tornou-se sócio correspondente do Instituto Histórico e Geográfico Brasileiro.

[21] Antônio Carlos Ribeiro de Andrada Machado e Silva (Santos, nov. 1773 – Rio de Janeiro, dez. 1845). Também ilustrado, formado em direito e filosofia pela Universidade de Coimbra, participou da Revolução Pernambucana de 1817; foi

As reuniões da Constituinte haviam contado com forte participação popular nas galerias e o estopim para o seu fechamento interligou-se ao sentimento antilusitano que, desde a Independência, manifestava-se fortemente nas ruas.[22] Um artigo publicado em periódico inspirado pelos Andradas, contrário aos militares portugueses admitidos por Pedro I às forças armadas, levou ao espancamento do seu autor por dois elementos nele citados. Levada a questão à Assembleia, exigindo-se respeito à liberdade de expressão, acirraram-se os ânimos em relação ao Executivo, o que teria propiciado ao imperador a oportunidade de manifestar sua intolerância com o andamento da Constituinte e os debates que nela se desenrolavam. Na justificava do ato de violência, alegava Pedro I ter a Assembleia "perjurado o juramento prestado à Nação de defender a Integridade do Império, sua Independência e a Minha Dinastia"[23], esclarecendo depois não se tratar da "totalidade da Representação Nacional", mas apenas da "conhecida facção que dominava aquele Congresso".[24] Contudo, rumores sobre a intenção de fechamento da Constituinte, com a outorga de uma carta pelo executivo, já haviam circulado antes da abertura do conclave.[25]

---

deputado às Cortes lisboetas, onde desempenhou importante papel, apresentando o projeto da junta de governo paulista para o conclave; radicando-se no Brasil apenas a partir de 1838, foi eleito deputado e, posteriormente, senador; como chefe do Partido Liberal, tornou-se ministro do império no primeiro gabinete da Maioridade. Foi sócio efetivo do IHGB.

[22] Gladys Sabina Ribeiro, *A liberdade em construção: identidade nacional e conflitos antilusitanos no Primeiro Reinado*. Rio de Janeiro: FAPERJ/Relume Dumará, 2003.

[23] Decreto de 12 de novembro de 1823, in: Rodrigues, *A Assembleia...*, cit., p. 305.

[24] Decreto de 13 de novembro de 1823, in: Rodrigues, *A Assembleia...*, cit. pp. 305-306.

[25] Para um minucioso relato do fechamento da Constituinte, vejam-se: Monteiro, *A elaboração...*, pp. 755-789; Varnhagen, *História da Independência...*, cit., pp. 183-228.

Debates Constitucionais e Legislação

As atitudes repressivas do Executivo não impediram o desenvolvimento, na Assembleia, de caloroso debate sobre temas centrais para a caracterização monárquica, como a atribuição primordial, se para o povo ou para o imperador, dos fundamentos da nação e da soberania. Temática que se desdobrava em diferentes dimensões conceituais e práticas, envolvendo as prerrogativas do imperador e, também, os rituais e insígnias reais. No plano da organização do Estado, discutia-se a distribuição de poderes entre o Legislativo e o Executivo, para o que se apresentava um arco de possibilidades, desde as concepções que praticamente absolutizavam o primeiro, às propostas de um executivo bastante forte. Nesse âmbito, adquiriram evidência temáticas como a questão da sanção imperial, com a possibilidade do veto do imperador aos projetos aprovados no Legislativo, e a inviolabilidade da sua figura.[26]

Observe-se que as decisões da Assembleia poderiam provocar protesto nas províncias, como o ocorrido no Rio Grande do Sul, onde tropa e governo contestaram o seu poder de deliberar sobre o veto imperial.[27] Por sua vez, avaliavam-se na Assembleia as disputas internas às províncias, como as ocorridas no Ceará, em Pernambuco, na Bahia, no Maranhão e em São Paulo.

Temática fundamental, a questão do poder provincial dividia os constituintes em 1823. De um lado, ainda que de modo minoritário, um significativo e aguerrido segmento, constituído sobretudo por deputados do atual Nordeste e do Rio de Janeiro, propunha, sob a égide monárquica, a organização de um Estado que denominavam federativo, mas que – dada a sinonímia no contexto linguístico da

---

[26] Andréa Slemian, *Sob o império das leis: constituição e unidade nacional na formação do Brasil (1822-1834)*. São Paulo: FFLCH-USP, 2006 (tese), pp. 80-102.

[27] *Anais da Assembleia Constituinte e Legislativa do Império do Brasil,* Senado Federal, transcrição, vol. III, jul., pp.118-119 e 189, 6 vols., disponível em: http://www.senado.leg.br/publicacoes/anais/asp/IP_AnaisImperio_digitalizados.asp. Acesso em 19/04/2022.

época entre os termos *federativo* e *confederativo* – indicava uma solução confederativa, com plena autonomia provincial.[28] Posicionamentos que tendiam a se coadunar com o privilegiamento do poder legislativo sobre o executivo. Embora não se explicitassem, entendimentos republicanos poderiam se abrigar sob a concepção de "monarquia federativa" defendida por esses segmentos.[29]

Por sua vez, as concepções unitárias apresentavam-se em diferentes dimensões, num mosaico que compreendia desde um Estado altamente centralizado, sem concessões à autonomia provincial, até a incorporação dessa autonomia numa formulação que, diferentemente dos posicionamentos autointitulados federativos, pressupunham um núcleo central do Estado acima das partes que o compunham. Formulação explicitada pelo deputado por São Paulo, Campos Vergueiro[30], para quem "o arranjo constitucional deveria conceder liberdade às províncias, sem, contudo, considerá-las como soberanas", não havendo, dessa forma, "perda ou ameaça da unidade nacional".[31]

Embora sem configurar a formação de alinhamentos regionais rígidos, os chamados liberais-radicais, que contestavam os princípios unitários, estavam mais presentes, embora não integralmente, nas delegações das províncias do atual Nordeste. Mas nem por isso atuaram homogeneamente, ocorrendo divergências entre eles, de acordo com as diferentes temáticas pontualmente tratadas. Por sua vez, também

---

[28] Ivo Coser, "O debate entre centralizadores e federalistas no século XIX: a trama dos conceitos", *Revista Brasileira de Ciências Sociais*, n. 76, 2011, pp. 191-206.

[29] Renato Lopes Leite, *Republicanos e Libertários:* pensadores radicais no Rio de Janeiro. Rio de Janeiro: Civilização Brasileira, 2000.

[30] Nicolau Pereira dos Campos Vergueiro (Bragança, Portugal, dez.1778 – Rio de Janeiro, set.1859). Formado em leis pela Universidade de Coimbra, em 1805 já estava estabelecido em São Paulo como advogado. Tornou-se grande fazendeiro. Participou das Cortes lisboetas e da Constituinte; durante o Primeiro Reinado, elegeu-se à Câmara dos deputados e ao Senado. Teve importante desempenho político durante as Regências e foi um dos líderes da Revolução Liberal de 1842.

[31] Coser, "O debate entre centralizadores e federalistas"..., cit., p. 193.

se distinguiam elementos unitários nas bancadas nordestinas e, vice-versa, elementos liberal-radicais no Sudeste.

Fora do Parlamento, a chamada imprensa liberal-radical, apesar da diferença de matizes nela existente, coincidia em condenar o trabalho da Comissão de Constituição e o projeto por ela apresentado, acusando os "projetistas" de representarem os interesses de deputados de São Paulo e de Minas Gerais[32] e de estarem articulados ao Executivo. Desse modo, expoentes radicais como Frei Caneca[33], Cipriano Barata e Soares Lisboa questionavam o pacto em elaboração na Constituinte.

Avaliando os trabalhos desenvolvidos no conclave, considerava Frei Caneca, em meados de 1823, ainda no início dos trabalhos constituintes, que as províncias discordantes dos seus rumos poderiam declarar a sua separação, "[...] não sendo a Constituição como deve ser, o que por desgraça já vai principiando [...]".[34] Por sua vez, os radi-

---

[32] Composta por sete membros, a comissão incluía três paulistas, representados pelos Andradas (os irmãos José Bonifácio e Antônio Carlos e um sobrinho, José Ricardo), mas apenas um mineiro, o ilustrado Câmara Ferreira; havia dois pernambucanos, Muniz Tavares, revolucionário de 1817 e Araújo Lima, que dissentia do governo central; o outro componente era do Rio de Janeiro, o futuro marquês de Inhambupe.

[33] Joaquim da Silva Rabelo (Recife, ago. 1779 – jan.1825), ordenou-se carmelita em 1801, designando-se Frei Joaquim do Amor Divino, a que agregou a alcunha pela qual ficou conhecido. Estudou filosofia no Seminário de Olinda, tornando-se sucessivamente leitor de geometria e retórica e lente de filosofia desse Seminário; ocupou a cadeira régia de geometria; participou dos momentos finais da Revolução pernambucana de 1817, ficando preso na Bahia. Possuía formação enciclopédica, desenvolvendo importante produção intelectual. De grande importância para a exposição do seu pensamento político foram as *Cartas de Pítia a Damão* publicadas a partir de março de 1823, num total de dez. Em fins de 1823, fundou o jornal *Typhis Pernambucano*; um dos líderes da Confederação do Equador, foi fuzilado a 13 de janeiro de 1825.

[34] "O Caçador atirando à Arara Pernambucana em que se transformou o rei dos ratos José Fernandes Gama", in: Antonio Joaquim de Mello (org. e introdução), *Obras Políticas e Literárias de Frei Joaquim do Amor Divino Caneca*. Recife: Typ. Mercantil, 1875-76, p. 267.

cais atuantes em Pernambuco negavam ao governo central o controle regular da fiscalidade e das forças armadas.

Quanto aos unitários que incorporavam a autonomia provincial, correspondiam eles ao que depois veio a se configurar como o campo liberal-moderado. Mas não tinham naquele momento visibilidade na imprensa, apesar da sua representatividade na Constituinte. O que deu azo à impressão de ter o embate primordial daquele momento se resumido à contraposição entre os posicionamentos altamente centralizadores e os autointitulados federativos.

No que toca ao papel legislativo da Assembleia, a sua simultaneidade com a função constituinte foi objeto de crítica contemporânea, como a de Hipólito da Costa, questionando a pertinência de se gerarem leis parciais na ausência dos princípios básicos definidos numa Carta-Magna.[35] É dessa maneira significativo terem-se validado, após cinco meses de funcionamento da Assembleia, as legislações anteriores à volta de João VI para Portugal em 1821, os atos emanados das Cortes de Lisboa, do príncipe regente e do imperador, excetuando-se o que já tivesse sido revogado. Permaneceu em vigor, dessa maneira, um conjunto de leis anteriores, em grande parte contraditórias entre si, a serem paulatinamente transformadas.

Independentemente, contudo, do juízo de valor sobre a dupla missão que lhe fora atribuída, importa enfatizar que a Assembleia legislou sobre uma problemática fundamental para aquele Estado em formação, criando uma nova estrutura para o governo das províncias, em substituição às juntas instituídas a partir da Revolução do Porto. Com base em projeto do deputado Antônio Carlos Ribeiro de Andrade, apresentado logo em maio, estipulou-se que o presidente da província seria de indicação imperial, mas, ao mesmo tempo, criava-se um conselho de presidência, eleito, ao qual ele deveria

---

[35] *Correio Braziliense*, n. 174, novembro de 1822, edição fac-similar, *Correio Braziliense ou Armazém Literário*, v. XXIX. São Paulo: Imprensa Oficial, 2003, pp. 564-568.

submeter-se para deliberar sobre a grande maioria dos assuntos da sua competência.[36]

Como, pelo regimento das juntas, escolhia-se nas províncias um colegiado de seis elementos, simultaneamente deliberativo e executivo, a indicação do presidente pelo Rio de Janeiro, que perdurou durante todo o Império, foi em grande medida considerada de caráter extremamente autoritário ou, mesmo, absolutista. Mas, avaliando-se a fundamentalidade do conselho – a par da atribuição da vice-presidência ao seu membro de maior idade – a lei "significou, do ponto de vista da construção normativa de um arranjo político liberal, um passo importante na valorização das províncias como espaços convergentes de poder político".[37] Assim, um deputado radical, como o padre de Pernambuco Henriques de Rezende[38], embora considerando que a escolha deveria recair sobre um nome local, insistia em que o presidente fosse de indicação do imperador.

Para além do plano político-institucional, apresentaram-se na Constituinte propostas já bem consubstanciadas sobre alguns temas sociais e econômicos, posteriormente reapresentados com a abertura do Parlamento em 1826. A comissão de instrução pública, por exemplo, desenvolveu adiantados trabalhos para o estudo das Letras Menores e para a criação de uma universidade. Contudo, as memórias apresentadas por José Bonifácio sobre a escravidão e a civilização indígena, ainda que muito bem elaboradas, tiveram pouca repercussão.

---

[36] BRASIL. Carta de lei de 20 de outubro de 1823. Dá nova forma aos Governos das Províncias, criando para cada uma delas um Presidente e Conselho, disponível em https://www2.camara.leg.br/legin/fed/lei_sn/anterioresa1824/lei-40978-20-outubro-1823-574639-publicacaooriginal-97736-pe.html. Acesso em 19/04/2022.

[37] A. Slemian, *Sob o império das leis...*, p. 114.

[38] Padre Venâncio Henriques de Rezende (Serinhaém, 1784 – Recife, fev. 1866). Ordenado presbítero em 1813, participou da revolução de 1817, ficando preso na Bahia. Constituinte de 1823, participou da Confederação do Equador, seguindo com o fracasso do movimento para os Estados Unidos. Eleito à Câmara dos deputados em 1829, foi reeleito para outras legislaturas, a última, em 1843. Retirou-se então da vida política.

Tampouco se deu impulso à proposta de Vergueiro sobre a questão das terras, embora se houvesse delegado à Assembleia a incumbência de legislar sobre a temática, em decreto que abolira o acesso à terra por intermédio da concessão de sesmarias,[39] promulgado ainda na regência do príncipe Pedro, em julho de 1822.

A Constituição outorgada

Ao dissolver a Assembleia, Pedro I prometeu que apresentaria em breve uma nova Constituição, "duplicadamente mais liberal" do que a que estava em votação, a ser submetida a uma nova Constituinte. Montou para tanto um Conselho de Estado formado por dez elementos, em que se incluíam os seis membros do ministério instituído no momento da dissolução e ainda os dois ex-ministros que haviam substituído os Andradas. Parte dos nomeados havia participado das Cortes de Lisboa e/ou da Constituinte brasileira. Ilustrados, tinham experiência quer na magistratura, quer no mundo dos negócios ou na administração.

No lugar da promessa feita, o projeto rapidamente elaborado por esse conselho – com base no texto produzido na Constituinte – foi, em meados de dezembro de 1823, expedido para apreciação pelas câmaras municipais, organismos que gozavam de grande legitimidade, adquirida durante a colônia. Contudo, a apresentação de sugestões, como ocorreu com a câmara de Itu, na província de São Paulo, foi uma exceção. A promulgação da Carta-Magna se deu cerca de três meses depois, a 25 de março de 1824, mediante cerimonioso juramento feito pelo imperador, na catedral metropolitana. Decretou-se então o seu juramento pelas câmaras municipais, o que, autoritariamente imposto, foi mal recebido nas províncias do Norte. Já nas câmaras do Sul-Sudeste, o texto constitucional foi aprovado, majoritariamente, de modo passivo. O que não significou ausência de repressão, como

---

[39] Ligia Osorio Silva, *Terras devolutas e latifúndio*. 2.ª ed., Campinas: Ed. da Unicamp, 2008, pp. 91-92.

no caso da província de São Paulo, em que se prenderam elementos considerados suscetíveis de tumultuarem o processo de juramento constitucional.[40]

Em que pese a caracterização – no quadro dos debates que haviam se desenvolvido na Constituinte – politicamente conservadora dos que a elaboraram e o autoritarismo da sua outorga, a Carta de 1824 foi substancialmente liberal. Conforme o comerciante liberal inglês John Armitage, escrevendo em 1836, era ela "em princípios gerais (...) tão satisfatória como a projetada pela última Assembleia: e em conformidade com a promessa do Imperador, muitas das suas disposições são ainda mais liberais".[41] É o que também se enfatiza em parte da historiografia tradicional, bem como em análises que se apresentam na atual historiografia.

Embora a Carta outorgada reforçasse os poderes executivos, devido, sobretudo, à introdução do Poder Moderador – um dos principais alvos da crítica que caracterizou o Estado imperial como absolutista ou autoritário – o poder legislativo permaneceu fortalecido, em moldes muito semelhantes aos do projeto. Ainda que sujeita às emendas do Senado, era à Câmara que se atribuía o poder decisório da dimensão legislativa, a ela cabendo a grande maioria das iniciativas dos projetos e a exclusividade da discussão das propostas vindas do Executivo. Apenas a ela cabiam as iniciativas a respeito da instituição dos impostos e dos recrutamentos, o que incidia sobre dimensões fundamentais da construção do Estado liberal moderno, relativas aos monopólios fiscal e da violência[42]; por sua vez, era-lhe privativa

---

[40] T. Monteiro, *História do Império: o Primeiro Reinado*. Belo Horizonte/São Paulo: Itatiaia/Edusp,1985, pp. 39-45.

[41] John Armitage, *História do Brasil: desde o período da chegada da família de Bragança, em 1808, até a abdicação de D. Pedro I, em 1831, compilada à vista dos documentos públicos e outras fontes originais formando uma continuação da História do Brasil de Southey*. Belo Horizonte/São Paulo: Itatiaia:Edusp, 1981, p. 88.

[42] Norbert Elias, *O Processo Civilizador. Formação do estado e civilização*. Rio de Janeiro: Jorge Zahar Editor Ltda: 1993, vol. II, 2 v.

"a escolha da nova dinastia no caso da extinção da imperante", bem como "o exame da administração passada e a reforma dos abusos nela introduzidos".[43]

Quanto ao Poder Moderador, a Carta de 24 lhe atribuía as mesmas funções previstas no título VI do projeto da Constituinte, sobre o "poder executivo *ou* do Imperador" (grifo meu), o que implicava atribuir a chefia do executivo ao imperador, designação essa explicitada na Carta de 24 e altamente criticada, como corolário do Poder Moderador. Concebido esse pelos liberais franceses, nas formulações de Benjamin Constant, como o uso do poder real para propiciar o equilíbrio entre os poderes, evitando a concentração de força no executivo, no Brasil ele se instituiu como um quarto poder.[44]

Por sua vez, a instituição conservadora do Senado, concebida de modo a reforçar os poderes imperiais, manteve-se idêntica nas formulações do projeto e da Carta: Senado vitalício, de indicação em lista tríplice por parte do imperador. Já o Conselho de Estado foi criação da nova Carta: composto por dez elementos de indicação imperial, vitalício, a sua consulta pelo imperador era obrigatória, "em todos os negócios graves e medidas gerais de pública administração" – em que se enfatizavam as relações externas – e "em todas as ocasiões em que o imperador se proponha exercer qualquer das atribuições próprias do Poder Moderador"[45], com exceção da nomeação e demissão de ministros. Durante o Primeiro Reinado (1822-1831), a grande maioria das decisões imperiais baseou-se nas resoluções desse organismo,

---

[43] Armitage, *História do Brasil...*, cit., p. 88.
[44] Cecilia Helena Lorenzini de Salles Oliveira, "A carta de 1824 e o poder do monarca: memórias e controvérsias em torno da construção do governo constitucional no Brasil", in: M. Berbel & C.H.L.S. Oliveira (orgs.), *A experiência constitucional de Cádis: Espanha, Portugal e Brasil*. São Paulo: Alameda: 2012, pp. 219-250.
[45] Carta de Lei de 25 de Março de 1824. Manda observar a Constituição Política do Império, disponível em https://www2.camara.leg.br/legin/fed/consti/1824-1899/constituicao-35041-25-marco-1824-532540-norma-pl.html. Acesso em 19/04/2022.

pautando-se a discussão dos conselheiros pelos preceitos constitucionais, o que contradiz as avaliações de ter ele constituído um instrumento absolutista.[46]

A grande inovação da Carta de 1824 disse respeito à criação do Conselho Geral de Província. Significativamente incluído no Título IV, "Do poder legislativo", compunha-se ele, nas províncias mais populosas, de até vinte e um membros, eleitos pelos mesmos critérios dos deputados gerais. Embora sem autonomia decisória, que ficava restrita à Câmara baixa, os conselhos gerais eram constitucionalmente instados a "propor, discutir e deliberar sobre os negócios mais interessantes das suas províncias [...] formando projetos peculiares e acomodados às suas localidades e urgências" (art.81).[47] Atribuíram-se assim a esses organismos funções que podem ser consideradas um embrião do poder legislativo provincial, a ser devidamente acionado pelas respectivas elites políticas.[48]

Socialmente, o projeto da Constituinte previa a criação de "estabelecimentos para a catequese e civilização dos índios, emancipação lenta dos negros e sua educação religiosa e industrial", o que pode ter ecoado as propostas de José Bonifácio. O tópico estava abrangido no título XIII do projeto, que contemplava, em seis artigos, "a instrução pública, estabelecimentos de caridade, casas de correção e trabalho".[49] Em outro artigo, reconheciam-se "os contratos entre os senhores e os escravos", devendo o governo vigiar "sobre a sua manutenção"; por sua vez, na Carta de lei de 20 de outubro, uma das funções atribuídas

---

[46] João Victor Caetano Alves, *O Conselho de Estado e o princípio da divisão de poderes (1828-1834)*. Franca: FCHS-UNESP, 2008 (mestrado).

[47] Carta de Lei de 25 de Março de 1824..., Título 3º., Cap. V: Dos Conselhos Gerais de Província e suas atribuições.

[48] Marisa Saenz Leme, "Dinâmicas centrípetas e centrífugas na formação do Estado monárquico no Brasil: o papel do Conselho Geral da Província de São Paulo", *Revista Brasileira de História*, v. 28, n. 55, 2008, p. 198.

[49] República dos Estados Unidos do Brasil, "Projeto de Constituição para o Império do Brasil", em *Constituições do Brasil acompanhadas das emendas constitucionais e projetos,* Rio de Janeiro: Imprensa Nacional, 1948, pp. 5-19.

ao Conselho de Presidência foi a de "facilitar a lenta emancipação dos escravos". Temáticas essas não incluídas na Carta de 1824, que silenciou sobre a escravidão.

Em ambos os textos – em que se estipularam votações censitárias em dois graus para os cargos eletivos – os libertos, desde que nascidos no Brasil, poderiam votar em primeiro grau, mas ficavam impedidos de fazê-lo no segundo, mesmo que tivessem renda para tanto; somente para os ingênuos, ou seja, aqueles nascidos de pais libertos, não havia restrições.

Assim como no projeto da Constituinte, a Constituição de 1824 instituía o catolicismo como religião de Estado, o que redundou na incorporação do Padroado vigente na Colônia, em que, por concessão papal, a Igreja se subordinava à administração da Coroa, a qual arrecadava e distribuía os dízimos, indicava os ocupantes dos diferentes níveis dos cargos eclesiásticos e se responsabilizava pela construção e manutenção das igrejas. Por sua vez, embora estipulando que não poderia haver perseguição por motivos religiosos, as demais religiões só eram permitidas em "culto doméstico ou particular".

Mas renovou-se amplamente a instituição da nobreza, vinda do período anterior. Além da perda da hereditariedade automática, acabaram-se os privilégios que lhe eram concedidos. Diversamente utilizada por Pedro I, na prática, o critério do mérito foi-se impondo na concessão das titulações.[50] Durante o Primeiro Reinado fundaram-se seis ordens imperiais.

Os anos autoritários

A dissolução da Constituinte e a outorga da Carta Magna produziram forte descontentamento nas províncias do atual Nordeste e,

---

[50] Marina Garcia de Oliveira, *Entre nobres lusitanos e titulados brasileiros: práticas, políticas e significados dos títulos nobiliárquicos entre o Período Joanino e o alvorecer do Segundo Reinado*. São Paulo: FFLCH-USP, 2013 (mestrado), pp. 76-146.

também, do Norte. No Nordeste, eclodiu em 1824 a Confederação do Equador, movimento revolucionário que, partindo de Pernambuco, se estendeu para o Ceará, o Rio Grande do Norte e a Paraíba, encontrando ainda eco em algumas vilas do Maranhão e no próprio governo paraense.[51] Tinha por objetivo o estabelecimento de uma república confederativa, abrangendo, com exceção da Bahia, as províncias do então Norte.

No Recife, logo após a dissolução da Constituinte, Frei Caneca fundou o jornal *Typhis Pernambucano* (25-12-1823 a 12-08-1824), condenando o acontecimento e expondo as concepções de Estado que norteavam o segmento político a que pertencia, progressivamente se desenvolvendo em direção à ruptura com o Império. Em seis de junho de 1824, a Carta Magna foi recusada em solenidade da Câmara do Recife, em que o carmelita, na qualidade de membro do corpo literário da cidade, apresentou memorável voto contra o seu juramento. Menos de um mês depois, em dois de julho, deflagrava-se a revolução.

O estopim do movimento decorreu, contudo, da indicação do presidente de província por parte do imperador, que insistia em manter o nome de Paes Barreto[52], representante da aristocracia rural do sul da província, enquanto o Conselho de Presidência insistia na indicação de Pais de Andrade[53], ligado ao mundo urbano-comercial. Eleito

---

[51] Marcelo Cheche Galves, "Os 'republicanos' do Maranhão: Independência, Confederação do Equador e a construção do Estado Imperial", in: M. C. Galves e Y. Costa (orgs.), *O Maranhão oitocentista,* 2ª. ed. rev. e ampl., São Luís: Café & Lápis; Editora da UEMA, 2015, pp. 21-52; Machado, *A quebra da mola real...,* cit., pp. 175-285.

[52] Francisco Paes Barreto (Cabo, PE, mai. 1779 – set.1848) Militar, Morgado do Cabo de Santo Agostinho. Participante da Revolução de 1817 e das lutas pela independência, assumiu tendência política conservadora e fez parte das juntas que se seguiram à deposição do radical Gervásio Pires, em julho de 1822. Atuou na repressão da Confederação do Equador.

[53] Manuel de Carvalho Pais de Andrade (Pernambuco, dez. 1774 – Rio de Janeiro, jun. 1855). Revolucionário de 1817, foi para os Estados Unidos após o malogro do movimento, voltando ao Brasil em 1823. Durante as Regências, foi

de acordo com a nova lei de organização dos poderes provinciais, esse conselho reuniu-se quase que cotidianamente, desde o início de janeiro, dedicando-se, em boa parte, antes da eclosão do conflito, a tomar medidas de caráter bélico, como a organização dos corpos de milícias. Ao mesmo tempo, articulavam-se as relações de resistência com as outras províncias.[54]

Após dois meses de governo revolucionário, tomadas Recife e Olinda pelas forças imperiais em meados de setembro, a capitulação total do Exército da Confederação se deu no interior do Ceará, em 29 de novembro de 1824. Para a repressão da Confederação do Equador, o Império contou mais uma vez com as forças mercenárias, que atuaram por mar e incrementaram as tropas do Exército dirigido pelo Brigadeiro Lima e Silva.[55] Seguiu-se violenta repressão, com a formação de comissão militar, sediada no Recife, que julgou as lideranças do movimento, parte delas condenada à morte, como foi o caso de Frei Caneca.

O clima repressivo se fazia sentir em todo o país, entre outros fatores, com a imprensa amordaçada. Apesar disso, ainda em 1824 realizaram-se as eleições para a Câmara dos Deputados e Senado, elegendo-se muitos liberais-moderados para a Câmara baixa. Pedro I relutava, contudo, em abrir o Parlamento, o que só ocorreu em maio de 1826. Nesse ínterim, o executivo imperial obteve o reconhecimento da independência do Brasil por parte de Portugal, realizou a

---

novamente presidente da província de Pernambuco, seguindo depois carreira política como deputado e senador.

[54] *Atas do Conselho do Governo de Pernambuco,* Assembleia Legislativa de Pernambuco, Recife: 1997, v. I.; Glacyra Lazzari Leite, *Pernambuco 1824: a Confederação do Equador.* Recife: Fundação Joaquim Nabuco/Editora Massangana, 1989, p. 136.

[55] Francisco de Lima e Silva (Rio de Janeiro, jul. 1785 – dez. 1853). De família de militares, foi presidente da província de Pernambuco na sequência da derrota da Confederação do Equador; escolhido senador em 1827, fez parte das Regências Trinas, Provisória e Permanente, que se formaram na sequência da Abdicação.

contratação do primeiro empréstimo externo brasileiro, e deu início à guerra chamada, pelo lado brasileiro, da "Cisplatina".

As longas negociações para o reconhecimento da Independência do Brasil por Portugal foram mediadas pela Grã-Bretanha, chegando-se à elaboração do Tratado de Paz e Amizade entre os dois países, assinado no Rio de Janeiro, em 29 de agosto de 1825, com o diplomata Charles Stuart representando Portugal, enquanto plenipotenciário de João VI. Além da discussão sobre a forma do reconhecimento, foi fundamental nas negociações a definição do valor que o Brasil deveria pagar para o "ressarcimento" das perdas portuguesas, finalmente estipulado em dois milhões de libras.[56] Como já havia sido contratado em agosto de 1824 um empréstimo de três milhões de libras em Londres – justificado em função das despesas com as guerras internas – a nova dívida ampliou a dependência financeira do Brasil em relação a Londres. Ademais, Stuart tinha como um dos focos centrais da sua missão no Rio de Janeiro garantir as bases políticas para a renovação do tratado de comércio que João VI havia assinado em 1810, ainda como príncipe regente, assegurando grandes vantagens comerciais à Grã-Bretanha.

Com o reconhecimento da Independência, as províncias do Norte, Maranhão e Pará, integraram-se para valer ao Império do Brasil. Por sua vez, as províncias em que havia vingado a Confederação do Equador, embora com os seus conselhos de presidência em funcionamento, achavam-se sob o controle militar do Rio de Janeiro. Na parte mais meridional do império, contudo, iniciavam-se os movimentos que levariam à perda da Cisplatina, denominação apodada à Banda Oriental do Rio da Prata e que, ocupada durante o governo de João VI no Rio de Janeiro, havia sido incorporada ao Brasil no processo de Independência. No segundo semestre de 1825, segmentos "orientais" que não aceitavam a incorporação ao Brasil, política e materialmente apoiados por Buenos Aires, proclamaram a independência da região.

---

[56] Olga Pantaleão, "Mediação inglesa", in: Sérgio Buarque de Holanda (dir.). *O Brasil Monárquico, v. I: O processo de emancipação*. 6ª. ed., Rio de Janeiro: DIFEL, 1988, pp. 331-365.

Em 10 de dezembro de 1825 o Brasil declarou formalmente guerra às Províncias Unidas do Prata, a que a Banda Oriental – futuro Uruguai – havia se reincorporado.[57]

A reabertura parlamentar e o progressivo embate com o Executivo

A delongada abertura do Parlamento, em três de maio de 1826, marcou, na feliz caracterização de Pereira da Silva[58], o início da segunda fase do governo de Pedro I, em que o direcionamento autoritário que se impusera no transcorrer dos primeiros anos do império foi substituído por um outro que, de modo progressivo, tornou-se hegemonicamente liberal, em que pesassem os intentos autoritários por parte do imperador e de seus ministros.

Constituindo o Senado uma câmara conservadora, que tendencialmente reforçava os poderes executivos, foi a partir da Câmara baixa que se desenrolou forte embate com o Executivo, no sentido da implementação dos preceitos liberal-constitucionais. Tratava-se de um fórum politicamente heterogêneo, abrangendo correntes difíceis de determinar com precisão, num amplo espectro de concepções sobre o Estado liberal, desde as mais conservadoras e centralizadas no Executivo, grandemente denominadas áulicas, a outras que incorporavam diferentes níveis de descentralização e com foco no legislativo, por vezes referidas apenas como liberais.

Comandado grandemente pelos grupos considerados liberal-moderados – que muitas vezes conseguiam maioria de votação nessa Câmara de composição política matizada – esse embate foi corroborado pela discussão apresentada na imprensa, que passou a

---

[57] Para uma ampla discussão da temática, veja-se: João Paulo Pimenta, *Estado e nação no fim dos impérios ibéricos no Prata* (1808-1828). São Paulo: FAPESP/Hucitec, 2002.

[58] João Manuel Pereira da Silva, *Segundo período do Reinado de D. Pedro I no Brasil: narrativa histórica*. Rio de Janeiro: Garnier, 1875.

se desenvolver de modo crítico, com o progressivo relaxamento da censura. Enfatize-se, porém, que se visava à organização do ministério, na figura dos ministros, pois se poupava a figura do imperador, assim como se preservara a figura do regente, no período da Independência.

Ainda que com relativa timidez, devido ao receio de um novo fechamento do Parlamento, a oposição ao Executivo já se manifestou na Câmara dos Deputados no primeiro ano da primeira legislatura, explicitando-se e intensificando-se a partir de 1827. Criticavam-se as medidas tomadas pelo imperador na ausência do Parlamento, como a contratação do empréstimo em Londres e várias cláusulas do tratado de reconhecimento da Independência. Observe-se que, antes da abertura do Parlamento, visando agradar aos "brasileiros", Pedro I já havia abdicado da coroa portuguesa, que também lhe fora atribuída no tratado, em nome de sua primogênita, Maria da Glória, então com sete anos de idade.

Na avaliação do embate entre ambos os poderes, é fundamental observar que o fortalecimento do Legislativo perante o Executivo não se traduziu em transformação social. Desse modo, a Câmara obstou à aprovação do acordo para a extinção do tráfico negreiro, assinado pelo imperador durante o recesso parlamentar, em novembro de 1826, renovando o comprometimento que, desde 1808, fora-se progressivamente assumindo, no governo do então regente, futuro João VI. Censurado o acordo por ter sido feito sem consulta à Câmara e por implicar em capitulação à interferência estrangeira, os deputados conseguiram atenuar as penas previstas e, em defesa do que consideravam a soberania nacional, impedir que os contraventores fossem julgados em tribunal internacional.[59]

Desde o início da primeira legislatura, a guerra chamada "da Cisplatina" foi decisiva para o relacionamento entre os poderes de Estado. Inicialmente apoiado na imprensa considerada áulica, o

---

[59] Beatriz Gallotti Mamigoniam, "A proibição do tráfico Atlântico e a manutenção da escravidão", em Keila Grinberg e Ricardo Salles, (orgs.) *O Brasil Imperial*, v. I – 1808-1831. Rio de Janeiro: Civilização Brasileira, 2009, pp. 220-223.

conflito rapidamente se tornou altamente impopular, reverberando intensamente na Câmara dos deputados. Observe-se que não se tratava de uma simples "herança" dos tempos do governo de João VI, pois eram diferentes os objetivos do Império Brasileiro em relação à região, importando para Pedro I não a simples expansão, mas a defesa da honra monárquica e a demonstração de força, quer no plano externo, num momento de reconhecimento do Império, quer no interno, agitado pelas questões provinciais.[60]

Insistindo o imperador no prolongamento do conflito e recorrendo à contratação de mercenários para tanto – medida acirradamente combatida na Câmara e na imprensa liberal-moderada – as chagas da guerra ficaram abertamente expostas na revolta dos mercenários alemães e irlandeses ocorrida no Rio de Janeiro, em junho de 1828. Contatados na Europa por intermédio de agenciadores, os estrangeiros eram iludidos, trazidos como colonos, para serem, de fato, encaminhados para o Exército e, em menor escala, para a Marinha. Dada a inquietação com o não cumprimento das promessas feitas no exterior, com a má recepção popular e os maus tratos sofridos, explodiu a revolta, espalhando-se por parte da cidade durante cinco dias.[61] Em agosto desse mesmo ano, por intermédio de mediação britânica, celebrou-se o acordo de paz entre Brasil e o governo de Buenos Aires, pondo fim à Guerra da Cisplatina e formando-se, com sede em Montevidéu, a República do Uruguai.

Com o desgaste da Guerra da Cisplatina, enfraquecera-se, simultaneamente ao fortalecimento do Legislativo, a relação do imperador com boa parte das elites que o haviam sustentado desde a Independência e, também, ainda que com reservas e objeções, acatado o fechamento da Constituinte e a promulgação da Carta Magna. Com o objetivo

---

[60] Aline Pinto Pereira, *A monarquia constitucional representativa e o lócus da soberania no Primeiro Reinado: Executivo versus Legislativo no contexto da Guerra da Cisplatina e da formação do Estado no Brasil*. Niterói: Instituto de Ciências Humanas e Filosofia-UFF, 2012 (tese), p. 95.

[61] Pereira da Silva, *Segundo período do Reinado...*, cit., pp. 286-291.

de tentar recompor-se nessas alianças, em fins de 1827, Pedro I tinha montado, inovadoramente, um ministério com base em quadros extraídos da Câmara baixa, contando com três influentes deputados da oposição parlamentar: o natural de Pernambuco, Pedro de Araújo Lima para a pasta do Império; o de Minas Gerais, Lúcio Teixeira de Gouveia, para a da Justiça, e o da Bahia, Miguel Calmon du Pin de Almeida, para a da Fazenda. Todos os três nascidos em fins do século XVIII e formados em direito pela Universidade de Coimbra, faziam parte de uma geração de jovens políticos, tendo os dois primeiros participado das Cortes de Lisboa e da Constituinte do Brasil.[62]

Embora contestada pelo líder oposicionista Bernardo Pereira de Vasconcellos[63], a montagem desse ministério contou inicialmente com o apoio de parte significativa da imprensa liberal-moderada. Mas tendo logo passado por modificações, com os seus membros substituídos por outros quadros parlamentares liberal-moderados, as dissenções com a atuação desse gabinete foram progressivamente se apresentando na Câmara e na imprensa, entrando os deputados-ministros em claro conflito com a oposição liberal.[64] Dessa forma, a solução parlamentar não propiciou a almejada integração entre os poderes, observando-se, até a abdicação de Pedro I em 1831, a intensificação do conflito entre Câmara e gabinetes ministeriais.

---

[62] J.V.C. Alves, *A Câmara na Coroa: ascensão e queda do Gabinete de novembro de 1827*. São Paulo: Ed. da UNESP, 2013, pp. 49-55.

[63] Bernardo Pereira de Vasconcellos (Vila Rica, ago. 1795 – Rio de Janeiro, mai. 1850), era filho de uma influente família de juriscosultos e advogados, atuantes em Portugal e Minas Gerais. Formou-se em direito em Coimbra. Com atuação "obscura" na magistratura, na sequência de sua volta de Portugal, em 1820, projetou-se na Câmara dos deputados após a sua eleição por Minas Gerais, em 1824, o que se deu "sem dúvida graças à influência da família em Ouro Preto". Continuamente reeleito, a partir de 1838 tornou-se senador; foi conselheiro de Estado, ocupando ainda cargos ministeriais, nas Regências, além de cargos exercidos no governo mineiro.

[64] Para a análise da atuação desse gabinete, veja-se: Alves, *A Câmara na Coroa...*, cit.

O clima de oposição ao governo de Pedro I havia se intensificado significativamente com a realização das eleições para a segunda legislatura, que, embora a se iniciar apenas em maio de 1830, ocorreram no recesso parlamentar de fins de 1828. Os resultados desse pleito favoreceram largamente a oposição liberal, apesar das interferências de Pedro I, que, entre outros fatores, havia trocado mais da metade dos presidentes de província, a fim de que influíssem a seu favor nos pleitos locais.

A Câmara dos deputados se renovou então em mais de dois terços, a favor da oposição, com a inclusão de novos elementos, vindos dos segmentos liberal-moderados, e com o retorno de "homens que foram expoentes na luta entre D. Pedro I e a Assembleia Constituinte, como José Martiniano de Alencar e Venâncio Henriques de Resende" e, embora não Constituinte de 1823, Gervásio Pires Ferreira, líder "radical" pernambucano do início do 1º Reinado.[65] Desse modo, enfraqueceu-se muito a participação na Câmara baixa daqueles favoráveis ao Executivo.

Por sua vez, ao se renovarem duas vagas do Senado vitalício, um dos escolhidos foi o destacado liberal Campos Vergueiro, ocupando a vaga do conservador marquês de Sabará, membro do Conselho de Estado que elaborara a Constituição de 1824. De especial importância foi a atuação do liberal no sentido da aproximação entre as duas casas[66], num contexto em que a oposição liberal insistia na aplicação do artigo 61 da Constituição, prevendo a reunião das duas Câmaras, com poder deliberativo, no caso de "a Câmara dos Deputados não aprovar as emendas, ou adições do Senado, ou vice-versa, e, todavia, a Câmara recusante julgar que o projeto é vantajoso".[67]

---

[65] Vantuil Pereira, *Ao soberano congresso: direitos do cidadão na formação do Estado imperial (1822-1831)*. São Paulo: Alameda, 2010. pp. 216-217.

[66] Marina Garcia de Oliveira, "A composição do Senado no Império do Brasil: eleições, nomeações e nobilitações", *Histórica*, São Paulo: n. 63, ano 11, abril de 2015, p. 69.

[67] Carta de Lei de 25 de Março de 1824..., Título 3º., Capítulo IV, Da Proposição, Discussão, Sanção, e Promulgação das Leis.

Esse sucesso eleitoral propiciou maior ousadia para os parlamentares que se opunham ao governo, bem como à imprensa que assim se colocava. Mas, sinal dos tempos: simultaneamente ao próprio fortalecimento, a oposição temia um retrocesso político-institucional, em razão dos autoritários procedimentos governamentais então verificados.

Tendo por pretexto um obscuro movimento iniciado em bairro da periferia do Recife, denominado "Levante dos Afogados", suspenderam-se no início de 1829 as garantias constitucionais em Pernambuco, criando-se uma comissão militar, com amplos poderes decisórios para atuar na província.[68] Logo depois, criou-se comissão militar também no Rio Grande do Sul, para se averiguar o desempenho da província durante Guerra da Cisplatina. As medidas repressivas provocaram grande insatisfação nas províncias afetadas, manifestando-se formalmente o Conselho Geral da Província do Rio Grande do Sul a respeito.[69]

Considerando-se ter havido exacerbação da autoridade ministerial em face de situações às quais se poderiam aplicar as normas regulares, chegou-se a propor, na Câmara, que o ministro da Guerra, Oliveira Álvares[70], fosse por isso julgado criminalmente. Embora, após caloroso debate, a incriminação do ministro tenha sido negada pela Câmara, a

---

[68] Na oportunidade, populares teriam se reunido para depois seguirem em direção ao interior, com a pretensão de formarem um governo revolucionário, possivelmente republicano. Estima-se que teriam reunido de 80 a 100 pessoas. Amaro Quintas, "O Nordeste, 1825-1850", in: Sérgio Buarque de Holanda (dir.), *O Brasil Monárquico*, v. II, *Dispersão e Unidade,* São Paulo: Difel, 1985, p. 197.

[69] Acervo do Memorial do Legislativo do Rio Grande do Sul – MLRS. Fundo CGP (1828-1834), Subfundo LEG – Documentos Legislativos. Série CON – Documentos do Conselho. Subsérie *Propostas*.

[70] Joaquim de Oliveira Álvares (ilha da Madeira, nov. 1776 – Paris, 1835). Militar, formado em filosofia e matemática pela Universidade de Coimbra, veio para o Brasil em 1804; apoiador da autonomia brasileira, foi nomeado ministro da guerra em fevereiro de 1822, logo após a retirada das tropas de Avilez do Rio de Janeiro; retirando-se do cargo em julho daquele ano, voltou ao ministério em julho de 1828.

vitória do governo se deu por estreita margem de votos e o ministro foi posteriormente demitido pelo imperador. O que provocou regozijo entre os liberais-moderados. Por sua vez, o Executivo sofreu fragorosa derrota na decisão da Câmara dos deputados de extinguir o Banco do Brasil.

No plano provincial, na sequência da elaboração pela Câmara do regimento para o seu funcionamento, os conselhos gerais instalaram-se nas províncias no transcorrer de 1828. Muito incentivados pelos liberais, a sua atuação também trouxe elementos de contestação política ao governo central. Suas propostas eram endereçadas diretamente à Câmara.[71]

Paralelamente à contraposição entre as propostas governamentais e os posicionamentos da Câmara dos deputados, a impopularidade do que ainda restava do ministério parlamentar se devia à participação de elementos de origem portuguesa, destacando-se nesse sentido a figura do deputado José Clemente Pereira[72], antigo liberal radical atuante no Rio de Janeiro que, em meados de 1828, substituíra Araújo Lima no cargo-chave de ministro do Império.

Em fins de 1829, configurava-se um clima de muita apreensão nos grupos liberais, com grande temor de retrocesso político: "[...] atribuía-se a Clemente Pereira a conservação da tropa estrangeira, a nomeação de portugueses de princípios anticonstitucionais aos

---

[71] Para a atuação desses conselhos, veja-se, entre outros: Carlos Eduardo Ferreira França de Oliveira, *Construtores do Império, defensores da província: São Paulo e Minas Gerais na formação do estado nacional e os poderes locais, 1823-1834*. Porto Alegre: EDIPURCS, 2017.

[72] José Clemente Pereira (Trancoso, Portugal, fev. 1787 – Rio de Janeiro, mar. 1854). Formado em direito em Coimbra, fez parte da resistência anglo-lusa às forças napoleônicas. Vindo posteriormente para o Brasil, ocupou altos cargos na magistratura. Como juiz de fora e presidente do Senado da Câmara do Rio de Janeiro, teve papel fundamental na articulação do "Fico" e, também, na propugnação da Constituinte. Sucessivamente reeleito para a Câmara dos deputados, tornou-se senador no início da Maioridade de Pedro II, tendo ainda exercido importantes cargos executivos no Segundo Reinado.

empregos públicos"⁷³, suspeitando-se, ainda, de coalização com o gabinete secreto do imperador, dominado pelo conselheiro particular de Pedro I, Francisco Gomes da Silva, cognominado o "Chalaça", figura muito temida nos meios políticos e que atuava a favor do chamado "partido português", contra os liberais. A ele se atribuía naquele momento uma maquinação absolutista.

Os protestos liberais levaram Pedro I a demitir o gabinete comandado por Clemente Pereira, formando outro exclusivamente com brasileiros natos. O novo ministério, de tendência liberal-conservadora, tomou algumas medidas acauteladoras. De um lado, removeu os "corcundas"⁷⁴ do entorno do imperador; de modo muito significativo, o "Chalaça" foi afastado, ainda que contra os desejos de Pedro I. Por sua vez, ordenou-se o procedimento da devassa, em Pernambuco, da sociedade secreta autodenominada Coluna do Trono e do Altar, considerada absolutista.

Mas esse gabinete pouco durou na sua forma original, voltando-se à instabilidade política. O modo pelo qual ele foi modificado pelo imperador evidenciou a crise de governabilidade. O titular da pasta da Fazenda, Caldeira Brant, marquês de Barbacena⁷⁵ (odiado pelo Chalaça), foi sumariamente demitido por Pedro I, em outubro de 1830, o que levou ao pedido de demissão dos titulares das pastas do Império, José Joaquim Carneiro de Campos, marquês de Caravelas;

---

⁷³ J. Armitage, *História do Brasil...*, p. 198.

⁷⁴ Inicialmente designando aqueles contrários à Revolução do Porto de 1820, o apelido foi depois dado aos defensores das Cortes de Lisboa contra a autonomia/independência do Brasil e, durante o Primeiro Reinado, aos que se curvavam perante Pedro I e os interesses "portugueses".

⁷⁵ Felisberto Caldeira Brant Pontes de Oliveira Horta (Mariana, set. 1772 – Rio de Janeiro, jun.1841). Militar, formado em Lisboa pelo Colégio dos Nobres e pela Academia da Marinha, ocupou altos cargos de governo. Constituinte de 1823, reprovou a dissolução da Assembleia, mas foi depois designado para negociar o empréstimo obtido pelo governo brasileiro em Londres. Membro do Conselho de Estado e senador desde 1826, teve importante papel diplomático no Primeiro Reinado.

e das Relações Exteriores, Miguel Calmon.⁷⁶ Os elementos indicados para a reposição dessas pastas, de importância nevrálgica, teriam sido "homens desconhecidos, e quase nulos".⁷⁷ Os atritos do Parlamento com o Executivo marcaram até o fim o governo de Pedro I. Destacou-se, nesse âmbito, a insatisfação dos liberais de diversos matizes com a presença de elementos "portugueses", implicando essa designação não necessariamente todos os nascidos em Portugal, mas sim aquela parte próxima ao Imperador que fazia um jogo considerado contrário aos interesses do Brasil.

Enfatize-se que a Câmara formada na primeira legislatura, embora com uma composição mais equilibrada entre as correntes oposicionistas e aquelas favoráveis ao Executivo, já infligira pesadas derrotas a esse poder. Assumindo a nova Câmara em maio de 1830, o desenrolar dos trabalhos foi decisivo para a imposição legislativa, com a vitória da oposição parlamentar em quesitos básicos para a implementação constitucional.

Assim como na época da Constituinte, era forte a participação popular nas galerias e grande o envio de petições endereçadas ao Legislativo. Originado no Antigo Regime, o mecanismo peticionário foi constitucionalmente reapropriado, podendo ser dirigido ao Executivo ou ao Parlamento. Mas foi a Câmara dos Deputados – parcialmente identificada como poder superior aos demais – o foco privilegiado da sua utilização: grande parte das petições solicitavam a sua intermediação para resolver demandas junto aos demais poderes, principalmente, ao Judiciário.⁷⁸

---

[76] Miguel Calmon du Pin de Almeida (Santo Amaro, out. 1796 – Rio de Janeiro, set. 1865). Formado em leis em Coimbra, foi deputado à Constituinte pela Bahia. No Primeiro Reinado, foi ministro da fazenda, em 1827, e dos negócios estrangeiros, em 1829. Teve grande projeção no Segundo Reinado. Senador pelo Ceará em 1840 e nomeado para o Conselho de Estado em 1843, ocupou novamente as pastas da fazenda e dos negócios estrangeiros. Entre outras instituições, foi membro do IHGB e presidente da Imperial Academia de Música.

[77] Pereira da Silva, *Segundo período do Reinado...*, cit., p. 418.

[78] Pereira, *Ao soberano congresso...*, cit., pp. 225-321.

Por sua vez, afora as rebeliões de escravos, que ocorriam não apenas na Bahia, onde eram mais intensas, mas também em outras províncias, manifestava-se a insatisfação da população livre e dos militares. No convulsionado quadro político que se configurou a partir de 1829, a imprensa liberal-moderada ampliou seus espaços com o surgimento de novos jornais, ao mesmo tempo em que os posicionamentos considerados liberal-radicais se apresentaram com eloquência, dado o aparecimento de novos periódicos nessa dimensão.

O desgaste do monarca na sua aliança com as elites políticas brasileiras evidenciou-se ainda mais com o fracasso da sua viagem a Minas Gerais, em janeiro de 1831, em busca de apoio político.[79] Num quadro de aguçado antilusitanismo, a sua recepção ao voltar para o Rio de Janeiro, por parte de elementos portugueses, aguçou especialmente o intenso atrito político com os seus opositores. O desgaste do imperador se manifestava em múltiplas dimensões, como nas comemorações da Revolução Francesa de 1830, e nos protestos pelo assassinato, em São Paulo, do jornalista italiano Líbero Badaró, que se imputava ao seu ativismo oposicionista.

Pedro I abdicou do trono brasileiro em sete de abril de 1831. Dono de um forte temperamento, tivera um escandaloso comportamento matrimonial, expondo publicamente seu relacionamento com Domitila de Castro Canto e Melo, pertencente a tradicional família paulista, elevada a marquesa de Santos em doze de outubro de 1826, dia do aniversário do imperador. Após o falecimento de sua primeira consorte, Maria Leopoldina, arquiduquesa da Áustria, dois meses após a titulação da marquesa de Santos, casou-se apenas em meados de 1829, por procuração, com Amélia de Leuchtenberg. O enlace resultou de difícil negociação nas cortes europeias, conduzida pelo marquês de Barbacena, para obter nova consorte a um imperador

---

[79] Fernanda Cláudia Pandolfi, "A viagem de D. Pedro I a Minas Gerais em 1831: embates políticos na formação da monarquia constitucional no Brasil", *Revista Brasileira de História*, v. 36, n. 71, 2016, pp. 35-55.

desgastado na sua imagem matrimonial.[80] Pedro I deixou no Brasil o seu filho herdeiro do trono, o futuro Pedro II, então com cinco anos de idade, designando a José Bonifácio de Andrada e Silva para seu tutor. Voltando a Portugal, foi vitorioso na luta contra o absolutismo reimplantado pelo seu irmão, Miguel I. Faleceu em vinte e quatro de setembro de 1834, aos 36 anos de idade.

O enfrentamento financeiro, a constitucionalidade dos impostos e dos recrutamentos

Durante o governo Pedro I, a afirmação do Poder Legislativo teve um dos seus focos centrais nas temáticas financeiras e militares. Se, de um lado, parte dos posicionamentos assumidos na Câmara poderia decorrer meramente da polarização com o Executivo, de outro, tratava-se da efetivação dos dispositivos constitucionais. Dessa forma, a oposição liberal bateu-se continuamente pela implementação dos dispositivos da Carta de 1824, assegurando à Câmara as inciativas a serem tomadas em relação aos impostos e aos recrutamentos, bem como a obrigatoriedade de votação orçamentária anual, numa disputa com os parlamentares "áulicos" e os ministérios, que tratavam das medidas fiscais e militares como se fossem atribuições específicas do Executivo.

No campo financeiro, impunha-se a discussão a respeito da dívida nacional, externa e interna. No tocante ao plano interno, focava-se a situação do Banco do Brasil, que acumulava diversas contradições no seu desempenho, articulando características privadas e estatais, num quadro de escassez de circulação monetária e de crédito, em que se recorria à emissão da moeda de cobre, na busca de se lastrear

---

[80] Octavio Tarquínio de Sousa, *História dos Fundadores do Império do Brasil*. v. III, *A vida de D. Pedro I*, t. 2. Rio de Janeiro: José Olympio, 1957, pp. 675-680 e 710-716.

o papel-moeda emitido.⁸¹ Eram duas as alternativas colocadas: ou a reforma do banco, defendida por "parlamentares da situação" e apresentada em proposta do ministro da Fazenda do que ainda restava do "ministério parlamentar", Miguel Calmon du Pin de Almeida; ou a sua extinção, proposta vencedora, propugnada pela oposição.⁸²

Divergem os historiadores a respeito da procedência dessa decisão, no sentido do que teria sido mais benéfico para o país, no plano estritamente econômico. Ressaltando a dimensão política da temática, Gambi avaliou que nessa decisão "predominara a racionalidade política sobre a econômica", tendo-se logo depois se retomado a discussão, "tanto na Câmara dos Deputados como no Senado", para se organizar "um novo banco de Estado" [...]".⁸³ Para Pandiá Calógeras, favorável à reorganização do banco, semelhante solução ter-se-ia tornado impossível, diante do clima de animosidade em relação à instituição, gerado na Assembleia pelos deputados.⁸⁴ Pois se tratou de um acérrimo embate entre os poderes, do qual o Legislativo, na figura da Câmara baixa, saiu vitorioso.

Se a extinção do Banco do Brasil pode ser imputada à polarização oposicionista, já na questão dos impostos e dos recrutamentos tratava-se de se fazer cumprir o dispositivo constitucional a respeito. Diferentemente dos posicionamentos de teor confederativo que haviam se apresentado na Constituinte, a oposição liberal no Primeiro

---

⁸¹ Dorival Teixeira Vieira, "Política financeira – O primeiro Banco do Brasil", in: S. B. de Holanda (org.), *O Brasil Monárquico*, v. I, *O processo de emancipação*, pp. 100-118 ; Thiago Fontelas Rosado Gambi, *O banco da ordem: política e finanças no Império brasileiro (1853-1866)*. São Paulo: Alameda, 2015, pp. 38-39; Para a discussão parlamentar dessa questão, veja-se: Alves, *A Câmara na Coroa...*, cit., pp. 71-128.

⁸² Lei de 23 de setembro de 1829. Sobre a extinção do Banco do Brasil e mais disposições a ele tendentes, disponível em https://www2.camara.leg.br/legin/fed/lei_sn/1824-1899/lei-38033-23-setembro-1829-565776-publicacaooriginal-89502-pl.html. Acesso em 19/04/2022.

⁸³ Gambi, *O banco da ordem...*, cit., p. 65.

⁸⁴ *A política monetária do Brasil*. São Paulo: Companhia Editora Nacional, 1960, p. 45.

Reinado concordava com a cobrança regular de impostos por parte do governo central – configurando o apoio à soberania fiscal do Estado – e reconhecia, também, a sua legitimidade em relação ao monopólio da violência. A contestação se direcionava ao desempenho ministerial, por não atender ao dispositivo da Carta de 1824 a respeito das deliberações financeiras e militares.[85]

Polêmica surgida desde o início da primeira legislatura, os ministros insistiam, na prática, em deterem o controle dos impostos e do orçamento. Embora constantemente cobrados pela Comissão de Fazenda da Câmara, muitas vezes convocados a comparecerem em plenário para esclarecimentos, eles atrasavam o envio das informações e relatórios necessários para o trabalho orçamentário, encerrando-se o ano legislativo sem nada resolvido a respeito. Eludiam assim o que demandava o artigo 172 da Constituição, dispondo que o

> "Ministro de Estado da Fazenda, havendo recebido dos outros Ministros os orçamentos relativos às despesas das suas repartições, apresentará na Câmara dos Deputados, anualmente, logo que esta estiver reunida, um Balanço geral da receita e despesa do Tesouro Nacional, do ano antecedente e igualmente o orçamento geral de todas as despesas públicas do ano futuro e da importância de todas as contribuições, e rendas públicas".[86]

Era contínua a discordância sobre o cálculo da receita e despesa, entre os ministros da Fazenda e os deputados. Os primeiros estipulavam a receita abaixo do que os deputados avaliavam constituir a realidade das entradas financeiras do governo e subiam o cálculo das despesas, apresentando *déficits* considerados escandalosos. A defesa

---

[85] Para a apreciação dessa temática, veja-se: Marisa Saenz Leme, *Monopólios fiscal e da violência nos projetos de estado no Brasil independente: um contraponto entre imprensa "liberal-radical" e "liberal-moderada"*. Franca: Faculdade de Ciências Humanas e Sociais-UNESP, 2020 (livre-docência).

[86] Carta de Lei de 25 de Março de 1824..., Título 7.º, Capítulo III, Da Fazenda Nacional.

da lei do orçamento implicava diretamente no controle das ações do ministério, evitando-se a "ladroeira" que, na imprensa, imputava-se a esse campo.

Por sua vez, arrastavam-se as decisões do Senado a respeito das propostas orçamentárias da Câmara, num contexto em que a disputa entre ambas as casas legislativas marcou significativamente a política do Primeiro Reinado, dada a tendência da Câmara alta em apoiar o Executivo.[87] Registre-se que, embora fosse possível legislar sobre cada tributo específico, enquanto não se aprovasse o orçamento, seria impossível realizar a necessária reforma do sistema fiscal, questão pendente desde a Constituinte. Permanecia assim o sistema geral vindo da época de João VI.[88]

Temática continuamente apresentada na imprensa liberal, a campanha jornalística para o cumprimento dos dispositivos constitucionais intensificou-se a partir da instalação da nova legislatura, em maio de 1830. Enfatizavam-se as assertivas sobre ter apenas o Parlamento legitimidade para "estipular as finanças do país", insistindo-se na formulação liberal de que o "princípio constitucional da anuidade de impostos" era "princípio vital do Sistema Representativo".[89] Apresentou-se no *Farol Paulistano* formulação fulcral sobre a questão do orçamento, no embate entre ambos os poderes: "a Câmara não tem à sua disposição nem armas nem soldados, nem espécie alguma de força física, a sua arma é o consentimento anual dos impostos".[90]

Ainda no ano de 1829, no encerramento da primeira legislatura, dada a discordância da Comissão da Fazenda quanto às propostas ministeriais a respeito do cálculo da receita e da destinação de recursos às forças de mar e terra, trataram os ministros de "demorar

---

[87] Para uma avaliação dessas disputas, veja-se: Pereira, *Ao soberano congresso...*, cit., pp. 157-169.

[88] Adalton Franciozo Diniz, *Centralização política e apropriação da riqueza: análise das finanças do Império brasileiro (1821-1889)*. São Paulo: FFLCH-USP, 2002 (tese), pp. 62-67.

[89] *Aurora Fluminense*, n. 435, 10/01/1831.

[90] Reproduzido na *Aurora Fluminense*, n. 409, 8/11/1830.

o orçamento, de modo a que a Câmara o não concluísse em tempo".[91] Situação que se repetiu no encerramento da reunião legislativa ordinária de 1830. Mas, naquele momento, a questão tomou novo rumo: dados os impasses que ocorriam entre Câmara, Senado e Ministério, impedindo a aprovação de leis sobre importantes matérias, entre elas o orçamento, o imperador propôs a continuidade do expediente, na própria sessão de encerramento da sessão legislativa de 1830.

Nos quatro anos de funcionamento do Parlamento, foi essa a segunda vez que o imperador recorreu à convocação extraordinária da Câmara. Na oportunidade, declarou Pedro I seu incômodo por ter chegado ao fim a reunião ordinária, sem que "tivessem sido expedidos alguns atos que a constituição do Império exige, e que eu havia recomendado e que a nação toda esperava do patriotismo dos seus representantes".[92] Ao parabenizar a iniciativa, o deputado Bernardo Pereira de Vasconcellos articulava a questão orçamentária à concretização do Estado liberal:

> "A Câmara dos Deputados [...] suspira ansiosa por este ato indispensável para o exercício das suas augustas funções [...] E bem que medidas da mais alta transcendência fossem ultimadas na sessão que findou [...] ela viu com a mais profunda mágoa que *a primeira das leis,* aquela sem a qual o governo representativo não é mais que uma quimera, *a que fixa as despesas públicas,* e para elas habilita o governo com os meios necessários, não foi concluída a despeito dos seus porfiados esforços".[93]

Na fala da sessão de abertura da reunião estendida, Pedro I destacava como urgentes a conclusão da lei do orçamento, a fixação das forças navais e terrestres, a organização de um banco nacional

---

[91] Pereira da Silva, *Segundo período do reinado...,* cit., p. 386.
[92] Sessão Imperial do encerramento da Assembleia Geral Legislativa, em três de setembro de 1830. *Anais...,* Sessão de 1830, Tomo II.
[93] Segunda sessão preparatória de seis de setembro de 1830, *Anais...,* Sessão de 1830, Tomo II, p. 481. Grifos meus.

e a confecção do código penal. Embora sem a mesma ênfase, mas sinalizando a importância da vida política provincial, afirmou ainda o imperador que esperava "ver tomadas na consideração que merecem, as representações e propostas mais interessantes dos conselhos gerais das Províncias".[94]

Contudo, ainda em novembro de 1830 permanecia o impasse orçamentário, com o projeto da Câmara parado, sofrendo diversas emendas em apreciação no Senado. Apresentavam-se de modo constante na imprensa afirmações de que, sem o consentimento da Câmara, sem "Lei do Orçamento", o povo não precisaria pagar impostos, implicando em resistência civil, na medida em que não se cumprissem os preceitos constitucionais.

Nesse contexto, no segundo mês da reunião extraordinária, por insistência da Câmara, aplicou-se o artigo 61 da Constituição e fundiram-se as duas casas parlamentares, entre os dias dezessete e vinte de novembro de 1830. Nessas sessões, caíram as emendas do Senado à proposta orçamentária da Câmara e, ao se encerrar o primeiro ano da segunda legislatura, em 30 de novembro de 1830, haviam sido aprovados, entre outros projetos, o Código Criminal e o primeiro orçamento geral do império. Obrigavam-se por sua vez os ministros a apresentarem seus relatórios financeiros até quinze de maio de cada ano, o que possibilitaria à Câmara obter os dados necessários para a devida elaboração orçamentária anual.

A vitória liberal-moderada significou a "realização de fundamental importância para o ideário da racionalização e estabilidade, segundo a receita dos novos Estados liberais".[95] Sob diversas óticas conceituada na sua legitimidade, a soberania fiscal do Estado se consolidava mediante a sua dimensão legislativa. O que correspondia às formulações clássicas da instituição do Estado liberal, no seu equilíbrio entre os três poderes, conforme as proposituras dos *Federalist Papers* e dos

---

[94] Sessão de oito de setembro de 1830. *Anais...*, Sessão de 1830, p. 479.
[95] Slemian, *Sob o império das leis...*, cit., p. 193.

Principes de Politique de Benjamin Constant. De acordo com Tobias Monteiro,

> "no dia em que se reuniram as assembleias com a missão de votar os impostos e até marcar os limites da despesa, os príncipes ficaram privados do instrumento principal da administração [...] ficava em suas mãos o poder de fortalecer ou enfraquecer o governo, conforme o considerassem ou não em harmonia com o interesse nacional. Agora a coroa dependia da Assembleia para ter dinheiro e para ter soldados, e as leis que os concediam passaram a chamar-se leis de meios, meios de governar".[96]

Para Wilma Peres Costa, nos debates parlamentares realizados entre 1828 e 1831 sobre o orçamento, percebe-se a "importância da questão fiscal no aguçamento da crise política que conduziria à Abdicação".[97]

Da mesma forma que em relação aos impostos, a oposição liberal foi vitoriosa em fazer cumprir os dispositivos constitucionais no que se refere aos recrutamentos e à proibição da contratação de mercenários. Negando-se os ministros da guerra a se submeterem às diretrizes da Câmara, decidiam por conta própria tanto a admissão de mercenários como o montante dos recrutamentos a serem feitos. Também constantemente chamados a se explicitarem perante a Assembleia, propunham números bastante superiores aos pretendidos pelos liberais-moderados, que, embora legitimassem a existência de forças armadas subordinadas ao Executivo, concebiam-nas com efetivos bastante reduzidos.

Do lado da oposição, afirmava-se haver um grande desperdício financeiro com um efetivo militar considerado desnecessariamente alto, desviando-se, para tanto, verbas a serem aplicadas na educação,

---

[96] Monteiro, *O Primeiro Reinado...*, cit., pp. 183-184.
[97] "Finanças e Construção do Estado: fontes para o estudo da história tributária do Brasil no século XIX", *America Latina en la Historia Económica*, v. 15, n. 13/14 (2000), p. 55.

em estradas e outras áreas da atuação governamental. Cabe assinalar, contudo, uma dimensão retórica dessa argumentação, havendo um grande descompasso entre os totais estipulados e o que de fato se conseguia obter. Pois, de um lado, as regras do recrutamento isentavam boa parte dos homens em idade legal para tanto; de outro, fugiam e se escondiam nas matas aqueles efetivamente objeto da ação recrutadora.[98] A questão dos efetivos militares consistiu assim um embate sobre determinações legais, com uma meta quimericamente mantida durante o Primeiro Reinado, enquanto a Assembleia não conseguisse transformá-la legalmente, como o fez, no final do período, em que o montante de 30.000 efetivos solicitados pelo ministro da Guerra diminuiu para 12.000; para menos da metade, portanto.[99]

Fragilizadas durante o processo de Independência, com a retirada dos efetivos "portugueses" em face da recusa do príncipe em voltar para Portugal, as forças armadas brasileiras assim permaneceram durante o Primeiro Reinado. Na perspectiva da oposição, a par da manutenção de um Exército e de uma Marinha com um efetivo reduzido, mas profissional e de elevado nível, valorizava-se grandemente a reorganização das forças milicianas. O que implicava em poupar a força humana empregada na agropecuária e, também, nas atividades urbanas. Posicionamentos esses que, vitoriosos, marcaram o que se avalia como a desvalorização da dimensão militar na sociedade imperial brasileira ao longo dos anos.

---

[98] Fábio Faria Mendes, "Encargos, privilégios e direitos: o recrutamento militar no Brasil nos séculos XVIII e XIX", in: Celso Castro et alii (orgs.), *Nova história militar brasileira*. Rio de Janeiro: Ed. da Fundação Getúlio Vargas /Bom Texto, 2004, pp. 111-137.

[99] João Batista Magalhães, *A evolução militar do Brasil*. Rio de Janeiro: Biblioteca do Exército, 2001, pp. 260-262; Neill Macaulay, *Dom Pedro I: a luta pela liberdade no Brasil e em Portugal, 1798-1834*. Rio de Janeiro: Record, 1993, p. 238.

A elaboração legislativa

A atuação do Legislativo no Primeiro Reinado foi altamente produtiva para a estruturação jurídico-institucional do Estado monárquico brasileiro. Na realização de um programa de reformas liberais[100], logo se apresentaram, no início da primeira legislatura, as temáticas que então galvanizaram o debate político-legislativo: a naturalização dos estrangeiros, a responsabilidade dos ministros, a organização da justiça, as atribuições das Câmaras municipais, a liberdade de imprensa; tratou-se ainda da educação fundamental e superior.

Os debates travados e as decisões tomadas na Câmara baixa revelam uma multiplicidade de posicionamentos políticos, dissolvendo construções rígidas sobre alinhamentos entre "oposição" e "governistas" e possibilitando a rediscussão das classificações esquematicamente estabelecidas como liberal-radicais, liberal-moderadas ou áulicas/conservadoras. Tratava-se de um momento histórico em que "a própria consolidação do sistema parlamentar foi um fator de inovação, e esta se fundou em um discurso novo, em uma nova realidade que surgia"[101].

A *reestruturação* judiciária do novo Estado-nação impôs-se como tarefa central para os novos legisladores. Preexistindo um sistema desenvolvido sob a centralização absolutista, a vivência colonial da administração judiciária – morosa e arbitrária – identificou-se com a figura do magistrado de carreira. Nesse quadro, no ímpeto liberal que assomava a Câmara dos Deputados, adquiriram grande atratividade

---

[100] Para o relato e avaliação desse processo, vejam-se: Armitage, *História do Brasil*..., cit.; Pereira da Silva, *Segundo período do Reinado*..., cit.; Monteiro, *História do Império*..., cit.; Pedro Octávio Carneiro da Cunha, "A fundação de um Império liberal: primeiro reinado, reação e revolução", in: S. B. de Holanda (org.), *O Brasil Monárquico*, v. I..., cit., pp. 379-404; G. S. Ribeiro e V. Pereira, "O Primeiro Reinado em revisão", in: Keila Grinberg e Ricardo Salles, *O Brasil Imperial v. 1, 1808-1831*. Rio de Janeiro: Civilização Brasileira, 2009, pp. 137-173; Slemian, *Sob o império das leis*..., cit.

[101] Ribeiro & Pereira, "O Primeiro Reinado"..., cit., p. 317.

as propostas de descentralização e desburocratização da justiça, desmontando-se o papel central do magistrado de carreira em prol da instituição do Juiz de Paz, que seria eleito localmente, independentemente da sua formação profissional, com amplos poderes na administração judiciária.[102] Visão que prevaleceu, não apenas em relação aos áulicos, que advogavam a centralização, mas também em face da argumentação de alguns moderados, que se mostravam cautelosos quanto às condições da descentralização judiciária, num país como o Brasil, diferente das nações europeias que então experimentavam a novidade. Simultaneamente, criou-se o júri popular.[103]

Já em sentido contrário à descentralização judiciária, as câmaras municipais perderam sua autonomia, ficando subordinadas aos conselhos de governo provinciais.[104] Reafirmava-se dessa maneira a esfera do poder regional em construção, desarticulando-se uma estrutura colonial em que eram as câmaras, e não o governador ou capitão geral, que detinham efetiva legitimidade. Desenvolveram então os conselhos uma ação normativa, instituindo procedimentos comuns para o funcionamento das câmaras, a que as essas relutavam em se submeter, multiplicando-se as querelas cotidianas, algumas a se estenderem por meses.

De modo fundamental para o campo judiciário, havia que se refazer a caracterização da criminalidade. A concepção do que seria crime, em moldes liberais, numa sociedade recém-saída do absolutismo, provocou sérios impasses, também nos grupos oposicionistas. O Código Criminal só foi aprovado no final do Primeiro Reinado e, ainda assim, em separado do Código do Processo Penal. Excluíram-se

---

[102] Thomas Flory, *El juez de paz y el jurado en el Brasil imperial.* Mexico, D.F.: Fondo de Cultura, 1986.

[103] Lei de 15 de outubro de 1827. Cria em cada uma das freguesias e das capelas curadas um Juiz de Paz e suplente. *Coleção das Leis...*

[104] Lei de 1º. de outubro de 1828. Dá nova forma às Câmaras Municipais, marca suas atribuições, e o processo para a sua eleição e dos Juízes de Paz – https://www2.camara.leg.br/legin/fed/lei_sn/1824-1899/lei-38281-1-outubro-1828-566368-norma-pl.html

da detalhada caracterização criminal anterior comportamentos como a concubinagem e outras dimensões de ordem moral, e muito se atenuou o que seria classificado como crime político; a pena de morte, contudo, embora eliminada para a grande maioria das situações a que se aplicara no Antigo Regime, foi mantida para os casos de "homicídios com circunstâncias agravantes" e para os cabeças de insurreições de escravos.[105] Dessa forma, constitucionalmente ignorada, a escravidão irrompeu no Código Criminal. Por sua vez, a Câmara eximiu-se da discussão do Código Civil.

Especificamente, havia também que caracterizar os crimes de imprensa, num contexto em que a censura típica do Antigo Regime havia sido abolida com a Revolução do Porto de 1820, sucedendo-se contudo decretos que a estabeleciam em novos moldes; no governo do então príncipe Pedro, foi ela praticamente instituída em meados de 1822 e depois abolida, em agosto de 1827. A caracterização dos abusos à liberdade de imprensa constituía matéria propícia à grande ambiguidade, pois era preciso afirmar simultaneamente, conforme garantia constitucional, o direito de todo cidadão expressar os seus pensamentos e publicá-los pela imprensa, sem dependência de censura.

Na conceituação dos abusos, colocava-se em primeiro plano o ataque direto ao sistema monárquico representativo, ataque este considerado um dos piores crimes também por parcela dos deputados liberal-moderados, que propunham a aplicação de duras penas ao réu que o cometesse, pois estaria ele infringindo a lei fundamental do Estado. Mas não ficava claro, nos debates parlamentares e na imprensa, se esses ataques diziam respeito a propostas de retorno ao Antigo Regime, à formação de regimes republicanos, ou a meras

---

[105] Armitage, *História do Brasil...*, cit.; p. 205. Para o acompanhamento da discussão parlamentar, vejam-se: Andréa Slemian, "À nação independente, um novo ordenamento jurídico: a criação dos Códigos Criminal e do processo Penal na primeira década do Império do Brasil", in: G. S. Ribeiro (org.), *Brasileiros e cidadãos*, pp. 187-206; Vivian Chieregati Costa, *Codificação e formação do estado-nacional brasileiro: o Código Criminal de 1830 e a positivação das leis no pós-Independência*. São Paulo: IEB-USP, 2013 (mestrado).

críticas à ação do governo e do Parlamento, sem se colocar em dúvida o regime em si. Perdurando a discussão durante toda a primeira legislatura, a lei foi promulgada em 20 de setembro de 1830, com rigorosa especificação dos crimes e suas penas. Também se considerava crime o ataque à religião do Estado.[106] De modo controverso, o Código Criminal de 1830 atenuaria essas penalidades, em parte invalidando a lei publicada.[107]

No plano do equilíbrio dos poderes entre Legislativo e Executivo, a responsabilização judicial dos ministros pelos seus atos – um dos temas centrais na elaboração histórica das propostas liberal-moderadas europeias –[108] foi aprovada em outubro de 1827, após acalorado debate parlamentar, no qual, além dos áulicos, que consideravam a medida absolutamente desnecessária, dividiu-se ainda a oposição liberal, apresentando dois posicionamentos a respeito do assunto. Os elementos considerados mais incisivos das hostes liberais concebiam a abrangência da lei para todos os funcionários públicos, proposta insistentemente defendida por Vasconcellos. A proposta vencedora, também elaborada pela oposição liberal, foi a de se aplicar a lei apenas aos ministros, secretários e conselheiros de Estado, o que, no limite, também implicava em questionamentos ao uso do Poder Moderador.

Aparentemente mais radical, a responsabilização ampla dos funcionários perdia eficácia em face da questão que urgia naquele momento, o controle da ação ministerial. De acordo com os defensores da opção "parcial", já havia penas marcadas para os funcionários públicos em

---

[106] Lei de 20 de setembro de 1830. Sobre o abuso da liberdade da imprensa, disponível em https://www2.camara.leg.br/legin/fed/lei_sn/1824-1899/lei-37987-20-setembro-1830-565654-publicacaooriginal-89402-pl.html, acesso em 19/04/2022.

[107] Tassia Toffoli Nunes, *Liberdade de imprensa no Império brasileiro: os debates parlamentares (1820-1840)*. São Paulo: FFLCH-USP, 2010 (mestrado), p. 95.

[108] Aurelien Craiutu, *A Virtue for Courageous Minds: Moderation in French Political Thought, 1748-1830*. Princeton: 2012.

geral, menos para os ministros e conselheiros de Estado. Enviada a proposta da Câmara ao Senado, restringiram-se significativamente as razões para indiciamento e abrandaram-se as penas previstas; mas o princípio de se facultar à Câmara o poder de acusar os ministros, que seriam julgados pelo Judiciário, trouxe um importante impacto moral para a sua relação com o Executivo.[109]

Já nada se decidiu sobre a naturalização dos estrangeiros. Um dos poucos projetos vindos do Senado, nele se facilitava o acesso à cidadania brasileira e se concediam direitos políticos plenos aos naturalizados. O que foi intensamente combatido pela oposição, que defendia uma forte restrição a esse acesso, contrariamente ao espírito das teorias liberais a respeito, propensas a entendimentos mais abrangentes de cidadania. O que se explica pelo contexto então vivido, em que vigia a indisposição dos "brasileiros" com o governo "português" de Pedro I, constituindo, na realidade, os portugueses a grande maioria dos estrangeiros objeto da lei.[110]

Para além do campo político, foi possível avançar no plano educacional. De acordo com o dispositivo constitucional (parágrafo 32º., art. 179), instituindo a "instrução primária gratuita a todos os cidadãos", foi promulgada em outubro de 1827 a lei mandando "criar escolas de primeiras letras em todas as cidades, vilas e lugares mais populosos do Império". Fruto de discussão parlamentar em que se contrapuseram concepções iluministas progressistas e outras mais conservadoras, pode-se considerar que as primeiras tenham prevalecido. Embora mantido o ensino religioso, aboliu-se o castigo físico e criaram-se escolas de meninas nas "cidades e vilas mais populosas" o que, para as condições sociais da época, seria um facilitador do acesso

---

[109] Luís Henrique Junqueira de Almeida Rechdan, *Constituição e responsabilidade: a articulação de mecanismos para controlar os atos ministeriais pela Assembleia Geral Legislativa do Império do Brasil (1826-1829)*. São Paulo: FFLCH-USP, 2016 (tese), p. 116.

[110] Martha Victor Vieira, "Antilusitanismo, naturalização e disputas pelo poder no Primeiro Reinado", *Métis: história & cultura*, Caxias do Sul, v. 5, n. 10, 2006, pp. 87-99.

feminino à educação. O ensino deveria ser ministrado por professores escolhidos em exames profissionais, cabendo aos conselhos de presidência provinciais a condução do processo de criação, organização e acompanhamento do funcionamento das escolas de primeiro grau. Reforçava-se assim, também nessa dimensão, a legitimidade do poder provincial.[111]

Em relação ao ensino superior, aprovou-se, em 1827, a fundação dos cursos jurídicos de São Paulo e Olinda (em Pernambuco) e a faculdade de medicina da Bahia, mediante a transformação de instituição originada nos tempos do governo de João VI no Brasil. Mas, numa sociedade em que prevaleceu o bacharelismo[112], pouco estímulo tiveram o ensino técnico, os cursos de engenharia e as ciências exatas. Tampouco se avançou na questão das terras.

À guisa de um balanço: o Primeiro Reinado e a instituição do Estado liberal

Conquistada a independência num processo que teve na constitucionalidade seu eixo diretor, o Império Brasileiro fundou-se a partir de uma combinação entre dinâmicas constitucionais, bélicas e repressivas, buscando manter e simultaneamente recriar a unidade territorial da antiga América Portuguesa, com a adesão, espontânea ou forçada, das elites das diversas províncias à "causa do Brasil", representada no governo que se constituía no Rio de Janeiro.

Nesse quadro político, a repressão inicial à imprensa, a dissolução da Constituinte e a outorga de uma Constituição que, entre outros fatores, instaurava o Poder Moderador e o Senado vitalício – a par

---

[111] Lei de 15 de outubro de 1827. Manda criar escolas de primeiras letras em todas as cidades, vilas e lugares mais populosos do Império, disponível em https://www2.camara.leg.br/legin/fed/lei_sn/1824-1899/lei-38398-15-outubro-1827--566692-publicacaooriginal-90222-pl.html. Acesso em 19/04/2022.

[112] Sérgio Adorno, *Os aprendizes do poder: o bacharelismo liberal na política brasileira*. São Paulo: Paz e Terra, 1988.

da legislação sobre os governos provinciais, com o presidente de província indicado pelo imperador – foram aspectos intensamente ressaltados em análises que caracterizaram o período pela sua dimensão autoritária, avaliando-o, muitas vezes, como absolutista. Contudo, outra leitura do conjunto de disposições legais e ações práticas então desenvolvidas permite inverter essa qualificação, no sentido de caracterizar a fundação de um império liberal, no espectro de possibilidades então abertas para a instauração dos Estados liberais. Não se pode esquecer que se tratava de um liberalismo nascente, em que se experimentavam diversos modos de institucionalização do Estado, das concepções mais centralizadas, como as francesas, às federativas, como as estadunidenses.

No plano institucional, ainda que produto de uma ação de força, a Carta de 1824 inseriu-se claramente no campo liberal, fundamentalmente, dado o modo como nela se distribuíram as funções entre os poderes característicos do Estado nessa dimensão. O que, por sua vez, foi efetivamente implementado pela ação das elites políticas. Entre outros fatores, o modo como foi concebido o poder legislativo possibilitou às elites que se opunham à prática da centralização executiva um amplo campo de luta para a implementação dos dispositivos constitucionais; ao mesmo tempo, a censura à imprensa abrandou-se grandemente, possibilitando a fundação de diversos jornais – no Rio de Janeiro e nas províncias – articulados ao embate desenvolvido na Câmara baixa. Durante a segunda parte do Primeiro Reinado, alcançou-se uma considerável liberdade de imprensa, para os parâmetros internacionais da época.

Por outro lado, como parte fundamental dessa articulação entre dispositivos constitucionais e ação política das elites, a criação e funcionamento dos conselhos provinciais – de presidência e gerais – propiciou importante espaço de manifestação ao poder regional.

Na avaliação do Estado liberal instaurado no Primeiro Reinado, cabe analisar ainda a sua dimensão executiva. Muitas vezes caracterizada como absolutista, a atuação política de Pedro I remete na realidade aos precedentes estabelecidos por Napoleão Bonaparte – aliás, muito admirado pelo primeiro imperador do Brasil – no sentido histórico da imposição autoritária do Estado liberal.

Também é preciso desfazer a associação entre liberalismo pleno e maior justiça social, que, no caso brasileiro, tinha na escravidão sua questão central. A permanência da escravidão foi compatível com os posicionamentos que, em nome do liberalismo, se contrapunham às perspectivas ilustradas, centralizadoras, que visualizavam, ainda que em longo prazo, o seu fim. Contrariamente às avaliações que também por isso negaram o caráter liberal do Estado imperial brasileiro, observa-se historicamente que a implementação liberal se adequou à sociedade escravista, não apenas no Brasil, mas também numa república federativa, como a instituída nos Estados Unidos.

Para se caracterizar a natureza do Estado, entre as dimensões de Antigo Regime ou liberais, trata-se de avaliar o modo como ele se construiu, a distribuição e força dos poderes dele constituintes, e sua dinâmica societária, independentemente de questões relativas à justiça social. Como exposto, a ação política foi fundamental para a implementação de uma Constituição já por si liberal e para a montagem do arcabouço jurídico-institucional do novo Estado, com diretrizes não só claramente liberais, como também descentralizadas. Numa visão de conjunto, pode-se concluir que, durante o Primeiro Reinado, entre idas e vindas, a revolução da Independência do Brasil[113] concretizou-se em sua dimensão liberal, na instituição de uma nação que simultaneamente se formou nesse processo.

---

[113] João Paulo Pimenta, "A Independência do Brasil como uma revolução: história e atualidade de um tema clássico", *História da Historiografia,* n. 03, Ouro Preto: set./2009, p. 53-82.

CAPÍTULO 5

POVOS INDÍGENAS NA INDEPENDÊNCIA

Fernanda Sposito

Enquadrando os indígenas em telas e terras

Ao pensarmos sobre os povos indígenas durante o processo da independência do Brasil, algumas questões podem nos vir à mente. Um dos primeiros questionamentos seria sobre o impacto populacional que teriam estes coletivos no conjunto do Império do Brasil a partir de 1822. Estariam os indígenas incorporados à sociedade que se constituía como nacional, ou permaneciam isolados em relação aos "não-índios"? Afinal, onde viviam e quantos eram os indígenas? Percorrer estas informações nos ajudará a entender quais papéis teriam desempenhado estes povos nas lutas e acordos envolvendo a emancipação política do Brasil. Assim, neste capítulo analisaremos algumas das formas como os indígenas eram percebidos pelos outros, ao mesmo tempo em que discutiremos os meios através dos quais buscavam defender seus próprios interesses.

Falar sobre quantidade de indígenas no século XIX, especialmente no período da independência, é uma tarefa difícil. Isso porque naquela época ainda não havia, no Brasil, um método científico de contabilizar a população. O controle censitário do novo Estado herdou muito das práticas do período colonial, através dos agentes que circulavam pelas vilas, compondo as listas nominativas de habitantes, com a finalidade de saber quais seriam recrutados e pagariam impostos em cada província do Império.[1] Outros dados que poderiam ser usados para se aferir as populações das localidades eram os registros paroquiais, nos quais se tinha o controle de batismo e óbito das pessoas cristianizadas. Como parte dos indígenas eram forçados a se converter à fé católica, passavam também a ser computados nas vilas e cidades pelos padres e nas aldeias pelos missionários. No entanto, havia uma enorme parte das sociedades indígenas que não tinham contato com os colonizadores, vivendo isoladas e hostis em relação ao mundo ocidental. Este contingente não era possível de ser quantificado.

A primeira política demográfica oficial por parte do Império do Brasil só foi implantada em 1872. Antes disso, diversas autoridades ou viajantes estrangeiros indicaram alguns números bastante desiguais, o que demonstra a falta de real conhecimento sobre as populações do Império e seus territórios. Além disso, dois processos principais explicam o ocultamento dos dados sobre os indígenas ao longo do século XIX. O primeiro deles refere-se aos interesses dos nacionais, fossem os particulares ou o próprio poder público, em se apropriarem das terras das aldeias indígenas, especialmente daquelas que se localizavam nos entornos das vilas e cidades do Império. Os indígenas aldeados haviam sido incentivados a se miscigenarem com a população geral da colônia desde o século XVIII, fazendo com que estes mestiços fossem denominados de "pardos" e "caboclos", já que em sua aparência se assemelhavam a outros segmentos populacionais, pertencentes às populações livres e pobres e de afrodescendentes libertos. Embora houvesse elementos culturais compartilhados entre estes grupos, a tentativa de apagar suas identidades indígenas fazia parte do discurso dos não-indígenas, tanto para desqualificar suas características culturais, como para se apropriar de suas terras. Afinal, nos aldeamentos reputados como decadentes, que apresentavam população

---

[1] Tarcisio R. Botelho, "Censos e construção nacional no Brasil Imperial", *Tempo Social. Revista de Sociologia da USP*, v. 17, n° 1, junho de 2005, pp. 321-341.

diminuta, era mais fácil conseguir desapropriar suas terras e retirar o direito dos indígenas em ocupá-las. O segundo ponto refere-se às populações das matas, hostis e distantes aos "brancos". Ainda que alguns dos seus membros se dessem a conhecer, eles não poderiam fornecer números precisos aos seus interlocutores não-indígenas, já que não usavam os mesmos critérios para mensurar e quantificar as coisas no mundo.

Se hoje, passados cerca de dois séculos da independência do Brasil, há no país quase 900 mil indígenas, espalhados em todos os Estados da federação, pertencentes a cerca de 300 grupos étnicos distintos, podemos supor que havia muito mais indivíduos e sociedades indígenas no século XIX.[2] Passando por alguns números sobre aquele período, vemos que é difícil se basear em evidências confiáveis. Se formos usar a média dos números que se apresentaram, teríamos uma população de cerca de 650 mil indígenas.[3] Percebe-se que é um número subdimensionado, pois, além dos fatores levantados acima, os indígenas também foram alvo de inúmeras práticas de extermínio, guerras e doenças ao longo do século XIX.

Desta forma, os indígenas não passariam desapercebidos neste período e poderiam ser notados através de inúmeras formas. A vinda da família real portuguesa ao Brasil em 1808 foi um acontecimento

---

[2] Dados retirados do sítio da Fundação Nacional do Índio (FUNAI): < https://www.gov.br/funai/pt-br/atuacao/povos-indigenas/quem-sao> Acesso em 19 abr.. 2022.

[3] Em 1817, haveria 500 mil "índios bravos", 100 mil "domésticos" e a população total seria de 3 milhões e 300 mil, de acordo com Henry Hill. Em 1819, seriam 800 mil indígenas e a população total de 4 milhões e 400 mil, para o Conselheiro Velloso Oliveira). Em 1825, houve a estimativa de 1 milhão e 600 mil indígenas e a população total de 5 milhões, feita por Casado Giraldes. O último levantamento deste período, de 1827, apresentou 300 mil indígenas e a população total 3 milhões e 700 mil, conforme informou Joahann Moritz Rugendas. Joaquim Norberto de Souza e Silva, *Investigações sobre os recenseamentos da população geral do Império e de cada província de per si tentados desde os tempos coloniais até hoje*. São Paulo: Instituto de Pesquisas Econômicas, [1870] 1986.

de grande impacto. Dentre tantas consequências, houve o incentivo à presença de cientistas, artistas e viajantes europeus nestas terras. Alguns destes estrangeiros foram incumbidos pela própria corte para que atuassem no ensino e difusão das técnicas das chamadas "belas artes" (aquelas ligadas ao desenho: pintura, escultura e arquitetura) e os ofícios úteis, desdobrando-se na fundação da Academia Imperial de Belas Artes no Rio de Janeiro em 1826.[4] Além do papel de difusores das artes, estes viajantes europeus eram patrocinados para que conhecessem e descrevessem esta parte da América. Pintores como Jean-Baptiste Debret (1768-1848) e Johann Moritz Rugendas (1802-1858) retrataram pessoas e paisagens do Brasil século XIX em imagens que viraram icônicas. Até hoje são usadas como ilustração de materiais escolares no Brasil e em textos que versam sobre o período.[5]

Evidentemente que estas representações devem ser vistas e analisadas a partir de um entendimento crítico. Mesmo que seus autores buscassem retratar natureza e sociedade com a maior fidelidade possível ao real, suas obras são produzidas segundo determinada perspectiva, a serviço de um projeto. Em muitas das palavras e imagens produzidas por estes visitantes, o Brasil foi pintado como um lugar exótico, de selvageria, contrastando com os membros da

---

[4] Para entender o contexto, as negociações entre os artistas franceses e os políticos da Corte portuguesa no Brasil que levaram à fundação da Academia, ver Elaine Dias, *Paisagem e Academia. Félix-Émile Taunay e o Brasil (1824-1851)*. Campinas: Editora da Unicamp, 2009, pp. 37-58.

[5] Parte das obras produzidas por Rugendas e Debret sobre o Brasil podem ser acessadas e baixadas gratuitamente em sites de instituições brasileiras, com a Biblioteca Nacional, a Biblioteca Brasiliana Guita e José Mindlin e o Senado Federal. Joahnn Moritz Rugendas, *Viagem pitoresca ao Brasil*, Fac-símile de *Malerische reise in Brasilien*, Engelmann & Cie, Paris, 1835. Disponível em: <http://www2.senado.leg.br/bdsf/handle/id/227417> Jean-Baptiste Debret, *Voyage pittoresque et historique au Brésil*. Paris: Firmin Didot Frères, 1834. Disponível em <https://digital.bbm.usp.br/handle/bbm/3813> Acesso em 19 abr. 2022.

corte portuguesa no Brasil, que eram retratados com os faustos e as distinções da nobreza europeia da qual faziam parte. A intenção era justamente o enquadramento dos elementos desviantes, pois havia um mundo a ser dominado pelos princípios civilizacionais europeus, levando "a transformação da natureza em cultura, do índio ao governo independente".[6] Processo este sintetizado por Kirsten Schultz, ao analisar as transformações ocorridas no Rio de Janeiro para se transmutasse na nova sede da corte: "Não mais ser colônia significava abraçar um projeto colonial: civilizar."[7]

Nas figuras que trazemos neste capítulo vêm-se representadas a nudez e a rudeza indígenas. Na **IMAGEM 1**, de Rugendas e Adam, tem-se a reprodução de uma cena de batalha, ocorrendo uma guerra dos indígenas contra os homens "civilizados". Os brancos portavam armas de fogo e lanças, envolvendo-se em conflitos mortais com os indígenas sem vestes e armados de arcos e flechas. Na cena seguinte, de autoria de Debret, é como se tivesse havido um controle daquela ameaça: uma parte dos indígenas agora atuava como soldados, que iam às matas render os que ainda se mantinham irredutíveis (**IMAGEM 2**). Esta segunda gravura retrata mulheres e crianças capturadas, provavelmente porque os guerreiros daquela sociedade ou já tivessem sido mortos, ou estavam fora, em expedições de guerra.

---

[6] Iara Lis Schiavinatto, "Imagens no Brasil: entre a natureza e a história" en: István Jancsó, (dir.), *Brasil: Formação do Estado e da nação*. São Paulo: Hucitec/Fapesp/Ed. Unijuí, 2003, p. 619.

[7] Kirsten Schultz, "Perfeita civilização: a transferência da corte, a escravidão e o desejo de metropolizar uma capital colonial. Rio de Janeiro, 1808-1821", *Tempo*, v. 12, n. 24, 2008, p. 7.

E DEIXOU DE SER COLÔNIA

IMAGEM 1.
*Victor Adam, Guerrilhas (Johann Moritz Rugendas, Viagem pitoresca ao Brasil.
Fac-símile de Malerische reise in Brasilien, Engelmann & Cie, Paris, 1835,
3ª div. planche .)*[8]

---

[8] Na obra "Viagem Pitoresca ao Brasil" de Rugendas, publicada em Paris em 1835, as imagens foram gravadas em litografia por vários litógrafos a partir dos esboços e originais do autor. Esta imagem, em específico, foi desenhada pelo litógrafo francês Victor Adam (1801-1866). Celeste Zenha, "O Brasil de Rugendas nas edições populares ilustradas", *Topoi*, v. 3, n. 5, 2002, pp. 134-160.

IMAGEM 2.
Jean-Baptiste Debret/Charles Etienne Pierre Motte, Soldados índios da província de Curitiba, escoltando índios prisioneiros (Jean-Baptiste Debret, Voyage pittoresque et historique au Brésil... Firmin Didot Frères, Paris, 1834, p. 36, planche 20)[9]

Em síntese, vê-se nestas gravuras do Brasil no século XIX representações sobre a ameaça indígena e a necessidade dos brasileiros de se insurgirem contra aquelas sociedades. Esta postura combinava perfeitamente com outra medida adotada anteriormente pelo príncipe-regente João: as guerras contra alguns grupos indígenas que viviam em determinadas regiões do território, levadas adiante

---

[9] No caso desta obra de Debret, impressa em Paris em 1834, o litógrafo foi Charles Etienne Pierre Motte (1785-1836).

desde 1808. Isso se deu através das chamadas "guerras justas", um modelo de conflitos que tivera origem no período medieval e que foi reinventado durante a exploração ultramarina portuguesa na Época Moderna; no século XIX esse modelo aparecia como uma reedição de uma medida arcaica, já que tal prática havia sido abolida na colônia portuguesa a partir de 1757, com o "Diretório dos Índios". O fim das guerras justas praticadas contra os indígenas, a expulsão dos jesuítas e um processo gradual de transformação das aldeias indígenas em vilas fizeram parte destas políticas propagandeadas como modernizadoras de Sebastião José de Carvalho e Melo, o Marquês de Pombal, secretário de Estado dos Negócios Estrangeiros e da Guerra no reinado de José I. Em meio às transformações ocorridas com a transferência da corte para o Brasil, o príncipe João precisava demarcar o seu projeto civilizacional. As guerras contra os "selvagens" foram uma destas formas.[10]

Estas guerras tiveram como palco partes do território que eram consideravas estratégicas como rotas para a circulação de pessoas e mercadorias, visando desenvolver economicamente tais regiões, atendendo aos interesses do então Império português e, posteriormente, do Império do Brasil. Para isso, seria necessário retirar os indígenas que viviam naqueles locais e se mantinham resistentes à presença dos invasores. Através de diversas cartas-régias promulgadas entre 1808 e 1809 foram considerados "ferozes e sanguinários inimigos, sorvedores de sangue humano" os povos chamados "botocudos" que viviam nos limites entre os rios Doce e Mucuri, na divisa entre as então capitanias de Minas Gerais, Espírito Santo e Bahia, bem com os denominados "bugres", que habitavam o extremo Sudoeste da capitania de São Paulo, localizados nos campos de Curitiba e Guarapuava. Os ditames destas guerras eram que os indígenas que resistissem à presença dos luso-brasileiros seriam mortos ou escravizados (durante 10 anos em

---

[10] Vânia Maria Losada Moreira, *Espírito Santo indígena. Conquista, trabalho, territorialidade e autogoverno dos índios, 1798-1860*. Vitória: Arquivo Público do Estado do Espírito Santo, 2017, pp. 50-55.

Minas Gerais e 15 anos em São Paulo), pois teriam que aprender à força a aceitar e obedecer ao monarca.[11]

Ao mesmo tempo, esta política de caráter ofensivo também se dava com medidas de cooptação amistosa dos mesmos indígenas, através da instalação de quartéis e presídios na entrada das regiões mais hostis, na chamada "boca do sertão". Isso se deu especialmente com as Divisões Militares do Rio Doce, entre Minas Gerais e Espírito Santo em espaços onde as populações que antes viviam nos sertões eram atraídas para morar ali, passando a servir como guarda avançada contra os indígenas que se mantinham resistentes. Este processo, de certa maneira, é semelhante ao que foi apresentado no quadro de Debret (**IMAGEM 2**). Em São Paulo, nos campos de Curitiba e Guarapuava, avançavam as frentes de colonização, através de guerras e aldeamentos. Estes territórios, acrescidos de vasta área do Sudoeste paulista, seriam desmembrados para compor em 1853 a nova província do Paraná. Nos sertões daquele território foi implementado desde a década de 1810 um modelo de ocupação que satisfazia os interesses econômicos dos potentados locais, atrelando-os aos projetos civilizacionais do centro do Império português.[12]

Assim, "pacificam-se" os indígenas, reduzindo seus territórios, ou se apropriando destes. Os indígenas, caso não aceitassem a "pacificação", seriam mortos, justificadamente, como dizia a lei. Caso se tornassem "amigos", eram postos como trabalhadores, que prestariam serviços aos moradores que quisessem migrar para a região. Como aliados, trabalhariam para os particulares, sendo retirados dos

---

[11] Para ver os textos das leis, consultar Manuela Carneiro da Cunha (dir), *Legislação indigenista no século XIX: uma compilação: 1808-1889*. São Paulo: Editora da Universidade de São Paulo/Comissão Pró-Índio de São Paulo, 1992, pp. 57-74.

[12] Rosângela Ferreira Leite, *Nos limites da exclusão. Ocupação territorial, organização econômica e populações livres pobres (Guarapuava, 1808-1878)*. São Paulo: Alameda, 2010, pp. 31-91, Fernanda Sposito, *Nem cidadãos, nem brasileiros. Indígenas na formação do Estado nacional brasileiro e conflitos na província de São Paulo (1822-1845)*. São Paulo: Alameda, 2012, pp. 176-180.

aldeamentos, onde eram controlados pelas autoridades. Caso se declarassem inimigos, quando capturados, eram tornados escravos. Mesmo que fossem cativos temporários, sua liberdade não era concedida de maneira automática por parte dos senhores, que efetuavam diversos tipos de burla para mantê-los em cativeiro perpétuo. Com isso, por trás destas missões autoproclamadas civilizadoras, que eram implementadas através das armas, invariavelmente havia o interesse em se apropriar e explorar as terras e os caminhos onde viviam aqueles que eram classificados como "hordas selvagens".[13]

De certa maneira, as guerras justas de 1808-1809 contra os indígenas foram a reedição de um antagonismo construído pelos agentes públicos durante tempos remotos, que antepunha "povo civilizado" e "gentio selvagem". De acordo com Marco Morel, os atributos lançados aos indígenas pelos colonizadores e estrangeiros devem ser enquadrados a partir do olhar daquele que os observa, não podendo ser tomados como dados neutros. O cientista Wilhelm Ludwig von Eschwege, percorrendo em 1811 os territórios entre Minas Gerais, Espírito Santo e sul da Bahia, procurou fugir das armadilhas do discurso anti-indígena. Num interessante jogo de palavras, o germânico criticava as leis de guerra justa do príncipe João, que usavam a retórica da selvageria para justificar as iniquidades cometidas contra os indígenas. Sobre argumentos como os botocudos serem antropófagos, prática que jamais se comprovou entre aqueles povos, Eschwege afirmou: "até os Botocudos estão persuadidos que nós somos Botocudos e Antropófagos".[14]

Sendo uma herança colonial, um atraso para uma nação moderna, ou uma prática civilizacional condizente com aquele contexto modernizador, de todo modo as medidas do príncipe regente João não foram revogadas durante o processo da independência brasileira. Somente

---

[13] Izabel Missagia de Mattos, *Civilização e revolta. Os botocudos e a catequese na província de Minas Gerais*, Bauru/São Paulo: Edusc/Anpocs, 2004 p. 77.

[14] Marco Morel, *A saga dos botocudos. Guerra, imagens e resistência indígena*. São Paulo: Hucitec, 2018, p. 140.

na década seguinte, mais de vinte anos depois de sua promulgação, as guerras justas contra os indígenas do Brasil foram extintas. O movimento pelo seu fim partiu da então província de São Paulo, um dos locais para os quais as cartas régias haviam sido destinadas. Ali, a partir do final da década de 1820, indígenas e proprietários de terras do interior, onde ocorriam os conflitos, passaram a ter uma relação mais amistosa. Os indígenas, que muitas vezes apareciam armados, ameaçando os moradores e matando seu gado, passaram a se aproximar oferecendo presentes, como mel e cobertores. Em contrapartida, eram recebidos com tecidos, ferramentas e alimentos pelos fazendeiros. Assim, deixaram suas aldeias de origem e passaram a se instalar junto às fazendas.[15] Este movimento mobilizou o Conselho Geral da Província de São Paulo, que reivindicou ao Império que revogasse as cartas régias de 1808. Depois de alguns debates no Senado Federal, um projeto foi aprovado pelo governo e as guerras justas contra os indígenas foram finalmente abolidas em 1831.[16]

Nestas disputas entre os invasores e as populações indígenas, havia também um jogo de interesses externos, que definiriam se os indígenas seriam mortos, escravizados, ou transformados em trabalhadores livres. Como veremos mais à frente, diversos tipos de projetos poderiam ser implantados, dependendo dos interesses do capital e de como atuavam os grupos econômicos em cada uma das regiões do Império do Brasil. Setores como os escravistas estavam amplamente representados no Estado nacional que se construía no Brasil. Como bem lembrou István Jancsó, o Estado não paira por cima das classes, mas invariavelmente atua como um instrumento de dominação de uma das classes sobre as demais.[17] As revoluções que se iniciaram no século XVIII, culminando com os processos de independência das antigas áreas coloniais, abriam espaços para se pensar e lutar por novos papéis e arranjos sociais. Estas propostas se referiam também a

---

[15] Fernanda Sposito, *Nem cidadãos...*, cit., pp. 221-235.
[16] Idem, pp. 94-96.
[17] István Jancsó, "Este livro" in: *Brasil...*, cit., p. 28 .

outros segmentos populacionais, como os indígenas e os imigrantes, ambas soluções pensadas para responder às demandas locais por mão de obra no Império do Brasil, ao mesmo tempo como uma resposta à pressão britânica pelo fim do tráfico negreiro na primeira metade do século. A seguir, veremos como se deram as disputas para enquadrar os indígenas na sociedade nacional que se construía.

Os indígenas e o Brasil: entre os mitos de origem e as leis

Diversos movimentos políticos no contexto da independência do Brasil utilizaram-se de nomes e símbolos indígenas como uma alegoria para uma identidade brasileira que se afastasse da identificação com o universo português. Assim, personagens como Pedro I, o primeiro imperador do Brasil e José Bonifácio de Andrada e Silva, um dos principais articuladores da independência, utilizaram-se de codinomes e títulos indígenas. O imperador assumiu, na loja maçônica ao qual pertencia, o codinome Guatimozim, o último imperador asteca do México. Já Bonifácio deu ao seu jornal o nome "O Tamoio".[18] Isso não significava que estes líderes usassem tais canais para defenderem uma causa indígena. Tal demarcação semântica tinha a ver com as disputas de poder e um movimento antilusitano que emergiu neste contexto. Por isso até mesmo um português, legítimo herdeiro do trono, como Pedro I, poderia se transmutar, dentro de um determinado espaço, assumindo falsamente uma identidade ameríndia, o que demonstrava a fluidez que as identidades possuíam num momento de transformação revolucionária como este.[19]

---

[18] Robert Rowland, "A construção da identidade nacional no Brasil independente" in: I. Jancsó (dir.), *Brasil...*, cit., pp. 379-380.

[19] István Jancsó e João Paulo Pimenta, "Peças de um mosaico (apontamentos para o estudo da emergência da identidade nacional brasileira", *Revista de História das Ideias*, 21, 2000, pp. 389-440.

De fato, a associação dos indígenas ao que seria a nacionalidade brasileira é um assunto bastante caro à produção literária do século XIX. Esta relação foi construída através de um movimento literário que se utilizou de personagens e temáticas indígenas, denominado Indianismo, e esteve presente na pauta dos literatos a partir dos anos 1830. Havia uma idealização do indígena como um tipo mítico, que era lido naquele momento como o símbolo das origens do Brasil, num discurso de valorização que já ocorrera também no século XVIII. Assim, dentro da colonização, ao indígena caberia o papel de aliado. Se tivesse sido inimigo dos portugueses, a solução era que fosse morto, pois o importante era cantar a vitória da colonização. O discurso romântico indianista se aliava a um projeto de Estado que pretendia perpetuar esse modelo vitorioso de colonização, de subjugação dos povos indígenas no espaço que se tornava nacional.[20]

Neste sentido, as práticas indigenistas não podem ser dissociadas do discurso historiográfico e literário. As disputas entre os intelectuais no plano retórico eram também discordâncias sobre qual seria o melhor modo de tratar os indígenas no presente, em meio às disputas cotidianas. Assim, as distintas visões sobre os indígenas na história do Brasil denotavam diferentes projetos políticos dentro do Estado nacional brasileiro em relação às populações indígenas que viviam em seu território.[21] Na historiografia brasileira produzida durante o Império, havia duas posições principais a respeito da temática indígena. De um lado, os escritores indianistas que, em geral, recebiam guarida no Instituto Histórico e Geográfico Brasileiro (IHGB), fundando em 1838, e do imperador Pedro II; do outro lado, colocava-se Francisco de Adolfo Varnhagen, autor da *História Geral do Brasil*, publicada em 1854 (livro 1) e 1857 (livro 2).

---

[20] David Treece, *Exilados, aliados, rebeldes. O movimento indianista, a política indigenista e o Estado-nação imperial*. São Paulo: Nankin/Edusp, 2008, p. 14.

[21] Pedro Puntoni, "O Sr. Varnhagen e o patriotismo caboclo: o indígena e o indianismo perante a historiografia brasileira", in: I. Jancsó (org.). *Brasil...*, cit., pp. 333-375.

Varnhagen, que inicialmente aderira à pauta do Instituto, manifestando interesse pelas temáticas indígenas, logo mais passou a divergir dos colegas. Na perspectiva do autor da *História Geral*, os indianistas seriam hipócritas, pois a história que estava sendo escrita naquele momento não era uma história dos indígenas, ou sobre os indígenas, como os autores românticos diziam defender; era, ao contrário, a história do sucesso da civilização europeia sobre os "bárbaros".

Na introdução à primeira edição do segundo livro da *História Geral...*, Varnhagen pretendeu denunciar essa dita hipocrisia. A partir de um exercício hipotético, o autor afirmava que, caso coubesse a um indígena escrever sua versão dos fatos, esse seria o resultado:

> "a história da Conquista não teria que cansar-se muito para nos dizer que para ele tudo quanto haviam feito aos europeus fora violência, ilegitimidade, usurpação; e com o inscrever destas três palavras no frontispício de um livro em branco satisfaria a sua missão, sem rebuscar documentos nos arquivos inimigos; pois que lhe faltaria tempo para contar-nos a miséria, degradação e antropofagia dos seus. – Eis a história nacional se os índios do mato conquistassem todo o Brasil, e se este tivesse por chefe um Ambirê e por armar uma flecha índia espetando a caveira de um cristão".[22]

Neste trecho, Varnhagen reiterou uma visão presente no período, de que os indígenas não tinham participação na construção do Brasil, pois justamente o Império do Brasil era resultado do bem-sucedido e desejado massacre destes povos. Assim, o autor alardeava que não haveria espaço ao indígena na nova ordem, pois a história do Brasil era a história de sua conquista e extermínio e nisso residia não um problema, mas uma solução. As interpretações da história do Brasil estavam, portanto, completamente atreladas aos projetos que

---

[22] Francisco de Adolfo Varnhagen, "Discurso preliminar" in: _____. *História geral do Brasil*. Madrid: Impr. Viúva de Domínguez, 1857, livro 2, p. XXV, citado por Pedro Puntoni, "O Sr. Varnhagen...", p. 660 (grifos no original).

os intelectuais tinham em seu presente. Gonçalves de Magalhães, por exemplo, no poema "A Confederação dos Tamoios" (1856) mostrou um massacre indígena na conquista da região do Rio de Janeiro no século XVI, condenando as atrocidades cometidas pelos colonizadores escravistas. O autor, no século XIX, também estava se insurgindo contra a escravidão africana, predominante no Brasil, reverberando as pressões pelo seu fim e os receios de revoltas escravas por parte das elites brasileiras. Em seu poema, assim como para o Brasil de sua época, o autor defendia que a escravidão negra deveria ser gradualmente abolida e que os indígenas civilizados seriam uma solução para desenvolver o Brasil.[23] Voltaremos a falar sobre as questões envolvendo os indígenas e a escravidão africana mais à frente.

Apesar da posição de Varnhagen, pintando os indígenas com aspectos depreciativos, em parte de seus trabalhos não deixou de investigar a história e a etnologia desses povos, embora apresentando dados questionáveis do ponto de vista científico.[24] Diversos outros intelectuais projetavam a figura indígena como um fator de positividade para a composição da nacionalidade brasileira.[25] Obviamente que essa projeção era idealizada e distorcida em relação à realidade dos povos que viveram e viviam neste território. No espectro oposto, alguns pensadores, utilizando-se das concepções científicas da época, como o postulado de "degeneração da espécie", atribuíam aos indígenas que habitavam o Brasil um dos últimos lugares na escala de

---

[23] Danilo José Zioni Ferretti, " 'A Confederação dos Tamoios' como escrita da história nacional e da escravidão", *Revista História da Historiografia*, 17, abril 2015, pp. 171-191.

[24] Sobre a "fase indianista" de Varnhagen, podemos citar: "Memoria sobre a necessidade do estudo e ensino das linguas indigenas do Brazil", *Revista do Instituto Historico e Geographico do Brazil*, tomo 3, Rio de Janeiro: Typographia D. L. dos Santos, 1841, reimpressa em 1860, pp. 53-63. Ver-se Puntoni, "O Sr. Varnhagen...", cit.; e Sposito, *Nem cidadãos...*, cit., pp. 124-125.

[25] Juliana Saez Carvalho, *Varnhagen e Machado de Oliveira: o indígena na produção intelectual da revista do Instituto Histórico e Geográfico Brasileiro (1839-1850)*, Monografia de Conclusão de Curso. Escola de Filosofia, Letras e Ciências Humanas, Universidade Federal de São Paulo, Guarulhos: 2016, p. 52.

evolução das sociedades humanas.²⁶ Conforme foram se delineando os estudos pelos intelectuais do Império do Brasil na construção de uma "história nacional", os estudos sobre os indígenas acabavam por ficar relegados ao passado colonial, distantes no tempo. Deveriam ser estudados por etnógrafos, arqueólogos, linguistas, sendo encarados como uma parte da "história da natureza". Nas narrativas sobre o Brasil escritas ao longo do século XIX, os indígenas entravam nos capítulos iniciais, nas descrições da paisagem e da geografia da América, para depois desaparecerem e darem lugar à história da civilização e da colonização, protagonizada pelos europeus e seus descendentes.²⁷

Se dentro da construção da nacionalidade brasileira, havia uma apologia ao desaparecimento indígena, via extermínio, assimilação e miscigenação, como o Estado nacional lidou com as populações reais, cuja existência se chocava com este projeto nacional?

Num primeiro momento, os indígenas estavam excluídos do corpo da nação, se tomarmos por base os debates parlamentares da Assembleia Constituinte de 1823. Logo no primeiro capítulo do projeto de Constituição, quando se discutiu a respeito "dos membros da sociedade do Brasil", evidenciou-se a cisão existente na sociedade daquele período. Para os deputados constituintes, haveria os "brasileiros", que seriam aqueles nascidos no Brasil, ou que aderissem à causa de sua independência. Haveria também os "cidadãos", que seriam aqueles que possuíam "direitos cívicos". Os povos indígenas não se enquadrariam nem em uma, nem em outra condição. Para o deputado do Rio de Janeiro, Manoel José de Souza França, "os índios que vivem nos bosques não são brasileiros, enquanto não abraçam a nossa civilização".²⁸

---

²⁶ Jaqueline Lourenço, *Elementos indígenas na construção da identidade nacional brasileira (1750-1850)*. São Paulo: FFLCH-USP, 2016 (tese), p. 271.

²⁷ Kaori Kodama, *Os índios no Império do Brasil: a etnografia do IHGB entre as décadas de 1840 e 1860*. São Paulo/Rio de Janeiro: Edusp/Ed. Fiocruz, 2009, p. 181.

²⁸ *Anais do Parlamento Brazileiro. Assembléa Constituinte*, 1823. Tomo 5º. Rio de Janeiro: Typographia de H. J. Pinto, 1880, p. 211.

Entramos aqui num aspecto importante para entender a situação dos povos indígenas na nação brasileira da época. Não havia um critério de "coesão universal" que fizesse com que todos os habitantes do Brasil automaticamente fossem incorporados à nação que então se construía. Os indígenas, por muitas vezes estarem em guerra contra o Estado e aqueles que se naquele momento passaram a aderir à causa "nacional", eram considerados inimigos internos. Como mencionados pelo deputado acima, por não partilharem do mesmo universo cultural dos homens do Parlamento, não poderiam, portanto, ser considerados iguais a eles. Na verdade, esta distinção se aplicava a outros grupos sociais e étnicos que viviam neste território, como escravizados africanos, negros e pardos livres, mulheres, pobres, o que demarcava clivagens sociais baseadas em renda, origem étnica e gênero. No contexto das sociedades liberais do século XIX, o fim das distinções estamentais do Antigo Regime estava colocado através do princípio de igualdade. No entanto, esta igualdade estava assentada em direitos jurídicos num universo em que havia uma distinção entre "sociedade civil" e "sociedade política". Com isso, nem todos eram portadores dos mesmos direitos, como a cidadania.[29] Embora a presença indígena tenha sido debatida na Assembleia Constituinte, instalada no Brasil em 1823, tanto no projeto constitucional, como na carta constitucional que foi imposta pelo imperador Pedro I – a "Constituição Política do Império do Brasil" de 25 de Março de 1824 – os indígenas, assim como os escravos, não foram mencionados.[30] Como disse o deputado constituinte paulista Nicolau Vergueiro: "A Constituição não é feita para eles".[31]

---

[29] Ilmar Rohloff Mattos, *O Tempo Saquarema. A formação do Estado Imperial.* São Paulo: Hucitec/Minc, 1987, p. 109; Andréa Slemian, "Seriam todos cidadãos? Os impasses na construção da cidadania nos primórdios do constitucionalismo no Brasil (1823-1824)", in: I. Jancsó (dir.), *Independência: história e historiografia.* São Paulo: Fapesp/Hucitec, 2005, p. 830.
[30] Sposito, *Nem cidadãos...*, cit., pp. 23-40.
[31] *Anais do Parlamento...*, cit., p. 212.

Interessante, no entanto, perceber que, se no corpo da lei e segundo a concepção política dos dirigentes do Estado, não haveria espaço para estes povos na sociedade brasileira, diversos grupos e indivíduos indígenas lutavam por um papel distinto para si. Na província do Grão-Pará entre as décadas de 1820 e 1840 os indígenas se utilizavam dos princípios do liberalismo para não serem presos, nem obrigados a prestarem serviço aos particulares.[32] Com isso, insurgiam-se nas disputas entre os membros das câmaras das vilas, as autoridades provinciais e os particulares que desejavam continuar explorando o seu trabalho.[33]

O protagonismo indígena não foi exclusividade do Pará, uma região bastante distante em relação ao centro de poder no Rio de Janeiro. Naquela que era, em termos territoriais, a maior província do Império do Brasil, que até 1850 englobava as comarcas do Pará, Rio Negro e Marajó, a maioria da população era indígena e a mão de obra escravizada africana não era tão marcante quanto naquelas regiões inseridas diretamente na produção e comercialização de mercadorias mais lucrativas no circuito mundial. Até mesmo no Rio de Janeiro os indígenas que viviam em aldeias usavam das garantias de serem "índios aldeados" para reivindicarem a posse de terras que lhes foram legadas no período colonial, manejando sua ancestralidade.[34]

---

[32] André Roberto de Arruda Machado, "O Conselho Geral da Província do Pará e a definição da política indigenista no Império do Brasil (1829-31)", *Almanack*, 10, 2005, pp. 181-237; André Roberto de Arruda Machado, *A quebra da mola real das sociedades: a crise política do Antigo Regime Português na província do Grão-Pará (1821-25)*. São Paulo: Hucitec/Fapesp, 2010.

[33] Samuel Rocha Ferreira, *Trabalho compulsório indígena na província do Pará: 1826-1831*, Monografia de Conclusão de Curso, Escola de Filosofia, Letras e Ciências Humanas, Universidade Federal de São Paulo, Guarulhos: 2016, pp. 51-56.

[34] Maria Regina Celestino de Almeida, *Metamorfoses indígenas. Identidade e cultura nas aldeias coloniais do Rio de Janeiro*. Rio de Janeiro: Arquivo Nacional, 2003; Maria Regina Celestino de Almeida, "Reflexões sobre política indigenista e cultura política indígena no Rio de Janeiro oitocentista", *Revista USP*, 79, 2008.

Em outro extremo do território da América portuguesa, questões semelhantes envolvendo terras e mão de obra também se colocavam já desde os tempos coloniais. Na região da capitania do Rio Grande de São Pedro estavam localizadas as antigas missões jesuíticas, na divisa entre a América espanhola e portuguesa. Naquela região fronteiriça, de disputas territoriais, de maneira individual e coletivamente os indígenas usavam as contendas entre os impérios ibéricos para fazerem valer seus interesses. Do Império espanhol ao Império português, em meio aos litígios e barganhas por soberania, os grupos negociavam sua lealdade a uma ou outra coroa, buscando fazer valer, em seu benefício, os princípios de vassalagem e proteção régia.[35]

Assim, a despeito de não haver espaço para os indígenas nem como cidadãos, nem como brasileiros, as disputas abertas com a Independência mostravam que esta falta de espaço não era uma condição definitiva. Em inúmeros momentos os indígenas tentaram inverter esse princípio, inserindo-se nas lutas políticas. Ao analisarmos o recrutamento de indígenas em pleno Rio de Janeiro, na aldeia de Itaguaí, vê-se que a definição e a instrumentalização do conceito de cidadania ocorriam também fora dos espaços parlamentares. Isso porque os grupos sociais e étnicos se apropriavam dessa noção de cidadania, interpretando e negociando as leis em seu favor.[36]

Vânia Moreira acredita que, ao se formar o Estado nacional nas antigas áreas coloniais, ocorreu um movimento denominado de "cidanização", em que este Estado visava impor um tipo de cidadania aos indígenas. Este processo acabava eliminando suas especificidades étnicas, que até então havia lhes garantido o direito à posse das terras das aldeias e a proteção régia, por exemplo. Neste sentido, este seria um movimento político de "cima para baixo" que, ao os igualar

---

[35] Elisa Frühalf Garcia, *As diversas formas de ser índio: políticas indígenas e políticas indigenistas no extremo sul da América portuguesa*. Rio de Janeiro: Arquivo Nacional, 2009.

[36] Vânia Maria Losada Moreira, "Indianidade, territorialidade e cidadania no período pós-independência. Vila de Itaguaí, 1822-1836", *Diálogos Latinoamericanos*, 18, 2011.

aos demais membros da nação, lhes retiraria os direitos adquiridos. O termo que a autora usa é cunhado a partir de seu diálogo com a historiografia mexicana e se refere a processos mais amplos, como a expropriação das terras comunitárias indígenas, tais como ocorrido no México e no Brasil a partir da década de 1850.[37] Mas sobre o processo da independência do Brasil, é importante frisar que este é um período de grande instabilidade, com guerras e disputas, em que a própria definição de quem eram indígenas, cidadãos e brasileiros estava em aberto. Por isso, a construção da cidadania não pode ser encarada como uma via de mão única; ou , muito menos, que os indígenas estivessem alheios a este processo.

Neste sentido, outro exemplo é o movimento de indígenas aldeados na província do Ceará, bem como a reinterpretação do texto constitucional por algumas autoridades daquela província. A despeito da cidadania indígena ter sido negada no corpo da Constituição e discordando da leitura de muitos legisladores da época, os próprios indígenas e algumas autoridades reinterpretavam as leis. Numa carta endereçada ao imperador em 1831, os indígenas apresentavam a ideia radical de que também eram cidadãos. Nesta missiva, os indígenas do Ceará reclamavam da transferência compulsória que sofreram por parte das autoridades locais, que os expulsaram de suas terras em Morte-Mór Velho, obrigando-os a se instalarem em Messejana. De acordo com as lideranças indígenas que assinavam a carta, tal atitude era uma "manifesta infração da Constituição do Império, que no título 2º, artigo 6º, os declara cidadãos, sem a menor sombra de dúvida, porque são nascidos no Brasil, e são ingênuos: logo, assim, devem gozar de todos os direitos que a Constituição garante aos cidadãos".[38]

---

[37] Vânia Maria Losada Moreira, "Deslegitimação das diferenças étnicas, 'cidanização' e desamortização das terras de índios: notas sobre liberalismo, indigenismo e leis agrárias no México e no Brasil na década de 1850", *Revista Mundos do Trabalho*, 4, 2012.

[38] João Paulo Peixoto Costa, *Na lei e na guerra: políticas indígenas e indigenistas no Ceará (1798-1845)*. Teresina: Edufpi, 2018, p. 190.

Com isso, percebemos que a disputa de papéis e espaços na sociedade nacional se dava nos gabinetes parlamentares, mas não só nele. O próprio Parlamento, por sua vez, deve ser entendido como uma espécie de caixa de ressonância dos conflitos reais, envolvendo indígenas e outros segmentos populacionais que passariam a ser brasileiros em diversas partes dos territórios que formariam o Brasil, territórios que, por sua vez, também estavam em disputas internas e externas. As políticas aprovadas pelo Império voltavam para a própria sociedade, atingindo e reverberando também as populações indígenas, que reinterpretavam os sentidos das leis, podendo fazê-las atuar a seu favor. Assim, na década de 1820 foram recrutados indígenas na rendição de revoltas ocorridas nas províncias de Pernambuco e Alagoas, bem como em outras partes. Nestes casos, viu-se o uso da força militar como um instrumento de negociação política perante os agentes do Estado, impedindo-nos de ver a construção da política indigenista apenas como uma imposição do Império.[39] Analisaremos a seguir como os indígenas pegaram em armas para lutar pela causa da independência, segundo seus próprios termos.

A independência em termos indígenas

Inúmeras lutas envolvendo os grupos de elite, escravos, indígenas e trabalhadores livres desenrolaram-se no contexto da independência do Brasil. Os grupos tradicionalmente explorados buscaram, com as armas e os recursos que tinham, brigar pelo direito de ocupar suas terras, de não serem escravizados, recrutados ou obrigados a prestar serviços a particulares, bem como de eliminar seus tradicionais opressores. Em várias partes do Brasil, as Juntas Provisórias de governo, que foram implantadas em cada província após a convocação das

---

[39] Mariana A. Dantas, *Dimensões da participação política indígena. Estado nacional e revoltas em Pernambuco e Alagoas, 1817-1848*. Rio de Janeiro: Arquivo Nacional, 2018, p. 233.

Cortes de Lisboa em 1821, evidenciavam que as disputas locais não seriam facilmente resolvidas. Assim, quando se focalizam cada uma das partes que passariam a compor o novo Império, percebe-se que, nelas, decidir pela adesão a Portugal ou ao projeto do Rio de Janeiro era também a esperança de poder contar com uma força externa que pacificaria os conflitos locais.

Um dos eventos mais dramáticos neste sentido ocorreu através de disputas mortais na província do Grão-Pará. Esta parte do território, ao longo da colonização, esteve atrelada muito mais diretamente a Portugal do que outras regiões atlânticas, como o Rio de Janeiro, por uma questão estratégica e geográfica. Assim, os moradores do Pará resistiram o quanto puderam a aderir à "causa do Rio de Janeiro" e reconhecer Pedro I como imperador do Brasil. O Rio de Janeiro, visando obrigar as partes rebeldes do território a aderirem ao seu projeto, como não tinha efetivos militares suficientes para defender a corte e ao mesmo tempo fazer as guerras em diferentes territórios, contratou alguns marinheiros britânicos que, com suas embarcações e armas, forçariam a rendição dos insurretos. Em agosto de 1823 o mercenário John Pascoe Grenfell chegou a Belém, capital da província, para lutar contra aqueles que resistissem às ordens de Pedro I.

As elites locais cederam à pressão, não só por temor da armada, mas também por medo das rebeliões populares, que se agitavam naquele contexto de lutas. Logo depois que Belém aderiu à corte do Rio de Janeiro, os soldados da cidade fizeram uma rebelião para depor a então Junta do governo local, reclamando das condições degradantes em que eram mantidos, bem como do recrutamento forçado dos indígenas.

Foi dentro de uma das embarcações Grenfell que a tragédia se deu. Como o governo de Belém não tinha cadeias seguras para manter os revoltosos presos, solicitou ao mercenário que os colocasse no porão de um de seus brigues, que ainda estava estacionado ali. Era o brigue "Dirigente", também denominado "Palhaço". Foram mantidos mais de 200 prisioneiros em seu interior, dentre os soldados e populares levantados. Em 20 de outubro, poucas horas depois de serem aprisionados, quase todos estavam mortos. Não se sabe se suas mortes podem ser atribuídas a um fator ou à somatória deles. Seriam as más condições do porão, por falta de ventilação, calor, alimento, água, ou pior ainda, o fato da tripulação ter jogado cal e atirado contra o porão quando os prisioneiros começaram a se debater e pedir socorro?

Tão cruel repressão, no entanto, em vez de servir para amedrontar o povo levantado, surtiu o efeito contrário. Diversos soldados e trabalhadores indígenas no interior passaram também a se revoltar contra os grupos de elites e as autoridades locais que os exploravam. No final de 1823, as vilas de Cametá e Sintra se levantaram, ameaçando as vidas dos "portugueses", identidade que, naquele contexto, servia muito mais para expressar a insatisfação popular contra as elites locais, do que uma preocupação com a Independência do Brasil. Em 1824 a revolta chegou ao Marajó, o que comprometeu os circuitos internos de distribuição da província, uma vez que dali vinham alimentos para Belém. O medo era que as revoltas se espalhassem ainda mais para o interior, em direção ao Oeste, chegando até o Rio Negro, de onde provinha a maior parte dos produtos extraídos na província. Foi justamente do interior, da vila de Santarém, que veio a ajudar militar que a capital não podia prover e que impediu que a rebelião se espalhasse por toda a província. Com isso, as revoltas de indígenas e populares no Grão-Pará foram debeladas em junho de 1824.[40]

Em Pernambuco, onde dois grandes movimentos revolucionários ocorreram no contexto das lutas da Independência, é possível encontrar tropas indígenas servindo tanto em defesa dos interesses dos portugueses, quando a favor das causas locais. Em março de 1817 tropas no Recife se levantaram contra o poder português, propondo construir uma república, juntamente com as províncias vizinhas. Enquanto a Bahia, que fora anteriormente sede do governo-geral da colônia, se armou para defender Portugal, outras partes, como o

---

[40] Machado, *A quebra da mola...*, cit., pp. 183-198 e 225-262.

interior de Pernambuco e Alagoas, se juntaram aos rebeldes. No interior pernambucano, os indígenas da vila de Garanhuns foram recrutados para compor a "causa patriota", em favor da "pátria pernambucana". De Águas Belas, Palmeira, Cimbres, Atalaia e Jacuípe saíram centenas de soldados, muitos deles indígenas, que eram recrutados à força, tanto para lutar ao lado dos portugueses, quanto do lado dos rebeldes. Com isso, se percebe o quão relevante foram os soldados indígenas no delineamento de conflitos em várias partes dos territórios que iriam se constituir como parte do Brasil Império.

Os argumentos das autoridades que faziam a repressão, para evitar que os indígenas aderissem aos rebeldes e fazer com que lutassem ao seu lado, era afirmar que os líderes rebeldes iriam escravizar os indígenas e confiscar as terras de suas vilas ou aldeias. Assim, em muitos casos, os indígenas recrutados pelos rebeldes acabaram optando por lutar contra eles. Isso não significa que fossem apenas um joguete nas mãos daquelas elites, mas ao contrário, por conhecerem aqueles que os exploravam, sabiam que podiam aproveitar estas disputas para derrotar também antigos inimigos, que poderiam ser vencidos durante estes conflitos.[41]

Alguns anos depois, quando os habitantes de Pernambuco novamente se agitaram com a Confederação do Equador 1824, propondo um projeto alternativo de poder ao Império do Brasil, novamente tropas indígenas foram mobilizadas. Das aldeias de Jacuípe (província de Alagoas) e Barreiros (em Pernambuco), situadas na Zona da Mata, local da maior parte das batalhas, vieram soldados indígenas engrossar as tropas a serviço de Pedro I. Já em Cimbres, que ficava distante do cenário da guerra, os indígenas manifestaram uma posição presente em outros eventos no Império: declaravam-se fiéis ao rei de Portugal, João VI, já que este era o monarca que anteriormente havia lhes garantido direitos como a posse de sua aldeia e a liberdade. Quando os revoltosos pernambucanos foram derrotados, os aldeados

---

[41] Dantas, *Dimensões da participação...*, cit., pp. 85-99.

de Cimbres colocaram-se, então, como fieis ao novo soberano, a fim de que pudessem ter seus direitos assegurados.[42]

Na província do Ceará, diversas Juntas Provisórias de Governo se sucederam, mostrando que as disputas entre os grupos de elite ainda não estavam pacificadas. Na capital, Fortaleza, as elites buscavam o controle das Juntas de Governo e em curto espaço de tempo foram nomeadas três Juntas, envolvendo diferentes grupos. A nomeação e deposição de cada uma das Juntas tinha a ver com as disputas locais, em que um grupo não considerava legítimo que seus adversários assumissem o poder. Embora divergissem neste sentido, as três Juntas que ocuparam o poder mantinham-se fieis às Cortes de Lisboa, vinculando-se a Portugal. No entanto, diversas vilas do interior não reconheciam a legitimidade da Junta sediada em Fortaleza e se levantaram contra ela. Durante a aceleração dos eventos, típica de um ambiente revolucionário, a própria Junta do Ceará rompeu com Portugal e aliou-se a Pedro I. Houve, então, uma inversão do jogo e a vila de Icó, para se opor a Fortaleza, passou a apoiar a causa portuguesa. Os indígenas da aldeia de Monte-mor Velho, das vilas de Messejana, Arronches e Soures, localizadas no entorno de Fortaleza, foram recrutados pela Junta para lutarem contra os rebeldes do interior. No entanto, a Junta de Fortaleza foi deposta pelos rebeldes em janeiro de 1823 e a nova Junta que se autoproclamou também aderiu à causa de Pedro I. Os indígenas, por sua vez, tendiam a recusar-se a obedecer a estas Juntas, que congregavam poderosos locais, tradicionalmente seus inimigos. Assim, em muitos momentos, os indígenas colocavam-se a serviço do soberano, fosse ainda o rei João VI, ou o novo imperador Pedro I.

Atendendo ao pedido de defender a causa do novo soberano do Brasil, os indígenas do Ceará montaram suas tropas em nome de Pedro I, indo debelar a resistência que ainda se espalhava pelo interior do Piauí.[43] Nessa província, como em diversas partes do Império,

---

[42] Dantas, *Dimensões da participação...*, cit., p. 101-135.
[43] Costa, *Na lei e na guerra...*, cit., pp. 290-296.

capital e interior tinham posições distintas sobre a adesão ou não ao novo projeto de Estado em construção no Brasil. Inicialmente, a Junta de Governo, na cidade de Oeiras, era adepta de Lisboa. Assim, tropas a favor de Portugal estacionaram no litoral e precisavam debelar os resistentes. Desta vez, a própria capital mudou de lado e se uniu à causa do Rio de Janeiro. As tropas a favor de Lisboa estavam vencendo, conseguindo derrotar os levantados do Piauí e do Ceará, que foram desbaratados no riacho de Jenipapo, no Campo Maior, onde houve um massacre. Foi justamente o reforço das tropas indígenas junto aos rebeldes que ajudou a alavancar a vitória da província do Piauí em favor de Pedro I. No entanto, o reforço dos indígenas que vieram da vila de Viçosa ao Campo Maior acabou assustando as autoridades locais, já que os soldados indígenas vinham para matar aqueles que identificavam como portugueses. Como em outros eventos, os não-indígenas temeram a virulência de suas ações. Além de temer por suas vidas, viam suas plantações e criações serem destruídas pelos indígenas. Com isso, acabaram lutando contra os indígenas que antes foram recrutados, obrigando-os a um recuo.[44] Mais uma vez, os indígenas souberam se valer das disputas entre os poderes locais para tentar defender seus próprios interesses. Como em outras situações, foram repelidos, pois se percebia o potencial explosivo destas ações. Em muitas batalhas atacavam aqueles que pareciam ameaçar seus interesses. Diziam ainda lutar pela manutenção da proteção régia, fosse de João VI ou de Pedro I que, acreditavam, lhes assegurariam a posse de suas terras, suas liberdades e vidas.

Também era uma questão de trabalho

Tomando como base os diversos eventos citados ao longo deste capítulo e inúmeros projetos presentes no Parlamento brasileiro, vê-se que havia um embate pelo acesso e o controle da mão de obra dos

---

[44] Idem, pp. 296-312.

indígenas. Esta constatação, demonstrada por inúmeros estudos no campo da história indígena no Brasil nas últimas décadas, refuta uma colocação feita pela antropóloga Manuela Carneiro da Cunha em seus estudos entre os anos de 1980 e 1990. Para esta autora, a questão indígena no século XIX era, salvo exceções localizadas e pontuais, essencialmente uma questão de terras.[45] De fato, a partir da metade do século, o primeiro projeto do Império para os indígenas, o "Regulamento acerca das Missões de Catequese e Civilização dos Índios", promulgado em 1845, inaugurava oficialmente uma política que visava o confinamento dos indígenas em aldeamentos controlados pelo Estado, retirando-os de suas terras originárias e abrindo o território à exploração de outros grupos e atividades econômicas.[46] Alvo da lei de guerras justas de 1808, a então recém-criada província do Paraná e o Oeste da província de São Paulo conheceram a construção de estradas e o loteamento de terras, iniciando colônias com trabalhadores imigrantes.[47]

No entanto, antes que tal projeto tivesse se consumado, outras possibilidades, alternativas e disputas se enfrentariam no Brasil durante a Independência. Assim, se a adoção da mão de obra indígena foi essencialmente abandonada na segunda metade do século XIX, isso não significa que ela não tenha sido utilizada em diversas regiões do Império frente à iminência do fim do tráfico negreiro. O fato de não ter predominado não significa que essa alternativa não tenha existido. Muitas vezes o trabalho indígena em diversas províncias do Império era justificado sob o argumento de que os fazendeiros praticavam

---

[45] Manuela Carneiro da Cunha, "Política indigenista no século XIX", in: _____ (dir.), *História dos Índios no Brasil*. São Paulo: Companhia das Letras/Fapesp/Secretaria de Cultura de São Paulo, 1992, pp. 133-134.

[46] "24/07/1845. Decreto nº 426. Contém o Regulamento acerca das missões de catechese e civilisação dos índios do Brasil" en: Manuela Carneiro da Cunha, *Legislação indigenista...*, pp. 191-199.

[47] Marta Amoroso, *Terra de índio. Imagens em aldeamentos do Império,* São Paulo: Terceiro Nome, 2014.

filantropia, ao aceitarem receber os indígenas em suas terras.[48] Ao contrário do que acabou prevalecendo na maioria das análises históricas sobre esse período, o que vem alimentando um senso comum a respeito do tema, diversas autoridades do período tinham consciência de que os indígenas poderiam ser a solução esperada.

João Severiano Maciel da Costa, o Marquês de Queluz, ministro do então príncipe-regente Pedro em 1821, escreveu sobre o fim da escravidão africana, em face às negociações entre Portugal e Grã-Bretanha pelo fim do tráfico negreiro. A partir daquele momento, os tratos passaram a se dar entre Brasil e a Grã-Bretanha, e a grande questão era quando, afinal, o comércio de escravos da África para o Brasil deveria encerrar-se. Assim, o problema da mão de obra no país independente seria um dos principais tópicos a se resolver. O político entendia que a escravidão era a base da economia do Brasil, mas as coisas iriam mudar no longo prazo. Para ele, um dos meios para essa superação era utilizar os indígenas como mão de obra, além de promover o crescimento vegetativo dos escravizados africanos, propagandear o ideário do trabalho livre entre os nacionais e importar imigrantes. Assim, vê-se que, em pleno processo de independência, várias possibilidades foram pensadas para se resolver o problema da mão de obra. Os indígenas, assim como os imigrantes europeus, estavam entre as possibilidades elencadas.[49]

Seguindo por este caminho, o projeto de José Bonifácio de Andrada e Silva, político de São Paulo e influente artífice do projeto vitorioso de independência do Brasil, como já mencionado, teve mais publicidade. Bonifácio elaborou projetos sobre diversos temas de seu presente. A respeito dos indígenas, também escreveu os "Apontamentos para a

---

[48] Soraia Sales Dorneles, "Trabalho compulsório e escravidão indígena no Brasil imperial: reflexões a partir da província paulista", *Revista Brasileira de História*, v. 38, n. 79, 2018, p. 95.

[49] João Severiano Maciel da Costa, "Memória sobre a necessidade de abolir a introdução de escravos africanos no Brasil..." en: Graça Salgado (dir.), *Memórias sobre a escravidão*. Brasília: Arquivo Nacional Fundação Petrônio Portella/ Ministério da Justiça, 1988.

civilização dos índios bravos do Império do Brasil".⁵⁰ Esse texto surgiu primeiramente no contexto da convocação das Cortes de Lisboa, em 1821, que contou com a participação de deputados de diversas províncias que compunham o Império português. Mesmo depois de algumas províncias do Brasil romperem com Portugal, articulando-se pela Independência, o projeto de Bonifácio, enviado originalmente para as cortes portuguesas, teve forte influência no Brasil nos anos seguintes. A própria Assembleia Constituinte do Brasil de 1823, através de sua "Comissão de Colonização, Civilização e Catequese dos Índios", deliberou que o texto de Bonifácio fosse encaminhando a todas as províncias, para que, a partir dele, cada uma delas respondesse como estava a situação dos povos indígenas em seus territórios; a partir do panorama delineado é que deveriam ser tomadas decisões a respeito da questão indígena no novo Estado. Tem-se registro que em 1826 chegaram pareceres oriundos de algumas partes. O destino das populações indígenas, no entanto, ainda deveria esperar algumas décadas para contar com um projeto geral, mais amplo, por parte do Império. De todo modo, na visão de Bonifácio na década de 20, os nativos seriam importantes para viabilizar a economia do Brasil:

> "Nas atuais circunstâncias do Brasil e da Política Europeia, a civilização dos Índios bravos é objeto de sumo interesse e importância para nós: Com as novas Aldeias que se forem formando, a Agricultura dos Gêneros comestíveis, e a criação de gado devem aumentar e pelo menos equilibrar nas Províncias a cultura e fabrico do açúcar".⁵¹

Quando se analisam os discursos e projetos de autoridades e intelectuais da capitania (e depois província) de São Paulo na virada do

---

⁵⁰ José Bonifácio de Andrada e Silva, *Projetos para o Brasil* (dir. Miriam Dolhnikoff). São Paulo: Companhia das Letras, 1998.
⁵¹ José Bonifácio de Andrada e Silva, "Apontamentos para a civilisação dos indios bravos do Imperio do Brazil" in: Cunha (dir.). *Legislação indigenista no século XIX...*, cit.

século XVIII para o XIX, percebe-se que a tônica predominante no pensamento de muitos deles, assim como Bonifácio, era tornar os indígenas trabalhadores úteis para a economia agroexportadora e mercantil.[52] A questão é que esta solução estava longe de ser consensual, de se tornar viável e de atender aos interesses de vários grupos econômicos que se articulavam na construção e consolidação do Estado nacional brasileiro.

Grande foi o poder de influência dos escravistas, fossem os proprietários de escravizados africanos, como seus traficantes, na construção da ordem imperial. Longos debates e disputas se estenderam durante décadas diante da pressão britânica pelo fim do tráfico negreiro. Havia todo um jogo de interesses e de lutas políticas envolvendo os parlamentares, os traficantes, as populações livres e pobres, escravizadas e libertas. Assim, para se entender as leis sobre o fim do tráfico no Brasil em 1831 e, definitivamente, em 1850, é necessário compreender uma complexa trama. Além da pressão britânica, havia também a busca de controle social por parte do Estado e dos proprietários de terra em relação aos trabalhadores livres e escravizados, os projetos de civilização e as formas como a nação e a cidadania foram sendo construídas ao longo do século XIX.[53] O Brasil decretou o fim do tráfico negreiro em 7 de novembro de 1831. No entanto, o Estado brasileiro aparelhou-se para que ocorresse o contrabando de forma extremamente bem sucedida. Diante do fim do tráfico transatlântico, entre 1835-1850 houve um incremento no transporte e comercialização de escravizados de Norte a Sul do país, que resultou no traslado forçado de 700 mil pessoas.[54] Resultante dos arranjos políticos internos, das pressões

---

[52] Ana Paula Medicci, *Entre a "decadência" e o "florescimento": a capitania de São Paulo na interpretação de memorialistas e autoridades públicas (1782-1822)*. São Paulo: FFLCH-USP, 2005 (mestrado).

[53] Jaime Rodrigues, *O infame comércio: propostas e experiências no final do tráfico de africanos para o Brasil (1800-1850)*. Campinas: Ed. Unicamp/Cecult, 2000, p. 25.

[54] Tâmis Parron, *A política da escravidão no Império do Brasil. 1826-1865*. Rio de Janeiro: Civilização Brasileira, 2011, p. 18,

externas pelo fim efetivo do tráfico, outra lei foi aprovada em setembro de 1850, encerrando de vez o tráfico de escravizados no Brasil, através da chamada "Lei Eusébio de Queiroz", em referência ao ministro da Justiça que a implementou. Os senhores de escravos passaram a adotar práticas para minimizar a perda de escravizados, depois que estes falecessem, incentivando o crescimento vegetativo desta população. Como projeto de Estado, também se previa a possibilidade de incentivo à vida de imigrantes europeus, tal como já ocorria nos Estados Unidos, como substituição gradual à massa de escravizados.[55]

Os interesses escravistas se constituíram numa espécie de "política de escravidão", que reinseriu a escravidão dentro do liberalismo da época, fortalecendo esta instituição no Brasil a partir de 1826, conforme propôs Tâmis Parron, apropriando-se de conceito discutido para a realidade dos Estados Unidos. Por isso, as propostas que não visassem fortalecer a escravidão no Império acabaram derrotadas.[56] É interessante destacar, inclusive, como a imprensa teve grande poder de influência sobre essa questão. Assim, jornais do Rio de Janeiro entre os anos de 1820 e 1850 repercutiam as opiniões favoráveis e contrárias à manutenção da escravidão no Brasil. No entanto, essa mesma imprensa passou a ser veículo de propaganda pró-escravista, o que ajudou a pautar também o debate parlamentar e impactar as medidas em favor dos traficantes e senhores de escravo.[57] Além das questões estruturais brasileiras, a Guerra da Secessão nos Estados Unidos (1861-1865), que culminou com o fim da escravidão naquele país, eliminou um paradigma importante sobre a continuidade na escravidão no Brasil daquele momento, e que se faria sentir nas décadas seguintes.[58]

---

[55] Idem, pp. 310-313.
[56] Idem, *A política...*, pp. 17-19.
[57] Alain el Youssef, *Imprensa e escravidão. Política e tráfico negreiro no Império do Brasil (Rio de Janeiro, 1822-1850)*. São Paulo: Intermeios/Fapesp, 2016.
[58] Rafael de Bivar Marquese e Tâmis Parron, "Internacional escravista: a política da Segunda Escravidão", *Topoi*, 12, 2011, pp. 97-117

Em relação aos indígenas no Império, do ponto de vista legislativo, a ideia de que teria havido um "vazio legislativo" sobre a política indigenista não parecer servir adequadamente para explicar o processo de formação nacional.[59] Se não foi definido nenhum projeto claro, central e definitivo para os indígenas até os anos 1840, o mesmo vale para outros segmentos sociais (como escravizados africanos e trabalhadores livres) e outras pautas correlatas (como a questão de terras). Isso porque diversos projetos provinciais entraram em discussão no Parlamento, mas foram engavetados, por não se poder legislar sobre assuntos sobre os quais não havia uma definição prévia por parte do Estado e cujos políticos divergiam. Dentre os temas sem solução, estava a indefinição sobre o tipo de mão de obra a ser usada, se livre, escravizada ou indígena; se fosse indígena, qual o *status* desse trabalhador, e de que forma deveria ser tratado. Seria transformado em trabalhador útil, ou deveria ser eliminado, para que em seu lugar fosse colocado outro tipo de mão de obra mais eficaz, mais lucrativa segundo os interesses dos grandes e pequenos proprietários? A fundação do Instituto Histórico Geográfico e Brasileiro em 1838 visava responder a essa demanda, já que a entidade historiográfica foi originada a partir de outra instituição, com fins claramente econômicos e estratégicos, a Sociedade para Auxílio da Indústria Nacional (SAIN). Corroborando a hipótese aqui defendida, de que os indígenas eram considerados quando se pensava o desenvolvimento econômico do país, numerosos textos publicados e temas escolhidos para serem dissertados pelos membros do IHGB versavam sobre os indígenas, sua utilidade para o Império e a melhor forma de submetê-los.[60]

---

[59] Esta ideia é trabalhada por Manuela Carneiro da Cunha, em artigo já citado aqui, no qual autora acredita que desde o "Diretório dos Índios" de 1757 até o "Regulamento das Missões de Catequese e Civilização dos Índios" de 1845 teria havido um "vazio legislativo" e que os povos indígenas ficaram desassistidos de uma política pública por parte do Estado. Cunha, "Política indigenista...", cit., pp. 138-140.

[60] Sposito, *Nem cidadãos...*, cit.; Kodama, *Os índios no Império...*, cit.

De todo modo, os indígenas não foram a solução final adotada pelo Império, ao menos não nas regiões onde se davam as atividades mais lucrativas da economia nacional. Se inicialmente o tráfico interprovíncias assegurou a manutenção da escravidão africana ao longo do século XIX, como vimos, posteriormente sua substituição na economia cafeeira pelos imigrantes italianos foi levando gradualmente ao desinteresse na transformação do indígena como mão de obra nacional. Assim, com a primeira lei geral do Império para os indígenas, o "Regulamento acerca das Missões de Catequese e Civilização" de 1845, foi projetada a volta dos aldeamentos sob controle de padres catequizadores e de diretores militares.[61] Os dois agentes eram uma atualização de figuras presentes durante o período colonial. Os padres rememoravam a catequese, principalmente jesuítica, e os diretores eram uma reminiscência da época do "Diretório dos Índios", no contexto das reformas ilustradas do Marquês de Pombal, conforme mencionado anteriormente. Basicamente as missões no Império atuariam dentro de uma política de desocupação das terras onde os grupos indígenas tradicionalmente viviam. Esta prática iria se coadunar com as políticas de terra implementadas pelo Império a partir de 1850, e que resultaram na divisão das terras em "devolutas" (públicas) e particulares.[62]

O que se viu, a partir de então, foi uma reapropriação desta lei por parte das elites regionais, que fizeram valer seu poder econômico e de fogo para ocuparem ilegalmente as terras indígenas e das demais populações pobres do Império. Com isso, as propostas que surgiram na primeira metade do século XIX, de se utilizar dos indígenas como

---

[61] Um estudo importante sobre a confecção do Regulamento para os índios de 1845 está em Patrícia Melo Sampaio, "Política indigenista no Brasil imperial", in: Keila Grinberg, Ricardo Salles (dir.), *O Brasil imperial. V. I: 1808-1831*. Rio de Janeiro: Civilização Brasileira, 2009. Outra pesquisa que se deteve sobre a mesma legislação e suas consequências nas décadas posteriores é a de Amoroso, *Terra de Índio...*, cit.

[62] Lígia Osório Silva, *Terras devolutas e latifúndios. Efeitos da Lei de 1850*. Campinas: Editora da Unicamp, 1996.

alternativa à mão de obra, como um projeto nacional, haviam sido deixadas para trás. No entanto, nas áreas periféricas, não inseridas na economia mercantil, de Norte a Sul do país, as populações indígenas continuariam a ser exploradas como trabalhadoras até que fossem suplantadas pelos processos de migração interna, ou a partir da chegada dos imigrantes estrangeiros.[63]

Certamente que não foram processos pacíficos. Foi um longo e doloroso massacre, que teve um de seus desdobramentos na criação do Serviço de Proteção ao Índio (SPI) em 1910, já no período republicano brasileiro, quase um século depois da Independência. A fundação do SPI foi uma resposta, numa perspectiva política mais pacífica (e "pacificadora dos indígenas") a um processo que se iniciou ainda durante o Império do Brasil, de extermínio destas populações que não mais interessava explorar. A reedição de um novo-velho genocídio indígena demonstra, mais uma vez, que o século XIX havia legado uma numerosa população indígena, ao contrário do que outras versões historiográficas tentaram nos mostrar; como postulou John Manuel Monteiro, menos por faltas de dados sobre os indígenas nos arquivos e menos ainda por falta de instrumental teórico para fazer a leitura desses dados. O que faltava também para boa parte da historiografia brasileira era vencer seus preconceitos, seu etnocentrismo.[64] Desconhecimento e silenciamento que vêm sendo superados pelos estudos sobre a temática indígena nas últimas décadas, como este capítulo visou demonstrar.

---

[63] Leite, *Nos limites da exclusão...*, cit.
[64] John Manuel Monteiro, *Tupis, tapuias e historiadores. Estudos de história indígena e do indigenismo*. Campinas: Unicamp, 2001 (livre-docência), p. 7

CAPÍTULO 6

ESCRAVIDÃO E TRÁFICO NEGREIRO NA INDEPENDÊNCIA

Alain El Youssef

O processo de independência do Brasil (1808-1831) constitui-se como um momento de grandes transformações do tráfico transatlântico de africanos e da escravidão. Nesse período, registrou-se o incremento das relações comerciais entre a América portuguesa e a África; o reforço político do projeto escravista centrado na parte americana do Império português; o avanço do antiescravismo britânico no âmbito das relações internacionais; a incidência de revoltas escravas e de outras demandas dos cativos por liberdade; a redefinição do lugar dos africanos e seus descendentes no concerto da nova nação; e as primeiras tentativas de pôr fim ao tráfico negreiro e à própria escravidão.

Tomados em seu conjunto, esses elementos indicam que a história do comércio transatlântico de africanos e do cativeiro passou por uma significativa aceleração durante o processo de independência do Brasil. Se até o raiar do século XIX, ambos estavam plenamente consolidados, sem sofrer questionamentos que os ameaçassem seriamente, isso mudou de maneira decisiva a partir da transferência da corte para a América portuguesa. Desde então, a política de fortalecimento do tráfico e da escravidão liderada pela corte de D. João e, mais tarde, por muitos dos agentes responsáveis pela primeira fase do processo de construção do Estado nacional brasileiro, teve que lidar com forças antiescravistas oriundas do seio da sociedade e do sistema interestatal.

Dos embates entre essas forças, resultaria a refundação da escravidão brasileira em um marco nacional substantivamente distinto daquele que prevaleceu no período colonial.

Para entender essa aceleração – isto é, o encurtamento do tempo em que se deram essas transformações – é fundamental acompanhar as diversas fases que a compuseram. Grosso modo, a questão do tráfico transatlântico de africanos e da escravidão no processo de independência pode ser dividida em dois grandes períodos: o primeiro, vinculado ao absolutismo do período em que a Corte portuguesa esteve no Brasil (1808-1820), no qual as decisões relativas a esses temas foram tratadas com base em lógicas típicas de Antigo Regime; e o segundo, ligado à primeira fase da construção do Estado nacional brasileiro (1820-1831), no qual o futuro do comércio negreiro e do cativeiro passou pelos canais criados pelo liberalismo e pelo governo constitucional. Ainda que haja uma série de continuidades entre as duas fases, é fundamental verificar como as ruínas do absolutismo amplificaram os dilemas dos estadistas do Império do Brasil no que concernia ao cativeiro e ao comércio de africanos.

Com vistas a compreender as principais questões presentes em cada uma dessas fases, bem como os resultados dos embates entre forças escravistas e antiescravistas, o capítulo está dividido em duas partes, que se concentram justamente em cada um dos períodos destacados acima. Enquanto na primeira o foco incidirá sobre a defesa da escravidão e do tráfico transatlântico de africanos implementada pela corte de D. João no período em que a família real residiu no Rio de Janeiro, a segunda se concentra na fase inicial da defesa do cativeiro e do comércio negreiro no Parlamento e na imprensa imperial brasileira. Juntamente com as considerações finais, que incidirão sobre o sentido escravista do Estado imperial brasileiro, o texto pretende oferecer uma síntese do processo que marcou a refundação da escravidão colonial sob novas bases e forneceu as condições para sua expansão na primeira metade do século XIX.

A transferência da corte portuguesa e a questão do tráfico transatlântico de africanos

1808 foi, sem sombra de dúvidas, um ano central dentro da história de Portugal. Além de assinalar um enorme rearranjo em sua estrutura imperial com o fim do exclusivo metropolitano, ratificada pelo Decreto de Abertura dos Portos às Nações Amigas, ele marcou o fim do alheamento do país com relação a um tema que vinha agitando os espaços públicos de parte da Europa e as *plantations* das colônias caribenhas. O início dessa história é bastante conhecido, ainda que seu desfecho seja bem menos. Diante da iminente invasão das tropas napoleônicas por consequência da desobediência portuguesa ao Bloqueio Continental, a corte portuguesa optou pela fuga para a parte americana de seu império. Por mais que a escolta naval britânica fosse imprescindível para garantir o sucesso daquela decisão, ela não deixaria de cobrar seu preço. Dali em diante, o antiescravismo britânico penetraria de vez na crise do Antigo Regime português, influindo em muitos de seus desenvolvimentos posteriores.[1]

A mudança pode ser percebida nas respostas díspares que o *establishment* português deu aos diplomatas britânicos em duas oportunidades não muito distantes no tempo. A primeira ocorreria em 1807, pouco antes da crise que resultaria na transferência da corte. Na ocasião, Lorde Strangford, plenipotenciário britânico em Lisboa, deu início ao movimento que marcaria boa parte da atuação do *Foreign Office* na primeira metade do século XIX. Embalado pela recente aprovação da lei que aboliu o tráfico negreiro no Império britânico, ele consultou o ministério lusitano sobre a possibilidade de Portugal seguir o mesmo caminho ou, no mínimo, adotar medidas para evitar a expansão do comércio de africanos. A consulta, todavia, esbarrou na política de neutralidade adotada pelos portugueses naquele momento.

---

[1] Sobre o alheamento português anterior a 1808, cf. João Pedro Marques, *Os sons do silêncio: o Portugal de oitocentos e a abolição do tráfico de escravos*, Lisboa: Imprensa de Ciências Sociais, 1999, pp. 57-64.

Amparado por ela, Antônio Araújo de Azevedo, então ministro dos Negócios Estrangeiros português, respondeu que tocar nesse tema seria "totalmente impraticável", dada sua centralidade para o Império dos Bragança.²

A situação, no entanto, havia mudado radicalmente desde a instalação da corte de D. João no Rio Janeiro. Face à implosão da política de neutralidade em 1808, os portugueses viram-se na necessidade de ceder a uma série de exigências da Grã-Bretanha para compensar o apoio recebido na luta contra Napoleão. Como complemento à Abertura dos Portos, decretada assim que parte da família real pôs os pés em Salvador, os dois países celebraram duas convenções em fevereiro de 1810: o Tratado de Comércio e Navegação, que fixou as taxas de importação dos produtos britânicos em 15% *ad valorem* (contra 16% pagos pelas mercadorias portuguesas e 24% pelas dos demais países); e o Tratado de Aliança e Amizade, que definiu uma série de mecanismos para a aliança militar e política entre os dois impérios e delimitou direitos sobre a posse de algumas localidades até então em litígio. Não havia dúvidas, como afirmaram Fernando Novais e Carlos Guilherme Mota, que as convenções de 1810 funcionaram como "a contrapartida de 1808".³

Contrapartida que também envolvia o tráfico transatlântico de escravos. Durante as negociações do Tratado de Aliança e Amizade, a pressão do *Foreign Office* contra o comércio negreiro ganhou uma força inédita até então. Incapaz de dar uma resposta tão incisiva quanto

---

² George Canning para Lord Strangford, 15 de abril de 1807 – apud Leslie Bethell, *A abolição do comércio brasileiro de escravos: a Grã-Bretanha, o Brasil e a questão do comércio de escravos, 1807-1869*, trad. L. A. P. Souto Maior. Brasília: Senado Federal, 2002, p. 27.

³ Sobre a convenção comercial, cf. *Tratado de Amizade, Commercio, e Navegação entre Sua Alteza Real o Príncipe Regente de Portugal, e Sua Magestade Britannica. Assignado no Rio de Janeiro em 19 de Fevereiro de 1810. Impresso em Londres por Autoridade*, Lisboa: Impressam Regia, 1810. Ver ainda Fernando A. Novais & Carlos Guilherme Mota, *A independência do Brasil*. São Paulo: Hucitec, 1996, citação da p. 33.

aquela fornecida em 1807, o *establishment* português concordou em incluir um artigo com menções diretas ao tema. Na sua versão final, o Tratado de Aliança e Amizade registrou que D. João estava "convencido da injustiça e da má política" do tráfico negreiro, bem como da "grande desvantagem que nasce de introduzir e continuamente renovar" a população africana na América portuguesa. Por tais razões, o príncipe regente se comprometeu a cooperar de duas maneiras "na causa da humanidade e justiça": de um lado, adotando "os mais eficazes meios para conseguir em toda a extensão dos seus domínios uma gradual abolição do comércio de escravos" e, de outro, proibindo o tráfico de africanos feito por seus súditos "em outra alguma parte da Costa da África, que não pertença atualmente aos Domínios de Sua Alteza Real".[4]

Mesmo anuindo em alguma medida à pressão britânica, a diplomacia portuguesa conseguiu emplacar um texto propositadamente vago, que não delimitou nem a forma e nem o tempo em que o tráfico negreiro seria abolido. Se, do lado britânico, esses termos satisfaziam – ao menos temporariamente – setores internos que pressionavam por uma política mais agressiva de combate ao comércio de africanos alhures, do lado português os benefícios eram ainda maiores. De acordo com a letra do tratado, ficava reservado aos vassalos do Príncipe Regente D. João, "o direito de comprar e negociar em escravos nos Domínios Africanos da Coroa de Portugal", o que incluía, além da "Costa da Mina" e de outras regiões de reconhecido domínio português, os territórios de "Cabinda e Molembo", até então em disputa com outras potências europeias. Como constatou um dos conselheiros portugueses responsáveis pela avaliação do Tratado de Aliança e Amizade, "nosso comércio da escravatura,

---

[4] *Tratado de Amizade, e Alliança entre os Muitos Altos, e Muito Poderosos Senhores o Principe Regente de Portugal, e El Rey do Reino Unido da Grande Bretanha e Irlanda assinado no Rio de Janeiro pelos Plenipotenciarios de huma e outra Corte em 19 de Fevereiro de 1810 e ratificado por ambas*. Rio de Janeiro: Impressão Régia, 1810, pp. 13-15.

apesar do que se diz no artigo [décimo], não somente fica como atualmente existe, mas aumenta [...] com o do porto de Cabinda, onde não podíamos pelo concurso dos ingleses fazer dantes comércio de escravos".[5]

Graças, portanto, a seus termos, o Tratado de Aliança e Amizade forneceu novas bases legais que permitiram a expansão do tráfico transatlântico de escravos durante o período em que a corte residiu na América portuguesa. Os dados disponíveis não deixam dúvidas quanto a isso: entre 1808 e 1821, foram desembarcados na parte americana do Império português mais de 563 mil africanos, média de 43.600 por ano – montante significativamente superior ao do decênio anterior (1798-1807), cuja média se aproximou dos 30.500 cativos traficados anualmente. Além do volume, a distribuição regional desse comércio variou bastante no mesmo intervalo: se a fixação da corte no Rio de Janeiro pouco alterou o quadro relativo ao desembarque de africanos na região Norte – cujo volume chegou a diminuir –, ela foi central para que a balança entre a atual região Nordeste e a região Centro-Sul pendesse paulatinamente para a última. Ainda que ambas tenham aumentado suas importações de africanos a partir de 1808, o predomínio histórico dos comerciantes da Bahia e de Pernambuco foi aos poucos cedendo espaço para a ascensão do Rio de Janeiro e seus entornos, que a partir de 1816 tomaram a dianteira de forma quase ininterrupta dos negócios negreiros (cf. Gráficos 1 e 2).

---

[5] Ibdem. A referência ao conselheiro português foi retirada de Valentim Alexandre, "O Império luso-brasileiro em face do abolicionismo inglês (1807-1820)", in: M. B. Nizza da Silva (org.), *Brasil: colonização e escravidão*, Rio de Janeiro: Nova Fronteira, 2000, pp. 209-219, citação da p. 399. Ver também Guilherme de Paula Costa Santos, *A Convenção de 1817: debate político e diplomático sobre o tráfico de escravos durante o governo de D. João no Rio de Janeiro*. São Paulo: FFLCH-USP, 2007 (mestrado), pp. 72-77.

Gráfico 1: *Quantidade de africanos desembarcados na América portuguesa, 1798-1821*

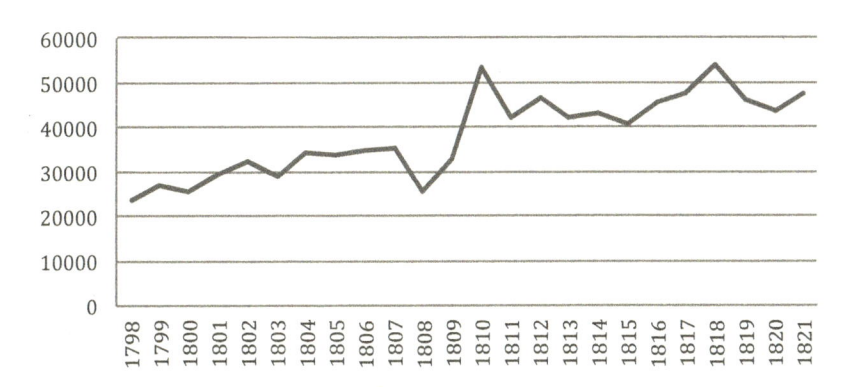

Fonte: *www.slavevoyages.org*. Acesso em 19/04/2022.

Gráfico 1: *Quantidade de africanos desembarcados na América portuguesa por região, 1798-1821*

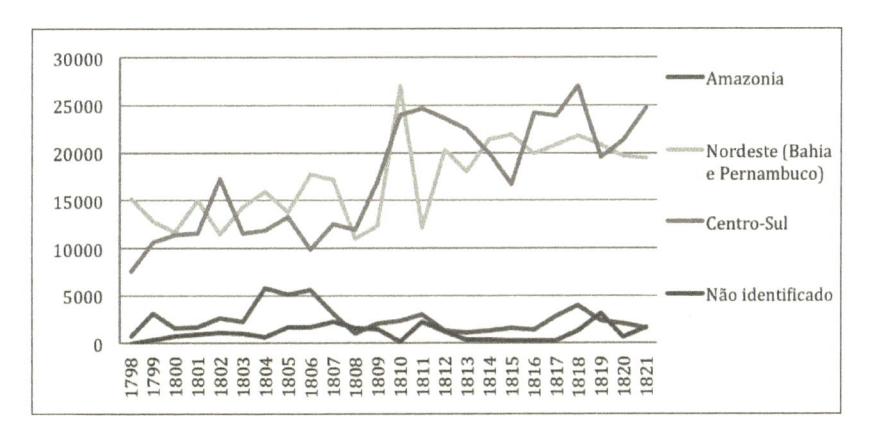

Fonte: *www.slavevoyages.org*. Acesso em 19/04/2022.

Em que pesem as diferenças regionais, os africanos desembarcados nesse período foram centrais para o incremento econômico que as possessões americanas do Império português vivenciaram de norte a sul. Numa conjuntura marcada pela Revolução de Saint Domingue, que retirou o maior produtor de açúcar e café do mercado mundial, e pelo aumento da demanda por produtos tropicais nos centros da economia-mundo, que começavam a vivenciar os efeitos da Revolução Industrial, os portugueses souberam tirar proveito do emprego de seus escravos. Além de dinamizar as economias urbanas da colônia, os cativos contribuíram para intensificar os resultados do renascimento agrícola registrado nas décadas finais do século XVIII: no Vale Amazônico, eles foram fundamentais para o desenvolvimento da cultura algodoeira, da ricicultura e do extrativismo; na Bahia, em Pernambuco e nos demais territórios da atual região Nordeste, eles constituíram a base para a retomada das tradicionais produções de açúcar e tabaco e para o incremento da nova cultura algodoeira; no Sul, eles contribuíram com a mão de obra necessária para a produção de trigo, couro e charque; e no Centro-Sul, tornaram-se essenciais para a produção dos alimentos que abasteciam a corte, para o fortalecimento da produção açucareira local e para o plantio dos primeiros pés de café no Vale do Paraíba.[6]

---

[6] Sobre o renascimento agrícola, cf. Dauril Alden, "O período final do Brasil colônia, 1750-1808", in: L. Bethell (org.), *História da América Latina: América Latina Colonial, volume II*. Trad. M. A. L. de Barros e M. Lopes, São Paulo: Edusp/Brasília: Fundação Alexandre de Gusmão, 2008, pp. 527-592. Sobre o algodão, ver Guillermo Palacios, *Campesinato e escravidão no Brasil: agricultores livres e pobres na capitania geral de Pernambuco (1700-1871)*. Trad. W. Sotomayor, Brasília: Editora da UNB, 2004, especialmente pp. 121-169; e Thales Augusto Zamberlan Pereira, *The cotton trade and Brazilian foreign commerce during the Industrial Revolution*. São Paulo: FEA-USP, 2017 (tese), pp. 52-103 e 124-151. Sobre o açúcar e o fumo (além de outros produtos), ver B. J. Barickman, *Um contraponto baiano: açúcar, fumo, mandioca e escravidão no Recôncavo, 1780--1860*. Trad. M. L. X. de A. Borges, Rio de Janeiro: Civilização Brasileira, 2003, pp. 47-85; e Stuart B. Schwartz, *Segredos internos: engenhos e escravos na sociedade colonial*. Trad. Laura Teixeira Mota, São Paulo: Companhia das Letras, 1988, pp. 337-355. Sobre o charque, cf. Jonas Vargas, *Pelas margens do Atlântico: um estudo sobre as elites locais e regionais no Brasil a partir das famílias proprietárias de charqueadas de Pelotas, Rio Grande do Sul (século XIX)*. Rio de Janeiro:

O desempenho econômico das principais *commodities* produzidas na América portuguesa ajuda a entender o incremento do comércio negreiro e da escravidão, mas não dá conta de explicar sozinho esse fenômeno. Sem a defesa ferrenha dos interesses negreiros levada a cabo pela diplomacia lusitana durante a década de 1810, o aumento do tráfico possivelmente teria sido freado por decisões políticas, que muito influiriam sobre a economia escravista da América portuguesa. Portanto, longe de ter sido um dado natural, derivado exclusivamente dos ganhos propiciados pelo comércio de africanos e de gêneros tropicais, a expansão do tráfico negreiro também precisa ser entendida como resultado de decisões tomadas pela alta cúpula do Estado português e de suas conquistas frente às iniciativas do Estado britânico. Ciente de que a escravidão da América portuguesa era estruturalmente dependente da introdução de africanos, o *establishment* lusitano não mediu esforços para garantir os braços que a economia da principal parte de seu Império necessitava – algo que, de modo algum, esteve em contradição com as demais mudanças implementadas pela Coroa no Rio de Janeiro e no restante da América portuguesa.[7]

Depois da assinatura do Tratado do Tratado de Aliança e Amizade, o primeiro teste de força contra a crescente política abolicionista

---

UFRJ, 2013 (tese), pp. 41-153. Sobre o mercado interno do Centro-Sul, ver Alcir Lenharo, *As tropas da moderação. O abastecimento da Corte na formação política do Brasil: 1808-1842*, Rio de Janeiro: Prefeitura da Cidade do Rio de Janeiro, 1993, pp. 20, 33-42, 48-50 e 76. Sobre a cafeicultura, cf. Rafael de Bivar Marquese & Dale Tomich, "O Vale do Paraíba escravista e a formação do mercado mundial do café no século XIX", in: K. Grinberg & R. Salles (orgs.), *O Brasil Império: volume 2 (1831-1870)*, Rio de Janeiro: Civilização Brasileira, 2009, pp. 341-83.

[7] Sobre o papel central do tráfico negreiro para a reprodução da escravidão brasileira no tempo e no espaço, cf. Rafael de Bivar Marquese, "A dinâmica da escravidão no Brasil: resistência, tráfico negreiro e alforrias, séculos XVII a XIX". *Novos Estudos CEBRAP*, n. 74, 2006, pp. 107-123. Para a suposta contradição entre a escravidão e as transformações implementadas pela corte portuguesa no Rio de Janeiro, ver Kirsten Schultz, *Versalhes Tropical: império, monarquia e a Corte real portuguesa no Rio de Janeiro, 1808-1821*. Trad. R. Aguiar, Rio de Janeiro: Civilização Brasileira, 2008, pp. 16-7 e 181-94.

britânica ocorreu logo nos primeiros meses de 1811. Sob a alegação de que muitos traficantes portugueses estavam atuando fora do espaço delimitado a eles pelo artigo décimo da convenção de 1810, cruzeiros da *Royal Navy* começaram a apresar embarcações lusitanas em pleno Atlântico. De acordo com os britânicos, as investidas navais tinham fundamento jurídico: diferentemente dos portugueses, eles haviam interpretado que a região designada por "Costa da Mina" no Tratado de Aliança e Amizade não incluía o Golfo da Guiné – local onde se concentraram as apreensões. Com base nessa leitura, a marinha britânica chegou a capturar ao menos 32 embarcações lusitanas entre 1811 e 1812, sendo a maioria (17) de traficantes da praça de Salvador, que possuíam relações estreitas com os portos dessa região africana. Não restam dúvidas que a imprecisão geográfica e conceitual servia para forçar novas concessões de D. João com relação ao tráfico de africanos. Isso, todavia, não acabaria ocorrendo de forma tão direta. Antes de ligar o sinal de alerta no governo português, os apresamentos motivaram ações de dois outros grupos diretamente relacionados ao comércio negreiro: traficantes da Bahia e abolicionistas britânicos.[8]

Como não podia ser diferente, a incidência de apresamentos trouxe sérios problemas aos grandes comerciantes da praça de Salvador, que resolveram se organizar politicamente para tornarem públicas suas queixas contra iniciativas britânicas. Desse movimento, resultaram duas petições remetidas ao Príncipe Regente. Na principal delas, o "corpo de comércio da Bahia" reclamou que as apreensões não configuravam uma questão individual, contra os donos das embarcações, mas um "atentado contra a Bandeira e a independência Portuguesa" e um "fato em que tem parte o pundonor e o brio nacional". Mesmo declarando-se favoráveis ao conteúdo do Tratado de Aliança e Amizade, os comerciantes baianos redarguiram que

---

[8] Os dados sobre os apresamentos foram retirados de Alan K. Manchester, *British preeminence in Brazil, its rise and decline: a study in European expansion*. Chapel Hill: University of North Carolina Press, 1933, p. 168. Números mais baixos são fornecidos por V. Alexandre, "O Império luso-brasileiro...", cit., p. 400. Sobre o tema, ver também Santos, *A Convenção de 1817...*, cit., pp. 60-62.

o artigo décimo da convenção dava a entender que a abolição do comércio de africanos "não podia para logo conseguir-se por um efeito repentino, e pronto". Como ensinava o exemplo britânico, a saída consistia em "deixar sazonar pelo tempo, e pouco a pouco os frutos de uma política iluminada, e filosófica", até que a situação permitisse dar cabo desse ramo comercial. Enquanto isso não fosse possível, fazia-se necessário garantir "a prosperidade e a mantença do Brasil", uma vez que "grande parte dos recursos" do país derivava "[d]este mesmo comércio" de africanos. Dada a centralidade desse ramo para a economia da América portuguesa, os comerciantes da Bahia finalizaram sua petição solicitando a D. João uma reparação pelos prejuízos financeiros decorrentes dos ataques da *Royal Navy*, medida vista como necessária não apenas para evitar a "total ruína de suas fortunas", mas para prevenir que "o Comércio Português [...] de uma vez não se venha a aniquilar".[9]

À pressão escravista seguiu-se a de ninguém menos que William Wilberforce, principal representante do movimento abolicionista no Parlamento britânico. Em 14 de julho de 1813, o parlamentar tomou a palavra para propor uma moção com vistas a tornar pública toda correspondência diplomática referente ao comércio de africanos trocada com os representantes portugueses desde a ratificação do Tratado de 1810. A razão, segundo ele, estava no fato de que, "não obstantes os desejos do Príncipe Regente de Portugal de abolir o tráfico negreiro, o comércio de escravos português tinha crescido enormemente desde que nós [britânicos] renunciamos a ele". Ecoando uma leitura muito peculiar dos apresamentos da *Royal Navy*, Wilberforce centrou seu discurso numa suposta piora das condições gerais sob as quais era realizado o comércio de africanos português: se antes, afirmou, os lusitanos traficavam "ao sul da costa oeste da África" com base em

---

[9] *O Investigador Portuguez em Inglaterra ou Jornal Literario, Politico, &c.*, vol. VI, Londres: M. Bryer, Março de 1813, pp. 360-371. A segunda petição, reproduzida na mesma edição d'*O Investigador Portuguez em Inglaterra* (pp. 371-375) se vale dos mesmos argumentos da primeira.

regulações "humanas [...] repletas de precauções", agora eles haviam estendido sua atuação "para o Norte da África, [...] sem as mesmas regulações". O resultado, de acordo com ele, era o amontoamento de africanos em embarcações pequenas e o consequente aumento de sua mortalidade em decorrência de sufocamento, varíola ou outras infecções. Diante do fato, o abolicionista sustentou que não seria de interesse da Grã-Bretanha manter uma aliança com o governo português, já que isso significaria apoiar "um sistema de crueldade e tirania". Para evitar o rompimento, Wilberforce sugeriu que "o [Príncipe] Regente Português deveria ser induzido a corrigir o mal", cumprindo a promessa firmada no Tratado de Aliança e Amizade.[10]

A pressão dos comerciantes da Bahia e dos abolicionistas britânicos reverberou de forma estridente no Rio de Janeiro, com uma intensidade que os apresamentos, sozinhos, não haviam logrado. Preocupada em dar uma resposta ao primeiro grupo, a Secretaria dos Negócios Estrangeiros e da Guerra emitiu, em 14 de junho de 1813, um aviso convocando os proprietários das embarcações capturadas a apresentar "documentos, contas e mais provas" das "perdas e danos sofridos [...] em cada [...] caso separado". A ideia era reunir informações de todo o tipo para requisitar do governo britânico a "justa e devida indenização de tais prejuízos" – tarefa que recairia, dali em diante, sobre os ombros do corpo diplomático português. Como deixou entrever a *Gazeta do Rio de Janeiro*, periódico oficial da coroa que publicou o aviso, a medida servia, entre outras coisas, para não deixar dúvidas de que "o PRINCIPE REGENTE NOSSO SENHOR [...] protege a fortuna de seus vassalos".[11]

---

[10] *The Parliamentary Debates from the year 1803 to the Present Time, vol. XXVI. Comprising the Period between the 11th of May and the Close of Session, 22nd of July, 1813.* London: Printed by T. C. Hansard, 1813, pp. 1212-1215. Ao contrário do que informou *O Investigador Portuguez em Inglaterra*, o discurso de Wilberforce não foi feito no dia 10 de julho de 1813, ocorrendo no dia 14 do mesmo mês. Agradeço a Joseph Mulhern por ter me ajudado a encontrar o discurso de Wilberforce.

[11] O aviso foi comentado na *Gazeta do Rio de Janeiro*, 30/06/1813.

Tal proteção incluía também medidas para abafar a pressão antiescravista vinda da Grã-Bretanha. Ainda que a moção de Wilberforce tenha sido derrotada na Câmara dos Comuns, ela ganhou desdobramentos na imprensa britânica e nos jornais portugueses publicados em Londres, que debateram as acusações do abolicionista de forma acirrada. Para contê-las, D. João publicou o Alvará de 24 de Novembro de 1813, pelo qual regulou a arqueação dos navios empregados no tráfico transatlântico de africanos para o Brasil. Com o conteúdo da nova legislação não deixa dúvidas, seu objetivo era evitar o "tratamento duro e inumano" dado aos africanos durante sua travessia para a América – elemento central da fala de Wilberforce no Parlamento. Para tanto, as embarcações empregadas no tráfico deveriam, a partir de então, respeitar a proporção de dois negros para cada duas toneladas até o limite de 201 toneladas (desse peso em diante, a proporção deveria ser de 1 negro por tonelada adicional); manter em sua tripulação um "cirurgião perito" e destinar um espaço para o funcionamento de uma "enfermaria"; vetar o embarque de pessoas com "moléstia contagiosa"; fornecer aos africanos alimentos "de boa qualidade" e em "suficiente quantidade", além de "duas canadas" de água por dia; ser autorizadas a zarpar apenas mediante "conveniente estado de limpeza" e emprego de "ventiladores" para renovar o ar dos porões; e garantir diariamente um banho de sol e outro com água do mar aos cativos traficados.[12]

Por mais que a primeira medida fosse do interesse direto da coroa e a segunda funcionasse como uma solução de fachada, elas tiveram resultados bastante díspares, que não expressaram propriamente os interesses lusitanos: se o Alvará deixou Portugal momentaneamente fora da mira dos abolicionistas britânicos, a sorte dos traficantes da Bahia não foi tão grande. Ainda que tenha insistido na questão, a diplomacia lusitana não conseguiu reverter as perdas provocadas pelos ataques da *Royal Navy*. Pelo contrário, as apreensões tiveram

---

[12] Alvará de 24 de Novembro de 1813, in: *Coleção das Leis do Brazil de 1813*, Rio de Janeiro: Imprensa Nacional, 1890, pp. 48-55. Para os debates na imprensa e sua relação com o Alvará, ver Santos, *A Convenção de 1817...*, cit., pp. 67-71.

prosseguimento nos anos seguintes, exacerbando as relações anglo-portuguesas. Sem muita saída, a diplomacia lusitana permaneceu em passo de espera, no aguardo de uma nova oportunidade para que o tema pudesse ser recolocado na mesa de negociações. O tão esperado ensejo chegaria no fim de 1814, quando a derrota militar de Napoleão Bonaparte abriu a brecha para a convocação do Congresso de Viena. O problema é que, nesse caso, a oportunidade parecia sorrir também para a Grã-Bretanha, que via no evento uma chance única para pressionar os representantes das principais potências europeias a abolirem o comércio transatlântico de africanos para suas colônias.

Prevendo a necessidade de fazer frente a uma forte ofensiva abolicionista britânica, D. João enviou à capital austríaca um time escolhido a dedo. Para liderar a delegação, o príncipe regente escolheu Pedro de Souza Holstein, futuro Conde de Palmela, plenipotenciário que já estava a cargo das negociações diplomáticas referentes aos navios negreiros apreendidos no Atlântico. Fugindo da prática usual de envio de apenas um representante, ele selecionou dois auxiliares para comporem a comitiva: Antônio de Saldanha da Gama, ex-governador de Maranhão e de Angola, e Joaquim Lobo da Silveira, embaixador português na Rússia. Do Rio de Janeiro, os três receberam ordens expressas para resistir a todo tipo de pressão abolicionista. Para tanto, foram instruídos a buscar uma aproximação com a França e a Espanha, que ainda praticavam o tráfico negreiro, e com a Rússia (daí a escolha de Lobo da Silveira), vista como possível aliada graças à profusão da servidão em seus domínios. Com vistas a evitar qualquer prejuízo aos interesses ligados ao comércio de africanos, os plenipotenciários também receberam ordens para barganhar sobre a injustiça dos apresamentos feitos de 1811. Em último caso, foram autorizados até mesmo a questionar a validade do Tratado de Comércio e Navegação, ameaçando anulá-lo de forma unilateral.[13]

---

[13] Esse parágrafo e os três seguintes estão baseados em Fernanda Bretones Lane, Guilherme de Paula Costa Santos & Alain El Youssef, "The Congress of Vienna and the making of second slavery". *Journal of Global Slavery*, 4, 2019, pp. 162-195.

Ocorre que a intransigência das instruções rapidamente se chocou com o desequilíbrio de forças entre a Grã-Bretanha e os demais participantes do congresso. Antes mesmo que o evento tivesse início, Lord Castlereagh, representante britânico, deu início às tratativas bilaterais com a delegação lusitana. No primeiro encontro com Holstein, ele propôs a simples e imediata abolição do tráfico transatlântico português. Todavia, ciente da radicalidade da oferta, mostrou-se aberto a discutir o fim imediato do comércio negreiro ao norte do Equador e sua abolição total no prazo de cinco anos. Como as alianças com os outros países patinavam – a aproximação com a Rússia não se mostrou fácil, a França já havia concordado com o fim do seu tráfico em cinco anos e a Espanha estava em vias de seguir o mesmo caminho –, os representantes portugueses decidiram abandonar a plataforma desenhada no Rio de Janeiro. Aproveitando-se da segunda oferta de Castlereagh, eles redigiram um memorando ao plenipotenciário britânico sugerindo a abolição imediata do tráfico de africanos português ao norte do Equador e seu término ao sul do mesmo paralelo após oito anos. Em troca, pediram uma indenização aos cruzeiros apreendidos pela *Royal Navy*, a quitação do empréstimo de 600 mil libras esterlinas que os portugueses haviam tomado em 1809, a anulação de um artigo secreto do Tratado de Aliança e Amizade (que previa a transferência dos postos de Cachéu e Bissau para a Grã-Bretanha num período de cinquenta anos) e a revogação completa do Tratado de Comércio e Navegação.

Sem poderes para discutir as convenções firmadas em 1810, Castlereagh recomendou aos portugueses que separassem sua proposta em duas: uma relativa ao tráfico negreiro e outra concernente aos tratados. Eles, no entanto, acabaram apresentando uma única proposta, que de certa forma englobava a demanda do representante britânico. A nova oferta incluía a abolição do comércio português de africanos ao norte do Equador em troca de uma indenização de 300 mil libras esterlinas pelas apreensões dos negreiros portugueses, da anulação da dívida de 600 mil libras esterlinas que o governo lusitano havia contraído com a Grã Bretanha e da possível invalidação do Tratado de Aliança e Amizade. A proposta ainda deixava aberta a possibilidade de revogação do Tratado de Comércio e Navegação em troca de uma futura abolição do tráfico ao sul do Equador, a ser decidida em outra ocasião. Por mais que num primeiro momento não tenha julgado a oferta das mais interessantes, Castlereagh acabou dando aval para que as discussões avançassem. No dia 22 de janeiro de 1815, um novo tratado antitráfico anglo-português foi sacramentado pelas duas coroas de acordo com os termos presentes na proposta original da comitiva lusitana.[14]

O acordo, no entanto, não marcou o fim das iniciativas antiescravistas britânicas no Congresso de Viena. Antes mesmo da assinatura da convenção bilateral, Castlereagh havia avançado em seus esforços contra o comércio negreiro nos encontros gerais. No dia 16 de janeiro de 1815, ele propôs a criação de uma comissão formada por oito países (Grã-Bretanha, Portugal, Espanha, França, Áustria, Rússia, Prússia e Suécia) para discutir uma abolição conjunta do tráfico transatlântico de escravos. A despeito da ferrenha oposição dos representantes ibéricos, a medida foi aprovada. Nos quatro encontros realizados pela comissão, Castlereagh tentou passar uma resolução que previa o fim do comércio de africanos de todos os membros do congresso no prazo de cinco anos, esforçou-se para emplacar o fim imediato do tráfico ao norte do Equador para todas as nações envolvidas no debate e fez votos para a assinatura de uma convenção que comprometesse todos os países da comissão a produzirem relatórios anuais sobre os progressos na eliminação desse ramo comercial. Todavia, graças à resistência liderada pelos plenipotenciários portugueses e pelo espanhol, o máximo que o representante britânico conseguiu foi uma declaração oficial semelhante à que havia sido extraída de D. João em 1810. Por meio dela, todas as potências

---

[14] A convenção anglo-portuguesa de 1815 acabou anulando por completo o Tratado de Aliança e Amizade, de 1810. Para os termos do acordo, cf. Carta de Lei de 8 de Junho de 1815, in: *Collecção das Leis do Brazil de 1815*, Rio de Janeiro: Imprensa Nacional, 1890, pp. 27-31.

que participaram da comissão reconheciam o quanto esse ramo comercial era "contrário aos princípios da humanidade e da moral universal". Mesmo que todos se comprometessem discursivamente com sua extinção, a declaração deixou claro que, para efetivamente ocorrer, a abolição deveria ser precedida por "negociações entre as potências".[15]

Dessa forma, tanto nas conferências bilaterais como nas gerais, a diplomacia portuguesa foi muito bem sucedida na tarefa de neutralizar os impulsos antiescravistas britânicos. Mesmo sacrificando uma região importante para o tráfico transatlântico de africanos dentro do Império português, Holstein, Saldanha da Gama e Lobo da Silveira lograram criar uma zona – notadamente, a mais importante em termos geopolíticos e econômicos para o Império lusitano – na qual o tráfico estava legalmente escudado por tempo indeterminado. Não foi à toa que, depois de 1815, o ministério liderado por D. João pautou sua atuação diplomática na manutenção das conquistas obtidas em Viena com relação ao comércio de africanos, consideradas até mais relevantes que a possível anulação do Tratado de Comércio e Navegação.[16]

Prova disso está na nova convenção sobre o tráfico negreiro celebrada entre Portugal e Grã-Bretanha em 1817. Firmado em julho daquele ano por Holstein e Castlereagh, o acordo teve como propósito "preencher fielmente, e em toda sua extensão as mútuas obrigações" firmadas pelos dois países no Tratado de 1815. Com base nesse princípio, a convenção definiu as condições passíveis de serem classificadas como tráfico ilegal de africanos (art. 1º); delimitou com precisão os territórios nos quais ainda continuava lícito aos portugueses fazerem esse comércio (art. 2º); comprometeu D. João com a aprovação de uma

---

[15] "Declaración del Congreso de Viena sobre Abolición de la Esclavitud", in: Manuel Lucena Salmoral, *Leyes para esclavos: el ordenamiento jurídico sobre la condición, defensa y represión de los esclavos en las colonias de la América española*. Fundación Histórica Tavera, 2000, 1211–1213.

[16] Lane, Santos, Youssef, "The Congress of Vienna...", cit., pp. 162-195.

lei regulando a pena para os súditos que desrespeitassem as delimitações do tratado (art. 3º); obrigou todos os negreiros portugueses a portarem um passaporte assinado por autoridades lusitanas (art. 4º); regulou a inspeção de embarcações suspeitas de tráfico ilegal por navios de guerra de ambos os países (art. 5º, 6º e 7º); regulamentou a criação das Comissões Mistas, responsáveis por julgar delitos ao tratado (art. 8º); e assegurou o pagamento de indenização aos donos de navios apreendidos entre 1º de julho de 1814 e o início da atividade das comissões mistas (art. 9º e 10º), além do montante de 300 mil libras esterlinas (mais juros) ao governo português pelos apresamentos feitos antes 1814 (art. 11º). Ao propor soluções para os problemas resultantes do Tratado de Aliança e Amizade – imprecisões geográficas, indefinição quanto ao que seria evidência de tráfico negreiro ilegal e ausência de procedimento oficial para a inspeção e julgamento de infratores –, a nova convenção deu ainda mais resguardo ao tráfico transatlântico português ao sul do Equador.[17]

Vistos em perspectiva comparativa, os termos da convenção deixam ainda mais evidente o sucesso da diplomacia lusitana na questão do comércio de africanos. No mesmo ano em que foi reafirmado o acordo anglo-português de 1815, os espanhóis sacramentaram um tratado antitráfico com os britânicos. Em troca da abolição total do comércio negreiro no prazo de três anos, a coroa espanhola aceitou receber uma indenização de 400 mil libras esterlinas – valores e desfecho muito menos vantajosos que os obtidos pelos portugueses. Não foi à toa que, em um ofício enviado ao Rio de Janeiro no qual avaliou a assinatura do Tratado anglo-português de 1817, Holstein observou que o novo acordo deixaria Portugal numa posição extremamente confortável perante seus competidores no mercado mundial: "do ano de 1820 em diante", escreveu ele, referindo-se à solução espanhola, "ficaremos,

---

[17] Carta de Lei de 8 de Novembro de 1817, in: *Collecção das Leis do Brazil de 1817*, Rio de Janeiro: Imprensa Nacional, 1890, pp. 74-101. Para as discussões que precederam a aprovação do tratado, cf. Santos, *A Convenção de 1817*..., cit., pp. 107-144.

pois, sendo a única nação que possa continuar licitamente o tráfico de escravos".[18]

A avaliação não podia ser mais correta. No raiar da década de 1820, Portugal despontava como único país capaz não apenas de manter, mas também de expandir legalmente seu tráfico transatlântico de africanos. Holstein e os demais ministros de D. João só não pareciam levar em contar que os ventos liberais vindos da Europa jogariam por terra a estabilidade conseguida a duras penas na década de 1810. As rápidas transformações políticas inauguradas pela Revolução do Porto em 1820 esvaziaram o poder do monarca, que desde 1808 vinha sendo o principal avalista dos interesses negreiros do Império português. Consequentemente, pavimentaram o caminho para novos questionamentos do tráfico negreiro e, pela primeira vez de forma efetiva, da própria escravidão. Na esteira da crise do absolutismo português, as discussões sobre ambos os temas se amplificaram na mesma medida em que a Era das Revoluções produzia uma significativa aceleração do tempo histórico.

Independência, tráfico negreiro e escravidão

Iniciado em agosto de 1820, o movimento constitucionalista português alterou substantivamente o rumo dos acontecimentos relativos ao tráfico negreiro e à escravidão que vinha se desenhando desde a transferência da família real para a América portuguesa. As razões para tanto não são difíceis de entender. Ao convocarem as Cortes Constituintes da Nação portuguesa para se reunirem em Lisboa, os liberais lusitanos moveram uma série de engrenagens políticas,

---

[18] Sobre o Tratado anglo-espanhol, ver David R. Murray, *Odious commerce: Britain, Spain, and the abolition of the Cuban slave trade*. Cambridge: Cambridge University Press, 1980, pp, 50-71. A citação de Palmela foi extraída de Márcia Berbel, Rafael de Bivar Marquese & Tâmis Parron, *Escravidão e política: Brasil e Cuba, 1790-1850*. São Paulo: Hucitec/Fapesp, 2010, p. 133.

econômicas e sociais, cujo manejo escapou rapidamente de suas mãos. Como afirmou Tâmis Parron, o constitucionalismo português "abriu espaços no seio da monarquia para a reorganização, ao mesmo tempo, das relações entre as *partes componentes do Império* – sobretudo, Portugal e Brasil – e das relações entre as *partes constitutivas da sociedade* – monarca e súditos". Se a primeira dessas dimensões incidia diretamente sobre o tráfico negreiro, a segunda atingia mais incisivamente o cativeiro.[19]

No que se refere a suas propostas mais amplas, o movimento constitucionalista teve um início bastante promissor: as exigências de retorno de D. João à antiga capital imperial e de anuência do monarca a uma constituição ainda por ser elaborada foram conquistadas no primeiro semestre de 1821. Dado o aval para o início dos trabalhos, os liberais lusitanos convocaram eleições gerais para a escolha dos representantes de todas as regiões do Império, ao que foram recebidos com entusiasmo em diversos rincões da América portuguesa. Mas, à medida que os deputados da metrópole e do ultramar foram tomando assento nas Cortes, foi ficando claro que as redefinições do *pacto imperial* e do *pacto social* enfrentariam resistências, sobretudo de interesses arraigados na parte americana do Império, receosos da perda do *status* adquirido em 1808 e reforçado em 1815, com a elevação da região à categoria de Reino unido a Portugal e Algarves.[20]

Os primeiros sinais da incompatibilidade entre os projetos políticos formulados dos dois lados do Atlântico apareceram já em finais de 1821, mas somente se mostraram irreconciliáveis no decorrer de 1822. As medidas tomadas pelas Cortes com vistas a recuperar a centralidade política de Portugal dentro do Império – em especial, a exigência de fixação da família real em Lisboa (inclusive do Príncipe

---

[19] Tâmis Parron, *A política da escravidão no Império do Brasil, 1826-1865*. Rio de Janeiro: Civilização Brasileira, 2011, pp. 53, grifos do autor.

[20] Sobre as primeiras conquistas das Cortes e a convocação de eleições, cf. Márcia Regina Berbel, *A nação como artefato: deputados do Brasil nas Cortes portuguesas (1821-1822)*, São Paulo: Hucitec/Fapesp, 1999, pp. 31-81.

Regente D. Pedro, que havia permanecido no Rio de Janeiro) e a tentativa de restaurar a preponderância da antiga metrópole no concerto imperial – deram força ao projeto político de proprietários e negociantes da região Centro-Sul, cujas fortunas haviam sido beneficiadas pela defesa da escravidão desenvolvida pela corte de D. João. Liderado por homens de negócio há muito ligados ao aparato estatal do Rio de Janeiro, esse grupo se uniu em torno de um projeto que prezava inicialmente pela conservação da preponderância americana no conjunto das possessões lusitanas, mas que evoluiu ao longo de 1822 para uma plataforma independentista centrada na manutenção da monarquia (constitucional) e na unidade política da América portuguesa sob a primazia do poder Legislativo.[21]

Mesmo recebendo apoio de primeira hora de setores da Bahia e Pernambuco, o projeto em questão esteve ancorado em um quadro econômico relativamente distinto daquele que a família real havia encontrado em 1808 – e que ela havia muito contribuído para modificar. Distante das condições globais que permitiram o renascimento comercial da virada do século, a independência brasileira foi realizada em uma conjuntura de retração econômica, muito em função do desempenho de seus principais produtos de exportação. Àquela altura, o açúcar sofria com a queda dos preços internacionais e com a concorrência cada vez maior da produção cubana, que passou a abocanhar o mercado norte-americano. Já o algodão, cujo cultivo era beneficiado pela crescente demanda britânica, também foi prejudicado

---

[21] Cecilia Helena Salles Oliveira, *A astúcia liberal: relações de mercado e projetos políticos no Rio de Janeiro (1820-1824)*, Bragança Paulista: EDUSF/Ícone, 1999, especialmente pp. 61-196; e Riva Gorenstein, "Comércio e política: o enraizamento de interesses mercantis portugueses no Rio de Janeiro (1808-1830)", in: Lenira Menezes Martinho & Riva Gorenstein, *Negociantes e caixeiros na sociedade da independência*. Rio de Janeiro: Prefeitura da Cidade do Rio de Janeiro, 1993, pp. 129-222. Para o processo político, ver Lúcia Bastos Pereira das Neves, "A vida política", in: Alberto da Costa e Silva (coord.), *História do Brasil nação, 1808-2010, vol. 1: crise colonial e independência, 1808-1830*. Rio de Janeiro: Objetiva, 2011, pp. 75-113.

pela baixa dos preços, motivada pela concorrência cada vez mais forte dos plantadores do sul dos Estados Unidos, que passaram a ditar o ritmo do mercado mundial do produto. Tal situação impactou diretamente o tráfico negreiro para a Bahia e Pernambuco, que registrou uma diminuição expressiva do número de africanos importados por alguns anos (cf. Gráfico 4). Os carros-chefes da economia do Brasil patinavam justamente no momento em que a Independência despontava no horizonte político.[22]

A exceção ao quadro partia justamente do Centro-Sul, que havia colhido os melhores frutos da estadia da corte no Rio de Janeiro. O enraizamento dos interesses mercantis que se seguiu a 1808 e a forte integração econômica entre Minas Gerais, Rio de Janeiro e São Paulo, davam à região um dinamismo econômico inexistente nas demais partes da América portuguesa à época da Independência. Além da força do seu comércio de abastecimento, o Centro-Sul viu o despontar do surto cafeeiro no Vale do Paraíba. Estimulados pela ligação direta com os mercados consumidores e pela alta dos preços no mercado mundial até 1823, os senhores locais incrementaram significativamente o plantio do produto: da média anual de 1.500 toneladas no quinquênio 1812-1816, a produção do Vale saltou para 6.100 toneladas por ano no quinquênio 1817-1821, até alcançar a marca de 13.500 toneladas anuais no biênio 1822-1823. Frente a uma expansão desse porte, a queda na importação de africanos registrada no ano da Independência não foi tão acentuada e nem se prolongou no tempo, como ocorrido nas províncias mais ao norte (cf. Gráfico 4).[23]

---

[22] Para o quadro geral, ver Virgílio Noya Pinto, "Balanço das transformações econômicas no século XIX", in: Carlos Guilherme Mota (org.), *Brasil em perspectiva*. Rio de Janeiro: Bertrand Brasil, 1995, pp. 127-145. Sobre o açúcar, ver S. B. Schwartz, *Segredos internos*, pp. 337-355. Sobre o algodão, ver T. A. Z. Pereira, *The cotton trade...*, cit., pp. 14-15 e 24-80.

[23] Alcir Lenharo. *As tropas da moderação...*, cit., pp. 60-90; e R. Gorenstein, "Comércio e política...", cit., pp. 1559-188. As informações sobre a cafeicultura foram retiradas de R. de B. Marquese & D. Tomich, "O Vale do Paraíba escravista...", cit., p. 355.

Gráfico 3: *Quantidade de africanos desembarcados no Império do Brasil, 1820-1831*

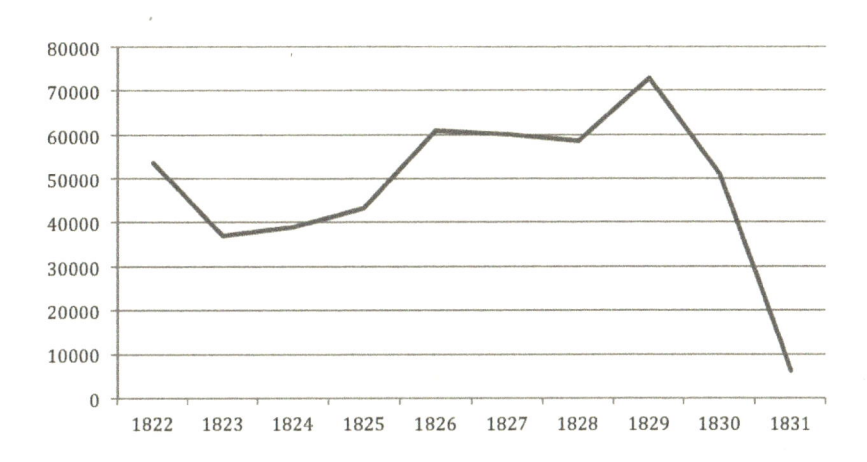

Fonte: www.slavevoyages.org. Acesso em 19/04/2022.

Gráfico 4: *Quantidade de africanos desembarcados no Império do Brasil por região, 1820-1831*

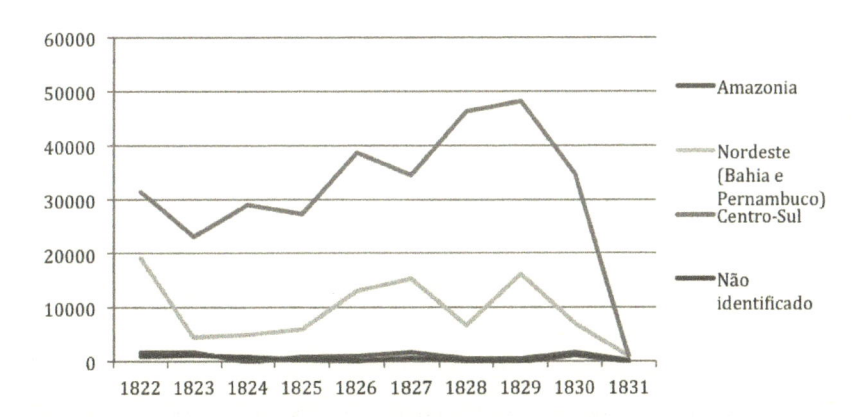

Fonte: www.slavevoyages.org. Acesso em 19/04/2022.

Como o desempenho de todas essas atividades estava atrelado ao tráfico transatlântico de africanos e ao cativeiro, não surpreende que os interesses dos grupos responsáveis pela articulação da Independência fossem profundamente escravistas. O problema é que, ao pôr fim às discussões sobre as *partes componentes do Império*, a emancipação política rompeu o escudo que a diplomacia portuguesa havia conferido ao comércio negreiro e abriu novas oportunidades para a discussão das *partes constitutivas da sociedade* – o que, evidentemente, passava pela escravidão. De um lado, a desagregação do Império português estimulou a ação de forças políticas e sociais que ameaçaram a manutenção do cativeiro. De outro, colocou a Grã-Bretanha numa posição bastante favorável para a obtenção daquilo que ela vinha buscando desde a transferência da família real ao Rio de Janeiro: a definitiva abolição do tráfico de africanos no Atlântico Sul. As duas frentes de combate exigiram a recriação da defesa da escravidão em novas bases, mais afeitas às especificidades do governo constitucional – algo que demandou um aprendizado e levou certo tempo para ser obtido.

Ao que tudo indica, o questionamento mais imediato à ordem escravista durante o processo de independência veio dos próprios cativos. Atentos às fissuras que opunham os homens livres e aos discursos que propalavam a liberdade, alguns deles encontraram na fundação do Estado nacional brasileiro uma série de brechas para se livrarem do cativeiro. Na Bahia, onde a emancipação política foi acompanhada por uma ferrenha guerra que se estendeu até 1823, houve cativos que se valeram da conjuntura para fugir ou organizar rebeliões, enquanto outros aderiram às forças militares nativas com a esperança de serem agraciados com a liberdade ao fim do conflito. No Rio de Janeiro, onde se concentravam as instituições políticas, escravos chegaram a recorrer aos canais abertos pelo constitucionalismo para reivindicar sua alforria. Esse foi o caso de Inácio Rodrigues e outros cativos da Corte, que enviaram um requerimento à Assembleia Nacional Constituinte solicitando a concessão de sua liberdade depois de perderem um processo aberto contra sua senhora no Tribunal da Suplicação. Todavia, os resultados dessas iniciativas não foram tão animadores quanto as expectativas anunciavam: enquanto as revoltas foram logo sufocadas e muitos dos escravos que lutaram nas guerras de independência foram restituídos aos seus senhores ao término dos embates entre "brasileiros" e "portugueses", Inácio Rodrigues e seus colegas não tiveram sua demanda atendida pelos constituintes. Como o tempo não tardaria a mostrar, a disrupção provocada pela independência logo deu lugar à refundação da ordem escravista.[24]

Para tanto, foram centrais os debates transcorridos nas instituições representativas e nos novos espaços públicos criados a partir de 1820, que logo se converteram na maior ameaça ao cativeiro durante o processo independentista. Juntamente com as discussões sobre o tema travadas na imprensa recém-libertada das amarras da censura, a inauguração da Assembleia Constituinte brasileira, em maio de 1823, em muito contribuiu para a criação de uma nova cultura política que amplificou as discussões sobre o lugar da escravidão no novo Estado nacional. Nos cerca de seis meses em que esteve em funcionamento, a Assembleia ateve-se a três temas que, dentre tantos outros, mostravam-se centrais para a constituição do novo regime: a delimitação da cidadania, a abolição do cativeiro e o futuro do tráfico transatlântico de escravos.[25]

---

[24] Para a rebeldia escrava, ver João José Reis, "O jogo duro do Dois de Julho: o "partido negro" na independência da Bahia", in: J. J. Reis & E. Silva, *Negociação e conflito: a resistência escrava no Brasil escravista*. São Paulo: Companhia das Letras, 1989, pp. 79-98; e, do mesmo autor, *Rebelião escrava no Brasil: a história do Levante dos Malês em 1835*. Edição revista e ampliada, São Paulo: Companhia das Letras, 2003, pp. 94-98. Para o alistamento de cativos nas forças que lutaram pela independência, cf. Hendrik Kraay, "'Em outra coisa não falavam os pardos, cabras, e crioulos': o 'recrutamento' de escravos na guerra da independência na Bahia". *Revista Brasileira de História*, v. 22, n. 43, 2002, pp. 109-122. Para o requerimento dos escravos à Constituinte, ver Jaime Rodrigues, "Liberdade, humanidade e propriedade: os escravos e a Assembleia Constituinte de 1823". *Revista do Instituto de Estudos Brasileiros*, n°. 39, 1995, pp. 159-167.

[25] Sobre a formação de uma nova cultura política, ver Lúcia Maria Bastos Pereira da Neves, "Estado e política na independência", in: K. Grinberg & R. Salles (orgs.), *O Brasil Império: volume 1 (1808-1831)*. Rio de Janeiro: Civilização

Os debates sobre o primeiro desses temas muito se valeram da experiência das Cortes de Lisboa, que inscreveu na Constituição portuguesa de 1822 uma concepção ampla de cidadania, acessível a todos os homens livres (incluídos os libertos), sem qualquer distinção de cunho racial. Partindo do chão comum gestado na antiga metrópole, o projeto original de Constituição do Império do Brasil estipulava que "os escravos que obtiverem carta de alforria" seriam considerados "membros da sociedade". No entanto, conforme os debates no Rio de Janeiro transcorreram e a noção de "membros" foi alterada para a de "cidadãos", a definição do tema imiscuiu-se ainda mais ao futuro do tráfico transatlântico de africanos e da escravidão. Na tribuna, houve grande polarização entre os que – como José da Silva Lisboa – defendiam a inclusão dos libertos africanos na definição da cidadania e aqueles – como João Severiano Maciel da Costa – que pregavam sua exclusão: enquanto os primeiros patrocinavam a indistinção entre os dois grupos tendo em vista medidas preparatórias para a abolição do comércio negreiro e do cativeiro, os últimos propugnaram a diferenciação entre libertos africanos e nascidos no Brasil como prerrogativa para a manutenção indefinida da escravidão no Brasil e, porventura, do próprio tráfico.[26]

Não à toa, as disputas envolvendo a cidadania possuíam conexão intrínseca com o artigo 254 do projeto constitucional, de autoria provável de José Bonifácio de Andrada e Silva. Afinado às propostas de sua *Representação à Assembleia Geral Constituinte e Legislativa do Império do Brasil sobre a Escravatura*, redigida em 1823, mas publicada em Paris somente dois anos mais tarde, o artigo em questão incumbia o poder Legislativo do Império a criar "estabelecimentos

---

Brasileira, 2009, pp. 97-136. Para o papel dos espaços públicos, cf. Marco Morel, *As transformações dos espaços públicos: imprensa, atores políticos e sociabilidades na cidade imperial (1820-1840)*. São Paulo: Hucitec, 2005, especialmente pp. 200-222.

[26] Berbel, Marquese, Parron, *Escravidão e política...*, cit.,, pp. 150-174. Para a definição de cidadania adotada em Lisboa, ver ainda o artigo 21º da Constituição de 23 de Setembro de 1822.

para a catequese, e civilização dos índios, emancipação lenta dos negros, e sua educação religiosa, e industrial". Em outras palavras, ele criava mecanismos para a abolição gradual da escravidão sem qualquer interferência do Executivo, solução que representaria um duro golpe nos setores vinculados ao cativeiro. Quando a plataforma antiescravista conseguiu uma importante vitória na discussão sobre a cidadania, garantindo o pleno acesso aos direitos políticos e sociais aos forros oriundos da África, a aprovação do artigo 254 parecia bastante factível dentro da relação de forças desenhada na Constituinte. Essa possibilidade foi, no entanto, abruptamente interrompida em 12 de novembro de 1823. O fechamento da Assembleia por D. Pedro I e a subsequente designação de defensores do cativeiro – entre eles, Maciel da Costa – para o comitê encarregado da redação da primeira constituição brasileira decretariam a derrota dos setores antiescravistas presentes na Constituinte.[27]

Na Carta outorgada em 25 de março de 1824, o artigo 254 foi sumariamente eliminado, juntamente com todas as referências textuais diretas à escravidão. Não obstante esses silenciamentos, a Constituição conferiu ampla legitimidade jurídica ao cativeiro por meio de seu artigo 179, que deu à propriedade – "em toda sua plenitude" – o *status* de direito civil inviolável. A decisão trouxe implicações diretas para a concepção de cidadania adotada pela nova nação, que reavivou o projeto derrotado no plenário. De acordo com artigo 6 da Carta de 1824, apenas os libertos "que no Brasil tiverem nascido" eram considerados "brasileiros". Ainda que essa definição de cidadania fosse bastante inclusiva para os padrões vigentes no século XIX, garantindo aos libertos nascidos em território nacional a faculdade de participar da primeira fase das eleições, a exclusão dos seus congêneres africanos

---

[27] O artigo 254 pode ser consultado em *Projeto de Constituição para o Império do Brasil*, p. 46. Ele possui muitas afinidades com a *Representação à Assembleia Geral Constituinte e Legislativa do Império do Brasil sobre a Escravatura por José Bonifácio de Andrada e Silva, Deputado à dita Assembleia pela Província de São Paulo*, Paris, Typographia de Firmin Didot, 1825. Para o quadro completo, ver Berbel, Marquese, Parron, *Escravidão e política...*, cit., pp. 163-174.

funcionou como pré-requisito para a recriação do cativeiro em bases nacionais.[28]

Algo semelhante só não aconteceu com o tráfico transatlântico de africanos devido ao papel que o antiescravismo britânico desempenhou no desenlace dessa questão. Vale lembrar que, quando a Assembleia Constituinte iniciou seus trabalhos, grupos ligados ao cativeiro nas duas margens do Atlântico tentavam levar adiante um projeto político que tinha por objetivo proclamar a independência de Angola e incorporá-la ao corpo político do Império. A união entre as ex-colônias portuguesas era vista como elemento essencial para a manutenção das conquistas diplomáticas lusitanas relativas ao comércio negreiro, uma vez que ela jogaria o tema para o âmbito da soberania nacional, enfraquecendo as investidas antiescravistas britânicas. Sinais não faltaram nesse sentido: enquanto dois dos três deputados eleitos em Angola para as Cortes de Lisboa optaram por permanecer no Rio de Janeiro e "abraçar a causa do Brasil", comerciantes de Benguela impulsionaram a ideia de uma união política com o Império. O projeto, é verdade, chegou a ameaçar as primeiras negociações travadas entre Felisberto Caldeira Brant Pontes, representante brasileiro em Londres, e George Canning, ministro do *Foreign Office*, para o reconhecimento da independência brasileira pela Grã-Bretanha. Todavia, acabou barrado pelas dificuldades que impunha à consolidação do projeto emancipacionista centrado no Rio de Janeiro.[29]

---

[28] Idem, pp. 168-172; e *Constituição Política do Império do Brasil*, especialmente arts. 6 e 179.

[29] Luiz Felipe de Alencastro, *Le commerce des vivants: traite des esclaves et "Pax lusitana" dans l'Atlantique sud*. Paris: Universidade de Paris X, 1986 (tese), pp. 439-440 ; e José Honório Rodrigues, *Brasil e África: outro horizonte,* Rio de Janeiro: Civilização Brasileira, 1961, pp. 130-38. Para as negociações diplomáticas com a Grã-Bretanha, ver Guilherme de Paula Costa Santos, *No calidoscópio da diplomacia: formação da monarquia constitucional e reconhecimento da independência e do Império do Brasil, 1822-1827*. São Paulo: FFLCH-USP, 2015 (tese), pp. 124-127 e 168-169.

Desde o início das consultas diplomáticas, ficou manifesto que não haveria reconhecimento britânico sem a contrapartida da abolição do tráfico – o que passava, evidentemente, pela desistência da união com Angola. Desde sua posse, em setembro de 1822, a administração Canning havia deixado claro que "nenhum Estado do Novo Mundo" seria reconhecido caso não tivesse "francamente e completamente abolido o comércio de escravos". O problema é que a reivindicação britânica se chocava frontalmente com os interesses dos grupos que estavam por trás da emancipação política brasileira. Cientes da situação, tanto os representantes brasileiros como os britânicos atuaram com cautela no tratamento da questão. Ainda que as conversas bilaterais tenham alinhavado um acordo para a abolição do tráfico em curto período de tempo (que variou ao longo das negociações), a percepção da fraqueza do governo de D. Pedro I fez com que os britânicos cozinhassem a proposta em banho maria. Tanto no Rio de Janeiro como em Londres, temia-se que a iniciativa produzisse mais instabilidade política, deixando o novo regime sem força suficiente para cumprir um acordo cujo conteúdo ia contra os anseios de boa parte da população.[30]

Essa percepção foi reforçada quando a Assembleia Constituinte de 1823 tratou do tema em uma sessão secreta, ocorrida em 16 e 17 de outubro daquele ano. Na ocasião, os representantes brasileiros discutiram a proposta britânica de reconhecimento da independência brasileira em troca do fim do tráfico transatlântico de africanos no prazo de um ano. Depois de dois dias de acalorados debates, os constituintes autorizaram o Executivo a continuar as tratativas com os representantes britânicos, desde que a contrapartida para a abolição fosse a manutenção da independência, da integridade do

---

[30] Santos, *No calidoscópio da diplomacia...*, cit., pp. 119-120, 142 e 159-166, citação da p. 103; e L. Bethell, *A abolição do comércio brasileiro de escravos*, pp. 49-69. Para o quadro mais amplo, ver D. A. G. Waddell, "A política internacional e a independência da América Latina", in: L. Bethell (org.), *História da América Latina: da independência a 1870, vol. III*. Tradução Maria Clara Cescato, São Paulo: Edusp, 2009, pp. 231-265.

Império e de seu sistema constitucional. Até aí, a deliberação esteve em pleno acordo com o espírito do gabinete nomeado por D. Pedro I. A distinção se daria justamente nos últimos pontos definidos pelos representantes da nova nação. Diferindo daquilo que estava sendo desenhado nas negociações bilaterais, os constituintes estabeleceram um prazo de quatro anos para a abolição definitiva do comércio negreiro e exigiram que o tratado passasse pela Assembleia, onde deveria ser aprovado para entrar em vigor. Estava dada a largada para a disputa pela primazia do poder político que oporia Executivo e Legislativo durante o restante do Primeiro Reinado.[31]

Tal qual havia ocorrido nas questões da cidadania e da escravidão, a resolução da Assembleia quanto ao tema dos tratados teve impacto direto sobre o conteúdo da Constituição de 1824. Em clara resposta ao que os constituintes haviam delimitado, a carta outorgada incluiu, entre as competências do poder Executivo, a atribuição de "dirigir as negociações diplomáticas com nações Estrangeiras", inclusive as que tivessem como propósito "fazer Tratados de Aliança ofensiva, e defensiva, de subsídio e comércio". Somente "depois de concluídos", esses tratados deveriam ser levados "ao conhecimento da Assembleia Geral, quando o interesse, e segurança do Estado permitirem". A exceção ficava por conta das convenções concluídas "em tempo de paz" que envolvessem "cessão, ou troca de Território do Império, ou de Possessões, a que o Império tenha direito". Nesses casos, os acordos não seriam "ratificados, sem terem sido aprovados pela Assembleia Geral". Com isso, D. Pedro I e seus aliados buscavam anular as investidas do Legislativo sobre as negociações com a Grã-Bretanha.[32]

Em que pese a letra da Constituição, o governo imperial não conseguiu livrar-se inteiramente da experiência de 1823. Isso fica evidente

---

[31] Santos, *No calidoscópio da diplomacia...*, cit., pp. 192-225. Um grupo de constituintes formado por Pedro de Araújo Lima (futuro regente e senador), Maciel da Costa e outros fez questão de registrar seu voto contrário à extinção do tráfico transatlântico de africanos e ao prazo de quatro anos para sua supressão.

[32] *Constituição Política do Império do Brasil*, art. 102.

nas instruções que Luís José de Carvalho e Melo redigiu para Caldeira Brant em janeiro de 1824, já em posse do esboço da Constituição outorgada. Na ocasião, além de solicitar ao representante brasileiro que não oferecesse explicitamente a abolição do tráfico em troca do reconhecimento da independência, o ministro recomendou que ele negociasse as duas questões em convenções distintas. No caso do comércio negreiro, as tratativas deveriam iniciar com a oferta de sua supressão em "oito anos depois da assinatura e ratificação do presente Tratado". Caso o governo britânico se mostrasse irredutível, Brant recebeu autorização para diminuir esse prazo para "até quatro anos", sendo impossibilitado de ir além "por já ser indicado este prazo pela extinta Assembleia Geral".[33]

Ocorre que, assim que chegou a Londres, em abril de 1824, Caldeira Brant se deu conta de que as instruções haviam caducado. No primeiro encontro que teve com Canning, o representante brasileiro foi comunicado de que as negociações entre o Império e a Grã-Bretanha seriam temporariamente suspensas até que o Brasil resolvesse todas as pendências relativas à sua independência com o governo português. Dessa forma, a questão do tráfico negreiro ficou sem desenvolvimento por mais de um ano, tempo no qual os lusitanos colocaram uma pá de cal nos projetos de união entre Brasil e Angola. No Tratado de Paz e Aliança de 29 de Agosto de 1825, que selou os termos da emancipação política brasileira com a antiga metrópole, D. Pedro I se comprometeu a "não aceitar proposições de quaisquer colônias Portuguesas para se unirem ao Império" (art. 3º). Dali em diante, as conversas com os britânicos poderiam continuar, nos que termos que o *Foreign Office* julgava mais convenientes.[34]

---

[33] Santos, *No calidoscópio da diplomacia...*, cit., pp. 266-276.
[34] Idem; e L. Bethell, A abolição do comércio brasileiro de escravos, pp. 70-73. Ver também Tratado de Paz, e Alliança entre o Senhor D. Pedro I Imperador do Brasil, e D. João VI Rei de Portugal, assignado no Rio de Janeiro em 29 de Agosto de 1825, e ratificado por parte do Brasil em 30 do dito mez, e pela de Portugal em 15 de Novembro do mesmo anno, in: Antonio Pereira Pinto, *Apontamentos para o direito internacional ou collecção completa dos tratados celebrados pelo*

Com o caminho livre, os britânicos, enfim, puderam retomar suas investidas antiescravistas contra o governo do Rio de Janeiro. Charles Stuart, o mesmo representante que havia intermediado as negociações entre brasileiros e portugueses, foi enviado ao Brasil para sacramentar a convenção. As negociações bilaterais terminaram em novembro de 1825 com o compromisso de término do tráfico transatlântico de africanos no período de quatro anos e a classificação do comércio negreiro como "pirataria". Mas, ainda que os termos mais significativos do acordo fossem do seu agrado, Canning não ficou satisfeito com dois outros pontos. Em sua visão, o preâmbulo, que descrevia a convenção como resultado direto dos "sentimentos do [...] coração" de D. Pedro I, poderia ser lido com hostilidade pelos grupos brasileiros ligados ao cativeiro. No mais, o chefe do *Foreign Office* avaliou que a ausência de referências aos compromissos que o Brasil havia herdado de Portugal – nominalmente, os tratados de 1815 e 1817 –, ameaçavam a preservação da ascendência britânica sobre o Império. Em vista desses problemas, Canning vetou o texto negociado por Stuart, o que fez com que a resolução do caso atrasasse mais um ano, até que Robert Gordon, novo encarregado britânico, desembarcasse no Rio de Janeiro com instruções mais precisas de Londres.[35]

Desde que o texto selado por Stuart foi divulgado pelo *Diario Fluminense*, em novembro de 1825, o tema foi ganhando cada vez mais destaque nos espaços públicos do Rio de Janeiro, especialmente na imprensa, que passou a debater com intensidade cada vez maior o tema. Quando o Parlamento brasileiro iniciou suas atividades, em maio de 1826, o tráfico transatlântico de escravos havia se tornado um assunto de primeira ordem dentro do debate político nacional. Tanto que, com menos de um mês de trabalhos parlamentares, José Clemente

---

Brasil com differentes nações estrangeiras. Acompanhada de uma notícia histórica, e documentada sobre as Convenções mais importantes, tomo I, Rio de Janeiro: F. L. Pinto & C.ªLivreiros Editores, 1864, pp. 321-327.

[35] L. Bethell, A abolição do comércio brasileiro de escravos, pp. 72-79. O texto do acordo firmado por Stuart foi publicado pelo *Diario Fluminense*, 14/11/1825.

Pereira, deputado pelo Rio de Janeiro, apresentou um projeto para a extinção futura do comércio negreiro em 1º de Janeiro de 1841, em provável afronta ao prazo da convenção bilateral firmada por Stuart. No parecer que o projeto recebeu da Comissão de Legislação e de Justiça Civil, o término do tráfico foi encurtado para seis anos – com início programado para 1º de janeiro de 1832 –, período ainda superior aos quatro anos estabelecidos pela Constituinte e pelo primeiro acordo selado com o governo britânico.[36]

Diante da disputa em torno dos anos em que o tráfico ainda poderia ser feito, não surpreende que o Tratado anglo-brasileiro de 1827 tenha gerado problemas para D. Pedro I. Concluída em 23 novembro de 1826, a convenção possuía um texto bastante simples, afeito aos desejos de Canning, mas nada interessante aos olhos escravistas. Em seu ponto mais relevante, ela delimitou o fim do tráfico transatlântico de africanos em três anos a contar de sua ratificação pelos dois países – prazo inferior ao exigido pela Assembleia Constituinte, ao do projeto de Clemente Pereira e ao recomendado pela comissão da Câmara. No mais, o tratado manteve a classificação do comércio de escravos como "pirataria" – ponto presente no acordo não homologado de 1825 – e renovou os "artigos e disposições" dos tratados de 1815 e 1817, o que incluía o reestabelecimento das comissões mistas do Rio de Janeiro e de Serra Leoa para o julgamento das embarcações que infringissem a convenção e a classificação dos africanos contrabandeados como libertos.[37]

---

[36] Para os debates nos espaços públicos, cf. Youssef, *Imprensa e escravidão...*, cit., 2016, pp. 93-101. Para o projeto de Clemente Pereira, cf. Parron, *A política da escravidão...*, cit., pp. 63-64.

[37] Convenção entre o Senhor D. Pedro I Imperador do Brasil, e Jorge IV Rei da Grã-Bretanha, com o fim de pôr termo ao commercio de escravatura da Costa d'África, assignada no Rio de Janeiro em 23 de Novembro de 1826, e ratificada por parte do Brasil no mesmo dia, e anno, e pela Grã-Bretanha a 28 de Fevereiro de 1827, in: A. Pereira Pinto, *Apontamentos para o direito internacional*, pp. 389-393.

Por ter sido assinado durante o recesso parlamentar, sem a consulta da Câmara dos Deputados, o Tratado anglo-brasileiro de 1827 suscitou, nas palavras de Tâmis Parron, "não apenas o problema da escravidão, mas também o da soberania nacional e suas competências". Assim que os trabalhos parlamentares foram iniciados, em maio de 1827, Maciel da Costa, recém-promovido a ministro dos Negócios Estrangeiros, apresentou o documento aos deputados, de modo que eles pudessem avaliar seu conteúdo. Ao chegar na Câmara, o tratado foi enviado à Comissão de Diplomacia e Estatística, que emitiu um parecer em 16 de julho, aprovando-o. De acordo com a avaliação da comissão, a convenção era bem vinda por estar de acordo com as "luzes do século", que "não permitiam a continuação de semelhante comércio". Não fossem os votos em separado, publicados na imprensa fluminense por Luiz Augusto May e Raimundo José da Cunha Matos, com críticas ferrenhas ao parecer final escrito por seus colegas de comissão, o assunto provavelmente estaria encerrado. Para o azar de D. Pedro I, não foi o que aconteceu.[38]

Enquanto May atacou o tratado por sua suposta inconstitucionalidade – para o parlamentar do Rio de Janeiro, a Carta de 1824 obrigava a convenção a receber o beneplácito do Legislativo antes de ser ratificada –, seu colega centrou suas críticas no âmbito da escravidão. De acordo com Cunha Matos, deputado por Goiás, o Tratado anglo-brasileiro era derrogatório "da honra, interesse, dignidade, independência, e Soberania da Nação Brasileira" por sete razões: 1) ele contrariava a "lei Fundamental" do Império por tirar do Parlamento o "direito de legislar" e por sujeitar cidadãos brasileiros a tribunais ingleses; 2) ele atacava o comércio do país, "circunscrito a mui poucos ramos" em razão dos acordos comerciais firmados com a Grã-Bretanha desde 1808; 3) ele arruinaria a agricultura brasileira, tendo em vista que "Pretos e Pardos" eram os únicos capazes de aguentar os "extremamente pesados [...] trabalhos rurais do Império do Brasil"; 4) ele aniquilaria a navegação nacional ao deixar "sem emprego um

---

[38] Parron, *A política da escravidão...*, cit., pp. 64-65; e Santos, *No calidoscópio da diplomacia...*, cit., pp. 375-376.

avultado número de navios, e Marinheiros"; 5) ele levaria à diminuição das rendas do Estado, colocando em risco o futuro das finanças públicas; 6) ele deixaria o Brasil sem "uma massa de população tão forte, que [...] chegaria ao estado de nos dar Cidadãos ativos e intrépidos defensores da nossa Pátria"; e 7) ele desviaria o curso natural da abolição, fazendo com que ela fosse resultado de um processo artificial, em nada pautado na diminuição paulatina do volume do tráfico. Diante desses motivos, Cunha Matos recriminou a "forçada abolição do Comércio de Escravos" e o "inconstitucional Decretamento do crime de Pirataria, e todas suas bárbaras consequências".[39]

Os textos de May e de Cunha Matos não foram suficientes para reverter a assinatura do Tratado anglo-brasileiro de 1827, mas eles deixaram dois legados importantes, que influíram diretamente no devir histórico do Império do Brasil. O primeiro diz respeito ao desenvolvimento de um arcabouço argumentativo para o conjunto de práticas e discursos que conformaria a *política da escravidão*, sobretudo em sua primeira fase, quando ela ganhou a forma de uma *política do contrabando negreiro*. Diferentemente da defesa do cativeiro que vigorou no Antigo Regime português, cuja base era constituída pelo Direito Natural, o arrazoado de Cunha Matos esteve ancorado num "paternalismo liberal" que combinava uma das principais características da escravidão brasileira (a prática da alforria) com um dos dispositivos centrais da Constituição de 1824 (a concessão da cidadania para os libertos nascidos em território nacional). Nas palavras de Cunha Matos, ao invés de serem "sacrificados na África", seria melhor aos "pretos escravos" serem "conduzidos para o Brasil, onde podem vir a ser muito menos desgraçados", isto é, obter sua liberdade e ver seus descendentes gozarem dos direitos civis e políticos conferidos a todos os cidadãos.[40]

---

[39] *Diário Fluminense*, 09/07/1827. O parágrafo também está baseado em Parron, *A política da escravidão...*, cit., pp. 64-72; e Youssef, *Imprensa e escravidão...* cit., pp. 101-104.

[40] Parron, *A política da escravidão...*, cit., pp. 64-72. A citação foi retirada do *Diário Fluminense*, 09/07/1827.

Já o segundo legado esteve relacionado ao destino político de D. Pedro I. A presumida inconstitucionalidade do Tratado anglo--brasileiro de 1827 ensejou uma luta política entre Executivo e Legislativo que teve como ponto de chegada a aprovação da lei de 14 de Julho de 1831. Responsável por regular a eleição e delimitar as atribuições da Regência Permanente[41], a legislação proibiu os ocupantes temporários do Executivo de ratificar qualquer convenção internacional "sem preceder aprovação da Assembleia Geral" (art. 20°). A inclusão desse tópico na lei que definiu os marcos de atuação do Executivo durante a menoridade do futuro imperador[42] dá a dimensão do quanto a convenção de abolição do tráfico negreiro – somada, evidentemente, aos acordos para o reconhecimento da independência e aos tratados comerciais firmados com França e Grã-Bretanha – influiu para a abdicação do primeiro imperador brasileiro, em 7 de Abril daquele ano. Para além do fato de reforçar a pecha de absolutista de D. Pedro I, o tratado antitráfico representou um verdadeiro rompimento do monarca com os setores escravistas que haviam encampado o projeto independentista ao seu lado. A eles, se somariam ainda aqueles que eram contrários ao comércio negreiro, mas que também se voltaram contra o imperador à medida que o prazo para a extinção do tráfico se aproximava e o governo se mostrava incapaz de adotar

---

[41] De acordo com a Constituição de 1824, o Imperador era considerado menor de idade até completar 18 anos. Enquanto isso não ocorresse, o Brasil deveria ser governado por um "Parente mais chegado do Imperador, segundo a ordem da Sucessão, e que seja maior de vinte e cinco anos". Como, no caso de D. Pedro II, não havia ninguém que preenchesse esses pré-requisitos, seguiu-se o artigo 123 da mesma Constituição, que previa a nomeação de uma "Regência Permanente" composta de três membros pela Assembleia Geral. Cf. *Constituição Política do Império do Brasil*, capítulo V do Título 5°.

[42] Quando D. Pedro I abdicou do trono, em 7 de abril de 1831, seu herdeiro direto tinha apenas 5 anos, o que o tornava constitucionalmente inapto para assumir a Coroa. Em razão disso, seu filho seria coroado como D. Pedro II apenas em 23 de julho de 1840, em razão do chamado "golpe da maioridade", que antecipou o ocorrido em alguns anos.

qualquer medida para amenizar a falta de braços que ameaçava o horizonte da agricultura brasileira.[43]

Enquanto o reinado de D. Pedro I naufragava e o fim do tráfico se aproximava, os senhores alteraram o padrão de compra de escravos visando prevenir-se de dificuldades futuras. Desde o momento em que a imprensa passou a divulgar as primeiras versões do Tratado anglo-brasileiro de 1827, as importações de cativos aumentaram de forma desenfreada: dos mais de 43 mil africanos desembarcados em 1825, os números saltaram para a casa dos 60 mil entre 1826 e 1828, até atingir a surpreendente marca de 73 mil no ano que antecedeu a extinção estipulada pela convenção internacional. Embalada pelo desenvolvimento da cafeicultura e por seu vigoroso mercado interno, a região Centro-Sul foi a maior responsável por esses números, com quase 195 mil africanos importados no mesmo período – aproximadamente 65% de todo o montante (cf. gráficos 3 e 4). Além disso, os dados existentes apontam para uma maior importação de mulheres africanas em comparação com o período anterior, o que pode indicar o intuito dos senhores de incentivar a reprodução vegetativa da escravidão, a exemplo do que vinha ocorrendo no Sul dos Estados Unidos. Assim, tanto no que diz respeito à quantidade de cativos importados como no que se refere aos padrões demográficos que marcaram a fase final do comércio legal de africanos, o horizonte de expectativas dos agentes históricos brasileiros dava o tráfico transatlântico de escravos como favas contadas.[44]

Aliada às disputas travadas entre Executivo e Legislativo, essa percepção do futuro contribuiu para a aprovação da lei de 7 de

---

[43] Parron, *A política da escravidão...*, cit., pp. 72-80; Amado Luiz Cervo, *O Parlamento brasileiro e as relações exteriores (1826-1889)*. Brasília: UnB, 1981, pp. 5-9; e Youssef, *Imprensa e escravidão...*, cit., pp. 105-110. A Lei de 14 de Junho de 1831 pode ser consultada em *Collecção das Leis do Império do Brazil de 1831, Primeira Parte*, Rio de Janeiro: Typographia Nacional, 1875, pp. 19-23.

[44] Sobre a questão das mulheres africanas, ver Manolo Florentino e José Roberto Góes, *A paz nas senzalas: famílias escravas e tráfico atlântico*, Rio de Janeiro, c. 1790-c. 1850. Rio de Janeiro: Civilização Brasileira, 1997, pp. 59-71.

novembro de 1831, primeiro dispositivo nacional contra o tráfico negreiro. Interessados em reforçar a preponderância da Câmara frente ao Executivo e ao acordo bilateral firmado com a Grã-Bretanha, os parlamentares aprovaram uma legislação ainda mais severa que o Tratado anglo-brasileiro de 1827. Entre suas principais novidades estavam a libertação de todos os africanos desembarcados em território nacional, considerados "livres" (e não libertos) dali em diante (art. 1º); e a ampliação da noção de "importadores", que passou a incluir, além da tripulação do navio negreiro, os responsáveis pelo "frete", todos que haviam se envolvido de alguma forma com o financiamento da embarcação e até mesmo os proprietários que adquirissem africanos contrabandeados (art. 2º).[45]

A julgar pelo seu conteúdo, a legislação de 7 de novembro de 1831 foi concebida como um mecanismo legal para selar definitivamente o destino do tráfico transatlântico de africanos para o Brasil, e não para ser uma "lei pra inglês ver", como parte da historiografia propugnou por muitas décadas. Mas, ao ser enormemente desrespeitada nas duas décadas seguintes, ela acabou apenas assinalando o desfecho de um período marcado pelas intermediações entre o processo de independência brasileiro e as transformações na escravidão e no comércio de africanos para o país.[46]

---

[45] Lei de 7 de Novembro de 1831, in: *Collecção das Leis do Império do Brazil de 1831, Primeira Parte*, pp. 182-184.

[46] A ideia da "lei pra inglês ver" teve sua origem no século XIX e atravessou alguns trabalhos historiográficos que trataram da abolição do tráfico negreiro, como os de Leslie Bethell, *A abolição do comércio brasileiro de escravos*, cit., p. 94; José Murilo de Carvalho, *A construção da ordem: a elite política imperial. Teatro de sombras: a política imperial*. Rio de Janeiro: Civilização Brasileira, 2006, p. 294; e Clóvis Moura, *Dicionário da escravidão negra no Brasil*, São Paulo: Edusp, 2004, pp. 240-241. Para os estudos que combateram essa ideia, cf. Manolo Florentino, *Em costas negras: uma história do tráfico de escravos entre a África e o Rio de Janeiro (séculos XVIII e XIX)*. São Paulo: Companhia das Letras, 1997, pp. 37-60; Parron, *A política da escravidão...*, cit., pp. 84-90; Youssef, *Imprensa e escravidão...*, cit., pp. 111-120; e Beatriz Mamigonian, *Africanos livres: a abolição do tráfico de escravos no Brasil*. São Paulo: Companhia das Letras, 2017, pp. 58-89.

Conclusão

Em artigo publicado em 1988, por ocasião das celebrações do centenário da abolição do cativeiro no Brasil, José Murilo de Carvalho debateu as transformações que a escravidão havia sofrido durante a passagem da colônia para a nação independente. De acordo com o autor, enquanto no primeiro período teria prevalecido uma "razão colonial", marcada pela defesa do cativeiro como instituição central para a efetivação do processo colonizador, no segundo teria preponderado uma "razão nacional" que via na escravidão um "obstáculo intransponível [...] no caminho da construção da nação brasileira". Ao recorrer a esses dois conceitos, o autor buscava reatualizar a interpretação de seu livro *A construção da ordem/Teatro de sombras*, no qual havia dado a entender que a "elite política imperial" – grupo apartado das bases materiais da sociedade – teria transformado o Estado imperial, desde seus primórdios, em uma espécie de força antiescravista. Dentro desse quadro, as concessões dos homens de Estado aos senhores de escravos teriam sido meramente circunstanciais, fruto da impossibilidade dos primeiros de eliminar uma instituição que funcionava como sua "galinha dos ovos de ouro", recheando os cofres imperiais. Todavia, assim que a elite política completou seu "acúmulo primitivo de poder" – algo que teria ocorrido, segundo o autor, na década de 1860 –, ela finalmente pôde voltar suas armas contra o cativeiro, colocando fim a uma instituição que apenas tolerava desde a independência.[47]

A despeito da importância historiográfica da interpretação de José Murilo de Carvalho, os eventos transcorridos entre 1822 e 1831 sugerem o contrário do modelo proposto pelo autor. Nesse intervalo de tempo, homens de estado profundamente vinculados aos interesses materiais da sociedade derrotaram aqueles que, como José Bonifácio,

---

[47] José Murilo de Carvalho, "Escravidão e razão nacional", in: *Pontos e bordados: escritos de história e política*. Belo Horizonte: Ed. UFMG, 2005, pp. 35--64; e *A construção da ordem. Teatro de sombras...*, cit., esp. pp. 25-44 e 51-59.

estavam imbuídos de uma "razão nacional" que enxergava a escravidão como um elemento disruptivo para a nova nação. Avalizada pela Constituição de 1824, a vitória desses setores forneceu as condições para que o aparato estatal do Império se transformasse em patrocinador direto da expansão do cativeiro até meados do século XIX. Longe, portanto, de adquirir uma tonalidade antiescravista, o Estado imperial constituiu-se como variável histórica central para a refundação do cativeiro a partir da herança colonial portuguesa. Como bem sintetizou Luiz Felipe de Alencastro,

> "o escravismo não se apresenta como uma herança colonial, como um vínculo com o passado que o presente oitocentista se encarregaria de dissolver. Apresenta-se, isto sim, como um compromisso para o futuro: o Império retoma e reconstrói a escravidão no quadro do direito moderno, dentro de um país independente, projetando-a sobre a contemporaneidade".[48]

Nesse movimento, os grupos escravistas responsáveis pela construção do Estado nacional brasileiro não caminharam sozinhos. As mudanças vivenciadas no Império fizeram parte de um quadro mais amplo, marcado pela ascensão da Grã-Bretanha sobre um sistema-interestatal em franca reconfiguração e pela expansão material de uma economia-mundo sob estímulo da Revolução Industrial. Por mais que essas transformações também tenham imposto uma série de obstáculos ao avanço do cativeiro na América, os agentes históricos brasileiros atuaram em concomitância com seus congêneres do sul dos Estados Unidos e do Império espanhol para aproveitar as oportunidades trazidas pelos novos tempos. Escudados por um ordenamento político e jurídico interno e por importantes aliados internacionais, eles ampliaram a abertura de novas fronteiras agrícolas, fizeram uso

---

[48] Luiz Felipe de Alencastro, "Vida privada e ordem privada no Império", in: L. F. de Alencastro (org.), *História da vida privada no Brasil: Império*. São Paulo: Companhia das Letras, 1997, pp. 11-93, citação da p. 17.

irrestrito de novas tecnologias, aumentaram o número de escravos empregados na produção de *commodities* e vincularam-se de maneira estreita aos centros consumidores do mercado mundial, expandindo a escala e a dimensão do cativeiro na nova nação.[49]

O resultado desse processo – a um só tempo local e global – foi um enraizamento ainda mais profundo do cativeiro na sociedade brasileira. Ao longo do século XIX, a escravidão marcaria decisivamente a identidade, a política, a sociedade, a economia, a religiosidade, a cultura e o direito do Império. Debaixo, portanto, de uma aparente continuidade, os construtores do Estado nacional brasileiro lograram renovar a vocação escravista da América portuguesa, dando a ela contornos que marcariam de forma decisiva o devir histórico de todo o país, bem como sua inserção no mundo.

---

[49] Sobre o assunto, Dale Tomich, *Pelo prisma da escravidão: trabalho, capital e economia mundial*. Trad. Antonio de Pádua Danesi, São Paulo: EDUSP, 2011, pp. 81-97; e Tâmis Parron, *A política da escravidão na Era da Liberdade: Estados Unidos, Brasil e Cuba, 1787-1846*. São Paulo: FFLCH-USP, 2015 (tese), principalmente pp. 211-451.

CAPÍTULO 7

IMPRENSA E CULTURA POLÍTICA NA INDEPENDÊNCIA

Marcelo Cheche Galves

A Revolução Liberal de 1820 promoveu importantes modificações no cenário político da América portuguesa. As liberdades constitucionais, instituídas a partir das *Bases da Constituição Política da Monarquia Portuguesa*, aprovadas pelas Cortes em 9 de março de 1821[1], compreendiam a regulamentação da liberdade de expressão e a constituição de um sistema de representatividade política, temas apresentados neste ensaio a partir da articulação, por meio da palavra impressa, de diferentes espaços da América portuguesa e de diferentes projetos políticos, incluído aquele inaugurado em setembro de 1822, e consolidado nos anos seguintes: a independência do Brasil.

A regulamentação da liberdade de expressão potencializou um público leitor na América portuguesa, em formação desde décadas anteriores. Sobre esse aspecto, cabe lembrar que temos nos afastado,

---

[1] *Cortes Geraes e Extraordinárias da Nação Portugueza* é o nome que designa o primeiro parlamento português, constituído em 24 de janeiro de 1821, como decorrência da Revolução Liberal de 1820. Ao longo do ano de 1821, deputados eleitos nas capitanias do Brasil juntaram-se aos deputados eleitos em Portugal e compuseram o corpo legislativo responsável pela elaboração da primeira Constituição do Reino, aprovada em 30 de setembro de 1822. Para o texto das *Bases*, ver *Diário das Cortes Geraes e Extraordinárias da Nação Portugueza*, Lisboa: sessão n. 30, 9 mar. 1821, pp. 232-235. Disponível em <http://debates.parlamento.pt/?pid=mc>. Acesso em 19/04/2022.

cada vez mais, da ideia de uma experiência colonial marcada pela ausência de livros e leitores, resultado último de um modelo de colonização português que se oporia ao espanhol, caracterizado pela transferência de inúmeras instituições metropolitanas para o espaço colonial, como universidades e instâncias administrativas, que justificariam a grande demanda por tipografias, instaladas na América espanhola desde o século XVI. Em uma imagem sobre essas diferenças, cristalizada por Sérgio Buarque de Holanda, tratava-se da distinção entre o semeador (português) e o ladrilhador (espanhol)[2].

Em direção contrária, em que pese a validade dessas distinções que caracterizaram a presença ibérica na América, cabe lembrar que a ausência de experiências tipográficas duradouras na América portuguesa até 1808[3] não impediu o acesso a milhares de títulos, registrados pela Real Mesa Censória, em Lisboa, referentes ao envio de impressos de Portugal para diferentes capitanias, como Bahia, Pernambuco, Maranhão, Grão-Pará e Rio de Janeiro, sede do Vice-Reino, depois capital do Reino[4].

Nesses registros, crescentes a partir da segunda metade do século XVIII, aparecem, basicamente: literatura religiosa, jurídica e mercantil; romances, gramáticas e dicionários. Certa literatura política

---

[2] Sérgio Buarque de Holanda, *Raízes do Brasil*. São Paulo: [1936] 1995, pp. 93-138.

[3] Sobre os precursores da atividade tipográfica na América portuguesa, no século XVIII e início do XIX, ver Álvaro Bragança, "Antonio Isidoro da Fonseca e frei José Mariano da Conceição Veloso: precursores", em Aníbal Bragança e Márcia Abreu (dir.), *Impresso no Brasil: dois séculos de livros brasileiros*. São Paulo: Editora Unesp: 2020, pp. 25-39.

[4] Entre os exemplos de pesquisas sobre o tema na historiografia brasileira, representativos do debate atual, ver Luiz Carlos Villalta, *Reformismo Ilustrado, Censura e Práticas de Leitura: usos do livro na América Portuguesa*. São Paulo: FFLCH-USP, 1999 (tese); Márcia Abreu, *Os caminhos dos livros*. Campinas: Mercado de Letras, Associação de Leitura do Brasil, 2003; Maria Beatriz Nizza da Silva, *Cultura letrada e cultura oral no Rio de Janeiro dos vice-reis*. São Paulo: Editora Unesp, 2013; Marcelo Cheche Galves *et alii*, *Vendem-se impressos a preços cômodos na cidade do Maranhão*. São Luís: Editora Uema, 2019.

também pode ser identificada, mas, obviamente, tratava-se de títulos autorizados pela censura, que produzia, com alguma frequência, relações de obras proibidas, de conhecimento dos agentes responsáveis pelos envios, que assim evitavam os meios oficiais de remessa dessas obras. Os impressos proibidos também chegavam à América, mas por outros caminhos, como o contrabando.

Assim, a regulamentação da liberdade de expressão em 1821 encontrou um crescente público leitor na América portuguesa, também transformado pela transferência da Corte, em 1808, e consequente Abertura dos Portos[5], episódios que promoveram o aumento geral da população e da demanda por cultura escrita (impressa), relacionada ao que podemos considerar como "razões práticas para se ler"[6], especialmente: atividades mercantis, que demandavam conhecimento da língua e da escrituração comercial; e jurídicas, dado a transferência ou instalação de importantes órgãos da justiça portuguesa em território americano, assuntos relevantes dentre os títulos remetidos para a América.

Outro ponto a ser destacado é que esse público leitor também foi potencializado pela instauração da Impressão Régia do Rio de

---

[5] Referência à *Carta Régia de 28 de janeiro de 1808*, em que D. João, já na América portuguesa, autorizou e regulamentou a atividade comercial das nações amigas nos portos do Brasil. Essa medida, bem como os acordos comerciais assinados com a Inglaterra em 1810, alterou a condição colonial do território americano, especialmente do ponto de vista econômico. Para uma discussão sobre as relações comerciais entre Portugal, França e Inglaterra no início dos Oitocentos e consulta a importantes documentos do período, reproduzidos na parte final do livro, ver José Jobson de Andrade Arruda, *Uma colônia entre dois impérios: a abertura dos portos brasileiros 1800-1808*. Bauru: Edusc, 2008.

[6] Perspectiva que remete aos estudos pioneiros de Maria Beatriz Nizza da Silva, na década de 1970, que chamavam a atenção para a necessária dessacralização do livro, e sua consequente compreensão a partir de múltiplas possibilidades, muito além da erudição que caracterizaria seus autores. Maria Beatriz Nizza da Silva, "Produção, distribuição e consumo de livros e folhetos no Brasil colonial", *Revista do Instituto Histórico e Geográfico Brasileiro*, 314, jan./mar. 1977, pp. 78-95.

Janeiro[7], em maio de 1808, responsável pela publicação do expediente de governo, por mais de mil obras avulsas e pelos primeiros periódicos: *A Gazeta do Rio de Janeiro* (1808-1821) e *O Patriota* (1813-1814), além de periódicos impressos a partir de 1821, já no contexto da Revolução Liberal, como se verá.

Em 1811, com autorização régia, Manuel Antonio da Silva Serva inaugurou na cidade de Salvador a segunda tipografia do período, primeiro empreendimento particular do gênero; responsável pela publicação de mais de cento e setenta obras avulsas, a tipografia também imprimiu, entre 1811 e 1823, o jornal *Idade de Ouro do Brasil*.

Nos anos seguintes, esse quadro foi alterado apenas em 1817, pela breve experiência tipográfica dos revolucionários da capitania de Pernambuco[8]. Fracassado o movimento, a atividade tipográfica seria retomada em 1821, já no contexto da Revolução Liberal.

---

[7] A respeito da Impressão Régia, são importantes obras para consulta: Museu de Arte de São Paulo, *História da Tipografia no Brasil,* São Paulo: Secretaria de Cultura, Ciência e Tecnologia do Estado de São Paulo, 1979; Ana Maria de Almeida Camargo e Rubens Borba de Moraes, *Bibliografia da Impressão Régia do Rio de Janeiro*. São Paulo: Edusp / Kosmos, 1993, 2 v. Para Iara Schiavinatto, a instalação da Impressão Régia do Rio de Janeiro promoveu a "emergência de outra ordem discursiva". Atenta ao impacto da novidade, a autora explorou as motivações para que um conjunto de textos originalmente manuscritos, as *Relações das festas reais*, fosse reescrito e impresso. Iara Lis Schiavinatto, "Entre os manuscritos e os impressos", in: Mônica Leite Lessa e Sílvia Carla Pereira de Brito Fonseca (dir.), *Entre a monarquia e a república: imprensa, pensamento político e historiografia (1822-1889)*. Rio de Janeiro: EdUERJ, 2008, pp. 13-33.

[8] Refiro-me ao movimento republicano conhecido como Revolução Pernambucana de 1817, que entre março e maio daquele ano tomou a cidade de Recife. A importância da memória do movimento e da repressão que o sucedeu para o tempo aqui explorado estará presente ao longo do texto. Por ora, registro que Denis Bernardes classificou o movimento como "a mais ousada e radical tentativa de enfrentamento até então vivido pela Monarquia portuguesa em toda a sua história". Denis Antonio de Mendonça Bernardes, *O patriotismo constitucional: Pernambuco, 1820-1822*. São Paulo/Recife: Ed. Hucitec /UFPE, 2006, p. 205.

Antes de prosseguir, cabe registrar que desde 1808 uma imprensa portuguesa instalou-se na Inglaterra, de onde poderia tratar de assuntos da política, em grande parte ainda proibidos em Portugal[9]. Naquele ano, Hipólito José da Costa fundou, em Londres, o *Correio Braziliense* (1808-1822)[10], periódico dedicado à reflexão sobre os rumos de Portugal desde as invasões francesas à Península Ibérica e a necessária reorganização administrativa, a partir do novo centro de autoridade, agora situado na América: o Rio de Janeiro.

O *Correio Braziliense* circulou até 1822 e debateu-se com outros periódicos londrinos, impressos em português, como o *Investigador Portuguez* (1811-1819) e o *Campeão Portuguez* (1819-1821)[11]. Essa imprensa portuguesa em Londres perderia força a partir de 1821, momento em que se faria sentir mais efetivamente os efeitos da Revolução Liberal de 1820, com a liberalização dos prelos portugueses.

Nesse contexto, sob dois caminhos distintos, mas complementares, o público leitor da América portuguesa teve contato mais amplo com literatura política, constitucional, produzida sem o controle da

---

[9] Evidentemente, a política tomada como exaltação do monarca e de seus feitos esteve presente na imprensa portuguesa desde, pelo menos, 1715, ano de criação da *Gazeta de Lisboa*. Zília Osório de Castro identifica o ano de 1810, no contexto das invasões francesas, como o momento em que a imprensa portuguesa participara da construção de uma noção de opinião pública, ainda que circunscrita ao propósito de expulsão do invasor. Zília Osório de Castro, "Ideias embrulhadas em papel: escritos sobre as invasões e os invasores" em Ana Leal de Faria e Maria Adelina Amorim (dir.), *O reino sem corte: a vida em Portugal com a Corte no Brasil – 1807-1821*. Lisboa: Tribuna da História, 2011, pp. 75-91.

[10] Hipólito José da Costa, *Correio Braziliense ou Armazém literário* (Edição fac-similar), São Paulo / Brasília, Imprensa Oficial, 2001-2003, 31 v. A reedição de todos os exemplares do jornal foi acompanhada por um conjunto de artigos, que por muitos caminhos, exploraram as relações entre imprensa e política naquele momento.

[11] Luís Francisco Munaro, *O jornalismo luso-brasileiro em Londres (1808-1822)*. Niterói: UFF, 2013 (tese).

censura prévia, o que não significava que seus autores e impressores não pudessem ser responsabilizados pelos conteúdos professados[12].

De Portugal, chegavam centenas de novos títulos, anunciados em dezenas de periódicos agora impressos nas capitanias – rebatizadas como províncias, por decisão das Cortes em 29 de setembro de 1821. Assim, a abolição da censura prévia surtia dois efeitos: "de fora" e "de dentro" da América portuguesa, uma diversidade de papéis impressos tornava-se ingrediente do debate político[13], também novo, já que transferido para os espaços públicos de representação política, em construção naquele momento. Certa cultura política portuguesa ganhava foro constitucional; novos papéis, livres da censura prévia, formataram também uma nova linguagem política.

Se o suporte não era novo, embora agora redimensionado, as novidades do tempo trouxeram consigo uma nova linguagem política, transmitida ao público leitor com a preocupação de conceituar o novo vocabulário e apresentá-lo de modo compreensível a novos e velhos leitores, por vezes recorrendo a artifícios como a adaptação de orações religiosas; outro recurso foi a construção de textos com potencial de leitura pública, estratégia que reconhecia a força da oralidade em uma sociedade que contava com importantes contingentes de iletrados e/ou pobres, grupos com acesso limitado a esses produtos da cultura escrita[14].

---

[12] A censura prévia foi abolida pelas *Bases*, em seu artigo 8º; pouco antes, em 2 de março de 1821, D. João VI publicara decreto no Rio de Janeiro suspendendo a censura prévia até a promulgação da aguardada Constituição. Decreto de 2 de março de 1821. *Liberdade de imprensa*. Disponível em <http://www.planalto.gov.br/ccivil_03/decreto/historicos/dim/DIM-2-3-1821.htm>. Acesso em 19/04/2022. A regulamentação da atividade de imprensa, em moldes constitucionais, ocorreu em 4 de julho de 1821. Voltarei ao tema.

[13] A perspectiva de se tomar os impressos como ingredientes do debate político, ou seja, mais do que meros registradores das novidades de então, inspira-se nas lições de Robert Darnton e Daniel Roche, *Revolução impressa: a imprensa na França (1775-1800)*. São Paulo: Edusp, 1996, pp. 15-16.

[14] As estratégias de comunicação desses novos impressos incluíam ainda outros recursos textuais, como perguntas e respostas e diálogos entre personagens

Os impressos luso-americanos

É possível materializar, em números, os efeitos da liberdade de expressão nas porções europeia e americana do Reino Unido português. Na primeira, pelo menos trinta e nove periódicos foram impressos entre 1821 e 1823; na segunda, pelo menos quarenta e três. Antes, cinco ou seis periódicos circulavam regularmente. Some-se ainda a impressão de cerca de quinhentos folhetos políticos, que cruzaram o Atlântico nos dois sentidos[15].

O período em questão toma como referência, de um lado, os evidentes efeitos da Revolução Liberal e, de outro, o tempo em que o projeto de independência capitaneado pelo Rio de Janeiro superava as últimas resistências, pelo menos por ora, nas províncias da Bahia, Maranhão, Grão-Pará e Cisplatina[16].

O vertiginoso crescimento do número de impressos produzidos na porção americana do Reino fora viabilizado pela criação de dezenas de tipografias, agora não mais restritas ao Rio de Janeiro e a Bahia; periódicos e folhetos foram impressos em Pernambuco, Maranhão e Grão Pará[17].

Empreendimentos oficiais ou vinculados de algum modo à administração pública, como a Impressão Régia do Rio de Janeiro e a

---

fictícios. Lúcia Maria Bastos Pereira das Neves, "Os panfletos políticos e a cultura política da independência do Brasil" em I. Jancsó (dir.), *Independência: história e historiografia*. São Paulo: Ed. Hucitec/Fapesp, 2005, pp. 637-675.

[15] Para esses periódicos, a hemeroteca digital da Biblioteca Nacional do Brasil constitui-se como importante referência: www.bn.gov.br. Acesso em 19/04/2022. Na última década, parte importante dos folhetos impressos naquele momento foi sistematizada por José Murilo de Carvalho *et alii* (dir.), *Guerra Literária: panfletos da Independência (1820-23)*. Belo Horizonte: Editora Ufmg, 2014, 4 vols.

[16] Nas três primeiras províncias, a incorporação ao Império do Brasil ocorrera no segundo semestre de 1823: em julho (Bahia e Maranhão) e agosto (Grão-Pará); na Cisplatina, as tropas portuguesas foram expulsas nos primeiros meses de 1824.

[17] Registro que os limites desse trabalho não abrangem discussões referentes à Cisplatina, incorporada ao Reino Unido português em 1821, e cuja atividade tipográfica no período remontava à dominação espanhola na região.

Tipografia de Silva Serva na Bahia, deram prosseguimento à impressão de periódicos, agora situados em âmbito constitucional, casos, para o Rio de Janeiro, de jornais como: *O Bem da Ordem* (1821), *Reverbero Constitucional Fluminense* (1821-1822) e *O Compilador Constitucional* (1822); e, para a Bahia, do *Semanario Civico* (1821-1823)[18].

Outras iniciativas do mesmo caráter podem ser identificadas em Pernambuco, com a publicação na Officina do Trem de Pernambuco, depois Officina do Trem Nacional de Pernambuco, dos periódicos: *Aurora Pernambucana* (1821), *Relator Verdadeiro* (1821-1822) e *Segarrega* (1821-1823)[19]; e no Maranhão, onde a Tipografia Nacional do Maranhão imprimiu *O Conciliador do Maranhão* (1821-1823) e *A Folha Medicinal do Maranhão* (1822)[20].

Contudo, dezenas de outros periódicos foram impressos em tipografias particulares e alimentaram, com intensidade distinta, o debate político nas províncias. Apenas como exemplos, no Grão-Pará, na Imprensa Liberal (depois Constitucional) de Daniel Garção de Mello e Companhia, foram impressos *O Paraense* (1822) e *O Luso Paraense* (1823)[21]; no Rio de Janeiro, pelo menos seis novas tipografias

---

[18] Ver Maria Beatriz Nizza da Silva, *Semanário Cívico. Bahia, 1821-1823*. Salvador: Edufba, 2008. Nos anos seguintes, a autora dedicou-se ao estudo de outro periódico baiano, em circulação no mesmo período: Maria Beatriz Nizza da Silva, *Diário Constitucional: um periódico baiano defensor de D. Pedro – 1822*. Salvador: Edufba, 2011.

[19] Ver Arthur Ferreira Reis, "A imprensa pernambucana no processo de independência (1821-1824)", *Ágora*, 31/1 , 2020, pp. 1-21. O autor explora ainda outros periódicos impressos em Pernambuco naquele momento, como: *Gazeta Pernambucana* (1822-1823), *Marimbondo* (1822) e *Escudo da Liberdade do Brasil* (1823).

[20] Ver Marcelo Cheche Galves, *"Ao público sincero e imparcial": Imprensa e Independência na província do Maranhão (1821-1826)*. São Luís: Café & Lápis / Editora Uema, 2015, pp. 228-244.

[21] Ver Geraldo Mártires Coelho, *Anarquistas, demagogos e dissidentes: a imprensa liberal no Pará de 1822*. Belém: Cejup, 1993, pp. 149-295. Anote-se ainda a impressão de *O Liberal*, na tipografia de Luiz José Lazier & Companhia. Os primeiros números são de junho de 1823.

foram abertas entre os anos de 1821 e 1822, como a Tipografia de Moreira e Garcez, que imprimia o jornal *A Malagueta,* e a Tipografia de Silva Porto e Companhia, responsável pela impressão do *Reverbero Constitucional Fluminense* (em nova fase) e de *O Tamoyo*[22].

Registre-se ainda, como já observado, a publicação avulsa de folhetos, eventualmente seguida por réplicas e tréplicas, publicadas em outros folhetos ou em periódicos, que cediam espaços para polêmicas, por vezes envolvendo seus próprios redatores. Periódicos e folhetos compuseram um circuito intenso[23] de comunicação política, conduzido por homens que se habilitaram à cena pública por intermédio das letras.

Evidentemente, tratava-se de personagens com domínio da norma culta, aperfeiçoado ou não em instituições religiosas ou nas cadeiras da reformada Universidade de Coimbra, mas muito variáveis em formação e importância política[24].

Esses novos espaços comportaram, por exemplo, figuras como José da Silva Lisboa (visconde de Cairu), que publicou o jornal *O Conciliador*

---

[22] Entre os muitos exemplos de pesquisas sobre impressos e tipografias no Rio de Janeiro, ver: *Insultos impressos: a guerra dos jornalistas na Independência (1821--1823).* São Paulo: Companhia das Letras, 2000; Cybelle de Ipanema e Marcello de Ipanema, *Silva Porto – livreiro na Corte de D. João, editora na Independência.* Rio de Janeiro: Capivara, 2007; e Juliana Gesuelli Meirelles, *Imprensa e poder na Corte Joanina.* Rio de Janeiro: Arquivo Nacional, 2008.

[23] A noção de circuito, do historiador Marco Morel, estrutura-se a partir da compreensão da imprensa como mecanismo de participação política, interligado a outros elementos pouco vinculados à palavra impressa. Aqui, utilizo o termo como sinônimo de articulação entre fragmentos que deem inteligibilidade ao universo de produção e circulação de palavras e sentidos. Marco Morel, "Independência no papel: a imprensa periódica", in: I. Jancsó (dir.), *Independência: história e historiografia,* São Paulo: Ed. Hucitec / Fapesp, 2005, pp. 617-636.

[24] Para um estudo prosopográfico sobre os redatores dos principais periódicos da América portuguesa / Brasil, entre 1808 e 1831, ver Luís Otávio Pacheco Vieira, *Origens da imprensa no Brasil: estudo prosopográfico dos redatores e editores de periódicos publicados entre 1808 e 1831.* São Paulo: FFLCH-USP, 2019 (mestrado).

do *Reino Unido* (1821)[25], e José Bonifácio de Andrada e Silva, alçado posteriormente à condição de "patriarca da independência"[26].

Ocupado com a participação dos deputados de São Paulo nas Cortes, mas também com a questão mais ampla que envolvia a composição do Reino, José Bonifácio publicou alguns papéis entre 1821 e 1822. Nesse ano, e também na condição de Secretário de Estado dos Negócios do Reino e Estrangeiros, publicou: *Representações que à augusta presença de sua alteza real o príncipe regente do Brazil levaram o governo, o senado da camara e clero de S. Paulo por meio de seus respectivos deputados...*, papel que clamava pela permanência do príncipe regente no Brasil, ante as ordens das Cortes para que regressasse a Portugal; menos de dois anos depois, e em oposição ao agora imperador D. Pedro I, colaborou no Rio de Janeiro com o jornal *O Tamoyo*[27] (1823), de seus irmãos Antonio Carlos e Martim Francisco.

---

[25] Figura recorrente na administração portuguesa a partir da transferência da Corte para o Rio de Janeiro, Cairu produziu inúmeros escritos sobre economia política. No ano de 1821, deu início a autoria de folhetos, sendo o provável autor do *Despertador brasiliense*, peça-chave no debate, a partir dos últimos meses de 1821, sobre a permanência do príncipe Pedro no Brasil. Nos anos posteriores à Independência do Brasil, notabilizou-se pela autoria da *Historia dos principais successos politicos do Imperio do Brasil,* primeira narrativa de fôlego sobre o tema. Sobre a autoria do folheto e a importância de Cairu para aquele debate, ver Lustosa, *Insultos impressos...*, cit., pp. 25-26. Entre os inúmeros trabalhos sobre o personagem, ver Tereza Cristina Kirschner, *José da Silva Lisboa. Visconde de Cairu: Itinerários de um luso-brasileiro*, São Paulo/Belo Horizonte: Alameda/Editora PUCMinas, 2009.

[26] As muitas faces do personagem e as variantes historiográficas sobre sua atuação política no tempo da Independência foram exploradas por Miriam Dolhnikoff, *José Bonifácio, O patriarca vencido*. São Paulo: Companhia das Letras, 2012.

[27] Tamoyo era uma referência, utilizada em sentido político, a populações nativas que viviam no atual Rio de Janeiro e que se opuseram à presença portuguesa no território. No mesmo ano de 1823, também no Rio de Janeiro, os irmãos Andrada estiveram, provavelmente, à frente do periódico *Sentinela da Liberdade à Beira do Mar da Praia Grande*.

Em exemplo-limite, cabe lembrar que o próprio regente/imperador publicou artigos em periódicos do Rio de Janeiro, como *O Espelho* (1821-1823) e o *Diário Fluminense* (1824-1831)[28].

Mas o dia a dia dessa nova atividade era conduzido por um grupo diverso de redatores, em sua maioria clérigos e advogados (alguns ocupantes de cargos públicos), que em um quadro de instabilidade e indefinição política e, ao mesmo tempo, de democratização dos prelos, construíram o formato público das principais demandas políticas de então[29].

Redigindo periódicos ou folhetos, é possível que a atividade como publicista tenha facilitado o acesso desses personagens ao parlamento: português, em 1821[30]; brasileiro, em 1823 – lembro que a Assembleia Constituinte, convocada pelo regente Pedro em junho de 1822 e instalada em maio de 1823, foi fechada a mando do agora imperador em novembro daquele ano[31].

Aliás, é curioso lembrar que o episódio que provocou o fechamento da Assembleia Constituinte aproxima, de outro modo, redatores e parlamento. O boticário Davi Pamplona Corte Real fora acusado de, sob o pseudônimo *Brasileiro Resoluto*, publicar no periódico *Sentinela*

---

[28] Ver Hélio Vianna, *D. Pedro I: jornalista*. São Paulo: Melhoramentos, 1967.

[29] Um quadro sócio profissional dos redatores de periódicos (1808-1822) e autores de folhetos (1821-1823) foi construído por Lúcia Maria Bastos Pereira das Neves, *Corcundas e constitucionais: a cultura política da independência (1820--1822)*. Rio de Janeiro: Revan, 2003, pp. 55-88.

[30] Não apenas em 1821. Em 1823, ano de eleição da segunda legislatura das Cortes portuguesas, a província do Maranhão elegeu dois representantes. Entre os eleitos, dois publicistas: o padre José Antonio da Cruz Ferreira, redator de *O Conciliador do Maranhão* (1821-1823); e o advogado Manoel Paixão dos Santos Zacheo, autor de sete folhetos políticos no ano de 1822. Como é sabido, essa legislatura foi inviabilizada pela Revolta de Vila Franca de Xira, vitoriosa em maio daquele ano, que restituiu os plenos poderes do rei D. João VI.

[31] Na sequência, o imperador nomeou os integrantes do Conselho de Estado, responsável pela elaboração da Constituição, outorgada em 25 de março de 1824.

da Liberdade à Beira do Mar da Praia Grande[32] duras críticas à presença de militares portugueses no recém-constituído exército brasileiro. Agredido fisicamente, o redator recebeu o apoio de parte dos deputados constituintes, que clamou pela defesa da liberdade de expressão. Essas tensões estiveram no cerne dos episódios que culminaram com a dissolução da Assembleia Constituinte[33].

Antes, outros dois redatores de periódicos no Rio de Janeiro também sofreram violências: João Soares Lisboa[34], do *Correio do Rio de Janeiro* (1822) e Luiz Augusto May, redator de *A Malagueta* (1821-1832).

As agressões contra May chamam a atenção porque remetem à própria atuação do imperador na imprensa do Rio de Janeiro e no episódio em questão. D. Pedro fora o provável autor do artigo *Calmante da Malagueta*, publicado pelo periódico O Espelho. Meses depois, a publicação da resposta de May ao artigo teria provocado, a mando de D. Pedro I, o ataque de "quatro ou cinco indivíduos", a "espadas e paus"[35].

Eleitos, ameaçados ou agredidos, esses novos integrantes da cena pública alteraram o cotidiano dos espaços em que atuaram. A importância que tiveram e o incômodo que provocaram permaneceram como marcas dos anos seguintes. Como exemplo, cabe lembrar que o assassinato de Libero Badaró, redator em São Paulo do periódico

---

[32] Na verdade, o *Brasileiro Resoluto* era Francisco Antonio Soares. Para uma síntese do episódio, ver Isabel Lustosa, *D. Pedro I: um herói sem nenhum caráter*. São Paulo: Companhia das Letras, 2006, pp. 168-170.

[33] Um resumo, desde a discussão parlamentar sobre o que fazer com as tropas portuguesas prisioneiras na Bahia até o debate sobre a admissão de oficiais portugueses no exército brasileiro, interrompido pela dissolução da Assembleia Constituinte, pode ser consultado em José Honório Rodrigues, *A Assembléia Constituinte de 1823*. Petrópolis: Vozes, 1974, pp. 77-84.

[34] Para informações sobre o episódio que culminou com o desterro do redator para Buenos Aires e posterior prisão no Rio de Janeiro, ver Renato Lopes Leite, *Republicanos e libertários: pensadores radicais no Rio de Janeiro (1822)*. Rio de Janeiro: Civilização Brasileira, 2000, pp. 17-27.

[35] Lustosa, *D. Pedro I...*, cit., pp. 163-165.

O Observador Constitucional (1829-1832)[36], em 1830, reforçou os clamores pelas liberdades políticas, em contexto também composto pela abdicação de D. Pedro I, em abril de 1831[37].

Ao agitarem a cena política, esses publicistas ultrapassaram os limites espaciais de sua atuação, prova inequívoca do poder desse velho instrumento, agora dotado de liberdade para manifestação política.

As interlocuções promovidas por esses debates também cruzavam o Atlântico. Dos prelos do Rio de Janeiro, por exemplo, refutavam-se impressos de Lisboa, sobre os rumos do Reino, caso do folheto *Justa Retribuição dada ao Compadre de Lisboa...*, possivelmente escrito pelo padre Luiz Gonçalves dos Santos, conhecido como padre Perereca. Impresso em 1821, o folheto foi uma dura resposta à *Carta do Compadre de Lisboa...*, sabidamente, escrita por Manuel Fernandes Thomaz, figura de proa da Revolução Liberal. Em pauta, estava a permanência ou não de D. João VI no Rio de Janeiro, e suas implicações para o futuro do Reino[38].

Ainda como exemplo, outra interlocução Atlântica pode ser apreendida a partir da província do Maranhão. Ali, o controle oficial sobre a única tipografia da província levou os opositores do governo local a imprimir palavras e ideias em Lisboa ou em Londres, nas

---

[36] O primeiro periódico impresso em São Paulo foi *O Farol Paulistano*, em 1827.

[37] Carlos Eduardo França de Oliveira, *Poder local e palavra impressa: a dinâmica política em torno dos Conselhos Provinciais e da imprensa periódica em São Paulo, 1824-1834*. São Paulo: FFLCH-USP, 2009 (mestrado), pp. 245-264. Para uma visão cronologicamente mais ampla sobre as implicações políticas da atividade como redator no período, ainda que circunscrita ao Maranhão, ver Marcelo Cheche Galves, "Liberdade de imprensa? A aventura dos primeiros redatores na província do Maranhão", in: Maria Letícia Corrêa *et all* (dir.), *História econômica e imprensa*. Rio de Janeiro: Contra Capa, 2016, pp. 13-30.

[38] Uma síntese sobre essa polêmica inicial e outras que lhe seguiram pode ser consultada em Lúcia Maria Bastos Pereira das Neves, "Os panfletos políticos e a cultura política da independência do Brasil", in: I. Jancsó (dir.), *Independência: história e historiografia*. São Paulo: 2005, Ed. Hucitec / Fapesp, pp. 657-662.

páginas do *Correio Braziliense*; como parte desse mesmo circuito, tais palavras e ideias, agora impressas, retornavam à província, nos navios chegados da Europa, e eram refutadas nas páginas de *O Conciliador do Maranhão*.

Essa produção/circulação de impressos também teve como desdobramento a reprodução de extratos de periódicos em diferentes jornais de outras províncias, com o intuito de rebater ou endossar as ideias ali defendidas[39]; por razões similares, folhetos eram reimpressos na íntegra, como a *Sentinela Constitucional Bahiense*; *Golpe de vista sobre a Carta da Junta de São Paulo à sua alteza real*; e *Análise da mesma O. D. C. ao Soberano Congresso, por M. J. da Cruz*, impressos em outras províncias e reimpressos, em conjunto, no Maranhão em 1822. Os responsáveis pela reimpressão, identificados como *Amantes da União*, justificaram-na como dever de todo bom português, preocupado com os rumos do Reino e, especialmente, com as dissensões, perceptíveis naquela publicação a partir de posicionamentos de representantes da província de São Paulo nas Cortes portuguesas[40].

Essa interlocução mantida entre os impressos poderia agregar ainda outros componentes, como os extratos das sessões parlamentares das Cortes portuguesas, comumente selecionados e reproduzidos a partir de critérios relacionados a dinâmicas políticas locais, por vezes em diálogo com questões mais abrangentes.

---

[39] Em trabalho exaustivo, fundamentado em dezenas de periódicos em circulação no mundo luso-americano, entre 1808 e 1822, Edu Trota Levati explorou a circulação/apropriação da palavra impressa, em circuito que envolvia a reprodução de extratos desses periódicos em diferentes espaços. Edú Trota Levati, *Os periódicos da Independência e suas geografias políticas: estudo do surgimento do Brasil independente e de sua inserção no contexto mundial (1808-1822)*. São Paulo: FFLCH-USP, 2015 (mestrado).

[40] Marcelo Cheche Galves, *"Ao público sincero e imparcial": Imprensa e Independência na província do Maranhão (1821-1826)*, São Luís: Café & Lápis / Editora Uema, 2015, pp. 413-418. O folheto *Sentinela Constitucional Bahiense* mereceu uma segunda reimpressão, exclusiva, no Maranhão; extratos do folheto também foram reproduzidos pelo jornal *O Paraense*, em edições de maio e junho de 1822.

Essas aproximações e distanciamentos, evidenciados pelo impacto da nova palavra impressa e de sua capacidade de difusão, expuseram disputas políticas internas às províncias, bem como composições interprovinciais que expressavam projetos políticos distintos, ante as expectativas geradas pela Revolução Liberal de 1820 e, pouco depois, pela independência.

Assim, entre as províncias do Norte, mais aderentes a um projeto constitucional capaz de promover o retorno da família real a Portugal e o consequente alívio da carga tributária, crescente a partir de 1808[41], as novidades da política, impressas ou não, chegavam ao ritmo das embarcações, que conectavam cidades como Salvador, Recife, São Luís e Belém. Uma vez desembarcadas, tais novidades circulavam e/ou tomavam os prelos.

A notícia de que a Revolução Liberal triunfara pela primeira vez em território americano, no Grão-Pará, em janeiro de 1821, chegou de algum modo ao Maranhão no mesmo mês, mas foi mantida em sigilo pelo governador Bernardo da Silveira Pinto da Fonseca (1819--1822), tarefa em parte facilitada pela ausência de tipografias nas duas capitanias em questão.

Contudo, a chegada da galera *Jaquiá* no porto de São Luís em 4 de abril de 1821, com notícias sobre a adesão da Bahia e de Pernambuco à Revolução Liberal, impeliu o governo local ao mesmo movimento. Mais do que isso, um jornal manuscrito fora improvisado, já nos dias seguintes, de modo a deter e formatar o curso das novidades que compunham a cena pública. Posteriormente impresso, tratava-se de *O Conciliador do Maranhão* (1821-1823).

Ao mesmo tempo, os impressos transpareciam os estranhamentos entre partes distintas da América portuguesa, unidas em torno do

---

[41] As expectativas geradas em algumas províncias do Norte ante a possibilidade de esvaziamento de poder do Rio de Janeiro com o regresso rei a Portugal foram exploradas por Maria do Socorro Ferraz Barbosa, "Liberais constitucionalistas entre dois centros de poder: Rio de Janeiro e Lisboa", *Tempo*, 12/24, jan. 2008, pp. 98-125.

monarca e, agora, da Constituição, mas pouco articuladas entre si. A transferência da Corte, em 1808, intensificou as fissuras do território americano, ao transformar uma sede de vice-reinado em capital do Império, depois Reino Unido de Portugal e do Brasil e Algarves (1815)[42].

Recorrendo à clássica expressão de Maria Odila Silva Dias, o "enraizamento de interesses" em torno da Corte no Rio de Janeiro[43] evidenciou a dissonância de expectativas entre aqueles que a gravitavam e os habitantes das distantes províncias do Norte. Nesse contexto, aqui apenas exemplificado, os redatores do jornal *O Conciliador do Maranhão* referiram-se aos habitantes do Rio de Janeiro como "povos bisonhos do sul", assertiva que encontrava contrapartida nos periódicos da Corte, que eventualmente lembravam as "facções" que habitavam algumas províncias do Norte[44].

Evidentemente, as cisões do território que transpareciam nos impressos não se limitavam a um eixo Norte-Sul e, por muitos caminhos, podem ser exploradas.

É conhecida a divergência de interesses das bancadas provinciais americanas que compuseram as Cortes constitucionais portuguesas[45]. Aqui, cabe salientar a forma como esses interesses distintos compuseram o debate impresso; os pernambucanos, por exemplo, foram lembrados pelos "horrores de 1817" – referência à experiência

---

[42] Por Carta de Lei de 16 de dezembro de 1815. Para uma discussão diplomática do ambiente de formulação desse novo estatuto, no contexto do Congresso de Viena, ver Oliveira Lima, *D. João VI no Brasil*. Brasília: FUNAG, [1908] 2019, pp. 519-532.

[43] Maria Odila da Silva Dias, "A interiorização da metrópole (1808-1853)", in: Carlos Guilherme Mota (dir.), *1822: Dimensões*, São Paulo: Perspectiva, [1972] 1986, pp. 160-184.

[44] Marcelo Cheche Galves, *"Ao público sincero e imparcial": Imprensa e Independência na província do Maranhão (1821-1826)*. São Luís: Café & Lápis / Editora Uema, 2015, pp. 135-154; pp. 262-277.

[45] A "diversidade das bancadas do Brasil" foi utilizada como premissa para a análise de Márcia Regina Berbel, *A nação como artefato: deputados do Brasil nas Cortes Portuguesas, 1821-1822,* São Paulo: Ed. Hucitec / Fapesp, 1999.

republicana –, o que talvez explicasse, aos olhos de redatores radicados no Maranhão, a forma como defendiam um "governo democrático", ou seja, formado por homens sem distinção por nascimento ou cabedal[46].

Em outra direção, periódicos e folhetos reproduziram extratos de livros que remetiam a questões mais longevas, como a relação entre as metrópoles europeias e as colônias americanas, e as alterações promovidas pela independência dos Estados Unidos, em 1776. A partir dessa experiência, a inevitabilidade das independências na América ou a composição de novos arranjos políticos tomaram corpo, gradativamente, nesses papeis em circulação[47]; sobre a América portuguesa, a transferência da Corte em 1808 trazia essa questão para o primeiro plano, especialmente no *Correio Braziliense*, impresso em Londres, como já observado. Com a Revolução Liberal de 1820, essa temática tornar-se-ia recorrente nos papeis impressos nas porções americana e europeia do Reino Unido português.

A própria ideia de "recolonização"[48] como interesse último das Cortes, argumento-chave para a reação que culminaria com a independência do Brasil, embora presente em documentos desde as primeiras

---

[46] Marcelo Cheche Galves, "O Conciliador do Maranhão (1821-1823): um periódico no mundo ibero-americano", *Estudos Ibero-Americanos*, 46/2, mai./ago. 2020, pp. 1-18.

[47] Como exemplo de interseção entre os conteúdos de livros, periódicos e folhetos a partir das obras dos franceses abade Raynal e de Pradt, e de seus usos na imprensa luso-americana, ver Marco Morel, "Independência no papel: a imprensa periódica", in: I. Jancsó (dir.), *Independência: história e historiografia*. São Paulo: Ed. Hucitec / Fapesp, 2005, pp. 617-636.

[48] Esse neologismo compreendeu sentidos diversos, mas convergentes em relação à ideia de que a porção americana do Reino perderia o *status* conquistado a partir de 1815, com a criação do Reino Unido de Portugal e do Brasil e Algarves. Para um histórico da aparição e usos do termo, incluído palavras correlatas, entre 1821 e 1822, ver Antonio Penalves Rocha, *A recolonização do Brasil pelas Cortes: histórias de uma invenção historiográfica*. São Paulo: Editora Unesp, 2009, pp. 15-21.

críticas aos decretos de 1º de outubro de 1821[49], ganhou projeção em textos como: *Protesto dos deputados de São Paulo, abaixo-assignados* e *Declaração de alguns deputados do Brasil nas Corte de Portugal, que de Lisboa se passaram à Inglaterra*, impressos pelo *Correio Braziliense* em novembro de 1822.

Elaborados por deputados às Cortes das províncias de São Paulo e da Bahia, esses textos foram produzidos no contexto de fuga, no mês anterior, desses parlamentares de Portugal para a Inglaterra, em ambiente de crescente animosidade entre os deputados que divergiam sobre o lugar – político e econômico – que o Brasil deveria ocupar no Reino. Em fins de setembro de 1822 fora aprovada a *Constituição Politica da Nação Portugueza*, jurada por D. João VI no dia 1 de outubro de 1822.

Note-se aqui que as notícias sobre a independência do Brasil não eram de conhecimento dos deputados no momento de formulação do texto. Tais notícias chegaram a Portugal apenas em dezembro de 1822, embora fosse possível acompanhar pela imprensa lusitana, desde agosto daquele ano, as crescentes animosidades entre as partes americana e europeia do Reino[50].

A mesma edição do *Correio Braziliense*, de novembro de 1822, publicou o *Manifesto do Principe Regente do Brazil aos Governos e Naçoens amigas*, datado de 6 de agosto, portanto, ainda no contexto do Reino Unido português[51]. As duras palavras do regente Pedro[52]

---

[49] Aprovados em sessão das Cortes de 29 de setembro do mesmo ano. Voltarei ao tema.

[50] Ver Valentim Alexandre, *Os sentidos do Império. Questão nacional e questão colonial na crise do Antigo Regime Português*. Porto: Edições Afrontamento, 1993, pp. 693-717.

[51] Mensal, o jornal circulou até 1º de dezembro de 1822. Com a notícia da independência do Brasil, os propósitos do redator Hipólito José da Costa de reorganização política do Reino foram inviabilizados.

[52] Nesse ínterim, a própria condição de regente fora obstada por decisão das Cortes, em 29 de setembro de 1821, que exigia o imediato regresso de Pedro a Portugal. Voltarei à questão adiante, mas cabe lembrar aqui que Pedro tornara-se regente pelo decreto de 22 de abril de 1821, momento de regresso do rei D. João VI

evidenciavam que a hipótese de separação total ganhava corpo, mas cabe lembrar que nada poderia assegurar o seu êxito. Contudo, o fato de Hipólito da Costa tê-la publicada no mesmo conjunto de publicação dos textos dos deputados baianos e paulistas, antecedendo-os, parece ter produzido um efeito de sentido, que talvez tenha potencializado o argumento da "recolonização", gradativamente deslocado do discurso político para a narrativa histórica[53].

Assim, a justificativa que se tornaria mais recorrente na explicação dos fatores que resultaram na independência do Brasil não foi formulada como argumento para tal, embora esse raciocínio tivesse sobrevivido ao seu ambiente de elaboração e se constituído, por muito tempo, como principal ideia-força para a independência.

Essa observação remete a uma última questão: por quais modos é possível articular a nova palavra impressa e a independência do Brasil? Por ora, ressalto ser inapropriado afirmar que os impressos, em uma relação direta, provocaram a independência do Brasil. Os impressos americanos que defendiam maior autonomia do Brasil em relação ao Reino sobrepunham-se àqueles que, pontualmente, defendiam a separação total. A recuperação do debate promovido por intermédio desses impressos evidencia a própria novidade da ideia de separação total como ação, e não mais como retórica, mais bem localizada a partir de julho / agosto de 1822.

Cultura política no mundo luso-brasileiro

Imprensa e cultura política articulam-se de muitas formas no espaço americano a partir da Revolução Liberal de 1820. Como já observado, parte das expectativas gestadas pelo tempo ganhou formato impresso, componente de um conjunto mais amplo de novidades, que

---

a Portugal, por exigência das Cortes. O rei desembarcou em Lisboa no dia 4 de julho de 1821.

[53] Rocha, *A recolonização...*, cit., p. 21.

incluía eleições, subscrições, câmaras gerais, enfim, instrumentos de ampliação dos espaços públicos de representação política, em última instância, compostos também por conflitos armados, comuns ao tempo, e que potencializavam a participação política de grupos sociais até então à margem desses espaços públicos, para os quais István Jancsó recuperou a expressão "homens do comum"[54].

Mas, quais discussões ocupavam esses espaços de representação política? A diversidade e abrangência das questões apresentadas evidenciam a pluralidade da noção de cultura política, adotada aqui na forma singular como recurso que prioriza sua percepção em um determinado espaço, o mundo luso-brasileiro, gradativamente modificado em suas partes, do ponto de vista político, econômico e demográfico, desde, pelo menos, a segunda metade do XVIII – a instalação da Corte no Rio de Janeiro em 1808 e a Revolução Liberal de 1820 acelerariam tais modificações[55].

Aqui, cultura política toma a forma de um sistema de representações que abrange raízes filosóficas e históricas, como a monarquia portuguesa e a tradição católica do Reino, compartilhamento de outras experiências políticas, como aquelas introduzidas na Península Ibérica a partir da Revolução Francesa, e aspirações concretas, vividas no presente a partir de experiências coletivas, produtoras de expectativas distintas[56].

Naquele momento, a liberalização da palavra, impressa ou não, revelou questões de diferentes temporalidades, reunidas agora em foro

---

[54] O autor destaca o fato de ser este o "mais numeroso estrato social presente em todas as formações sociais luso-americanas". István Jancsó, "Independência, independências", in: I. Jancsó (dir.), *Independência: história e historiografia*. São Paulo: Ed. Hucitec / Fapesp, 2005, pp. 40-41.

[55] Para uma reflexão sobre as assimetrias que gradativamente caracterizaram as diferentes partes do espaço americano português e sua matriz europeia, ver Jancsó, "Independência, independências", cit., pp. 17-48.

[56] Ver Serge Bernstein, "Culturas políticas e historiografia", in: Cecília Azevedo *et alii* (dir.), *Cultura política, memória e historiografia*. Rio de Janeiro: Editora FGV, 2009, pp. 29-46.

constitucional. Marcas de uma cultura política portuguesa, como a monarquia, o catolicismo, o domínio de territórios extraeuropeus e a escravidão, conviviam agora com questões mais recentes, como a reorganização política, a partir de 1808, a expulsão dos franceses, a crescente influência britânica e a própria liberdade de expressão, a partir de 1820.

Na América portuguesa, a participação política dos "homens do comum" e as potenciais insurgências de sujeitos escravizados, também presentes nesse cenário de novidades[57], reforçavam a defesa de projetos políticos que promovessem uma "ampliação segura" do debate político, com recursos à repressão violenta, como ensinara Pernambuco, em 1817, e alijamento eleitoral dos mais pobres, projeto vitorioso na Constituição de 1824.

Esses dois aspectos evidenciam elementos de crescente diferenciação entre as duas partes do Reino. A porção europeia abolira gradativamente a escravidão especialmente a partir de 1773, sem que tal medida alterasse o fluxo de escravizados para a porção americana; pelo contrário, o vigor do comércio transatlântico de escravizados só foi parcialmente freado pelo acordo firmado entre Portugal e Inglaterra no âmbito do Congresso de Viena, em 1815, e ratificado em 1817[58]. Embora a economia da escravidão conectasse partes distintas

---

[57] Para além das insurgências cotidianas e de recorrentes sublevações, os sujeitos escravizados viveram de algum modo a Revolução Liberal de 1820 a partir das suas expectativas em torno da noção polissêmica de liberdade, difundida pelo vintismo. Ver Iara Lis Franco Schiavinatto Carvalho Souza, *Pátria coroada: o Brasil como corpo político autônomo (1780-1831)*. São Paulo: Editora Unesp, 1999, pp. 150-152. Retornarei a essa questão para o contexto da independência.

[58] Respectivamente: *Tratado de abolição do traffico de escravos em todos os lugares da Costa da África ao Norte do Equador, entre os muito altos, e muito poderosos senhores o Principe Regente de Portugal, e El-Rei do Reino Unido da Grande Bretanha e Irlanda: feito em Vienna pelos Plenipotenciarios de huma e outra Corte em 22 de janeiro de 1815, e ratificado por ambas*. Viena, 1815; e *Convenção addicional ao Tratado de 22 de janeiro de 1815, entre os muito altos, e muito poderosos senhores El-Rei do Reino Unido de Portugal, e do Brazil, e Algarves,*

do Reino, a importância que alcançara na América traduzia-se em ideias, agora impressas, sobre controle social, riscos de sublevação, alternativas a essa mão-de-obra e, ao mesmo tempo, o caráter imprescindível de sua manutenção.

Sobre o debate referente àqueles que deveriam participar das decisões políticas, as constituições portuguesa de 1822 e brasileira de 1824 expressaram diferenças importantes. O critério censitário para eleitores e eleitos, presente somente na segunda carta[59], transparece o receio de que a crescente população de brancos pobres e libertos, em uma sociedade de base econômica escravista, pudesse desequilibrar as decisões e afetar os interesses dos grandes proprietários, em suas múltiplas conexões com negociantes, clérigos e funcionários régios[60].

Cabe lembrar que o ambiente de elaboração da constituição portuguesa incluiu, a partir de determinado momento do ano de 1821[61], os deputados eleitos pelas províncias do Brasil. A novidade das Cortes trazia consigo essa também nova aproximação, geradora de

---

El-Rei do Reino Unido da Grande Bretanha, e Irlanda: feita em Londres pelos Plenipotenciarios de huma e outra Corte em 28 de julho de 1817, e ratificada por ambas. Londres, 28 jul. 1817.

[59] A Constituição de 1822, nos artigos n. 33 e 34, estabeleceu exigências genéricas sobre a renda de eleitores e eleitos: aos primeiros, a condição era que tivessem "emprego, ofício, ou modo de vida conhecido"; já os elegíveis deveriam ter "renda suficiente". *Constituição Política da Nação Portuguesa*, 1822.

[60] *Constituição Política do Império do Brazil*, 1824, capítulo VI, art. 90 a 95. Para uma ideia de estratificação da cidadania e consequente distinção dos direitos políticos, presente na Constituição de 1824, ver Yuri Costa, "Os (des) caminhos da democracia: hierarquias sociais e direitos de cidadania no Brasil do século XIX", in: Cláudia Maria da Costa Gonçalves *et alii* (dir.), *Biodiversidade, democracia e direitos humanos*. Rio de Janeiro: Lumen Juris, 2016, pp. 232-240.

[61] Aos cem deputados portugueses, reunidos desde janeiro de 1821, juntaram-se as bancadas provenientes do Brasil a partir de agosto de 1821, com a chegada dos deputados pernambucanos, seguida pelos deputados do Rio de Janeiro. Para uma síntese dos primeiros embates envolvendo representantes de diferentes províncias brasileiras, ver Márcia Regina Berbel, *A nação como artefato: deputados do Brasil nas Cortes Portuguesas, 1821-1822,* São Paulo: Ed. Hucitec / Fapesp, 1999, pp. 83-126.

estranhamentos e divergências sobre variados assuntos, que serviram, posteriormente, como justificativa para a independência, única opção perante o projeto "recolonizador", que devolveria a porção americana do Reino à condição anterior a 1808, ou melhor, a 1815.

A ideia de uma irremediável oposição de interesses entre brasileiros e portugueses, tese forjada nos últimos meses de 1821 e que orientaria, no futuro, as primeiras narrativas sobre a independência do Brasil, ofuscou ampla gama de vínculos dissolvidos à duras penas. Em dois exemplos: não havia consenso, em Portugal, sobre uma ideia de "recolonização", sequer presente na Constituição de 1822[62]; na América portuguesa, a convocação da Assembleia Constituinte pelo regente Pedro, em junho de 1822, provocou reações adversas em distintas partes do território[63].

Ademais, lembro que os deputados das províncias do Grão-Pará e do Maranhão, por exemplo, quase sempre votaram de maneira diferente dos deputados de Pernambuco ou de São Paulo, questão mais amplamente articulada a projetos distintos de organização política do Reino, e que opuseram essas mesmas províncias nos primeiros meses após a independência.

---

[62] Medidas concretas de alteração da condição do Brasil no Reino podem ser depreendidas de certa leitura do *Projeto de Decreto sobre as relações comerciais no Reino Unido da Comissão Especial das Cortes*, debatido pelas Cortes entre abril e setembro de 1822. A questão foi analisada, e relativizada quanto à sua perspectiva "recolonizadora", em Rocha, *A recolonização...*, cit., pp. 63-85.

[63] Lúcia Neves explorou essas divergências a partir de exemplos situados em duas instâncias: na imprensa, pelo posicionamento contrário adotado por José da Silva Lisboa (visconde de Cairu) e as críticas que suscitou; na administração, por reações como a do governador das armas da província do Rio Grande do Sul, que se demitiu sob a alegação de ter jurado fidelidade às Cortes e ao rei. Sobre o impacto da notícia de convocação de uma Assembleia Constituinte nas Cortes, Antonio Penalves Rocha nos lembra que provocou uma *Proclamação*, em 17 de agosto de 1822, em que negava a intenção de submeter o Brasil novamente a um estatuto colonial. Lúcia Maria Bastos Pereira das Neves, "Os panfletos políticos...", cit., pp. 666-670; Rocha, *A recolonização...*, cit., p. 20.

Se as novidades do tempo promoviam cisões nas e entre as partes do Reino, convergências importantes também podem ser assinaladas, mesmo em se tratando de questões relativamente novas, como a concepção liberal de propriedade, ponto de aproximação entre parlamentares e redatores dos dois hemisférios[64], em que pese o fato de o acento na defesa da propriedade escrava caracterizar apenas o Brasil. Também no Brasil, a articulação entre propriedade e direitos políticos, como se viu, ganhara outra conotação, com a instituição do voto censitário na Constituição de 1824.

Outra convergência fundamental era a legitimidade monárquica, princípio que repousava em séculos de tradição e que encontrava raríssimas resistências, circunscritas a papeis anônimos ou a conjeturas que episodicamente compuseram os impressos. Evidentemente, a Revolução de Pernambuco, em 1817, servia como alerta às autoridades portuguesas de que o experimento republicano não estava circunscrito aos Estados Unidos, ex-colônia britânica, ou às vizinhas colônias espanholas, que viveram o início de suas guerras por emancipação política entre 1808 e 1810, consolidada, na maioria dos casos, no início da década de 1820[65]. Além de Pernambuco, a Cisplatina, à época pertencente ao Reino Unido de Portugal, Brasil e Algarves, vivia as turbulências de uma região de fronteira, marcada por um histórico recente de experimentos republicanos[66].

---

[64] Também manifesto na *Constituição Política da Nação Portuguesa* (1822) e na *Constituição Política do Império do Brazil* (1824). Ver, respectivamente, os artigos 6º e 179.

[65] Questões examinadas por João Paulo Pimenta, *Tempos e espaços das independências. A inserção do Brasil no mundo ocidental (1780-1830)*, São Paulo: Intermeios, 2017.

[66] Aproximações políticas entre as experiências republicanas em Pernambuco e na região do Prata foram exploradas por Luiz Geraldo Silva e João Paulo Pimenta, "Pernambuco, Rio da Prata e a crise do Antigo Regime na América ibérica: o "caso" de Felix José Tavares Lira", *Estudos ibero-americanos,* 36/2 (jul./dez. 2010), pp. 312-342.

Assim, os "horrores da Revolução Francesa", elemento-chave da cultura política portuguesa na virada para o século XIX, eram alimentados por sua versão americana, embora anterior, no caso dos Estados Unidos. Se projetos republicanos não ocuparam a cena pública constitucional, serviram como substrato para associações entre o experimento pernambucano e noções como "governo dos pretos", "populaça" e "morte aos brancos"[67], recurso que reforçava a legitimidade da monarquia como sinônimo de uma estabilidade conveniente aos grupos sociais representados nos prelos e no parlamento.

Essa articulação entre república e ameaça social aproxima tempos e espaços distintos. Nas adesões das capitanias americanas à Revolução Liberal de 1820, o espectro de Pernambuco parece ter orientado as disputas políticas entre as frações proprietárias, que evitaram maiores cisões, em nome da ordem; em 1823, nos conflitos que culminaram com a adesão à independência das províncias da Bahia, Maranhão e Grão-Pará, "homens do comum" e sujeitos escravizados foram convocados a participar da política por meio das armas, fato que provocou o alargamento dos limites do que se concebia como ordem e participação política; por fim, em 1824, o experimento republicano da Confederação do Equador em algumas províncias do Norte, com importante participação desses setores da população, reforçou a associação entre república e "populaça", justificando a brutalidade da repressão que se seguiu[68].

---

[67] Questão fartamente explorada, por exemplo, pelo jornal *O Conciliador do Maranhão*. Ver Marcelo Cheche Galves, "O Conciliador do Maranhão (1821-1823): um periódico no mundo ibero-americano", *Estudos Ibero-Americanos*, 46/2, mai./ ago. 2020, pp. 1-18.

[68] O movimento foi deflagrado como reação à imposição da Constituição de 1824, alternativa autoritária que substituiu a elaboração de uma constituição derivada da Assembleia Constituinte, dissolvida pelo imperador no final do ano anterior. Com epicentro em Pernambuco, estendeu-se até o Grão-Pará, gerando expectativas distintas e reações das autoridades. Como exemplo de estudos recentes, voltados para as características do movimento em determinada região, e as reações a partir do Rio de Janeiro, ver Francisco Weber Pinto Porfírio, *(Re) Pensando a nação: a Confederação do Equador através dos jornais "O Spectador*

A defesa da monarquia também comportava opiniões distintas em relação aos rumos da política portuguesa, em 1808, 1815 ou 1820--1823. Os escritos de Hipólito da Costa no *Correio Braziliense*, ao longo de quase todo esse período, oferecem exemplo de um contínuo de propostas e debates no âmbito da monarquia portuguesa, enquanto tal possibilidade esteve presente[69].

Cabe lembrar que essa legitimidade monárquica carregava consigo outro elemento-chave, o catolicismo, que também moldou o constitucionalismo que se propunha, de forte viés religioso[70]. Os projetos constitucionais em curso, em Portugal e, depois, no Brasil, passaram longe de questões relacionadas, por exemplo, ao estado laico.

As *Bases da Constituição Política da Monarquia Portuguesa*, do início de 1821, afirmaram a religião católica romana como da nação portuguesa; já a "livre comunicação do pensamento", um dos "mais preciosos direitos do homem", era garantida, mas o documento previa punição para abusos em "matérias religiosas"[71].

Presentes em grande número como deputados nas Cortes portuguesas em 1821 e 1822, e na Assembleia Constituinte brasileira em

---

Brasileiro" (RJ) e o "Diário do Governo do Ceará" em 1824. Fortaleza: UFCE, 2019 (mestrado).

[69] Como já observado, o jornal deixou de circular após a notícia da Independência do Brasil.

[70] Para um exemplo sobre o que definiu como "base religiosa que permeia toda a trajetória da Ilustração portuguesa", ver Neves, *Corcundas e constitucionais...*, cit., pp. 25-26.

[71] *Bases da Constituição Política da Monarquia Portuguesa*, 1821, artigos 17, 8° e 10, respectivamente. O artigo 9° previa a instalação de um tribunal especial para proteção da liberdade de imprensa e coibição de abusos. As Cortes regulamentaram os artigos 8°, 9° e 10 das *Bases*, em 4 de julho de 1821, com a *Lei sobre a liberdade de imprensa. Diário das Cortes Geraes e Extraordinárias da Nação Portugueza*, Lisboa, sessão n. 118, 4 jul. 1821, pp. 1436-1443. Disponível em <http://debates.parlamento.pt/?pid=mc>. Acesso em 19/04/2022. Para uma síntese do debate nas Cortes sobre a liberdade de imprensa, ver Graça Franco, *A censura à imprensa (1820-1974)*. Lisboa: Imprensa Nacional – Casa da Moeda, 1993, pp. 11-26.

1823, os religiosos compuseram a cena pública a partir de diferentes matizes, dos republicanos de 1817 aos ultrarrealistas. Contudo, a instituição consolidou os seus laços com o novo estado a partir de, pelo menos, dois dispositivos constitucionais: como religião oficial do Império do Brasil e como critério para a elegibilidade dos deputados a Assembleia Geral[72].

Há ainda outro vínculo entre monarquia e religião reiterado pela imposição da Constituição de 1824, após o fechamento da Assembleia Constituinte no ano anterior: se os poderes do rei prescindiam de uma Constituição elaborada pelos representantes da nação, eles teriam origem noutra esfera, o que remete à sacralidade régia concebida em tempos de absolutismo monárquico. Não por acaso, o principal movimento de oposição ao juramento da Constituição de 1824 lembrou ao imperador que a soberania da nação residia no pacto constitucional, razão pela qual o julgara incompetente para propô-la[73].

A constatação da permanência de uma legitimidade monárquica com componente religioso não transforma a independência do Brasil em um "desdobramento natural", provocado pelo agravamento de dissensões no âmbito das Cortes portuguesas. Em outra direção, aponta para antagonismos crescentes, mas internos ao Reino, e passíveis de soluções intermediárias entre a "recolonização" e a separação total. A derrota desses projetos contribuiu para o seu apagamento, acentuado por uma historiografia que saudou a independência como manifestação nacional, construto comum na escrita da história de países constituídos no século XIX, fundamentada em comunhões frágeis ou inexistentes, como forma de transformação dos atos emancipatórios em causas patrióticas, no sentido de nacionais[74].

---

[72] *Constituição Política do Império do Brazil,* 1824, artigos 5º e 95, respectivamente.

[73] Sobre o pensamento-ação de frei Caneca, expoente da Confederação do Equador, ver Denis Antônio de Mendonça Bernardes, "Pacto social e constitucionalismo em frei Caneca", *Estudos Avançados,* 11/29, 1997, pp. 155-168.

[74] Ver João Paulo Pimenta, *Estado e nação no fim dos impérios ibéricos no Prata (1808-1828).* São Paulo: Hucitec/Fapesp, 2002, pp. 29-48.

Certa cronologia dos episódios que acirraram as animosidades entre as Cortes portuguesas e o regente Pedro pode ser acompanhada a partir de setembro/outubro de 1821[75], momento em que as Cortes aprovaram um conjunto de medidas que acarretaria o esvaziamento de poder político do Rio de Janeiro.

O primeiro decreto, composto por dezesseis artigos, regulamentou a eleição das juntas provisórias de governo, em substituição a diferentes formas de governo instituídas nas capitanias, agora províncias, após a adesão à Revolução Liberal de 1820. Reunindo a autoridade e jurisdição civil, econômica, administrativa e de polícia, as juntas prestariam contas ao Governo do Reino e às Cortes[76].

Em termos práticos, tratava-se de materializar, do ponto de vista administrativo, a nova situação política provocada pelo regresso de D. João VI a Portugal, em julho de 1821. Ainda que subordinada às premissas constitucionais, a monarquia retornava a Lisboa, centro de autoridade até 1807.

O segundo decreto, e como decorrência do esvaziamento de poder do Rio de Janeiro estabelecido pelo decreto anterior, determinou o regresso imediato do príncipe real, por considerar "desnecessária" e "até indecorosa" sua permanência no Rio de Janeiro.

A nova situação desequilibrava a relação entre as partes europeia e americana do reino, especificamente o Rio de Janeiro e as províncias a ele vinculadas por interesses comuns. Nos meses seguintes,

---

[75] Os dois decretos, aprovados na sessão das Cortes de 29 de setembro de 1821, foram publicados em 1º de outubro. *Diário das Cortes Geraes e Extraordinárias da Nação Portugueza,* Lisboa, sessão n. 188, 29 set. 1821, pp. 2.463-2.464. Disponível em <http://debates.parlamento.pt/?pid=mc>. Acesso em 19/04/2022. Essa demarcação temporal em setembro/outubro de 1821 remonta a uma tradição historiográfica construída ainda nos Oitocentos, por autores como Francisco Adolfo de Varnhagen. "História da Independência do Brasil", *Revista do Instituto Histórico e Geográfico Brasileiro,* 173, 1938, pp. 23-634. A primeira edição é de 1916, mas foi escrita, possivelmente, em 1876.

[76] O *Decreto* criou ainda a figura do governador das armas, de forma equiparada à já existente nas províncias de Portugal, e igualmente sujeito ao Governo do Reino e às Cortes.

esses antagonismos tomaram corpo com episódios como: a recusa do regente, em janeiro de 1822, em voltar a Portugal; a criação de um Conselho de Procuradores[77], em 16 de fevereiro de 1822; e a convocação de uma Assembleia Constituinte, em 3 de junho de 1822[78].

Esse agravamento das relações institucionais tinha como questão principal a autonomia do Brasil dentro do Reino e não pode ser tomado como prova cabal de que a independência, compreendida como separação total, não tardaria. Ainda assim, por muitos caminhos, é possível mapear as fissuras que inviabilizaram a permanência do Reino Unido e que, *pari passu*, operacionalizaram a nova entidade política.

De volta aos decretos de outubro de 1821, cabe lembrar que essas decisões tomadas pelas Cortes portuguesas introduziram uma nova dinâmica político-administrativa, que se traduziu na forma como se daria, a partir de então, a composição entre as partes e o todo monárquico.

Como já observado, nas capitanias, agora províncias, as juntas provisórias de governo seriam eleitas. Os eleitores de paróquia de cada província deveriam eleger cidadãos "probos", "constitucionais"

---

[77] Criado no contexto de pressões para o regresso do regente Pedro a Portugal, o *Conselho de Procuradores-Gerais das Províncias do Brasil* era composto pelo próprio príncipe, por representantes de cada província e por todos os ministros e secretários de Estado. Ainda que de caráter consultivo, evidenciava o desejo por mais autonomia do Brasil dentro do Reino. Decreto de 16 de fevereiro de 1822. *Cria o Conselho de Procuradores Gerais das Províncias do Brasil*. Disponível em <https://www2.camara.leg.br/legin/fed/decret_sn/anteriora1824/decreto-38926-16-fevereiro-1822-568227-publicacaooriginal-91623-pe.html>. Acesso em 19/04/2022.

[78] Com o intuito de constituir outra esfera de representação, que não fosse minoritária. Cabe salientar que o número de deputados de províncias americanas nas Cortes era desproporcional, sob critérios demográficos, em relação ao número de deputados europeus. Para uma discussão sobre o princípio da proporcionalidade de representação nas Cortes, ver Maria Beatriz Nizza da Silva, *Movimento constitucional e separatismo no Brasil (1821-1823)*. Lisboa: Livros Horizonte, 1988, pp. 44-52.

e com "bastantes meios de subsistência"[79]. A medida reforçava, ao mesmo tempo, a ideia de unidade administrativa (de longevidade variável) e de pertencimento a ela de um número significativo de cidadãos. Certa noção de "pátria", no sentido estrito de local de nascimento ou enraizamento, ganhava corpo, ainda que compusesse o coletivo mais amplo, que remetia à identidade portuguesa.

Gradativamente, os interesses dos grupos que dominavam essas pátrias convergiram em apoio ao príncipe Pedro, e a um projeto de poder a partir do Rio de Janeiro. Se não era um "desejo antigo", resultante de "posições políticas irreconciliáveis", a ideia de separação total ganhava força ao acenar com alguns elementos-chave da cultura política portuguesa, como a legitimidade monárquica e o catolicismo como religião oficial, mesclados a compromissos políticos assumidos no presente, dentre eles, a manutenção da ordem escravocrata e o controle social[80].

Evidentemente, as guerras de independência travadas em algumas províncias do Norte até, pelo menos, agosto de 1823, demonstram divergências importantes no seio dos grupos sociais dominantes. Certo pacto pela manutenção da ordem, que caracterizara as adesões das então capitanias à Revolução Liberal de 1820, era rompido agora, pela convocação para a guerra, de lado a lado, de "homens do comum" e sujeitos escravizados[81]. Forçados ao recrutamento ou obrigados a participar do conflito por outras relações de sujeição, esses contingentes também atribuíram sentidos próprios a noções como "independência" e "liberdade"; ao fazê-lo, demarcaram um

---

[79] Artigos 2º e 3º.

[80] Nesse sentido, a Constituição de 1824 selou o compromisso da representatividade política restrita, também mantenedora dessa ordem.

[81] Para essa questão, na Bahia, Hendrik Kraay, "'Em outra coisa não falavam os pardos, cabras, e crioulos'": o 'recrutamento' de escravos na guerra da Independência na Bahia, *Revista Brasileira de História*, 22/43, 2002, pp. 109-126; para o Maranhão, Matthias Röhrig Assunção, "Miguel Bruce e os 'horrores da anarquia' no Maranhão (1822-1827)", in: I. Jancsó (dir.), *Independência: história e historiografia*, cit., pp. 345-378.

lugar no cenário político dos anos seguintes, quase sempre ocupado por intermédio das armas.

Na Bahia, as tropas do tenente-coronel Inácio Luís Madeira de Melo, governador das armas, com apoio de importantes comerciantes e de novos contingentes militares vindos de Portugal no início de 1823, contiveram momentaneamente o avanço das tropas independentistas, impedindo que tomassem a capital, Salvador.

Derrotadas em 2 de julho de 1823 pelas forças militares lideradas pelo almirante Cochrane[82], parte das tropas portuguesas deslocou-se, por mar, para o Maranhão, de modo a concentrar a resistência militar naquela província[83]. Na edição de 16 de julho de 1823, o jornal *O Conciliador do Maranhão* anunciou com entusiasmo a chegada dessas tropas à capital, São Luís. Assim como na Bahia, a resistência contou com o apoio de importantes comerciantes, que financiaram tropas regulares e irregulares desde o início de 1823, momento de

---

[82] Thomas John Cochrane, almirante britânico que chefiou a armada imperial brasileira, entre os anos de 1822 e 1823. Sob o seu comando ocorreu a incorporação das províncias da Bahia, Maranhão e Grão-Pará ao Império do Brasil – ainda que não se dirigisse pessoalmente ao Grão-Pará. Voltou ao Norte em meados de 1824, para liderar os ataques contra a Confederação do Equador, em Pernambuco e Ceará; no Maranhão, desembarcou novamente em novembro daquele ano, momento em que assumiu provisoriamente os governos civil e militar.

[83] A rigor, em número muito menor que o aguardado. A expectativa do desembarque de tropas portuguesas esteve presente no debate político da província do Maranhão até 1825. André Machado cunhou a expressão "esquadras imaginárias" no estudo que desenvolveu sobre essa questão para a província do Grão-Pará. André Roberto de Arruda Machado, *A quebra da mola real das sociedades. A crise política do Antigo Regime Português na província do Grão--Pará (1821-1825)*. São Paulo: FFLCH-USP, 2006 (tese), pp. 164-179. Dentre as façanhas militares relatadas posteriormente pelo almirante Cochrane, está o aprisionamento da esquadra *Grão-Pará*, que nos primeiros dias de julho de 1823 rumava da Bahia com "alguns milhares de tropa destinada a manter a autoridade portuguesa na província do Maranhão". Thomas John Cochrane, *Narrativa de serviços no libertar-se o Brasil da dominação portuguesa*. Brasília: Senado Federal, [1859] 2003, p. 75.

avanço terrestre das tropas independentistas, organizadas a partir das vizinhas províncias do Piauí e do Ceará.

A chegada em São Luís da esquadra comandada pelo almirante Cochrane, no final de julho de 1823, sacramentou a capitulação, no dia 28[84], e de algum modo determinou solução similar para a limítrofe província do Grão-Pará, incorporada ao Império do Brasil em 15 de agosto[85].

As resistências nessas províncias à ideia de independência como separação total apontam para questões de diferentes temporalidades. As assimetrias que caracterizaram a presença portuguesa em território americano desde o século XVI desdobraram-se em distinções significativas, do ponto de vista demográfico e de composição étnica, de presença /controle das autoridades régias e/ou religiosas, enfim, da forma como se articulavam a Lisboa e a cada uma das partes do território americano[86].

Como já observado, a transferência da Corte para o Rio de Janeiro, em 1808, promoveu um importante desequilíbrio entre essas partes, já assimétricas, questão transformada em embate político no momento de adesão das capitanias do Norte à Revolução Liberal de 1820. Se o apelo à "pátria", no Centro-Sul, ganhava seus primeiros contornos de uma identificação com o Brasil, em algumas províncias do Norte reforçava uma identidade portuguesa, presente até momento avançado dos Oitocentos.

O término das guerras de independência e a outorga da Constituição, em 1824, realçaram de algum modo o componente português do que se poderia caracterizar como uma cultura política brasileira em gestação.

---

[84] Ver Galves, *"Ao público sincero e imparcial"*..., cit., pp. 228-244.

[85] A partir do conceito de "bloco regional", extensivo às províncias de Goiás e Mato Grosso, André Machado estabeleceu importantes articulações entre as províncias do Maranhão e Grão-Pará, incluído seus processos de incorporação ao Império do Brasil. Machado, *A quebra da mola real das sociedades...*, cit..

[86] Jancsó, "Independência, independências", cit., pp. 17-48.

No primeiro caso, por oposição, os gritos de "morte aos portugueses" ecoaram até, pelo menos, os movimentos de contestação política do final da década de 1830, com laivos identificáveis nas décadas seguintes[87].

Já a *Constituição Política do Império do Brazil*, de 1824, expressa os limites e similitudes na leitura das liberdades constitucionais em territórios tão marcados pela tradição monárquica absolutista. Naquele ano, não mais vigorava a *Constituição Política da Nação Portuguesa,* golpeada em maio de 1823 pela Revolta de Vila Franca de Xira. Em 1826, seria aprovada nova constituição em Portugal, muito similar à carta constitucional brasileira[88]. Nos anos seguintes, o crescente envolvimento do monarca brasileiro na questão sucessória portuguesa culminaria com a abdicação do trono, em 1831.

A questão envolvendo os dois tronos esteve presente até mesmo nas discussões do *Tratado de Paz e Aliança,* que em agosto de 1825 reconheceu a independência do Brasil. No preambulo, o texto evidenciava o caráter de concessão do trono, do monarca português ao

---

[87] Por exemplo, na Balaiada (1838-1841), movimento de contestação da ordem ocorrido nas províncias do Maranhão e Piauí, esteve em pauta a questão da expulsão dos portugueses natos, que fossem solteiros, e a restrição dos direitos dos portugueses já naturalizados; noutro exemplo, os conflitos cotidianos, de viés antilusitano, estiveram presentes na cidade do Rio de Janeiro até as primeiras décadas do século XX. Ver, respectivamente: Mário Martins Meireles, *História do Maranhão.* São Paulo: Siciliano, [1960] 2001, pp. 231-240 e Gladys Sabina Ribeiro, *Cabras e Pés de Chumbo*: os *rolos do tempo. O antilusitanismo na cidade do Rio de Janeiro (1890-1930).* Campinas: UNICAMP, 1987 (mestrado).

[88] Sobre as similitudes entre as constituições brasileira, de 1824, e portuguesa, de 1826, ver José Murilo de Carvalho, "O rei e a representação da nação" em José Murilo de Carvalho *et alii* (dir.), *A Monarquia Constitucional dos Braganças em Portugal e no Brasil (1822-1910): uma história paralela de Portugal e do Brasil depois da Independência brasileira,* Alfragide (Lisboa): Dom Quixote, 2018, pp. 123-144.

seu filho, forma de ofuscar lutas emancipatórias que oporiam novos direitos à tradição instituída[89].

Por outros caminhos, Brasil e Portugal permaneceriam unidos.

Por fim: dois marcos temporais, uma articulação

O percurso aqui trilhado explorou características e desdobramentos da Revolução Liberal de 1820 e da independência do Brasil, tomando como referência a imprensa e certa concepção de cultura política.

Agora, cabe estabelecer uma última articulação entre esses dois momentos, que de pronto se afasta de uma tradição historiográfica que desde os Oitocentos transformou o primeiro em "antecedente" do segundo, em encadeamento sustentado pela noção de "reação" da parte americana do Reino, concebida como unidade-pátria, embora filha de Portugal[90].

Antes, é preciso lembrar que a parte americana do Reino ganhara certa operacionalidade como todo a partir de 1808 e, especialmente, a partir de 1815. Some-se a isso o fato de a Revolução Liberal de 1820 promover uma ruptura, de forte simbolismo, em relação à figura do rei, de onde emanava todo o poder. A adesão de cada parte do Reino às *Bases da Constituição* em 1821, e à *Constituição* em 1822, trouxe para o primeiro plano outra noção de soberania, ainda que fortemente determinada pela monarquia e pelo catolicismo.

Nesse cenário, outro elemento se destaca como peça-chave da articulação aqui proposta. A liberdade de expressão, instituída pela

---

[89] Nesse sentido, os anos seguintes assistiram ao esvaziamento da memória do dia 12 de outubro de 1822, data da aclamação popular do imperador e principal marco de memória da independência do Brasil naqueles anos. Ver Maria de Lourdes Viana Lyra, "Memória da independência: marcos e representações simbólicas", *Revista Brasileira de História*, 15/29, 1995, pp. 173-206.

[90] Para um percurso historiográfico desse raciocínio, desde as suas primeiras elaborações, ver Berbel, *A nação como artefato...*, cit., pp. 17-29.

Revolução Liberal de 1820, acelerou a exposição pública das divergências, como ensina István Jancsó[91]. Essa aceleração potencializou interesses e expectativas dissonantes em relação a cada parte e ao todo do Reino. Os impressos, ingrediente político e parte constitutiva desse conjunto de novidades, evidenciaram as fissuras políticas do Reino, rearranjadas em 1820-1821, e transformadas em 1822-1823, com a emergência do Brasil como corpo político autônomo, na expressão de Iara Souza[92].

Se não é possível afirmar que as liberdades instituídas pela Revolução Liberal de 1820 "causaram" a independência do Brasil, é inequívoco que viabilizaram importantes canais de expressão do dissenso e de formulação das bases sobre as quais se erigiria o novo país.

---

[91] Jancsó, "Independência, independências", cit., p. 45.
[92] Iara Lis Franco Schiavinatto Carvalho Souza, *Pátria coroada: o Brasil como corpo político autônomo (1780-1831)*, São Paulo: Editora Unesp, 1999.

CAPÍTULO 8

A ECONOMIA E A POLÍTICA ECONÔMICA NA ÉPOCA DA INDEPENDÊNCIA

Eduardo Silva Ramos

Em março de 1808, o Rio de Janeiro foi palco de um evento singular na história ocidental: a transladação de uma Casa Real europeia para o solo americano. A chegada da Corte Real Portuguesa no Rio de Janeiro marcou profunda alteração na vida cotidiana e nas instituições políticas e econômicas do Brasil. Instituições como o Desembargo do Paço, a Casa de Suplicação, a Mesa da Consciência e Ordem, a Real Biblioteca entre outras, formaram as bases do governo português nos trópicos.

Para além das bases formais, esse acontecimento foi responsável por uma profunda alteração na vida política do Rio de Janeiro, assim como nas possibilidades de acesso à cultura, artes e poder. Ainda que a instalação da Corte no Rio de Janeiro não seja o fator único e determinante para a Independência do Brasil, as bases políticas e institucionais implementadas em 1808 possibilitaram a transição do passado colonial para o futuro nacional. Assim, conforme a interpretação de Kirsten Schultz, no momento da separação política essas tradições e instituições foram colocadas a prova e, em última instância, tiveram sua atuação e significado alterados[1].

---

[1] Kirsten Schultz, *Tropical Versailles*: Empire, Monarchy, and the Portuguese Royal Court in Rio de Janeiro, 1808-1821. New York/ London: Routledge, 2001, pp. 10 e 104.

Apesar de aportar no Rio de Janeiro em março, uma parte da esquadra portuguesa já havia chegado ao Brasil desde fevereiro do mesmo ano. Na cidade de Salvador, na Bahia, já se anunciavam os novos tempos da colônia: permitiu-se a instalação de manufaturas e fábricas; autorizou-se a criação de companhia de seguros marítimos, concedeu-se permissão para o funcionamento da Escola Médico-Cirúrgica e, em um dos mais importantes acontecimentos do período, foi autorizada a Abertura dos Portos às nações que conservassem paz com Portugal[2]. O comércio colonial, até então realizado exclusivamente com Portugal, passou a ser realizado diretamente também com outras nações.

A forma adotada para o expediente das alfândegas do Brasil foi a mesma que regia a de Lisboa que, por sua vez, era baseada quase em sua integralidade no foral publicado em 1587. Em 1808, a tarifa de importação foi definida em 24% para todas as nações e para todos os gêneros; a exceção se fazia aos vinhos, licores, aguardentes, azeites etc., que foram taxados pelo dobro, ou seja, 48% *ad valorem*[3]. Essa diferença foi estabelecida justamente para compensar a perda de arrecadação em virtude das baixas taxas de importação dos demais gêneros[4].

As especificidades da Abertura dos Portos foram alteradas nos meses que se seguiram. Primeiramente, em virtude do descontentamento dos comerciantes portugueses que haviam perdido o exclusivo comercial, a Coroa diminuiu a tarifa dos produtos "carregados em

---

[2] Sobre a estadia da Corte em Salvador e a carta régia de 28 de janeiro de 1808 autorizando a abertura dos portos na mesma cidade, *Cf.* Wanderley Pinho, *A abertura dos portos: Cairu, os ingleses, a independência*. Salvador: Publicações da Universidade da Bahia, 1961.

[3] Carta régia de 28 de janeiro de 1808, in: José Paulo de Figueiroa Nabuco Araújo, *Legislação Brazileira ou Collecção Chronologica das Leis, Decretos, Resoluções de Consulta, Provisões etc., etc., do Império do Brazil, desde o anno de 1808 até 1831...* t. 1-7. Rio de Janeiro: Tip. Imp. E Const. De J. Villeneuve e Comp., 1836-1844, t. I, p. 01. (doravante *LBCC*).

[4] Valentim Alexandre, "A carta régia de 1808 e os tratados de 1810", in: Luís V. Oliveira e Rubens Ricupero (org.), *A Abertura dos Portos*. São Paulo: SENAC, 2007, p. 111.

embarcações nacionais", passando a ser cobrado 16% em geral e 32% para os gêneros líquidos[5]. Dois anos depois, uma alteração de maior envergadura seria implementada: a assinatura dos Tratados de Comércio e Navegação de 1810 com a principal aliada de Portugal, a Grã-Bretanha. Por meio desses tratados, os súditos britânicos passariam a possuir diversas vantagens nos territórios portugueses, e a mais substantivas dessas vantagens foi a redução dos direitos de importação dos produtos britânicos para 15% *ad valorem*. Na prática, os comerciantes britânicos passaram a possuir vantagens até mesmo sobre os portugueses e, apesar de proporcionar uma redução no custo de vida do Rio de Janeiro, os tratados transformaram-se em um empecilho para o estabelecimento de laços comerciais com outras nações[6].

Ao justificar as medidas econômicas tomadas ao longo dos primeiros anos de sua estadia no Brasil, o príncipe regente dom João argumentou que havia sido "necessário procurar elevar a prosperidade daquelas partes do império livres de opressão, a fim de achar não só os meios de satisfazer aquela parte dos meus vassalos (...), mais ainda para que eles pudessem concorrer às despesas necessárias para sustentar o lustre e esplendor do trono". Para ele, o "sistema liberal de comércio" adotado seria fundamental para que Portugal atendesse os "princípios mais demonstrados da sã economia política" e, se por um lado esses mesmos tratados haveriam de proporcionar uma maior entrada de produtos estrangeiros, por outro, proporcionariam que os produtos cultivados em Portugal e no Brasil fossem largamente aceitos nos portos europeus[7].

---

[5] Decreto de 11 de junho de 1808, in: *LBCC*, t. I, p. 25.

[6] Paulo R. Almeida, *Formação da diplomacia econômica no Brasil: as relações econômicas internacionais no Império*. 3ª ed., Brasília: FUNAG, 2017, p. 164.

[7] Carta régia de 07 de março de 1810, *apud*: José L. Cardoso (coord.), *A economia política e os dilemas do império luso-brasileiro* (1790-1822). Lisboa: CNCDP, 2001, pp. 204-207. A autoria da carta foi atribuída a dom Rodrigo de Souza Coutinho, conde de Linhares. Essa tese, defendida pelo Monarca, enquadrava-se num processo de diversificação e reorientação da produção agrícola colonial. A partir da segunda metade do século XVIII, a produção era

José da Silva Lisboa, um dos mais importantes nomes da economia política brasileira, futuro Visconde de Cairu e Senador do Império e que teve grande influência na redação da Carta Régia que decretou a Abertura dos Portos, advogou que a liberdade de comércio implementada no Brasil era o princípio "mais natural, e seguro meio da prosperidade das nações". Para Silva Lisboa, o contexto da transferência da Corte para o Rio de Janeiro exigia a medida e, por meio dela, a Coroa poderia almejar grandes rendas advindas do incremento das exportações e importações. O fato de os ingleses disporem de maiores privilégios se devia ao fato de, naquele momento, a Grã-Bretanha ser a mais industriosa e rica nação da Europa e, ao contrário de prejuízos, tal cooperação resultaria em grandes benefícios ao Império português[8].

A Abertura dos Portos pode ser considerada uma das implicações mais importantes da vinda da Corte Real para o Brasil. Para o historiador Fernando Novais, sua consequência real foi a suspensão do sistema colonial[9]. Na visão do historiador José Jobson Andrade de Arruda, o que se viu em janeiro de 1808 já era uma realidade há algum tempo, dado que, em suas palavras, "os portos brasileiros iniciaram sua abertura de modo irreversível no ano de 1800", em razão da "ação devastadora dos contrabandistas" estrangeiros[10]. De toda forma, é fato que a abertura comercial alterou profundamente a economia e a fiscalidade do Brasil português, uma vez que, os tributos cobrados nas

---

destinada ao abastecimento de manufaturas portuguesas e da população do Reino, ao passo que se mantinha integrada às redes comerciais internas. Para o caso de São Paulo, ver: Marco Volpini Micheli, *São Paulo: diversificação agrícola, consolidação interna e integração no mercado atlântico (1765-1821)*. São Paulo: FFLCH-USP, 2018 (mestrado).

[8] José da Silva Lisboa, *Observações sobre o comércio franco do Brasil*. Rio de Janeiro: Imprensa Régia, 1808, pp. 188-194.

[9] Fernando A. Novais, "Notas para o estudo do Brasil no comércio internacional do fim do século XVIII e início do século XIX (1796-1808)", in: *Aproximações: ensaios de história e historiografia*. São Paulo: Cosac Naify: 2005, pp. 105-125.

[10] José Jobson A. Arruda, *Uma colônia entre dois impérios: a abertura dos portos brasileiros (1800-1808)*. Bauru: EDUSC, 2008, p. 117.

alfândegas passaram a representar a principal e mais importante fonte de arrecadação do Estado.

Do ponto de vista econômico, a Abertura dos Portos provocou um aumento substancial na entrada e saída de mercadorias do Brasil. Em 1808, a alfândega arrecadou um total de 785 milhões, 56 mil e 325 réis entre tributos de exportação, importação e demais cifras. Em comparação, a arrecadação total da capitania do Rio de Janeiro em 1807 foi de 825 milhões de réis. Mesmo com o bloqueio francês na Europa, os rendimentos aduaneiros do Brasil não tiveram decréscimos substanciais e mantiveram-se estagnados no nível de 1808 até por volta de 1815, com o fim das Guerras Napoleônicas. Após esse período, a tendência foi de franco crescimento e, até 1821, a arrecadação dos direitos de exportação e importação alcançou a faixa de dois bilhões de réis, precisamente, foram arrecadados um bilhão, 976 milhões, 528 mil e 46 réis em 1819 e um bilhão, 714 milhões, 762 mil e 250 réis em 1820[11].

Para acompanhar a nova realidade fiscal implementada com a Abertura dos Portos, foram criados ou reformulados uma série de outros tributos, especialmente sobre as propriedades urbanas, serviços, produção, casas comerciais entre outros. Alguns dos mais importantes foram o imposto sobre as casas urbanas; o imposto sobre a transmissão de bens de produção; imposto sobre os escravos nacionais; imposto do selo de papel; décima de heranças e legados; imposto de indústrias e profissões; imposto sobre o tabaco de corda; sobre o algodão exportado; iluminação da Corte; etc.[12]. A introdução desses novos tributos foi responsável por centralizar a extração de recurso no Brasil e homogeneizar a base tributária em todo o seu território

---

[11] Ângelo A. Carrara, "A reconfiguração da tributação brasileira no contexto das Guerras Napoleônicas", *Jahrbuch für Geschichte Lateinamerikas/Anuario de Historia de América Latina*, 48, 2011, pp. 22-23.

[12] Augusto Olympio V. Castro, "História tributária do Brasil: curso professado no Instituto Histórico e Geográfico Brasileiro", *Revista do Instituto Histórico e Geográfico Brasileiro*, 78, 1915, pp. 31-33.

sem, contudo, romper com os interesses dos grandes comerciantes e produtores e a frágil relação entre o Corte e as partes do Império[13].

Para além da nova realidade tributária, a transferência da Corte para o Brasil também foi responsável por implementar uma série de instituições cruciais para a saúde financeira do Império português. As duas principais nesse sentido, implementadas ainda em 1808, foram o Erário Régio e o Conselho da Fazenda. Ambas as instituições, de acordo com a letra do alvará que as estabeleceram, tinham como função deliberar sobre "todos os negócios pertencentes à arrecadação, distribuição e administração" da Real Fazenda e estariam diretamente subordinadas ao ministro dos Negócios do Brasil, D. Fernando José de Portugal. O Conselho da Fazenda, à semelhança daquele que existia em Lisboa, deveria deliberar sobre as melhorias na administração das rendas, sobre os assentamentos e habilitações, sobre os monopólios régios e, a sua mais importante função, sobre a arrematação e confirmação dos contratos de rendas. No caso do Erário Régio, instituição mais próxima da vida cotidiana do Rio de Janeiro, caberia controlar todas as despesas e receitas da Monarquia portuguesa, mantendo constante contato com as Juntas da Fazenda nas capitanias do Brasil. Em suma, essas duas instituições passaram a centralizar a maior parte das decisões quanto as finanças de todo Império português. Apesar de não ter sido estabelecida uma Secretaria da Fazenda no Brasil, a gestão econômica passou a ser exercida, na prática, pelo Conselho da Fazenda e pelo Erário Régio[14].

Outra instituição de suma importância para as finanças do Império português, também instalada em 1808, foi o Banco do Brasil. Criado para "facilitar o giro comercial", o Banco deveria atuar em diversas operações como o depósito de joias e pedras preciosas; a venda dos monopólios régios, como o pau-brasil e diamantes; e emissão de papel

---

[13] Wilma P. Costa e Márcia E. Miranda, "Entre senhores e o Império: transformações fiscais na formação do Estado brasileiro, 1808-1840". *Revista Illes i Imperis*, 13, 2010, pp. 95-99.

[14] Ana Canas D. Martins, *Governação e arquivos: D. João VI no Brasil*. Lisboa: Instituto dos Arquivos Nacionais/Torre do Tombo, 2007, pp. 120-121.

moeda. Contudo, a principal tarefa do Banco do Brasil seria financiar os crescentes gastos com a instalação da burocracia régia[15]. Apesar da urgência em que foi instalado, o Banco só iniciou suas atividades no final de 1809, momento no qual reuniu a quantidade mínima de acionistas para financiar suas operações[16].

O funcionamento das instituições financeiras e a reforma do sistema fiscal conseguiu atenuar o impacto econômico da instalação da Corte; contudo, já em 1812 os problemas econômicos eclodiram. Nesse ano, o então escrivão da mesa do Real Erário, Manuel Jacinto Nogueira da Gama, alertou para a crescente desconfiança e atrasos nos pagamentos dos credores. Para Nogueira da Gama, a Fazenda Pública se encontrava em sua pior situação desde a chagada da Corte no Brasil e seriam necessários "violentos remédios para, se não evitar, ao menos demorar a época fatal de uma vergonhosa e perigosa bancarrota". Esse remédio, ainda na sua visão, se daria em três frentes principais: o detalhamento das receitas e despesas, limitação dos gastos com Marinha e Guerra e, o principal deles, o envio para o Rio de Janeiro das receitas em sobra nas capitanias. Caso, uma vez executadas as operações sobreditas, a situação fazendária não melhorasse, o Banco do Brasil seria o "último recurso". Seus acionistas e diretores deveriam ser "chamados ao socorro do Estado", e para aqueles que mais se destacassem nas contribuições, o Regente ofereceria honras e mercês na mesma importância de suas entradas no cofre do Banco[17].

---

[15] "Alvará de criação do Banco público do Brasil", alvará de 12 de outubro de 1808, in: *LBCC*, t. I, p. 182.

[16] Bernardo de S. Franco, *Os Bancos do Brasil: sua história, defeitos da organisação actual e reforma do systema bancário*. Rio de Janeiro: Tip. Nacional, 1848, p. 05.

[17] Manoel J. N. Gama, "Exposição do actual estado das rendas e despesas publicas do Real Erário do Rio Janeiro e do método que se deve seguir para que todos os pagamentos se possão fazer em moeda corrente no preciso dia dos seus vencimentos" (1812), in: Justiniano J. Rocha, *Biographia de Manoel Jacintho Nogueira da Gama, Marquez de Baependy*. Rio de Janeiro: Tip. Laemmert, 1851, pp. 27-69.

A advertência de Nogueira da Gama, aparentemente, chegou ao alto escalão da Corte portuguesa. No mesmo ano, o Príncipe Regente, após consultar a Junta do Banco do Brasil, encaminhou uma carta régia a todas as capitanias demandando "a efetiva cooperação de todos os capitalistas, proprietários, negociantes e empregados públicos (...) que estiverem nas circunstâncias de concorrer ao cofre do Banco", agraciando com honras e mercês para aqueles que se distinguissem em suas contribuições[18]. O Monarca também ordenou que a Real Fazenda passasse a fazer parte do corpo de acionistas do Banco. Para isso, foram criados tributos sobre embarcações, carruagens e casas comerciais das principais capitanias do Brasil[19].

Apesar de agradar os acionistas e a direção da Junta, a entrada do Governo na administração do Banco não foi unanimemente aceita. Hipólito da Costa, importante personagem da época, já alertava para os problemas da crescente ingerência do Estado nos negócios bancários. Em 1811, em seu célebre periódico *Correio Brasiliense,* Hipólito escreveu que um Banco forte e autônomo era imprescindível para a saúde financeira e para o crédito do Brasil, contudo, a presença do Estado colocava em descrédito tais operações dado que, nas palavras de Hipólito, "quem ousará pedir-lhe contas, se o Governo quiser apropriar a si os fundos do banco? "[20].

Os tributos criados para financiar a participação do Governo na administração do Banco também se tornaram alvo de descontentamento. Em 1817 era conflagrada a Revolução Pernambucana. Marcada por forte indignação em razão da pressão fiscal exercida pelo Rio de Janeiro, a revolução teve como umas das primeiras providências do

---

[18] Carta régia de 22 de agosto de 1812, in: Brasil, Câmara dos Deputados, *Collecção das Leis do Império do Brazil*, pt. 1, Imprensa Nacional, Rio de Janeiro: p. 50 (doravante *CLB*).

[19] Alvará de 20 de outubro de 1812, in: *LBCC*, t. II, p. 46.

[20] As considerações de Hipólito da Costa estão transcritas em: Afonso A. M. Franco, *História do Banco do Brasil (primeira fase 1808-1835)*. São Paulo: Instituto de Economia da Associação Comercial, 1973, p. 44.

Governo provisório a abolição dos tributos criados em 1812 para o fundo do Banco do Brasil[21].

O período que se inaugurou em 1817 com a Revolução Pernambucana foi de constantes crises econômicas e sociais para o Império português. Mesmo com a elevação do Brasil a categoria de Reino, unido a Portugal e Algarves em 1815, e a coroação de D. João VI em 1818, a situação não foi estabilizada. Os saques do Governo no fundo do Banco do Brasil e a emissão de papel moeda aumentavam cada dia. O aumento dos preços e a carestia dos gêneros alimentares básicos era inevitável, tornando a Corte alvo de constantes protestos por parte da população do Rio de Janeiro[22].

Na parte europeia do Império, a situação não era diferente. O papel-moeda havia tomado as praças comerciais de Portugal, a dívida pública crescia e as moedas de prata não mais ali se encontravam; eram remetidas em abundância para o Brasil e outros portos comerciais. As estações fiscais não arrecadavam o suficiente e boa parte dessa pouca arrecadação era encaminhada ao centro do Império, ou seja, o Rio de Janeiro[23]. Conjunta à precária situação econômica de Portugal, em agosto de 1820 irrompeu a Revolução do Porto. Apesar de ter como objetivo principal a promulgação de uma constituição para o Império português, as Cortes Constituintes decidiram sobre diversos assuntos da vida política, econômica e social do Império[24].

Uma das primeiras exigências das Cortes Constituintes foi o imediato retorno da Casa Real portuguesa para Lisboa. Tal notícia ocasionou um pânico geral no Rio de Janeiro e, eventualmente, a

---

[21] Denis Antônio M. Bernardes, *O patriotismo constitucional: Pernambuco 1820-1822*. São Paulo: Hucitec, 2006, pp. 336-337.

[22] Jurandir Malerba, *A Corte no exílio: civilização e poder no Brasil às vésperas da Independência (1808-1821)*. São Paulo: Companhia das Letras, 2000, p. 242.

[23] *Considerações importantes sobre o papel-moeda, dívida pública, contrabandos, alfandegas, indústria e commercio nacional etc. (Por Hum Portuguez)*. Lisboa: Imprensa Nacional, 1821.

[24] Valentim Alexandre, *Os sentidos do Império: questão nacional e questão colonial na crise do Antigo Regime português*. Porto: Edições Afrontamento, 1993.

primeira vítima do pânico foi o Banco do Brasil: entre a eclosão da Revolução e os primeiros meses de 1821, diversas foram as ocasiões em que os acionistas correram ao Banco para sacar todos os valores que haviam ali depositado.

Tal preocupação não era de todo infundada. Num primeiro momento, a Coroa tentou desvanecer as desconfianças convocando uma comissão para atestar a saúde financeira do banco[25]; depois tentou forçar o curso das notas e depositou todas as joias da Coroa no cofre da instituição bancária; também tentou contratar um empréstimo na Europa para incrementar seu capital, mas não obteve sucesso. No fim, ao enfim ceder à pressão das Cortes Constituinte e retornar à Lisboa, a Coroa e seus súditos trataram de sacar boa parte dos tesouros e fundo metálico do Banco e levá-los consigo de volta a Portugal.

O sistema fiscal também passou por importantes transformações durante os últimos momentos de permanência da Corte no Brasil. Entre 1818 e 1820 foram criadas diversas taxas com vista de aumentar as receitas do Governo. Entre essas, foram aumentados os direitos dos vinhos, azeites e aguardentes; novas taxas sobre os bens para o consumo interno; produtos exportados; embarcações; comércio e tráfico de escravos, que estava em franco crescimento desde a chegada da Corte no Rio de Janeiro em 1808, entre outras taxas[26]. Em 1821, foi implementada uma importante reforma na arrecadação dos dízimos sobre a produção interna. Após realizar um breve balanço sobre os métodos de arrecadação, o Monarca decidiu que os dois métodos de arrecadação vigentes, arrematação e administração, não eram satisfatórios e que um novo sistema de registros e barreiras deveria ser

---

[25] Os resultados dessa comissão podem ser verificados em dois documentos de extrema importância para a história do Banco do Brasil na Independência, são eles: José A. Lisboa, *Reflexões sobre o Banco do Brasil offerecidas aos seus acionistas*. Rio de Janeirto: Tip. Nacional, 1821; e João Ferreira C. Sampaio, *Carta dirigida aos accionistas do Banco do Brazil em consequência de certas reflexões sobre o mesmo*. Rio de Janeiro: Tip. Nacional, 1821.

[26] Alvará de 25 de abril de 1818, in: *LBCC*, t. II, p. 319; Alvará de 30 de maio de 1820, in: *LBCC*, t. III, p. 81.

implementado em seu lugar[27]. Esse novo sistema marcou um importante ponto de virada na fiscalidade do Brasil, pois, o mais importante tributo sobre a produção que antes era direto, cobrado diretamente nas fazendas, passou a ser indireto, cobrado apenas na parcela da produção destinada ao consumo e exportação[28].

As transformações econômicas vivenciadas ao longo de permanência da Corte portuguesa no Rio de Janeiro foram cruciais para as características que o Estado no Brasil assumiria após a proclamação de sua Independência em 1822. Colocadas em um novo sentido e contexto, as instituições e novidades tributárias implementadas desde 1808 serviram como base para o desenvolvimento econômico nas primeiras décadas do século XIX.

Os momentos decisivos da Independência do Brasil: organização econômica e financiamento do Estado

No Brasil, D. João VI deixou seu filho mais velho, Pedro de Alcântara, como Príncipe Regente e com a tarefa de organizar e estabilizar o Reino americano. Nos primeiros meses de sua administração, Pedro tratou de organizar minimamente os negócios da Coroa: reestruturou seu quadro de ministros, criou a Secretaria de Negócios da Fazenda, reduziu o salário dos ministros e outros funcionários régios, entre outras medidas. O Real Erário passou a ser denominado Tesouro Público, e a Real Fazenda passou a ser denominada Fazenda Pública. Segundo o próprio Príncipe Regente, essas mudanças visavam dotar as instituições financeiras de ares modernos e adequá-las ao "sistema constitucional"[29]. Ao mesmo tempo, Pedro convocou uma comissão

---

[27] Decreto de 16 de abril de 1821, in: *LBCC*, t. III, p. 176.

[28] Maria Isabel B. C. Danielli, *Economia mercantil de abastecimento e rede tributária: São Paulo, séculos XVIII e XIX*. Campinas: Unicamp, 2006 (tese), p. 184.

[29] "Manda que o Erário Régio se denomine Thesouro Público do Rio de Janeiro", in: *CLB*, pt. III, p. 43.

para verificar o real estado das contas do Reino e propor as soluções necessárias para o pagamento da dívida pública[30].

Apesar de instalada em fevereiro de 1822, os debates sobre as formas de se pagar a dívida pública já haviam tomado a imprensa alguns meses antes. Em novembro de 1821, o anônimo *J. S. R* publicou uma carta no periódico *Revérbero Constitucional Fluminense* com severas críticas à política econômica do Príncipe Regente. Segundo o autor, antes de implementar medidas absurdas como o corte de ordenados e pensões, o Governo deveria tratar de elucidar o real estado do Real Erário e fundar a dívida pública[31]. Respondendo a tais argumentos, outro anônimo intitulado *Patriota Constitucional* argumentou que essas medidas seriam apenas paliativas e não resolveriam o problema. Para pagar a dívida pública e melhorar a situação do Tesouro o único método seria por meio das operações de crédito. O Governo deveria emitir, com garantia do Banco do Brasil, bilhetes e letras de câmbio pelo Tesouro no valor de 200 milhões de réis mensais e seis milhões de cruzados anuais (um cruzado equivalia a 400 réis, logo um milhões de cruzados seriam equivalente a 400 milhões de réis); assim, nas palavras do autor, ficaria "o Tesouro Público em estado de satisfazer as suas mais urgentes despesas"[32].

O plano do *Patriota Constitucional* chegou ao conhecimento da comissão que averiguava a situação do Tesouro Público. No primeiro relatório apresentado ao Monarca, a comissão sugeriu que fosse adotado o plano do *Patriota* com algumas alterações: ao contrário da emissão de títulos pelo Tesouro, o Banco do Brasil ficaria responsável pelos bilhetes. Um dos integrantes da dita comissão, José Antônio

---

[30] Decreto de 21 de fevereiro de 1822, in: *LBCC*, t. III, p. 262.

[31] "Carta aos redatores do Reverbero Constitucional Fluminense por J. S. R"., em 23 de novembro de 1821, in: *Revérbero Constitucional Fluminense: escrito por dous brasileiros amigos da nação e da pátria*. Rio de Janeiro: Tip. Nacional, 1822, p. 113.

[32] "Apontamentos de hum Patriota Constitucional, para se acudir prontamente ao Thesouro Publico, nas criticas actuaes circunstancias", in: *Revérbero Constitucional...*, p. 161.

Lisboa, deputado da Junta do Comércio e futuro Ministro da Fazenda em 1830, publicou seu voto em separado, demostrando total desacordo com os resultados apresentados ao Príncipe Regente. Segundo Lisboa, o banco não estaria em condições de financiar tal plano e caso fosse incumbido de tal tarefa, somente "aumentaria a sua responsabilidade e por consequência seus embaraços que, por bem do Estado e da nação, convém antes diminuir"[33].

As opiniões de Antônio Lisboa já haviam sido defendidas no mesmo periódico em que os demais autores expuseram suas opiniões. Publicadas em maio de 1822, mesmo mês em que a comissão apresentou seus resultados, e apenas com as iniciais de seu nome, a carta deixava claro que o plano proposto pelo *Patriota Constitucional* era impraticável, pois carecia de provas de sua efetividade e estavam em desacordo com todos os princípios da economia política. Para Lisboa, a melhor forma de sanar os problemas da dívida pública seria continuar com a redução das despesas, detalhamento de todas as receitas, uma auditoria da dívida do Estado e por fim uma reforma na administração régia. Seguir os conselhos do dito *Patriota* traria sérios problemas ao Governo, pois, nas palavras de Lisboa, "a medida do empréstimo dos [seis] milhões de cruzados em letras da terra, pagáveis pelo Banco, não só não é legal, mas nem mesmo política e, portanto, inteiramente inadmissível"[34].

Outra importante figura do debate econômico da época, membro da comissão do Tesouro e que também participou do debate travado no *Revérbero* foi o futuro Ministro da Fazenda Manuel Jacinto

---

[33] "Parecer da Comissão encarregada da reforma do Tesouro, em 24 de maio de 1822", in: Brasil, Ministério da Fazenda, *Exposição do estado da Fazenda Pública*. Rio de Janeiro: Tip. Nacional, 1823, pp. 77-82.

[34] José A. Lisboa, *Carta dirigida aos redactores do Reverbero Constitucional Fluminense. Relativa aos apontamentos do Patriota Constitucional para acudir ao Thesouro Público, expostos no n. XIV do dito periódico*. Rio de Janeiro: Tip. Mor. e Garcez, 1822. A carta original foi publicada no número 26, 27 e 28 do *Revérbero Constitucional Fluminense*, datados, respectivamente, de 07, 14 e 21 de maio de 1822.

Nogueira da Gama, que publicou suas considerações pouco tempo depois de Antônio Lisboa e de forma anônima, sob o pseudônimo *Hum Cidadão Constitucional*. Para Nogueira da Gama, a posição de Antônio Lisboa apresentava "tanta pobreza de conhecimento do objeto (...) que não merecia [suas] reflexões, mas sim um total desprezo", e, em sua opinião, os problemas financeiros não seriam resolvidos com as receitas ordinárias existentes no Brasil, mas sim com operações de crédito, assim como havia sido proposto pelo *Patriota Constitucional*[35]. Pouco tempo depois, após o Príncipe Regente convocar uma Assembleia Constituinte para o Brasil em junho de 1822, Nogueira da Gama novamente interveio no debate sobre os problemas financeiros do Reino. Dessa vez, Nogueira da Gama defendeu que, na atual conjuntura, a melhor maneira de liquidar a dívida do Brasil seria contratar um empréstimo em Londres para fazer frente as despesas extraordinárias e adotar o plano do *Patriota Constitucional* para as despesas ordinárias[36].

O debate entre Nogueira da Gama e Antônio Lisboa, duas influentes personalidades no processo de Independência, expunha duas visões antagonistas que dariam o tom da discussão financeira do futuro Império do Brasil. De um lado, aqueles que defendiam que o Estado deveria ser financiado internamente e, do outro, aqueles que identificavam no financiamento externo a melhor opção, pois não oneraria os portugueses. Tal debate não se encerraria naquele momento, estaria presente ao longo de boa parte do Primeiro Reinado, e evidenciava que a opção pelo endividamento externo nunca foi consensual no debate econômico da Independência.

Os planos da Comissão do Tesouro e de Nogueira da Gama não tiveram a recepção esperada no alto escalão das finanças do Brasil,

---

[35] Manoel J. N. Gama, *Reflecções sobre a necessidade e meios de se pagar a dívida publica*. "Por hum cidadão constitucional". Rio de Janeiro: Tip. Nacional, 1822.

[36] Idem, *Continuação das meditações do Cidadão Constitucional á bem de sua pátria, servindo de additamento ás reflecções já publicadas sobre a necessidade e meios de se pagar a dívida publica*. Rio de Janeiro: Tip. Nacional, 1822.

pelo menos não naquele momento. Em julho, após a convocação da Assembleia Constituinte, Martim Francisco Ribeiro de Andrada assumiu o posto de Ministro da Fazenda, cargo no qual permaneceria até pouco depois da proclamação da Independência. A política econômica de Martim Francisco era bem diferente daquela defendida por Nogueira da Gama e pela Comissão, e se aproximava daquela defendida por Antônio Lisboa.

Nos primeiros meses de seu ministério, Martim Francisco mandou suspender a emissão de papel moeda pelo Banco do Brasil (que não foi prontamente atendida pela Diretoria do Banco), reformou instituições tributárias, além de criar estações de arrecadação centralizadas como a Mesa das Diversas Rendas[37], e mandou contratar, junto aos principais comerciantes do Rio de Janeiro, um empréstimo no valor de 400 milhões de réis. Assim como defendia Antônio Lisboa, o empréstimo deveria ser pago com Títulos do Tesouro com juros de seis por cento anuais[38]. Na mensagem direcionada aos comerciantes defendendo a necessidade do empréstimo, o ministro argumentou que a autonomia do Reino estava em perigo e somente com esses meios extraordinários de seus cidadãos seria possível garantir a liberdade do Brasil[39].

Desde o retorno de D. João VI à Lisboa sob ordens das Cortes Constituintes, as relações entre as partes do Império não se encontravam nas melhores condições. A interferência constante nos negócios do Brasil e o crescente receio de "recolonização"[40], evidenciava que os

---

[37] Eduardo S. Ramos, "As Mesas das Diversas Rendas e a reorganização dos impostos internos na primeira metade do Oitocentos (1823-1836)", *Anais do XII Congresso Brasileiro de História Econômica e 13ª Conferência Internacional de História de Empresas*. Niterói: EDUFF, 2017.

[38] Decreto de 30 de julho de 1822, in: *LBCC*, t. III, p. 302.

[39] "Falla que o Illm., e Exm. Ministro e Secretário de Estado dos Negócios da Fazenda e Presidente do Thesouro Público dirigiu aos negociantes e capitalistas desta praça, relativa ao empréstimo de 400:000$000 para as urgências do Estado", em 03 de agosto de 1822, in: *CLB*, pt. II, pp. 35-36.

[40] Márcia R. Berbel, "A retórica da recolonização", in: I. Jancsó (Org.), *Independência: história e historiografia*. São Paulo: Hucitec, 2005, pp. 791-808.

interesses entre os portugueses do Brasil e os da Europa dificilmente voltariam a se reconciliar, e a separação política se tornava inevitável. Os eventos desde o início de 1822 apontam para esse caminho: em janeiro, Pedro de Alcântara, contrariando as ordens das Cortes, decidiu permanecer no Brasil; em junho convocou a Assembleia Constituinte e, enfim, em setembro, as margens do riacho do Ipiranga, em São Paulo, proclamou a Independência do Brasil.

Após a Independência, a política econômica adotada por Martim Francisco se manteve, mas sob forte pressão daqueles que desejavam a opção pelo financiamento externo. Na fala em que abriu os trabalhos da Assembleia Constituinte brasileira, em maio de 1823, o agora Imperador, D. Pedro I, lembrou os deputados do estado precário das finanças brasileiras, agravadas pela Guerra de Independência. Com as reformas por ele empreendidas, em suas palavras, o Banco do Brasil havia reestabelecido seu crédito e a situação do Tesouro havia melhorado de tal forma que adquiriu um "crédito tal, que já soa na Europa"[41].

A fala do Imperador certamente reacendeu as esperanças daqueles desejosos na mudança da política econômica do Império. Apenas alguns dias após a fala, o negociante londrino Eduardo Oxenford encaminhou um plano à Assembleia para que fosse negociado um empréstimo no valor de £2.500.000 na praça de Londres. O negociante se prontificou a intermediar a negociação e já indicava que "alguns negociantes e banqueiros de Londres, convencidos do eminente poder e grandeza a que há de chegar o Império do Brasil (...) resolveram oferecer seus serviços ao Governo"[42].

---

[41] Brasil, Câmara dos Deputados, *Fallas do Throno desde o anno de 1823 até o anno de 1889, acompanhadas dos respectivos votos de graças da Câmara...*, Rio de Janeiro: Imprensa Nacional, 1889, pp. 06-09.

[42] "Proposta para se abrir hum empréstimo de £ 2.500.000 a favor do Governo de Sua Magestade o Imperador do Brazil, feita por Edouard Oxenford, negociante de Londres" em 10 de maio de 1823, in: Brasil. Ministério da Fazenda. *Exposição do estado da Fazenda Pública*. Rio de Janeiro: Tip. Nacional, 1823, pp. 71-75.

Tal operação ganhou força após a queda do Ministério Andrada em julho de 1823. No lugar de Martim Francisco, subiu à pasta da Fazenda Nogueira da Gama, que já havia deixado claro sua predileção pelo financiamento externo. Quando assumiu o Ministério da Fazenda, Nogueira da Gama teve pouco tempo para apresentar o relatório da pasta, o que o fez em outubro daquele mesmo ano. Na exposição, o ministro ponderou que grande parte dos problemas financeiros do Estado após sua Independência advinham do fato de se estar pagando as despesas extraordinárias com rendas ordinárias. Sendo assim, a manutenção do Império do Brasil exigia esforço e vultuosos valores, os quais, em suas palavras, eram "oferecidos por capitalistas ingleses" sem serem solicitados, fruto do "interesse que os mesmos estrangeiros tomam no estabelecimento da Independência brasileira" e que Nogueira da Gama julgava "indispensáveis e da maior urgência". Para pagar as despesas extraordinárias, o plano proposto por Eduardo Oxenford seria o ideal, contudo seu valor deveria ser atualizado para £3.060.000. No caso das despesas ordinárias, deveria ser adotado o parecer emitido pela Comissão do Tesouro em 1822[43].

A Constituinte não tomaria uma decisão quanto ao empréstimo, pois, em novembro de 1823, o Imperador ordenou seu fechamento. Não obstante Nogueira da Gama haver deixado o Ministério da Fazenda dois dias antes, ainda era figura influente no círculo pessoal do Imperador. Foi convidado para o Conselho que escreveu a Carta de 1824 e, certamente, boa parte do conteúdo econômico presente na Constituição foi de sua autoria. Quanto a esse ponto, a Carta Magna pouco alterou na administração financeira do Império. O Tesouro Público foi rebatizado para Tesouro Nacional, deveria manter contato com as tesourarias nas províncias e ser responsável por toda a receita e despesa do Império. Quanto aos tributos, igualmente não houve mudanças e, em seu artigo 171, foi ratificada a manutenção e renovação de todos os tributos então arrecadados no Brasil[44].

---

[43] Idem.
[44] Carta de Lei de 25 de março de 1824 ou Constituição Política do Império do Brazil, in: *LBCC*, t. IV, pp. 226-236.

A escolha pela manutenção dos tributos existentes e a não introdução de novos estava ligada, principalmente, à resistência dos grandes proprietários e negociantes, ligados à exportação agrícola, em relação a qualquer aumento da carga tributária[45]. Nos processos de Independência e construção do Estado no Brasil, dado o grande risco da fragmentação do território nacional, entrar em conflito com as classes economicamente dominantes era algo a ser evitado pela Coroa, uma vez que eram justamente elas que davam sustentação política e econômica ao recém-inaugurado Império[46].

As preocupações de Martim Francisco com os negócios do Banco do Brasil, mesmo antes da Independência, não eram exclusividade do ministro. No novo contexto, em novembro de 1823 após a queda do Ministério dos Andradas, Gervásio Pires Ferreira, deputado na Constituinte por Pernambuco, acionista do Banco do Brasil e importante nome nos assuntos econômicos da época, apresentou um plano de remodelação da instituição bancária. Nas palavras de Gervásio, era imprescindível que o banco fosse reformado de acordo com o sistema constitucional, pois do contrário seria impossível "continuar os suprimentos ao Governo, sem uma base sólida que possa evitar a bancarrota do mesmo banco". Segundo sua proposta, o Banco do Brasil passaria a fabricar moedas de metais preciosos e a descontar, além dos bilhetes mercantis, as letras "chamadas da terra", bilhetes da alfândega e os títulos da dívida pública (que deveria ser reconhecida e regulamentada). A Diretoria e a Junta do Banco seriam fundidas em apenas uma instituição que, constantemente, prestaria contas ao Legislativo[47].

---

[45] José M. Carvalho, *A construção da ordem: a elite política imperial. Teatro das sombras: a política imperial*. Rio de Janeiro: Civilização Brasileira, 2010, p. 263; Maria de Lourdes V. Lyra, "Centralização, sistema fiscal e autonomia provincial no Império brasileiro", *História em Cadernos*, 02, 1985, pp. 29-30.

[46] Eduardo S. Ramos, *Centralização e privilégio: instituições econômicas e fiscalidade na formação do Estado brasileiro (1808-1836)*. São Paulo: FFLCH-USP, 2018 (mestrado).

[47] *Projecto de reforma e additamento dos estatutos do Banco do Brasil*. Rio de Janeiro: Imprensa Nacional, 1823.

Os planos de Gervásio não foram aceitos e o seu principal opositor foi Vicente Navarro que, à época, representava o Governo na Junta do Banco do Brasil. Segundo o autor da proposta de reforma, ela foi rechaçada em razão de alguns empregados e diretores, não podendo "continuar nos abusos que estavam de posse, lançaram mão da arma do terrorismo (...), gritando contra as inovações". A eles se juntaram "os propagadores do empréstimo estrangeiro, vendo que a nova organização anima[ria] o crédito do banco, (...) que gritaram também contra as inovações". No dia em que estava prevista a discussão do novo estatuto do Banco, ainda segundo Gervásio, vários acionistas e diretores se armaram para impedir a votação. Naquela ocasião Gervásio Ferreira contou com o apoio de José Antônio Lisboa, que também discursou em favor da urgente e necessária reforma. Contudo, diante de "intriga tão poderosamente protegida", Gervásio solicitou que o projeto fosse retirado e deixou a assembleia em seguida. Após esse fato, Gervásio vendeu todas as suas ações do Banco, argumentando que não tinha mais interesse em ter ligação com sociedade "que tão facilmente variava de opinião", e que os membros da Junta do Banco "incapaz de prestar serviço algum a Nação, sem vistas de interesse pessoal, procuraram fazer suspeitar as [suas] intenções"[48].

A opção pelo endividamento externo, como havia ficado claro nos debates anteriores à Independência e mesmo na gestão de Martim Francisco, nunca foi consensual e, após o relatório do Ministro da Fazenda apresentado à Assembleia Constituinte, continuou em debate. Novamente, Gervásio Pires Ferreira se dizia surpreso pelos planos do Ministro. Para ele, o empréstimo seria um mau negócio e acarretaria um incremento significativo na dívida pública o que, segundo sua visão, "per si só convence a extraordinária usura e antieconômico de semelhante compromisso". Tal "projeto de um empréstimo tão oneroso" merecia a "pública reprovação" e, ao invés de soluções

---

[48] Gervásio Pires Ferreira, *Exposição histórica e crítica da Sessão da Assemblea Geral dos Accionistas do Banco do Brasil, feita em 20 de dezembro de 1823*. Rio de Janeiro: Imprensa Nacional, 1824.

mirabolantes, o ministro deveria se emprenhar em melhorar a receita e a despesa do Império[49].

Martim Francisco de Andrada, do seu exílio na França, emitiu igual opinião sobre os empréstimos londrinos. Segundo o ex-Ministro da Fazenda, "um empréstimo contraído por qualquer Estado é um sintoma da prodigalidade do seu Governo", e uma Nação recém fundada deveria ser sustentada por seus cidadãos e não pelo "cancro dos empréstimos". Segundo Martim Francisco, igual proposta havia sido lhe ofertada por Felisberto Caldeira Brant Pontes de Oliveira Horta durante seu ministério, a qual prontamente recusou, pois semelhante operação somente lesaria o Império, estaria em desacordo com o sistema constitucional e serviria apenas a interesses particulares, sobretudo os de Felisberto que havia se arranjado com os capitalistas de Londres[50].

Com intuito de defender sua honra, o próprio Nogueira da Gama respondeu às críticas ao empréstimo externo. Afastado do cargo de Ministro da Fazenda desde novembro de 1823, Nogueira da Gama acusou Gervásio Ferreira de estar em conluio com Martim Francisco e José Bonifácio de Andrada contra a causa da Independência e a favor da guerra civil. O empréstimo proposto seria a única maneira de pagar a dívida e financiar a Independência sem onerar os cidadãos, e as propostas de Gervásio não seriam nada além de "expressões vagas de melhoramentos, de economias, de boa administração e arrecadação de rendas". Quanto a Martim Francisco, Nogueira da Gama desdenhou do empréstimo de 400 milhões de réis mandado ser levantado pelo ex-ministro. Segundo Nogueira da Gama, o empréstimo de "pouco ou nada serviria", e muitos habitantes confundiram a necessidade

---

[49] Gervásio P. Ferreira, "Reflexoens sobre o projecto do emprestimo, proposto pelo ex Ministro da Fazenda à extinta Assemblea Geral do Brasil", por Hum Pernambucano em 10 de novembro de 1823, *Semanario Mercantil,* 1823.

[50] "Carta de Martim Francisco em 12 de setembro de 1824", in: *Cartas Andradinas*: correspondência particular de José Bonifácio, Martin Francisco e Antonio Carlos dirigida a. de M. Vasconcellos de Drummond. Rio de Janeiro: Tip. Leuzinger e Filhos, 1890, pp. 55-58.

da nação por desespero ao "implorar empréstimos de semelhante maneira"[51].

Mesmo com as divergências internas, a política econômica do Império do Brasil havia sido alterada e a opção pelo financiamento externo era a preferida. No início do ano seguinte, 1824, o Imperador, depois de reconhecer que não era possível garantir a defesa e a integridade do Império com as rendas ordinárias, autorizou que se captasse a soma de £3.000.000 na Europa, colocando como garantia as rendas das alfândegas. Os responsáveis pelas negociações seriam Felisberto Caldeira Horta e Manuel Rodrigues Gameiro Pessoa, os quais deveriam responder diretamente ao Ministro da Fazenda, Mariano José Pereira da Fonseca[52]. Os plenipotenciários do Governo Imperial deveriam negociar as melhores condições possíveis, estabelecer comissões e garantir que os primeiros pagamentos fossem postergados no mínimo em quatro anos. Caso não encontrassem ofertas favoráveis, contratariam apenas uma parte e esperariam que a situação melhorasse. A proposta de Eduardo Oxenford foi incluída nas instruções, e os negociantes ficaram livres para fechar o negócio com ele ou admiti-lo como agente, caso não achassem "melhores condições em outras casas e com outros agentes"[53].

Em agosto do mesmo ano a negociação de uma parte do empréstimo já havia sido concluída. O contrato, no valor nominal de £1.333.000 e real de £1.000.000 com juros de cinco por cento anual, foi formalizado com as firmas Bazeth, Farquhar, Crawford & Comp., Fletcher

---

[51] Manoel J. N. Gama, "Reposta ao Sr. G. P. F. supposto author das reflexões sobre o projecto do empréstimo proposto pelo ex Ministro da Fazenda à extinta Assemblea Geral do Brasil", em 05 de dezembro de 1823, *Diário do Governo*, 132, 1823, p. 605.

[52] Decreto de 05 de janeiro de 1824, in: *LBCC*, t. IV, p. 185.

[53] "Instruções para a comissão composta para negociar o empréstimo em Londres", em 05 de janeiro de 1824, in: Brasil. Câmara dos Deputados. *Parecer da Commissão da Fazenda da Câmara dos Deputados da Assembléa Geral Legislativa do Império do Brasil, sobre o relatório do ministro e secretário de Estado dos Negócios da Fazenda...*, Rio de Janeiro: Imp. Tip. Plancher, 1826, pp. 135-137.

e Alaxander & Comp., e Thomas Wilson & Comp. O valor total foi dividido em cédulas de 100 libras vendidas na praça de Londres, para cada cédula vendida o Tesouro brasileiro receberia 75 libras. Os negociantes brasileiros receberiam uma comissão de quatro por cento do valor total e os negociantes londrinos teriam diversos privilégios quanto a comercialização de gêneros e letras de câmbio remetidas do Brasil para Londres[54].

Conforme evidenciado nas instruções elaboradas pelo Ministro da Fazenda, as negociações não deveriam proceder caso o valor não fosse vantajoso. Sendo assim, a segunda parte do empréstimo, no valor nominal de £2.352.900 e real £2.000.000 com juros de cinco por cento anual, foi acordada com Nathan Mayer Rothschild no ano seguinte. O empréstimo fechado com Rothschild foi mais benéfico ao Império do Brasil, pois, para cada cédula de 100 libras vendidas o Tesouro brasileiro ficaria com 85. A comissão recebida por Felisberto Horta, Manuel Pessoa e Nathan Rothschild seria de quatro por cento sobre o valor total, repartida igualmente entre os nacionais e o estrangeiro[55].

Nesse mesmo ano de 1825, Brasil e Portugal, com intermediação da Inglaterra, celebraram o Tratado de Paz, Amizade e Aliança e o reconhecimento da Independência. Como parte do acordo, o Brasil se comprometeu a arcar com o valor de £1.400.000 referente a um empréstimo contraído por Portugal no ano de 1823 com a firma comercial B. A. Goldschmidt e Co., sediada em Londres, além de uma indenização de outras £600.000 pelos bens deixados pela Corte ao retornar para Portugal[56].

---

[54] Liberato de C. Carreira, *História financeira e orçamentária do Império do Brazil desde a sua fundação*. Rio de Janeiro: Imprensa Nacional, 1889, pp. 100-106. Esse contrato foi aprovado pelo decreto de 30 de dezembro de 1824, in: *CLB*, p. II, p. 101.

[55] Idem, pp. 107-113.

[56] Frank Griffith Dawson, *A primeira crise da dívida latino americana: a city de Londres e a bolha especulativa de 1822-1825*. São Paulo: Editora 34, 1998, p.143.

Para garantir o pagamento dos juros e da amortização dos empréstimos londrinos foi necessária a participação de todo o Império. Além das rendas das alfândegas, que foram dadas como garantia do pagamento, foi exigido que províncias reservassem uma cota anual de £60.000 a ser enviada diretamente para os negociantes em Londres. Parte dos gêneros privativos da Coroa, tais quais os diamantes, pau-brasil etc., também deveriam ser encaminhados para a Inglaterra como forma de abatimento da dívida. Essas remessas de saldos e gêneros permaneceu por boa parte do período imperial brasileiro e, no caso do pau-brasil, afetava em maior medida as províncias do Norte do país, sobretudo, Pernambuco, Alagoas, Paraíba e Rio Grande do Norte.

Mesmo sendo uma fonte de receita rápida e abundante, os empréstimos não eram capazes de financiar todos os gastos do Império. Durante os primeiros anos após a declaração de Independência, os gastos extraordinários cresceram vertiginosamente. Tal situação era agravada pelos conflitos armados existentes, sobretudo aqueles relacionados à Guerra de Independência em 1823, à Confederação do Equador em 1824, e a Guerra da Cisplatina a partir de 1825. Como alternativa de financiamento, o Governo Imperial adotou uma política de constante emissão de papel-moeda pelo Banco do Brasil. Tal emissão cresceu abundantemente nesses primeiros anos, atingindo seu auge em 1827 quando foram colocados em circulação 8 bilhões e 584 milhões de réis em moeda fiduciária. Para acompanhar o crescimento da emissão, o fundo de capital do Banco foi aumentado duas vezes consecutivas: a primeira em 1824, passando a contar com 2.400 ações[57], apesar de ter ultrapassado o limite desde 1817, e a segunda em 1825 contando com 3.600 ações[58].

---

[57] O aumento do fundo do banco foi requerido pela Junta do Banco em 10 de abril de 1823. Ao aprová-lo o monarca justificou que tal aumento serviria "não só para dar maior aumento às suas transações, mas também para recolher uma parte da exuberante emissão de suas notas, a que foi obrigado pela força das circunstâncias". Portaria de 04 de maio de 1824, in: *LBCC*, t. IV, p. 262.

[58] O Banco do Brasil emitiu a seguinte quantidade de réis, em papel-moeda, durante o processo de Independência. 1821: 536:000$; 1822: 2.100:000$;

A economia e a política econômica imperiais tomariam uma nova direção com a reabertura do Parlamento brasileiro em 1826. A memória do fechamento da Constituinte em 1823 ainda estava viva nos parlamentares, sobretudo na Câmara dos Deputados, suscitando uma forte oposição à política levada a cabo pelo Executivo e pelo Imperador. Os deputados adotaram um discurso de que a matéria financeira, conforme a Constituição, deveria ser responsabilidade dos representantes da Nação e não do Executivo, como havia sido realizada até então. Sendo assim, uma das primeiras matérias a ser inspecionada foi a negociação dos empréstimos em Londres.

Nogueira da Gama estava novamente à frente do Ministério da Fazenda e coube a ele apresentar as contas do empréstimo ao Congresso. Segundo o ministro, a dívida inicial foi estimada em £3.686.200 e o valor real em £2.999.040, para o pagamento dos juros foi determinada a cota anual de £60.000 das províncias do Rio de Janeiro, Bahia, Pernambuco e Maranhão que totalizariam £240.000, além de 24.000 quintais de pau-brasil de Pernambuco, Alagoas, Paraíba e Rio Grande do Norte, e dos diamantes brutos. A aplicação dos valores se deu da seguinte maneira: £543.003 em remessas de prata feitas de Londres para o Brasil; £52.455 de comissão para os negociantes; £285.000 em letras sacadas pelo Tesouro; £210.539 para o pagamento dos primeiros juros. No final de 1825 restava o valor de £1.514.004[59].

A crítica e desaprovação da Câmara foi imediata, realizada por meio da Comissão da Fazenda. Não negavam os deputados a necessidade do empréstimo, dado a situação precária do Império após a

---

1823: 2.023:400$; 1824: 2.196:000$; 1825: 1.330:000$; 1826: 2.870:000$; 1827: 8.584:000$; 1828: 691:000$; 1829: 569:000$. Dados de Amaro Cavalcanti, *O meio circulante nacional*, Imprensa Nacional, Rio de Janeiro: 1893.

[59] Manoel J. N. Gama, "Relatório ou exposição do ministro da Fazenda sobre o estado da administração respectiva", in: Brasil, Câmara dos Deputados, *Parecer da Commissão da Fazenda da Câmara dos Deputados da Assembléa Geral Legislativa do Império do Brasil*, sobre o relatório do ministro e secretário de Estado dos Negócios da Fazenda..., Rio de Janeiro: Imp. Tip. Plancher, 1826, pp. 19-21.

Independência; contudo, condenaram as vultuosas comissões pagas aos negociantes brasileiros. Para os deputados, tal atitude seria normal vinda de um estrangeiro, entretanto da parte de um nacional lhes parecia "extraordinário e antipatriótico"[60].

Os ataques da Câmara aos negociantes do empréstimo não passariam despercebidos pelos dois plenipotenciários indicados pelo Imperador. Felisberto Caldeira Horta foi o primeiro a reagir contra as "invectivas" acusações dos deputados. Considerando ser urgente a "rigorosa obrigação sair a campo em defesa da própria honra e do amigo ausente", o recém outorgado Visconde de Barbacena assegurou que a contratação do empréstimo foi a melhor que poderia ser realizada dadas as situações da época. Boatos de que Portugal, com auxílio da esquadra francesa, rumava para retomar o Brasil e as notícias da Guerra em Pernambuco haviam atrapalhado as transações. Dessa forma, poucas casas comerciais se dispuseram a oferecer lances. Quanto às comissões, alvo principal da Câmara, Barbacena argumentou que tal prática era comum em semelhantes negócios e que, ao longo de sua estadia na Europa, foi realizada "extraordinária despesa" sendo os valores utilizados integralmente para esse fim. Por fim, lembrou que, assim como os negociantes, os deputados também despediam grandes somas do Império com seus ordenados, logo, em suas palavras, não seria mais "digno da consideração da Câmara suspender tais subsídios para que os deputados sirvam de graça, como acontece em outras nações?"[61].

---

[60] Idem, pp. 05-18. O parecer da comissão, datado de 17 de agosto de 1826, foi assinado por: José Joaquim Gonçalves Ledo (deputado pelo Rio de Janeiro); Manuel José de Souza França (deputado pelo Rio de Janeiro); Nicolas Herrera (deputado pela Cisplatina); José Bernardino Baptista Pereira de Almeida (deputado pelo Espírito Santo); João Bráulio Muniz (deputado pelo Maranhão); e José de Rezende Costa (deputado pelas Minas Gerais).

[61] Felisberto Caldeira B. P. O. Horta, (visconde de Barbacena), *Defeza dos negociadores do emprestimo brasileiro em Londres contra as invectivas do parecer da Commissão da Camara dos Deputados sobre o relatório do Ministro da Fazenda*. Rio de Janeiro: Tip. Imp. e Nacional, 1826.

Seu amigo ausente, Manuel Rodrigues Pessoa também outorgado com o título de Visconde de Itabaiana, rebateu as críticas formuladas pela Câmara dos Deputados. Itabaiana, assim como Barbacena, garantiu que as transações foram conduzidas de "maneira regular, pudente e decorosa". Sua descrição das negociações foi mais detalhada do que aquela realizada por Felisberto Caldeira Horta, expondo pontos como o cancelamento do lance público e a negociação secreta com as firmas Basset, Farqualsar, Crawford, & Comp.; Flecther, Alexandre & Comp., e Thomaz Wilson & Comp.; as negociações desastrosas com Eduardo Oxenford; entre outras. Itabaiana lembrou que no mesmo ano em que o Brasil contraiu seu empréstimo, outras jovens nações americanas também o fizeram, contudo em situação menos favorável. O México havia contraído um empréstimo no valor de £3.200.000 com juros de cinco por cento e com valor de apólice de £58 resgatadas a cada cem vendidas. No caso do Peru, o valor foi de £750.000 com juros de seis por cento e valor de apólice de £82. O valor emprestado pela Colômbia foi de £4.750.000 com igual juro e valor de apólice de £88. Por fim, Buenos Aires contraiu empréstimo no valor de £1.000.000 com juros de seis por cento e valor de apólice de £85. Quanto às comissões recebidas, concordava e seguia o mesmo argumento de Barbacena: eram comuns nos negócios firmados em Londres, sobretudo com nações americanas. Em suas palavras, o empréstimo brasileiro contraído a juros de cinco por cento anuais e valor médio de suas apólices de £80, foi extremamente mais vantajoso em relação aos demais, dado que nesse tipo de negociação as condições se regulavam "pelo crédito das nações que os contraem"[62].

A Câmara dos Deputados também se debruçou sobre o problema da crescente dívida pública do Império. Como dito anteriormente, os conflitos armados imediatamente após a Independência ocasionaram sérios problemas às contas públicas. Até 1825, a Guerra de

---

[62] Manoel Rodrigues G. Pessoa, (visconde de Itabaiana), *Exposição fiel sobre a negociação do empréstimo que o Império do Brasil há contrahido em Londres e sobre as vantagens delle resultants*. Londres: Imp. Harnard, Finch-Lane, Cornhill, 1827.

Independência e a Confederação do Equador já haviam sido resolvidas, contudo, a Guerra da Cisplatina, no sul do Brasil, estava em seu momento mais crítico. A emissão de papel-moeda e de moedas de cobre havia alcançado seu ápice e o déficit público, em 1827, foi de 3 bilhões, 608 milhões, 561 mil e 589 réis[63]. Diante dessa situação, a Câmara dos Deputados havia solicitado autorização para fundar a dívida nacional, ou seja, reconhecer e legalizar toda a dívida do Estado, estabelecendo uma legislação específica para sua amortização e fixação dos juros.

Mesmo antes da solicitação da Câmara, o Imperador nomeou uma Comissão com o intuito de "formar um cálculo geral do estado da Fazenda Pública (...), firmar e consolidar seu crédito e fundar a dívida nacional, seguindo-se um sistema de uniformidade que deve haver entre as províncias (...) e a capital"[64]. Antes de a Comissão apresentar seus resultados, em 15 de novembro de 1827, foi decretada a regulamentação da Dívida Pública brasileira. De inciativa da Câmara dos Deputados, foi criado o *Grande Livro da Dívida do Brasil* contendo toda dívida interna e externa contraída pelo Estado brasileiro até o fim de 1826. Para liquidar e uniformizar a dívida foi criado um fundo no valor de 12 bilhões de réis distribuídos em apólices de no mínimo 400 mil réis cada à cinco por cento de juros anuais. Metade desse valor, 6 bilhões de réis, deveria ser investido na compra ou troca de moedas do Banco do Brasil, ou seja, as dívidas do Banco passaram a ser reconhecidas como dívidas nacionais. A outra metade seria colocada à disposição do Tesouro para o pagamento dos credores e como suprimento do déficit orçamentário de 1828[65].

---

[63] Franco, *História do Banco do Brasil...*, cit., p. 153.
[64] Foram nomeados: Mariano José Pereira da Fonseca, ministro da Fazenda; e os conselheiros da fazenda: José Egídio Álvares de Almeida, barão de Santo Amaro; Antônio Luiz Pereira da Cunha; Manuel Jacinto Nogueira da Gama; e José Joaquim Carneiro de Campos. Decreto de 20 de setembro de 1825, in: *LBCC*, t. V, p. 165.
[65] Carta de Lei de 15 de novembro de 1827, in: *LBCC*, t. VI, p. 118.

Outro ponto ao qual a Câmara dos Deputados direcionou sua atenção dizia respeito aos impostos cobrados nas alfândegas e sua administração. Logo após o início dos trabalhos legislativos, os deputados começaram a se debruçar sobre a situação da principal fonte de receitas tributárias do Brasil. Após intensos debates na Câmara e no Senado, a Assembleia Geral decretou que, por uma única vez e pelo período de três anos, metade dos direitos de importação, exportação, baldeação e reexportação seriam arrematados em praça pública pelo maior lance, excluindo os direitos sobre o comércio e tráfico de escravos[66]. Nos anos seguintes, até 1831, foram arrematadas as alfândegas da Bahia, Pernambuco, Alagoas, Rio Grande do Norte, Rio Grande de São Pedro, Paraíba e São Paulo[67].

Em maio de 1828, ao mesmo tempo em que terminava a Guerra da Cisplatina, a Assembleia Geral aprovou a redução dos tributos de importação para todas as nações. Até essa data, a taxa geral estava fixada em 24% *ad valorem* para a maioria das nações, e 15% para as privilegiadas[68]. As taxas de baldeação e reexportação, para os nacionais e estrangeiros, foram reduzidas a 2% sobre o valor das mercadorias[69]. A alteração das tarifas de importação na forma de arrecadação da alfândega estava relacionada à responsabilidade pela taxação. Ao estabelecer tratados de nação privilegiada sem a autorização da Assembleia, o Executivo adentrava um campo que seria

---

[66] Carta de Lei de 27 de outubro de 1827, in: *LBCC*, t. VI, p. 103.

[67] Brasil, Ministério da Fazenda, *Relatório do Ministro e Secretário do Estado dos Negócios da Fazenda* (José Inácio Borges) ano de 1830 apresentado na sessão de 1831. Rio de Janeiro: Tip. Gueffier e C, 1831, p. 05.

[68] Pagavam a taxa reduzida até então: Inglaterra (desde 1808); Portugal (interrompida em 1822 e retomada em 1825); França (1826); Áustria, Prússia e Cidades Hanseáticas (1827); Dinamarca, Países Baixos e Estados Unidos (1828). Guilherme Deveza, "Política tributária no período imperial", in: Sérgio Buarque de Holanda. (org.) *História Geral da Civilização Brasileira: O Brasil Monárquico*. Rio de Janeiro: Bertrand Brasil, 2004. Também os produtos importados da Ásia, transportados por qualquer embarcação, a partir de 27 de novembro de 1827. Ver: Carta de Lei de 27 de novembro de 1827, in: *LBCC*, t. VI, p. 126.

[69] Carta de lei de 25 de setembro de 1828, in: *LBCC*, t. VI, p. 297.

papel dos representantes legítimos da Nação, ou seja, aqueles que foram eleitos[70].

A mudança da política econômica Imperial não foi suficiente para reverter o quadro de crescente crise financeira inaugurado desde a Independência. Mesmo com o fim da Guerra da Cisplatina e a regulamentação da dívida nacional, o déficit orçamentário ainda era grande e se agravava com os altos valores do serviço da dívida. Ainda em 1828, a Câmara dos Deputados aprovou um crédito suplementar de 3 bilhões, 97 milhões e 500 mil réis para os gastos com os ministérios e demais despesas ordinárias. O Governo deveria levar tal crédito junto aos saldos do Tesouro, caso não fosse possível poderia recorrer às sobras da receita e, em último caso, a empréstimos na forma da lei da dívida fundada ou empréstimos no exterior[71].

Certamente o Governo não conseguiu levantar os valores pelas duas primeiras opções, dado que no final daquele ano foi autorizada a emissão de 4 bilhões e 334 milhões de réis pela venda de títulos da dívida pública e um novo empréstimo em Londres no valor de £400.000[72]. A operação do novo empréstimo, divido em duas partes de £400.000, foi finalizada em 1829 e ficou a cargo dos mesmos negociantes e firmas que realizaram o empréstimo de 1824-1825: Thomaz Wilson & Comp., e com Nathan Mayer Rothschild. Ambas foram fixadas na proporção de £54 para cada cem vendidas, a juros de quatro por cento anuais, sem comissões a serem pagas para nenhuma das partes[73].

Tal negócio, segundo Liberato de Castro Carreira, "contraído com as mais gravosas condições para o país", foi utilizado, quase em sua integralidade, para satisfazer os juros do empréstimo de 1824[74]. As críticas a negociação tomaram a Câmara dos Deputados nos anos seguintes.

---

[70] Andréa Slemian, *Sob o Império das leis: constituição e unidade nacional na formação do Brasil (1822-1834)*. São Paulo: Hucitec, 2009, p. 206.
[71] Decreto de 04 de julho de 1828, in: *LBCC*, t. VI, pp. 247-248.
[72] Decreto de 27 de dezembro de 1828, in: *CLB*, pt. II, p. 213.
[73] Carreira, *História financeira...*, cit., pp. 141-148.
[74] Idem, p. 148.

Advogou-se contra a negociação, taxando-a de ilegal e abusiva, e desaprovando suas condições[75]; mesmo em Londres o Stock Exchange recusou-se a aceitá-lo, pois encarava a situação como o sintoma da bancarrota iminente e da provável suspensão do pagamento da dívida brasileira[76].

O financiamento do Estado logo após a proclamação da Independência não foi uma tarefa simples, muito menos consensual. Durante o Primeiro Reinado houve uma sucessão de métodos distintos e às vezes antagônicos: primeiro, no Ministério Andrada, adotou-se o financiamento interno; após, na gestão de Nogueira da Gama, os empréstimos externos se tornaram a melhor opção; e, por fim, após a reabertura do Parlamento em 1826, ambas as opções foram aventadas. O ponto crucial e que, sem dúvida, está ligado à Independência e ao advento do sistema constitucional, estava na internalização das decisões econômicas e financeiras no Brasil. Somente por meio das relações estabelecidas internamente e das respostas aos impulsos externos, para além do momento da Independência, é que se assinalaria, do ponto de vista econômico, a formação do Estado e da Nação brasileira.

A consolidação da Independência na década de 1830 e as reformas econômicas

A reabertura do Parlamento em 1826 não só alterou a política econômica do Império, como também foi responsável por iniciar uma

---

[75] Em discurso proferido na presença o ministro da Fazenda, o deputado Holanda Cavalcanti afirmou: "Senhores, quando um ministro apoia um empréstimo ilegal, contratado por um abuso, apresentando grandes vantagens, quando aliás foi contratado para garantir os futuros dividendos, pôde dizer-se constitucional? Concluo, pois que o empréstimo contratado em 29 foi inteiramente um abuso do governo, e toda a despesa, que se aplicou, foi filha do abuso". Apud: Claudionor S. Lemos, *Dívida Externa: análise, legislação e documentos elucidativos*. Rio de Janeiro: Imprensa Nacional, 1946, p. 07.

[76] Idem.

importante mudança institucional nos quadros da economia brasileira que seria aprofundada na década seguinte. Duas das principais instituições econômicas do Primeiro Reinado estiveram no centro do interesse dos deputados de renovação econômica-institucional: o Banco do Brasil e o Tesouro Público.

Inicialmente, os Deputados planejavam defender o fundo do banco e melhorar sua administração. Contudo, ao passo que a relação com o Executivo e o Imperador deteriorava, os deputados passaram a ponderar se, ao invés de reformar o banco, não seria melhor decretar sua falência, dado a grande dívida do Estado e a crescente emissão de papel-moeda sem lastro. Em junho de 1828, uma comissão convocada pela Câmara dos Deputados para avaliar a situação do Banco chegou à conclusão de que o Banco do Brasil deveria ser extinto, sobretudo, pela falta de uma política de amortização das notas emitidas e pelos grandes empréstimos contraídos pelo Governo no fundo do banco[77].

No ano seguinte, o Imperador, em sua fala de abertura dos trabalhos legislativos, informou que os Deputados deveriam se atentar para "os negócios da Fazenda, em geral, e com especialidade o arranjo do Banco do Brasil", este intimamente relacionado ao "estado miserável" em que se encontrava o Tesouro Público"[78]. Seguindo essa convocação, contudo, considerando os interesses da Câmara, em setembro

---

[77] Amaro Cavalcanti, *O meio circulante...*, cit., pp. 77-79. O parecer da segunda comissão, bem como o projeto de lei, foi apresentado na sessão de 10 de setembro de 1828. Os debates que se seguiram à apresentação do projeto e a tentativa do Governo de manter o funcionamento do Banco do Brasil podem ser conferidos na mesma obra, pp. 79-91.

[78] "Falla do throno na abertura da assemblea geral extraordinária convocada, e mandada reunir, por decreto de 9 de fevereiro de 1829, no dia 2 de abril do mesmo anno", in: Brasil, Câmara dos Deputados, *Fallas do Throno...*, p. 155. Na abertura da sessão ordinária, em maio, o Imperador, novamente, ressaltou a importância dos negócios da Fazenda. A respeito desse tema, dizia Pedro I: "Os negócios da fazenda, que vos tenho recomendado, devem continuar a merecer-vos particular cuidado e zelo na presente sessão", in: Idem, p. 166.

de 1829 a Assembleia decretou e o Imperador sancionou a liquidação do primeiro Banco do Brasil[79].

Em análise recente, José Luís Cardoso afirmou que o fracasso do banco estava relacionado, em parte, aos problemas na administração de seus fundos, sobretudo pelas fraudes e prevalência de interesses particulares, e pelo descontrole nos aportes fornecidos para o financiamento das despesas públicas executadas pelo Tesouro Nacional; ou seja, o problema se encontrava, acima de tudo, na facilidade encontrada pelo Governo para satisfazer os aportes com a emissão de moeda fiduciária sem lastro[80].

Todavia, decidir pela liquidação e extinção do Banco do Brasil marcaria, novamente, a posição contrária da Câmara em relação à política econômica adotada pelo Imperador e seus ministros ao longo do Primeiro Reinado. O banco, ligado a dificuldades e êxitos financeiros ao longo das primeiras décadas do século XIX, representava reflexo claro da política financeira Imperial, e seus problemas eram, em essência, os problemas do Tesouro Nacional e das finanças do Estado. Sua extinção não foi a única opção, pois as propostas para conservá-lo ou reformá-lo existiam desde a fundação do Império, e algo que deve ser considerado é que o Banco do Brasil representava o Governo do Brasil, e extingui-lo demonstrava que as decisões político-econômicas não mais estavam restritas ao Executivo e ao Imperador.

No mesmo ano em que foi decretada a liquidação do primeiro Banco do Brasil, os Deputados voltaram suas atenções para os negócios do Tesouro Público. Desde a outorga da Constituição de 1824, sua nomenclatura havia sido alterada para Tesouro Nacional e sua regulamentação postergada para uma vindoura lei complementar. Em 1829 foi aprovada a sua regulamentação, sob a qual se criou uma tesouraria-mor, quatro contadorias, uma tesouraria geral e uma

---

[79] Carta de lei de 23 de setembro de 1829, in: *LBCC*, t. VII, p. 88.

[80] José Luís Cardoso, "Novos elementos para a história do Banco do Brasil (1808-1829): crónica de um fracasso anunciado", *Revista Brasileira de História*, 30, 2010, pp. 178-179.

pagadoria que seriam responsáveis por administrar e fiscalizar todas as receitas e despesas do Império. As estações provinciais continuaram sob a nomenclatura de Juntas da Fazenda e estavam completamente subordinadas ao Tesouro da Corte[81].

Para Amaro Cavalcanti, essa reformulação não teve nenhum efeito prático, pois, ainda persistiu a falta de uniformidade e a incapacidade do Tesouro de organizar e administrar suas diversas repartições, em especial aquelas existentes nas províncias. Nas palavras do autor, a reforma do Tesouro, "se não pecava por incompleta e ineficaz, perdia o seu valor relativo, pelo vício radical das próprias repartições, a que estavam principalmente confiados os direitos e interesses da mesma Fazenda"[82]. Todavia, essa reformulação estava envolta na ressignificação das instituições econômicas iniciada durante a Independência. A nova realidade inaugurada em 1822 e, sobretudo, após a Constituição de 1824, impunham a necessidade de se adequar as instituições econômicas brasileiras e incorporar noções de publicidade, transparência e eficiência, típicas do Estado Moderno.

A reforma do Tesouro de 1829 não chegou a ser completamente executada. No relatório do Ministério da Fazenda de 1830, o ministro marquês de Barbacena reclamava que "o Tesouro, as Juntas da Fazenda e as Secretarias de Estado não estão organizadas em harmonia com o sistema de fiscalização e publicidade que exige o Governo representativo", e solicitava que a Câmara dos Deputados e o Governo se unissem em harmonia para que fosse aprovada uma nova organização[83]. Nesse mesmo ano, a Câmara dos Deputados começou a trabalhar em um novo modelo para o Tesouro. Nos debates que se seguiram, dois grupos defenderam modelos diferentes: o primeiro,

---

[81] "Instrucções para as diversas repartições do Thesouro Nacional e Juntas da Fazenda Pública, dadas pelo imperial decreto da data de hoje", decreto de 23 de janeiro de 1829, in: *LBCC*, t. VII, pp. 14-18.

[82] Amaro Cavalcanti, *Elementos de finanças*. Rio de Janeiro: Imprensa Nacional, 1896, p. 443.

[83] Brasil, Ministério da Fazenda, *Relatório do ministro e secretário d'Estado dos Negócios da Fazenda*. Rio de Janeiro: Tip. Imp. e Nacional, 1830.

defendia uma maior participação do Governo Geral na administração fazendária, subordinando os funcionários, das províncias e da Corte, ao órgão central; o segundo, liderados pelos "liberais moderados", advogavam pela maior autonomia dos poderes provinciais frente ao Executivo, garantindo maior participação das partes do Império nas decisões financeiras[84].

No decurso da discussão da nova organização do Tesouro, um importante evento consolidaria a nova realidade inaugurada com a reabertura do Parlamento em 1826: a abdicação do Imperador D. Pedro I em sete de abril de 1831. A derrota na Cisplatina, agravada pelo desajuste e crise financeira, sobretudo pela inflação gerada pela emissão de notas e moeda de cobre sem lastro para pagar a dívida militar, além dos constantes déficits aliados às diversas manifestações populares no Rio de Janeiro, estiveram no cerne da decisão de Pedro I em deixar o trono[85]. Para Sérgio Buarque de Holanda, a abdicação do primeiro Imperador do Brasil e o período da regência que se seguiu podem ser entendidos como o momento em que "o ato de Independência ganha verdadeiramente um selo nacional"[86], tendo sido responsável por abrir espaço para que uma série de reformas, planejadas e almejadas desde os primórdios da Independência, fossem colocadas em prática, alterando os rumos de construção do Estado no Brasil.

Ao longo do Primeiro Reinado, a pauta de exportação do Brasil pouco mudou. Dentre os principais produtos exportados, o açúcar e o café compunham cerce de 60% do valor total das exportações. A partir da década de 1830, o café tomaria a dianteira e

---

[84] Bruno Aidar, "A reforma do Tesouro Nacional e os liberais moderados", in: Gladys S. Ribeiro e Adriana P. Campos, *Histórias sobre o Brasil no Oitocentos*. São Paulo: Alameda, 2016, pp. 16-20.

[85] Marco Morel, *O período das Regências (1831-1840)*. Rio de Janeiro: Jorge Zahar, 2003, pp. 12-19.

[86] Sérgio Buarque de Holanda, "A herança colonial: sua desagregação", in: Idem, *História Geral da Civilização Brasileira: o Brasil monárquico*. São Paulo: Bertrand Brasil, 2004, p. 15.

tornar-se-ia o principal gênero exportado pelo Brasil até os princípios do século XX. Em termos absolutos, a arrecadação com a taxas de exportação girou em torno de 500 milhões de réis até 1829. No ano financeiro de 1829-1830 e 1830-1831 os valores deram um sando, ficando na casa de um bilhão e 500 milhões de réis. Durante a maior parte da década de 1830, os valores giraram entorno de 700 milhões de reis, entretanto, ao fim desse período e início da década seguinte, com o avanço da cultura cafeeira, os valores voltaram a crescer, ficando na casa dos dois a três bilhões de réis anuais.[87]

Em relação às importações, a tendência foi, de certa forma, semelhante: de 1823 até 1828 a arrecadação ficou por volta de dois bilhões de réis anuais. Entre 1828 e 1831 a arrecadação cresceu vertiginosamente, situando-se na casa dos seis bilhões de réis anuais. Esse patamar foi mantido durante boa parte da década de 1830 e, ao final dessa década e durante a seguinte, os valores superaram a marca dos dez bilhões de réis[88]. Essa tendência de crescimento foi mantida por boa parte do período imperial e, certamente, estava relacionada à crescente entrada de capitais proporcionada pela expansão da cultura e exportação de café.

Nessa nova conjuntura, a reforma proposta para o Tesouro Nacional foi enfim concluída. Em outubro de 1831 foi decretada a extinção do "atual Erário" e a fundação do novo Tribunal do Tesouro Público Nacional e das Tesourarias provinciais. Caberia ao Tribunal do Tesouro, órgão central sediado na Corte, "a suprema direção e fiscalização da receita e despesa nacional, inspecionando a arrecadação, distribuição e contabilidade de todas as rendas públicas". Para as Tesourarias, que substituiriam as Juntas da Fazenda, seriam encarregadas da "administração, arrecadação, distribuição, contabilidade e fiscalização de todas as rendas públicas da província". Não possuíam

---

[87] Brasil, Ministério da Agricultura, Indústria e Comércio, diretoria do Serviço de Estatística, *Quadros Synopticos da receita e despeza do Brazil: período de 1822 a 1913*. Rio de Janeiro: Tip. Ministério da Agricultura, 1914, p. 14.

[88] Idem, pp. 14-15.

autonomia quanto a suas receitas ou despesas e necessitavam do aval do Tesouro para boa parte de suas tarefas[89].

Na visão de Amaro Cavalcanti, a reorganização do Tesouro Nacional representou, ao mesmo tempo, o progresso nas finanças e aperfeiçoamento das condições burocráticas da época, e não sem razão, subsistiu, como base, em todas as reorganizações posteriores até o fim do Império[90]. Mircea Buescu argumentou no mesmo sentido, segundo o qual a reforma foi "a primeira providência, depois da Independência, no sentido de dar uma organização concreta, coerente e articulada ao Ministério da Fazenda", garantindo a hierarquia e o controle central[91]. Tendo tais pontos em perspectiva, é importante ressaltar que a reforma do Tesouro estava ligada a um processo de aperfeiçoamento financeiro do Estado. Sua aprovação foi fundamental por estabelecer quais seriam as competências e as principais instituições financeiras do Governo Geral e dos Governos Provinciais e, como será exposto a seguir, antecedeu uma série de outras medidas as quais sedimentariam esse processo.

Após a reforma do Tesouro, diversas outras atualizações foram implementadas no aparato financeiro do Império. Em 1832 foi aprovada a primeira separação entre as receitas gerais e provinciais, além da primeira regulamentação das alfândegas e da arrecadação dos tributos interno. Em 1833, uma série de decretos procurou sanar os problemas do meio circulante nacional: primeiro mandou-se recolher todas as moedas de cobre em circulação; depois foi estabelecido um novo padrão monetário e, por fim, foi decretada a criação de um novo Banco do Brasil[92].

---

[89] Carta de Lei de 04 de outubro de 1831, in: *CLB*, pt. I, pp. 103-126.

[90] Cavalcanti, *Elementos de finanças...*, cit., p. 457.

[91] Mircea Buescu, *História administrativa do Brasil. Organização e administração do Ministério da Fazenda no Império.* Brasília: Fundação Centro de Formação do Servidor Público, 1984, p. 25.

[92] "Carta de lei, pela qual Vossa Magestade Imperial manda executar o decreto da Assembléa Geral Legislativa, que houve por bem sanccionar, fixando o novo padrão moretario, e estabelecendo um banco de circulação, e deposito, como nella se declarado", em 08 de outubro de 1833, in: *CLB*, pt. I, pp. 102-108

Esse novo banco teria um papel diferente do primeiro, pois deixava de visar apenas ao financiamento das despesas públicas e passava a atuar no melhoramento do meio circulante e na ampliação da oferta de crédito[93]. Contudo, devido a certas resistências e embates políticos, o banco não chegou a operar efetivamente, sendo sua existência relegada apenas à lei. Quanto ao meio circulante, o novo padrão monetário não teve a aceitação desejada e, após diversas críticas do ministro da Fazenda, somente em outubro de 1835 foi decretada a substituição de todas as moedas e notas em circulação no Brasil por outras de padrão único de validade em todo o território nacional. Tal uniformização do meio circulante foi um importante passo na consolidação das finanças do Brasil, dado que a partir de então a moeda fiduciária emitida pelo Estado passou a ser a única moeda corrente, inconversível e circulando em todo o território nacional[94].

Ainda que todas essas reformas tenham sido de extrema importância para a consolidação das finanças, outra remodelaria a correlação de forças do Império: a promulgação da primeira reforma constitucional, ou como ficou conhecida, o Ato Adicional de 1834. A principal medida do Ato, no que concerne aos assuntos financeiros, foi a criação das Assembleias Legislativas Provinciais que, entre outras particularidades, garantiu que as províncias dispusessem de relativa autonomia quanto a sua arrecadação tributária, as opções de financiamento de suas despesas e o expediente administrativo de suas instituições fazendárias[95]. O Ato Adicional foi responsável por criar o poder provincial e garantir às províncias os mecanismos de participação nas decisões do Centro.

Ao longo do período regencial, ao contrário do verificado no Primeiro Reinado, diversos impostos foram estabelecidos para

---

[93] Thiago F. R. Gambi, *O banco da ordem: políticas e finanças no Império brasileiro (1853-1866)*. São Paulo: Alameda, São Paulo: 2015, p. 15.

[94] Idem, pp. 70-71.

[95] Miriam Dolhnikoff, *O pacto imperial: origens do federalismo no Brasil*. São Paulo: Globo, 2007.

financiar as despesas ordinárias do Estado. Desde 1831, ano da abdicação do primeiro Imperador, foram suprimidos impostos que recaíam sobre a exportação e produção nacional, ao mesmo passo, a inovação tributária procurou enquadrar-se, majoritariamente, no consumo e no comércio. Dentre os impostos criados, além da reformulação de outros previamente existentes, alguns merecem ser destacados tanto pelos valores arrecadados como pela base de incidência. Em 1831, todos os tributos que recaiam sobre a aguardente foram eliminados, em seu lugar foi estabelecido tributo geral de 20% para o consumo e 2% para exportação daquele gênero – na Bahia a taxa de consumo era de 60% justificada pela recolha da moeda de cobre em circulação na província. Nesse mesmo ano, foram estabelecidas taxas de 80 mil e 40 mil réis anuais sobre as casas de leilão e moda respectivamente. Já em 1835, criaram-se tributos relacionados, de forma geral, às embarcações, correios e comércio de escravos. Por fim, em 1836, as novas imposições, igualmente, diziam respeito às embarcações – nacionais ou estrangeiras –, reexportação e sobre as casas comerciais[96].

Confirmando esse momento de transição e consolidação das instituições financeiras e econômicas do Brasil independente, em 1836 foi promulgado um segundo regulamento paras as alfândegas e uma nova, em mais precisa, separação entre as receitas do Governo Geral e Provincial. A nova regulamentação das alfândegas ampliou as determinações do regulamento de 1832 e deveria ser adotado em todo o território nacional. As aduanas tornaram-se o espaço principal da arrecadação do Governo Geral e os impostos sobre importação e exportação como sua principal receita[97]. Essa nova situação refletiu-se no montante arrecadado nesse período. Após a Independência os tributos arrecadados na alfândega, incluindo entrada, exportação e

---

[96] Carta de Lei de 15 de dezembro de 1831, in: *LBCC*, t. VII, p. 551; Lei de 24 de outubro de 1832, in: *CLB*, pt. I, p. 131; Lei de 08 de outubro de 1833, in: *CLB*, pt. I,. 66; Lei de 31 de outubro de 1835, in: *CLB*, pt. I, p. 102; Lei de 22 de outubro de 1836, in: *CLB*, pt. I, p. 43.

[97] Eduardo S. Ramos, "Organização alfandegária e espaços fiscais no Império brasileiro (1808-1836)", *Almanack*, 21, 2019, pp. 565-608.

despachos marítimos, chegaram a alcançar mais de 70% da receita total, ao passo que a média até a década de 1830 foi cerca de 52,23%. Nos primeiros anos da regência, situaram-se nas casas de 30 a 50% e após 1836, data da promulgação da nova regra, atingiram seu mais alto patamar, encerrando a década com a soma de mais de 77% da arrecadação do Governo Geral[98].

Essa nova configuração tributária foi o marco da nacionalização do sistema tributário na década seguinte. Com a principal fonte de arrecadação tributária reformada e modernizada, foi possível estabelecer novas pautas gerais para os impostos de importação. Assim, em 1844, foi promulgada a tarifa Alves Branco que introduziu níveis tarifários de importação semelhantes àquele praticado em outras nações, em média com alíquota de 30%[99]. Segundo Wilma Peres Costa, essa nacionalização do sistema tributário estaria em estreita harmonia com os interesses dos setores agrícolas-exportadores escravistas[100]. Em visão semelhante, Miriam Dolhnikoff identificou que a nova pauta, apesar de aumentar as receitas do Estado, deixou intacta a fiscalidade interna, deixando de lado a tributação provincial e, consequentemente, não onerando os grandes proprietários por meio de impostos que incidissem sobre grandes propriedades rurais, renda ou produção[101].

Esse fato, apontado pelas duas autoras, corrobora o argumento de que o estabelecimento de um sistema tributário baseado majoritariamente nos tributos indiretos (sobre o consumo e circulação de mercadorias) e que excluía os tributos diretos (especialmente sobre renda e propriedade) foi consequência da influência e poder político

---

[98] Brasil, Ministério da Agricultura, *Quadros Synopticos...*, cit., pp. 14-15.

[99] André Villela, "Política tarifária no II Reinado: evolução e impactos, 1850--1889", *Nova Economia*, 15, 2005, p. 60.

[100] Wilma P. Costa, "Finanças e construção do Estado: fontes para o estudo da história tributária do Brasil no século XIX", *America Latina en la História Económica*, 13/14, 2000, p. 62.

[101] Dolhnikoff, *O pacto imperial...*, cit., pp. 168-169.

dos setores ligados à produção agrícola[102]. Essa característica estaria na origem da desigualdade estrutural do ônus tributário brasileiro, suportado, em sua maior parte, pela população urbana e mais pobre, que marcou o desenvolvimento econômico ao longo de todo o século XIX.

As reformas econômicas da década de 1830, sobretudo aquelas relacionadas aos aspectos institucionais e fiscais, sedimentaram as bases econômicas do Estado brasileiro. Ao final do período regencial, o quadro político-institucional e econômico encontrava-se substancialmente alterado em relação àquele do início da década de 1820. O aperfeiçoamento executado nas instituições econômicas e fiscais brasileiras foi responsável por modificar seu funcionamento, completando o processo de ressignificação iniciado em 1822. Assim, as reformas liberais modificaram a forma das instituições, mas tanto seu significado quanto seu sentido já haviam sido alterados desde a Independência.

Considerações finais

Os momentos decisivos da Independência foram marcados por profundas mudanças na economia e na política econômica do Brasil. Com a vinda da Corte para o Rio de Janeiro, em 1808, foram implementadas instituições e novos métodos financeiros que cumpririam

---

[102] "It was thus as a direct consequence of the political power of land-owners that taxation relied mostly on duties on foreign trade. That the increased production costs of coffee due to high protection as well as export taxes could be shifted to coffee consumers probably delayed the introduction of significant internal taxation such as excise and income taxes". Marcelo de Paiva Abreu e Luis A. Corrêa Lago, "Property rights and the fiscal and financial systems in Brazil: colonial heritage and the imperial period", in: Michael D. Bordo e Roberto Cortés-Conde (eds.), *Transferring wealth and power from the old to the new world: monetary and fiscal institutions in the 17th through the 19th centuries*. Cambridge: Cambridge University Press, 2001, p. 372.

papel estratégico nos processos de formação do Estado. A declaração da Independência, apesar de manter o funcionamento dessas instituições, alterou seu sentido e significado. Se antes da Independência essas instituições funcionavam como financiadoras dos gastos da Corte, ao longo do processo de construção do Estado no Brasil passaram a operar enquanto órgãos aos moldes do Estado Moderno, em que características como publicidade, transparência e eficiência deveriam nortear o seu funcionamento. Essa peculiaridade evidenciava o caráter ambíguo do Estado no Brasil em construção, no qual atraso e modernidade coexistiam na mesma realidade de acordo com as necessidades da época.

O Banco do Brasil, que a princípio estava relacionado ao financiamento da Corte por meio da emissão de papel-moeda, ao final da primeira metade do século, ainda que sem sucesso na sua implementação, metamorfoseava-se em nova concepção de instituição bancária, a serviço de interesses ditos nacionais. Igualmente, o Real Erário, depois Tesouro Nacional, na ótica do Estado brasileiro independente, deveria atuar com clareza e transparência, organizando o meio circulante e trazendo segurança ao crédito, fosse ele interno ou externo. O sistema tributário, apesar de manter a forma e os mesmos impostos implementados ao longo da permanência da Corte portuguesa no Brasil, passou a operar em novo sentido: suas reformas e mesmo sua arrecadação deveria ser direcionada ao financiamento das despesas ordinárias do Estado brasileiro em construção, sempre sob a responsabilidade dos representantes da nação.

Esse complexo processo de transformação não foi pacífico e nem correspondeu ao único e inevitável destino da formação econômica brasileira. Desde os momentos iniciais de formação do Estado brasileiro, as opções quanto à forma de financiamento ou mesmo quanto ao sistema de arrecadação tributário estiveram envolvidas em discussões e intensos conflitos quanto à sua natureza. Financiar o Estado por meio do crédito estrangeiro ou evitar a introdução de novos tributos correspondia a uma das diversas opções que se apresentavam, e sua escolha como modelo de desenvolvimento econômico estava relacionada aos interesses daqueles que ocupavam os principais órgãos decisórios do Império.

A nova onda de reformas instaurada após a reabertura do Parlamento em 1826 e intensificada na década seguinte, tinha como objetivo superar a ordem estabelecida no Primeiro Reinado e executar uma nova política econômica. Os homens que assumiram o papel principal na construção das finanças e do Estado após a abdicação de D. Pedro I, diretamente influenciados pelas ideias liberais, redefiniram o papel de cada parte do Império, reafirmando o papel do Centro como organizador e dotando as províncias de protagonismo e autonomia na condução de seus assuntos econômicos, sem deixar de participar das decisões do Governo Geral.

O momento da Independência, em que o centro das decisões econômicas passou a operar dentro do território brasileiro, assinalou os primeiros passos da construção do Estado Nacional brasileiro sob a ótica de uma economia nacional. Essa nova configuração econômica foi fundamental para a manutenção de uma ordem social estabelecida mesmo antes de 1822 e devota em muito da escravidão como organizadora social. Os grandes comerciantes e exportadores mantiveram seu poder e influência econômica, mas, naquele momento, o espaço de discussão deslocava-se para o Parlamento e a Assembleia Provincial, locais nos quais os interesses díspares seriam mediados pelo debate de propostas e projetos. Nessas primeiras décadas do século XIX, a configuração política-institucional e econômica traria características fundamentais do Estado brasileiro que, de uma maneira ou de outra, ainda provocam, nos dias atuais, desajustes econômicos e desigualdades estruturais de lenta ou quase nenhuma mudança.

CAPÍTULO 9

HISTORIOGRAFIA E MEMÓRIA DA INDEPENDÊNCIA

Cecília Helena L. de Salles Oliveira

"...Explicar, compreender a vida das sociedades e registrar os acontecimentos presentes e passados foram sempre os objetivos mais aparentes da historiografia. Entretanto, essas ações são impelidas pela busca, sempre renovada, dos elementos constitutivos de uma identidade coletiva que se articula dialeticamente com o campo abrangente das relações político-sociais..."[1].

"...Esse acontecimento – a Independência – considerado fundador da nacionalidade brasileira e fartamente referido na memória histórica, continua sendo um dos mais complexos da História do Brasil..."[2].

Ambas as epígrafes sublinham delicados entrelaçamentos entre memória, historiografia e política. Referem-se à existência de lugares sociais de produção do conhecimento histórico, definidos notadamente a partir do século XIX quando a História emergiu como disciplina

---

[1] Maria de Lourdes Mônaco Janotti, "O diálogo convergente: políticos e historiadores no início da República", in: M. C. Freitas (org.), *Historiografia brasileira em perspectiva*. São Paulo: Contexto, 1998, p. 119.

[2] Maria de Lourdes Viana Lyra, "História e historiografia: a Independência em questão". *Revista do Instituto Histórico e Geográfico Brasileiro,* 153, 377, out/dez, 1992, p. 124.

dotada de princípios e procedimentos específicos³. Mas, sobretudo, apontam para os vínculos que aliam versões de testemunhas de época e posturas historiográficas posteriores. No caso da Independência do Brasil, como observou Lyra, a complexidade do tema está, entre outras circunstâncias, no seu comprometimento com a emergência da nacionalidade, premissa colocada pela memória dos protagonistas e pelas primeiras interpretações historiográficas do início do século XIX, e que só mais recentemente vem sendo problematizada⁴.

Também Benedict Anderson⁵ chamou a atenção para a simultaneidade com a qual os agentes históricos dos movimentos independentistas na América representaram as consequências de seus atos por meio de uma História que articulava memória e esquecimentos, tanto de episódios quanto de personagens, enredos que foram recuperados e atualizados pelas gerações de políticos que se seguiram⁶. Essa sobreposição de gerações e narrativas foi configurando o passado e um agregado de experiências comuns, um dos fundamentos daquilo que o autor denominou "comunidade imaginada". Mais ainda, Anderson demonstrou em seu estudo que a construção da História da Independência das antigas colônias americanas se projetou inicialmente como uma "revolução", como ruptura política e temporal, mas vencido esse momento, as narrativas e representações simbólicas

---

³ Sobre o ofício do historiador e os lugares sociais de produção do conhecimento histórico, consultar: Michel de Certeau, "A operação histórica", in: J. Le Goff & P. Nora, *História: novos problemas*. 2ª. ed. Trad. Theo Santiago, Rio de Janeiro: Francisco Alves, 1979, pp. 17-48.

⁴ Lyra, "História e Historiografia....", cit., p. 124.

⁵ Benedict Anderson, *Comunidades imaginadas. Reflexões sobre a origem e a difusão do nacionalismo*. Trad. D. Bottmann. 2ª. reimpressão. São Paulo: Companhia das Letras, 2008, pp.256-289.

⁶ No caso do Brasil, Lúcia Guimarães discutiu, em detalhes, os vínculos entre política e delineamento do campo historiográfico ao longo do século XIX, particularmente no âmbito do Instituto Histórico e Geográfico Brasileiro. Lúcia Maria Paschoal Guimarães, "O Império de Santa Cruz: a gênese da memória nacional". In: A. Heizer & A. A.. P. Videira (orgs), *Ciência, civilização e Império nos Trópicos*. Rio de Janeiro: Access, 2001, pp. 265-285.

e monumentais da nação, que Hobsbawm denominou tradições inventadas[7], contribuíram para "naturalizar" fraturas internas que estavam na base dessas formações sociais, esfumaçando contradições e desigualdades que permeavam as novas coletividades nacionais emergentes.

No Brasil, o espaço privilegiado da produção historiográfica no século XIX foi ocupado pelo Instituto Histórico e Geográfico Brasileiro fundado em 1838 por políticos de matizes liberais, muitos dos quais atuantes no movimento de separação em relação a Portugal[8]. Essa instituição, ao lado da Academia de Belas Artes[9], desempenhou ação decisiva no delineamento de uma historiografia nacional e das visões que se espraiaram sobre a nação e suas especificidades, mantendo influência em termos das narrativas sobre a História do Brasil até meados do século XX. Exerceu, assim, papel fundamental na consolidação de uma interpretação sobre a Independência que, em função de ancorar-se em práticas historicamente estabelecidas de escrita da História[10], ainda hoje encontra respaldo na sociedade,

---

[7] Eric Hobsbawm & Terence Ranger (orgs), *A invenção das tradições*. Trad. C. C. Cavalcante. Rio de Janeiro: Paz e Terra, 1984.

[8] Manoel Luís Salgado Guimarães, "Nação e civilização nos trópicos", *Revista Estudos Históricos*, n.1, 1988, pp. 1-27; Manoel Luís Salgado Guimarães, "Para reescrever o passado como história: o IHGB e a Sociedade dos Antiquários do Norte", in: Heizer & Videira, *Ciência, civilização...*, cit., pp. 1-28.

[9] A Academia Imperial de Belas Artes contribuiu para transformar em representações visuais episódios, personagens e versões da escrita da História do Brasil, ao longo do século XIX, notadamente, por meio da pintura histórica, de esculturas, gravuras e produção de arquitetura efêmera (arcos do triunfo, palcos, decoração teatral). Ver: Letícia Squeff, *O Brasil nas letras de um pintor: Manuel de Araújo Pôrto-Alegre*. Campinas: Editora da UNICAMP, 2004; Jorge Coli, *Como estudar a arte brasileira do século XIX*. São Paulo: SENAC, 2019; Maraliz de Castro Vieira Christo, "Pintura e historia en el Brasil del siglo XIX", in: M. E. L. B. & V. Mínguez (eds), *La fabricación visual del mundo atlântico, 1808/1940*. Castilló de la Plana: Universitat Jaume I, 2010, pp. 135-171.

[10] Refiro-me aos procedimentos da cultura história oitocentista, em especial ao que Claude Lefort designou "concepção realista", segundo a qual, "julgamos que a história se processa antes que o historiador faça dela seu objeto. Acreditamos

muito embora sejam recorrentes também as críticas a esse modo de compreender e narrar os acontecimentos.

Para discutir os fundamentos dessa interpretação, suas repercussões e desdobramentos, bem como os mais recentes pressupostos historiográficos sobre o tema da Independência, optei por dividir minha argumentação em quatro itens. No primeiro, pretendo aprofundar questões relativas à memória da Independência e à sólida construção da História-memória nacional[11], engendrada em concomitância à organização do Império. No segundo, procuro focar o momento do Centenário da Independência, em 1922, apontando de que modo a revisão historiográfica naquele momento depurou e fortificou interpretações forjadas no século XIX. No item três, meu objetivo é privilegiar algumas das contribuições historiográficas mais polêmicas e originais produzidas entre os anos de 1930 e 1970, levantando indagações que possam contribuir no entendimento da atual configuração da historiografia, abordada no quarto item de forma abrangente, pois a partir dos anos de 1990, ocorreu a complexificação e alargamento do campo de problemas históricos e políticos em que o tema está inscrito.

---

poder afirmar, em consequência, que fatos se produzem em data e lugar determinados e são o que são enquanto esperam a vir a ser conhecidos; e ainda, que se transformam de fatos reais em fatos do conhecimento quando a eles se reporta um observador capaz de apreendê-los". Claude Lefort, *As formas da História*. Trad. M. Chauí e L.R.S.Forte. São Paulo: Brasileinse, 1979, pp. 256-257. Também Lucien Fevbre, em vários de seus estudos, discutiu a noção de que fatos e registros seriam "dados à história como realidades substanciais". Lucien Febvre, *Combats pour l'Histoire*. 2ª. Ed. Paris: Armand Colin, 1965, p. 116.

[11] Utilizo a expressão no sentido que lhe foi dado por Pierre Nora ao se referir ao movimento pelo qual, entre os fins do século XVIII e meados do século XIX, história e memória se entrelaçavam na conformação de identidade nacional. A partir dos fins do século XIX, porém, a memória, segundo o autor, passará pelo crivo e pelo julgamento da História e nos quadros referenciais da nação a história nacional se transforma em "nossa memória", construção política e historiográfica que será posta em debate nas décadas de 1920 e 1930. Pierre Nora, *Présent, nation, mémoire*. Paris: Gallimard, 2011, pp. 19-22.

Entre Mnemosine e Clio

"...O Brasil, que por espaço de trezentos e tantos anos sofreu o indigno nome de Colônia, e igualmente todos os males provenientes do sistema destruidor então adotado, logo que o Sr. D. João VI...meu Augusto Pai, o elevou à categoria de Reino pelo Decreto de 16 de dezembro de 1815, exultou de prazer....O Brasil imediatamente [quando] em Portugal se proclamou a Liberdade...gritou Constituição Portuguesa...não esperando nunca ser enganado...[Mas] fomos maltratados pelas infames Cortes de Portugal e pela Tropa europeia...Eu Tomei sobre Mim proteger este Império..."[12].

As primeiras versões sobre a Independência do Brasil foram veiculadas em decretos e manifestos produzidos durante a Regência de D. Pedro, em periódicos e folhetos, editados no Rio de Janeiro e em outras províncias, e também na correspondência de diplomatas europeus e americanos, radicados na Corte do Rio de Janeiro[13]. No entanto, na construção da narrativa e na projeção das personagens que se consolidaram e reverberaram ao longo do século XIX talvez nenhum registro se compare ao discurso pronunciado pelo recém-aclamado Imperador quando da abertura dos trabalhos legislativos, em 3 de maio de 1823.

Naquela ocasião solene, D. Pedro dirigiu-se aos deputados provinciais, saudando-os, mas sublinhando, ao mesmo tempo, que a Constituição deveria ser digna da aceitação imperial, sendo sábia, justa e adequada "à civilização do povo brasileiro". Esse recado que nos dias que se seguiram foi duramente contestado por alguns dos deputados, estava ao final da narrativa em que D. Pedro apresentou os

---

[12] Fala do Trono lida por D. Pedro I na sessão inaugural da Assembleia Geral Constituinte e Legislativa do Império do Brasil, 3 de maio de 1823. In: *Diário da Assembleia Geral Constituinte e Legislativa do Império do Brasil*. Edição fac-similar. Brasília: Senado Federal, 2003, t. I, p. 15.

[13] Vera Lúcia Nagib Bittencourt, *De alteza real a imperador: o governo do príncipe D. Pedro, abril/1821-outubro/1822*. São Paulo: FFLCH-USP, 2007 (tese).

motivos, as condições e a cronologia do movimento de Independência, associando-o diretamente à separação de Portugal[14]. Inscrevendo-o na dinâmica de uma luta política que opôs colônia e metrópole, brasileiros e portugueses, D. Pedro reportou o início do movimento à chegada, em 1808, da família real de Bragança ao Rio de Janeiro, indicando a data da elevação do Brasil à condição de Reino, decretada em 16 de dezembro de 1815, como o marco da superação do período colonial. Sempre lidando com as imagens de que, naquele momento, o Brasil era uma entidade homogênea e unificada, submetida à autoridade da Corte fluminense, e que o Império era uma realidade tangível, D. Pedro responsabilizou as Cortes em Lisboa pela separação que os "brasileiros não desejavam", mas decidiram porque se viram vítimas de leis e tropas que visavam reconduzir as províncias à opressão e à "escravidão política"[15]. Assumindo o total protagonismo do governo e do movimento separatista, em resposta a apelos feitos pelo "povo", ressaltou que os passos decisivos para a Independência foram: o "Fico", em 9 de janeiro de 1822, quando, a pedido do "povo" e em defesa do Império, permaneceu no Rio de Janeiro, desobedecendo as Cortes

---

[14] Durante as lutas políticas em curso no Brasil e em Portugal, entre 1821 e 1822, nem todos os protagonistas utilizavam a associação entre Independência e separação do reino europeu. Pelo contrário, a expressão "independência", especialmente na imprensa do Rio de Janeiro e das demais províncias da América portuguesa, representava a organização de um governo representativo e constitucional, sendo utilizada tanto por aqueles que apoiavam os objetivos da Revolução de 1820 quanto pelos que desconfiavam dos propósitos das Cortes em Lisboa. Foram interpretações historiográficas do século XIX, a partir das afirmações de D. Pedro I, que selaram aquela associação, a exemplo da obra de Silva Lisboa. Cecilia Helena de Salles Oliveira, *A astúcia liberal. Relações de mercado e projetos políticos no Rio de Janeiro, 1820/1824*. Bragança Paulista: Universidade São Francisco/Ícone, 1999, cap. 3.

[15] A expressão "escravidão política" referia-se, na época, à submissão de homens livres a governos arbitrários e absolutistas. Foi usada por D. Pedro para sublinhar o arbítrio das Cortes de Lisboa em relação aos "povos" do Brasil. Hannah Arendt, *Sobre la revolución*. Trad. P Bravo. Madrid: Ediciones de la Revista de Ocidente, 1967, cap. 1.

em Lisboa; a expulsão de tropas portuguesas do Rio de Janeiro, em fevereiro desse ano; a atuação de um governo autônomo e empenhado em organizar recursos econômicos e militares para enfrentar as Cortes, por ele liderado; a viagem à província de Minas Gerais, em abril de 1822, para derrotar o "arbítrio" do então governador; a viagem à província de São Paulo, em agosto do mesmo ano, para desfazer um "partido de portugueses e brasileiros degenerados afeitos às Cortes"; a proclamação da Independência no "sempre memorável sítio do Piranga"; e a coroação como Imperador, em dezembro de 1822. Fixava, desse modo, a data de 7 de setembro como sendo a da proclamação da Independência, às margens do riacho do Ipiranga, na província de São Paulo. Foi essa afirmação do Imperador que selou a memória do episódio e de sua própria figura como libertador.

Esse relato recuperava argumentos já utilizados em pelo menos dois outros documentos de ampla circulação produzidos pelo governo: os Manifestos datados de 1 e 6 de agosto de 1822[16]. O Manifesto de 1º de agosto estava endereçado aos "povos do Brasil" e procurava justificar a conduta do então Regente na condução de uma "guerra" contra as Cortes reunidas em Lisboa, reivindicando a legitimidade de ações que afrontavam decisões adotadas em Portugal. O Manifesto de 6 de agosto foi dirigido às "nações amigas", em especial Grã-Bretanha, França e Áustria, e seu objetivo era afirmar que, frente às ameaças "recolonizadoras" impetradas pelas Cortes de Lisboa à soberania do Reino do Brasil, D. Pedro, herdeiro da Coroa portuguesa, teria sido obrigado a adotar medidas para garantir a "independência política" e a existência de um centro comum de poder que articulasse as províncias bem como preservasse relações de comércio e amizade com todas as nações.

Explicitadas dessa forma, as justificativas expostas para a Independência não só naturalizavam a separação de Portugal e o governo monárquico constitucional que o Imperador e os grupos que

---

[16] *Coleção das Leis e Decisões do Brasil, 1822*. Rio de Janeiro: Imprensa Nacional, 1887, Parte II, pp. 125-141.

o apoiavam pretendiam ver concretizado, como demonstravam a "adesão" consensual dos "povos" e províncias do Brasil às medidas adotadas no Rio de Janeiro, o que estaria comprovado supostamente pela reunião de representantes provinciais eleitos para a Assembleia constituinte. Além das dissidências serem reduzidas a focos isolados e ínfimos de adeptos das Cortes, o herdeiro da Coroa portuguesa, colocando-se como protagonista principal, procurava afastar, no momento em que estavam em discussão os tratados de reconhecimento da Independência por potências estrangeiras, a imagem de uma ruptura revolucionária, pois fora a autoridade nomeada pelo rei de Portugal para comandar o governo no Brasil que conduziu o processo de rompimento entre partes do Império português, salvaguardando-se a legitimidade dinástica.

Dois anos depois desse registro, D. Pedro I nomeou um de seus conselheiros mais próximos para elaborar aquela que pode ser considerada a primeira interpretação detalhada da Independência. Em janeiro de 1825, José da Silva Lisboa foi encarregado de reunir documentos verídicos, "extraídos de todos os arquivos da nação" para perpetuar a "memória" dos eventos que teriam resultado na fundação do Império[17]. Organizada em quatro tomos ou seções, a obra foi editada na Tipografia Imperial, entre 1827 e 1830, mas apesar de ser idealizada em dez partes, somente foram produzidas a primeira, dedicada ao descobrimento do Brasil e a décima, referente

---

[17] Decisão de 7 de janeiro de 1825. *Coleção das Decisões do Governo do Brasil*, 1825. Rio de Janeiro: Imprensa Nacional, 1885, pp. 5-6. José da Silva Lisboa, Visconde de Cairu (1756/1835), formou-se em Coimbra e ocupou vários cargos na administração colonial na Bahia, transferindo-se para o Rio de Janeiro, em 1808, quando da chegada da Corte portuguesa ao Brasil. Produziu extensa obra voltada para o debate das relações mercantis no império português e sobre economia política, envolvendo-se no movimento separatista e na organização de uma monarquia constitucional no Brasil. Foi conselheiro de D. João VI e também de D. Pedro I, sendo eleito Senador do Império, em 1826. Sobre sua vida e obra, ver: Tereza Cristina Kirschner, *José da Silva Lisboa, Visconde de Cairu. Itinerários de um ilustrado luso-brasileiro*. São Paulo: Alameda/Belo Horizonte: PUC-Minas, 2009.

aos acontecimentos ocorridos entre fevereiro de 1821 e março de 1823, com o objetivo claro de valorizar o governo de D. Pedro e a gradual adesão de lideranças provinciais à autoridade exercida pela Corte do Rio de Janeiro após a separação de Portugal[18].

A *História dos principais sucessos políticos do Império do Brasil*[19] foi editada em momento marcado pela perda significativa de popularidade do Imperador, em virtude, particularmente, das repercussões provocadas pelo violento fechamento da Assembleia Constituinte e Legislativa, em novembro de 1823; pela imposição da Carta constitucional em 1824; pela repressão a movimentos de contestação ao Imperador e pelo envolvimento de D. Pedro na sucessão da Coroa portuguesa, entre outras questões[20]. Quando a Câmara dos Deputados, eleita em 1824, iniciou os trabalhos legislativos em 1826, agravaram-se ainda mais as críticas ao governo imperial, recompondo-se as forças de oposição no parlamento e na imprensa.

Para construir sua narrativa, Silva Lisboa valeu-se de inúmeros documentos produzidos em Londres, em Lisboa, no Rio de Janeiro e nas províncias do Brasil, reunidos e editados ao final de cada tomo. A esse aspecto aliou sua própria reputação de literato e político, o que transformou a obra em fonte de consulta para vários dos historiadores

---

[18] Valdei Lopes Araujo, "Cairu e a emergência da consciência historiográfica no Brasil, 1808/1830", in: Lúcia Maria Bastos Pereira das Neves [et al.] (org), *Estudos de historiografia brasileira*. Rio de Janeiro: Editora FGV, 2011, pp. 75-92; Cecília Helena de Salles Oliveira, "Repercussões da revolução: delineamento do Império do Brasil, 1808/1831", in: K. Grinberg & R. Salles (orgs), *O Brasil Imperial*. Rio de Janeiro: Civilização Brasileira, 2009, v. 1, pp. 15-54; Bruno Diniz, "Cairu e o primeiro esboço de uma história geral do Brasil independente", *História da Historiografia*, n. 2, março/2009, pp. 260-266.

[19] José da Silva Lisboa, *História dos principais sucessos do Império do Brasil*. Rio de Janeiro: Tipografia Nacional, 1827-1830, 4 tomos. Acervo digital de livre acesso. Biblioteca Nacional do Rio de Janeiro.

[20] Sobre o Primeiro Reinado ver, entre outros: Tobias Monteiro, *História do Império: primeiro reinado*. Belo Horizonte: Itatiaia, 1982, 2 vols; Keila Grinberg & Ricardo Salles (orgs.), *O Brasil Imperial...*, cit., v. 1.

que escreveram sobre o tema ao longo do século XIX, a exemplo de João Manuel Pereira da Silva e Francisco Adolfo de Varnhagen.

Quando confrontada ao imenso e controverso leque de versões veiculadas em periódicos, folhetos e inúmeros outros registros de época[21], a crônica composta por Silva Lisboa apresenta-se como reconstituição deliberada de cenas e personagens destinada a embasar a memória que D. Pedro havia traçado de si mesmo e de seu pai, afirmada na Fala do Trono de maio de 1823. Coerente e "fidedigna", posto que ancorada em documentos chancelados por autoridades públicas, a narrativa consolida os vínculos entre Independência e separação de Portugal, aprisiona o processo político à imagem incruenta de uma transição continuísta e sustenta a convicção de que a sociedade fora espectadora passiva diante do brilho de certas figuras, especialmente D. Pedro. Não deixou de reconhecer a atuação de outros interlocutores nas lutas políticas, a exemplo da "cabala anti-brasílica" nas Cortes em Lisboa, que pretendia "recolonizar" o Brasil, e de "anarquistas" e "republicanos", que pleiteavam a autonomia provincial, questionando a centralidade político-administrativa da Corte, bem como defendendo a soberania do poder legislativo sobre a Coroa e sua capacidade de propor e vetar leis[22]. Mas deles retira a iniciativa e pertinência das ações, colocando-as, inicialmente, no âmbito restrito da pessoa de D. João e depois na do Príncipe Regente. Ao subtrair o espaço de atuação da sociedade, dos grupos políticos e de seus porta-vozes, faz crer que a cronologia dos eventos seja ditada pela sucessão linear de medidas tomadas pelas autoridades, como se, no Brasil, a "revolução da Independência", como ele mesmo designou, fosse obra e graça

---

[21] Consultar entre outras coletâneas de fontes: José Murilo de Carvalho, Lúcia Bastos, Marcello Basile (org), *Guerra Literária. Panfletos da Independência, 1820-1823*. Belo Horizonte: Editora UFMG, 2014, 4 v.

[22] Sobre a emergência de diferentes projetos a respeito tanto da reorganização do Império português após 1808 quanto do leque de alternativas políticas em debate na década de 1820, consultar: István Jancsó (org), *Brasil: formação do Estado e da nação*. São Paulo: Hucitec/FAPESP, 2003; István Jancsó (org), *Independência: história e historiografia*. São Paulo: Hucitec/FAPESP, 2005.

do Estado monárquico, enraizado desde 1808, mas cujas tradições e legitimidade remontavam aos primórdios da monarquia portuguesa.

A "revolução", inaugurada no Rio de Janeiro com o juramento de D. João aos princípios constitucionais expostos pelas Cortes, em fevereiro de 1821, teria se desdobrado na separação de Portugal, em função das atitudes arbitrárias de deputados portugueses, e redundou na fundação de um Império na América, legítimo porque sustentado pelo direito dinástico e pela defesa da soberania do Brasil, vitimados pelas Cortes. Mais ainda, a ação "revolucionária" do Príncipe teria desfeito a trama de outra "revolução", esta sim perigosa, pois inspirada nas experiências francesas de fins do século XVIII e espanhola de 1812 que, a semelhança de um "turbilhão", teriam destruído a autoridade monárquica.

Silva Lisboa procurou convencer o leitor de que tanto o Império quanto a autoridade que o monarca e o governo estabelecido no Rio de Janeiro poderiam exercer estavam consolidados nos inícios do século XIX. Nesse sentido, o engrandecimento da figura do herdeiro da monarquia portuguesa e o caráter continuísta e legalista da "revolução da Independência" ensejaram a simplificação das lutas políticas e sua redução a dois eixos de oposição: um enfrentamento externo de cunho colonial, opondo as Cortes "recolonizadoras" a D. Pedro, este apoiado por "brasileiros" e "portugueses" radicados no Brasil; e um antagonismo interno entre monarquistas e republicanos, que se encerrou com a aclamação do Império e do Imperador, única alternativa política, segundo Silva Lisboa, para a continuidade da ordem social e da configuração da nação legada pelo governo de D. João VI.

O fato de essa interpretação ter se transformado em referência política e historiográfica no século XIX não quer dizer que o debate em torno do tema tenha esmorecido ao longo do período. Pelo contrário, outros políticos e cronistas sublinharam aspectos e situações que nuançaram e contraditaram a argumentação de Silva Lisboa. Esse foi o caso, em especial, da obra de John Armitage.

Negociante inglês radicado no Rio de Janeiro durante a década de 1820, Armitage publicou uma *História do Brasil*, em 1836, na

Inglaterra[23]. Muito embora sublinhasse os objetivos comerciais que o moviam, considerava-se um observador imparcial do "progresso da nação brasileira". A seu ver, a finalidade da História era registrar experiências e eventos que demonstrassem as vantagens de governos representativos, bem como os benefícios da livre circulação de ideias, pessoas e mercadorias. Assim, ao mesmo tempo, buscou apreender as peculiaridades da sociedade que se constituiu na América portuguesa e descrever os fatos que geraram o movimento de Independência. Sua narrativa pretendeu revelar a paulatina superação das instituições coloniais pelos "brasileiros" bem como a organização da sociedade civil e do governo monárquico constitucional. Reiterou a cronologia estabelecida por Silva Lisboa, reforçando as datas de 1808, 1815 e 1822, agregando, porém, a esse encadeamento a Abdicação do Imperador, em 1831, episódio que, a seu ver, teria completado a "revolução da Independência". Qualificou-a como uma revolução liberal positiva e adequada para o momento, pautada na destruição de práticas políticas atrasadas e absolutistas que os "portugueses" haviam deixado como herança. Nesse sentido, em sua narrativa a expressão "independência" não estava associada apenas à separação de Portugal, mas apontava,

---

[23] Publicado em 1836, em inglês, pela casa Smith, Elder e Cia, em Londres, em dois volumes, o livro cobre o período que vai da chegada de D. João ao Brasil em 1808 até a abdicação de D. Pedro I e sua partida para Portugal, em 1831. E, afirma o autor, é uma História do Brasil compilada à vista dos documentos públicos e outras fontes originais, formando uma continuação da *História do Brasil*, escrita pelo poeta Robert Southey, obra editada em Londres, entre 1810 e 1819, em três volumes. Durante muito tempo, a obra de Armitage foi alvo de especulação sobre a autoria, já que alguns acreditavam tratar-se de um brasileiro quem o escrevera sob pseudônimo. Porém, periódicos britânicos do início do século XIX ajudaram a confirmar a identidade de Armitage. Nascido em Failsworth, em 1807, John Armitage, aos 21 anos, empregou-se na casa Philips, Wood & Cia, que o enviou ao Brasil. Regressou à Inglaterra no mesmo ano da publicação de seu livro e morreu em Manchester em 1856. A primeira edição em português circulou em 1837, no Rio de Janeiro. Utilizo a edição de *História do Brasil* publicada pela Editora da Universidade de São Paulo e pela Editora Itatiaia, em 1981, em um único volume.

sobretudo, para a ruptura que a construção de um governo liberal simbolizava do ponto de vista da quebra de tradições legadas pela colonização, e da promessa de um futuro de "civilização", representado pelo ingresso do Brasil no mundo do livre comércio em conjunto com as demais nações ocidentais[24].

Desse modo, sua *História* fundamentava-se na crítica às heranças coloniais, enfatizando descontinuidades. Interpretava dessa perspectiva a reorganização da corte portuguesa no Rio de Janeiro bem como a Revolução de 1820 em Portugal e suas repercussões, especialmente, em termos do agravamento das rivalidades entre "portugueses" e "brasileiros" no âmbito das relações comerciais e da extensão da presença estrangeira. Foram decisões ambíguas das Cortes em Lisboa e, notadamente, a tentativa de "recolonização" que provocaram o movimento separatista. Mas, o foco principal da narrativa não estava no desempenho de governantes ou no papel do Estado e sim na descrição de como os "brasileiros" envolveram-se com a política, transformaram-se em cidadãos e demonstraram condições para enfrentar as atitudes das Cortes e as dificuldades de reunião das províncias em torno de um centro de poder.

Se a proclamação da Independência foi etapa necessária no caminho da "civilização", não representou, entretanto, o apaziguamento das lutas políticas. Armitage procurou acompanhar, por meio da oposição entre "patriotas liberais" e "realistas", entre "colônia" e "metrópole", os embates de uma nação que se formava e contestava um Estado ainda absolutista que buscava reprimi-la pela perseguição aos opositores e pelo engrandecimento de "portugueses". Esse conflito

---

[24] Sobre a obra de Armitage, ver: Flávia Florentino Varella, *Da impossibilidade de aprender com o passado: sentimento, comércio e escrita da História na História do Brasil de John Armitage*. São Paulo: FFLCH-USP, 2011 (mestrado); Cecília Helena de Salles Oliveira, *A astúcia liberal...*, cit., p. 20-28; Cecilia Helena de Salles Oliveira, "Repercussões da revolução...", cit., pp.15-54; Izabel Andrade Marson, "Do império das "revoluções" ao império da escravidão: temas, argumentos e interpretações da história do Império, 1882/1950", *História: questões & debates*, n.50, jan-jun/2009, pp. 125-174.

que pautou o Primeiro Reinado foi vencido, segundo Armitage, pelos representantes da nação, em especial os "liberais moderados"[25] que, na Câmara dos Deputados e na imprensa, impuseram a D. Pedro – um monarca que não soube "mostrar-se verdadeira e inteiramente brasileiro"[26] – a derrota às suas pretensões absolutistas e a Abdicação. A data de 1831 simbolizava a vitória da nova nacionalidade e a consolidação da ruptura com o passado colonial, expressa na organização do Império do Brasil em bases liberais.

As interpretações e críticas lançadas por Armitage foram recuperadas em várias ocasiões, durante o século XIX, principalmente por políticos do campo liberal. Esse foi o caso do folheto *Libelo do Povo*, escrito em 1849 por Francisco de Sales Torres Homem, sob o pseudônimo de Timandro[27], e do opúsculo *A Estátua Equestre* elaborado

---

[25] O apelido "liberais moderados" foi muito utilizado por periódicos que circularam no Brasil, especialmente no Rio de Janeiro, durante o primeiro reinado (1825-1831), para designar, de forma genérica, os grupos políticos que na Câmara dos Deputados e na imprensa faziam oposição ao governo de D. Pedro I. Armitage identificou-se com suas reivindicações contra o poder da Coroa bem como com o movimento pela Abdicação por eles protagonizado, considerando que Evaristo da Veiga era um de seus mais proeminentes representantes. Os chamados "liberais moderados" agregavam, porém, políticos com múltiplos e contraditórios matizes liberais que, após 1831, não só desfizeram alianças anteriores como promoveram a fragmentação do campo político na Corte. Mas, é importante ressaltar que, durante o período regencial (1831-1840), muitos deles colaboraram na organização do Instituto Histórico e Geográfico Brasileiro, fazendo com que divergências e oposições políticas fossem suplantadas, do ponto de vista da narrativa histórica, por uma memória partilhada, pautada na ideia de continuidade entre o passado colonial e o presente da monarquia. Sobre o tema, ver: Gladys Sabina Ribeiro e Vantuil Pereira, "O Primeiro Reinado em revisão", in: K. Grinberg & R. Salles (orgs), *O Brasil Imperial...*, cit., pp. 137-174; Marcello Basile, "O laboratório da nação: a era regencial, 1831-1840", in: Grinberg & Salles (orgs.), *O Brasil Imperial v. 2*, pp. 53-119; Guimarães, "O Império de Santa Cruz...", cit., p.265-285.

[26] Armitage, *História do Brasil...*, cit., p. 227.

[27] Francisco de Sales Torres Homem (1812-1876) era de origem humilde e descendente de africanos. Foi importante literato e político brasileiro,

por Teófilo Ottoni, em 1862[28]. A despeito dos objetivos específicos para os quais foram criados e de serem publicados em momentos muito diferentes do processo político no Império, ambos valorizaram a "revolução da Independência", conferindo ao movimento caráter liberal e libertário do passado colonial. Timandro defendeu-a diante do que considerava iniquidades cometidas pela dinastia de Bragança, associada a "interesses recolonizadores" e ao instituto do Poder Moderador, usado para cometer "arbitrariedades" contra a nação e

---

destacando-se durante o reinado de Pedro II quando ocupou pastas ministeriais, tornou-se senador e obteve o título de Visconde de Inhomirim. Quando iniciou a carreira política, na época da Abdicação, atuou no campo liberal, apoiando, na década seguinte, as revoluções de 1842 e de 1848. Diante da repressão à Revolução Praieira, na província de Pernambuco, lançou em 1849, no Rio de Janeiro, o opúsculo *O Libelo do Povo*, usando o pseudônimo de Timandro, publicação que provocou enorme debate pela crítica contundente feita por ele aos fundamentos da monarquia no Brasil. Mas, logo depois, alterou profundamente sua postura política, aderindo à chamada Conciliação entre liberais e conservadores moderados nos anos de 1850, para se tornar conservador até o final da vida. Ver: *O Libelo do Povo por Timandro*. 3ª. ed. Lisboa: 1870. Sobre a trajetória deste político Raimundo Magalhães Júnior escreveu detalhada biografia na obra *Três Panfletários do Segundo Reinado*. 2ª. ed.. Rio de Janeiro: Academia Brasileira de Letras, 2009, versão digital, disponível no site da instituição.

[28] Teophilo Benedicto Ottoni (1807-1869) foi destacado político liberal, atuante desde a Abdicação e com grande protagonismo nas revoluções de 1842 que ocorreram nas províncias de São Paulo e Minas Gerais, sua terra natal. Na década de 1850 deixou de exercer cargos públicos para dedicar-se a empresa de colonização e navegação voltada para a exploração do rio Mucuri e para a organização de núcleos de imigração estrangeira. Nos anos de 1860 retornou à política partidária, tornando-se senador em 1864. *A Estátua Equestre. Carta de Theophilo Benedicto Ottoni*. Rio de Janeiro: Tipografia do Diário, março de 1862. Acervo Digital da Biblioteca Nacional do Rio de Janeiro, códice 994, 5, 26. Sobre a trajetória deste político, ver: Maria Cristina Nunes Ferreira Neto. Autobiografia, "conciliação" e concessões: a Companhia do Mucuri e o projeto de colonização de Theophilo Ottoni. In: Izabel Andrade Marson & Cecília Helena de Salles Oliveira (orgs), *Monarquia, liberalismo e negócios no Brasil, 1780/1860*. São Paulo: Editora da Universidade de São Paulo/Museu Paulista/CAPES/CNPq, 2013, pp. 277-312.

contra o poder legislativo, desvirtuando eleições e obstando o regime parlamentar. Ottoni voltou-se contra a inauguração de monumento em homenagem a Pedro I, argumentando que a Independência não poderia ser interpretada como uma doação do monarca português, tampouco a Abdicação poderia ser qualificada como "crime de rebelião". Defendeu que a proclamação de 1822 era resultado dos esforços de gerações e que, desde o século XVIII, o "Brasil aspirava emancipar--se" espelhando-se na "revolução dos Estados Unidos". Não poderia calar-se, assim, diante das falsidades históricas que a estátua projetava, pois o primeiro reinado fora o governo de um "ditador" que havia obstaculizado o exercício da liberdade e perseguido as oposições.

Dois pontos merecem ser destacados nessas versões sobre a História do Império. O primeiro deles diz respeito à negação de que a nação fosse um legado da colonização portuguesa, enfatizando-se, ao contrário, a atuação da sociedade e das forças políticas liberais que, ao longo da primeira metade do século XIX, teriam buscado enfrentar os resquícios do absolutismo para construir um governo constitucional adequado ao tempo histórico. O segundo ponto, importante pelas repercussões posteriores, é o de que a "revolução da Independência" não teria se completado inteiramente na década de 1840 (para Timandro) ou no início dos anos de 1860 (para Ottoni). Ambos os documentos carregam as marcas das lutas políticas para as quais foram escritos, mas na medida em que esses agentes lançaram mão de reconstituições históricas, produziram argumentos que conduzem à compreensão de que falavam do mesmo projeto liberal que vinha se desenvolvendo, desde 1822, e que não havia ainda se concretizado seja pela ação do Estado herdado da colonização seja pelo atraso e carências que marcavam a sociedade, aspectos que ainda hoje estão presentes em muitas avaliações sobre o país e sua trajetória histórica.

Contrariamente a essas versões, porém, na década de 1860, a obra que se tornou referência sobre a Independência foi a *História da Fundação do Império Brasileiro*, escrita pelo literato e político fluminense do partido conservador João Manuel Pereira da Silva. Editada em 7 tomos, entre 1864 e 1868, mereceu elogios de seus pares e tornou-se muito popular, recebendo uma segunda edição nos anos seguintes, acontecimento raro naquele período[29]. Vinculado ao Instituto Histórico e Geográfico Brasileiro, Pereira da Silva já havia se destacado anteriormente por outras produções literárias, entre as quais *O Plutarco brasileiro* e a revista *Niterói*, considerada uma das primeiras manifestações do romantismo no Brasil[30]. Bastante ambiciosa, a obra de Pereira da Silva buscava preencher a "ausência" de uma história detalhada da época da Independência e da trajetória política de Brasil e Portugal, entre 1808 e 1825.

Essa cronologia demarcava, segundo o autor, a "revolução brasileira", motivada pela transferência da dinastia de Bragança para o Rio de Janeiro, episódio que provocou uma "inversão política" e transformou

---

[29] *História da Fundação do Império Brasileiro*. Rio de Janeiro: Garnier, 1864--1868, 7 vols. A primeira edição teve três mil exemplares. Em 1877, pela mesma editora, circulou a segunda edição, em três volumes. João Manuel Pereira da Silva (1817-1898) nasceu em família de abastados comerciantes portugueses no Rio de Janeiro. Formou-se em Ciências Jurídicas, em Paris, e desenvolveu longa carreira literária e política, filiando-se, desde os anos de 1840, ao partido conservador fluminense. Atuou, desde então, como deputado em praticamente todas as legislaturas até a queda da monarquia. Foi fundador da Academia Brasileira de Letras, em 1897, ao lado de Machado de Assis e Joaquim Nabuco, políticos e escritores de grande prestígio. Sobre a trajetória de Pereira da Silva, ver: Célio Ricardo Tasinafo, "Introdução", in: João Manuel Pereira da Silva, *Memórias de meu tempo*. 2ª. ed. Brasília: Senado Federal, 2003, pp. 11-52. As obras de Pereira da Silva podem ser lidas e consultadas no acervo digital do Senado Federal do Brasil.

[30] João Manuel Pereira da Silva, *O Plutarco Brasileiro*. Rio de Janeiro: Laemmert, 1847, 2 vs. Trata-se de conjunto de biografias de brasileiros considerados "ilustres" pelo autor, reunindo escritores do período colonial e até seus contemporâneos. Quanto à revista *Nitheroy,* tinha como subtítulo "sciencias, letras e artes". Foi editada em Paris, pela editora Douvin et Fontaines, em 1836. Seus editores eram jovens intelectuais brasileiros, entre os quais Francisco de Sales Torres Homem e Domingos José Gonçalves de Magalhães. Este último se transformou nos anos seguintes em um dos mais prestigiados poetas e literatos do Império. A edição digital da revista está disponível no site da Biblioteca Brasiliana Mindlin, Universidade de São Paulo.

a colônia em metrópole, abrindo caminho para o desmembramento "da família e da monarquia portuguesa". Procurando a "verdade", fundamentou-se em documentos existentes nas secretarias de Estado, em arquivos e bibliotecas bem como na tradição oral. Defendendo a "imparcialidade" do historiador e sua capacidade de "julgar" a história, Pereira da Silva, apesar de iniciar sua narrativa em 1640, quando os Bragança assumiram a Coroa portuguesa, abordou detalhadamente o período entre a chegada da Corte e os tratados de reconhecimento da Independência por Portugal, ressaltando a importância de observar a "nação" como um todo, o que envolvia os dirigentes, a "fisionomia" do "povo", a organização das "classes" que formavam a sociedade assim como manifestações de cultura e religiosidade. Nesse sentido, procurou traçar uma história nacional, distanciando-se da crônica de reis e príncipes bem como do passado colonial, o que não o afastou dos desígnios mais gerais do Instituto Histórico e Geográfico Brasileiro, onde a concepção da história mestra da vida e dos exemplos heroicos aliava-se à invenção de uma nacionalidade singular[31].

Ao contrário de Silva Lisboa que o inspirou, Pereira da Silva construiu uma narrativa em que se entrelaçavam eventos em curso no Brasil, na América Hispânica, especialmente na região platina, em Portugal, na Grã-Bretanha e na Espanha. A meta era inscrever a Independência em "paisagem" ampla e universal pautada por revoluções liberais que eram necessárias, mas precisavam ser "moderadas" por governos monárquicos que soubessem erguer regimes parlamentares. Ao mesmo tempo, delineava uma história comum entre Brasil e Portugal que a partir de 1808 se bifurcou sem que, no entanto, "ambos os países" estivessem definitivamente separados um do outro.

Mas, a originalidade da narrativa não está apenas nesses aspectos. Se, por um lado, o autor considerou que D. Pedro foi agente da

---

[31] Armelle Enders, "João Pereira da Silva, Francisco Adolfo de Varnhagen et les malheus de l'histoire moderne du Brésil", in: Francisco Murari Pires (et al.). Antigos, modernos e selvagens: diálogos franco-brasileiros de História e Antropologia. *Edição especial da Revista de História*, 2010, pp. 115-130.

separação entre os dois Reinos, e da prevalência da "unidade" do Brasil sob a monarquia herdada de D. João VI, por outro lado, utilizou o vocábulo "revolução" no sentido de "evolução", observando que o estatuto de colônia era etapa que necessariamente seria vencida com o tempo e o "progresso moral e material" da sociedade, o que se configurou com a Corte portuguesa no Rio de Janeiro. As transformações propiciadas por esse acontecimento imprevisível, afora os efeitos administrativos e comerciais, ensejaram a reunião das capitanias em torno de um centro político comum. Por esses motivos, Pereira da Silva usou pela primeira vez de forma recorrente as palavras "independência" e "emancipação" como sinônimos. Essa construção semântica articula-se, sobretudo, à compreensão de que o "desmembramento da nação portuguesa", diante dos confrontos gerados pelas tentativas de "recolonização" impostas pelas Cortes em Lisboa, não representavam um rompimento definitivo. Para o autor, superado o momento crucial das negociações, em 1825, ambos poderiam "lucrar" recompondo ligações mercantis e políticas. Também se reveste de originalidade a maneira pela qual descreveu os agentes da Independência, políticos que cercavam o Príncipe, protagonista principal, e que se dividiam entre monarquistas liberais, liderados por José Bonifácio, e os grupos mais "democráticos", com tendências "republicanas" enredados na maçonaria, na Câmara do Rio de Janeiro e nas tropas. Destacava, dessa maneira, contradições internas e competições políticas em torno da fundação do Império, o que explorou mais intensamente em obras posteriores, quando se voltou para as polêmicas que cercaram o governo de Pedro I, a Abdicação e o período regencial[32].

Pereira da Silva recebeu acolhida por seu trabalho junto aos membros do Instituto Histórico e Geográfico Brasileiro e foi comparado a Guizot e Macaulay, entre outros, por ter enfrentado a história contemporânea e a presença viva de muitos dos protagonistas retratados.

---

[32] *Segundo período do reinado de D. Pedro I no Brasil, 1825-1831*. Rio de Janeiro: Garnier, 1871; *História do Brasil de 1831 a 1840*. Rio de Janeiro: Dias da Silva Júnior, 1878.

Mas essa posição de destaque foi perdida nos anos seguintes por circunstâncias políticas e historiográficas. Na obra em que historiou o governo de D. Pedro I, Pereira da Silva proferiu críticas ao Imperador e ao modo como conduziu suas relações com o parlamento, o que gerou incompatibilidades dentro do Instituto e especialmente junto ao Paço Imperial. Além disso, foi acusado de cometer equívocos em relação a pessoas e episódios, sendo criticado pela falta de critério e imparcialidade no uso de documentos e depoimentos que teria coletado[33]. Essas contestações foram reforçadas ainda mais por Francisco Adolfo Varnhagen, o que contribuiu para que a *História* formulada por Pereira da Silva fosse praticamente esquecida.

Logo no prefácio da *História da Independência do Brasil*[34], Varnhagen esclareceu que não pretendia escrever uma obra especial sobre o

---

[33] Foi o julgamento severo de Capistrano de Abreu, nos anos de 1870, que mais contribuiu para destruir o prestígio e a credibilidade de Pereira da Silva como historiador. Capistrano de Abreu era na época bibliotecário chefe da Biblioteca Nacional do Rio de Janeiro e professor no renomado colégio Pedro II. Tornou-se anos depois historiador consagrado pelas propostas de revisão crítica da História do Brasil. Enders, "João Pereira da Silva, Francisco Adolfo de Varnhagen....", cit., p. 121.

[34] Francisco Adolfo de Varnhagen, *História da Independência do Brasil até o reconhecimento pela antiga metrópole, compreendendo, separadamente, a dos sucessos ocorridos em algumas províncias até aquela data*. 4ª. ed. Anotações do Barão do Rio Branco e de Hélio Vianna. São Paulo: Melhoramentos, s/d. Varnhagen escreveu a obra nos anos de 1870, mas morreu antes de realizar as últimas revisões. A primeira edição ocorreu, em 1916, na *Revista do Instituto Histórico e Geográfico Brasileiro*, com as anotações do Barão do Rio Branco, diplomata tal como o autor, para comemorar os cem anos de seu nascimento. Francisco Adolfo de Varnhagen (1816-1878) nasceu na cidade de São Paulo e era filho de engenheiro militar alemão e mãe portuguesa. Seguiu a carreira do pai, realizando sua formação em Portugal, onde começou a interessar-se por pesquisas documentais relacionadas ao então Império português. Permaneceu em Portugal até 1840 e quando regressou ao Brasil não só filiou-se ao Instituto Histórico e Geográfico como tornou-se pesquisador comissionado da instituição. Foi reconhecido súdito brasileiro, em 1841, o que lhe valeu a possibilidade de pleitear e exercer cargos diplomáticos. Sobre a trajetória do autor e suas obras,

período, mas que foi obrigado a fazê-lo não só para complementar a *História Geral do Brasil*[35] como, principalmente, para corrigir "erros" cometidos por outros escritores. Procurava, assim, reforçar a posição do historiador que com "critério, boa fé e imparcialidade" cotejava os documentos e as informações orais para escrever uma narrativa "verdadeira", em referência direta e nominal à obra de Pereira da Silva. Pretendendo deixar à posteridade uma história que se fixasse na memória dos leitores, Varnhagen tomou como fio condutor o desenrolar encadeado, evolutivo e ininterrupto dos eventos que aconteceram na Corte do Rio de Janeiro, entre 1808 e 1825, e que resultaram na "fundação do Império", replicando periodização e expressão usadas por Pereira da Silva, mas com a clara intenção de denegar sua interpretação e argumentos. Buscou amparo em ampla gama de fontes, reunindo depoimentos de diplomatas, ofícios e cartas produzidos pelo governo da Corte, além de ter conferido importância a periódicos e publicações avulsas que circulavam dos dois lados do Atlântico, o que constitui uma das originalidades de sua obra.

---

ver: Raquel Glezer & Lúcia Maria Paschoal Guimarães (coord), *Francisco Adolfo de Varnhagen*. Rio de Janeiro: Fundação Miguel de Cervantes, 2013; Wilma Peres Costa, "A Independência na historiografia brasileira", in: I. Jancsó (org), *Independência: história e historiografia...*, cit., pp. 53-118; Oliveira, *A astúcia liberal...*, cit., p. 28-34.

[35] Francisco Adolfo de Varnhagen, *História geral do Brasil, isto é, do descobrimento, colonização, legislação e desenvolvimento deste estado, hoje império independente, escrita em presença de muitos documentos autênticos recolhidos nos arquivos do Brasil, de Portugal, da Espanha e da Holanda. Por um sócio do Instituto Histórico do Brasil, natural de Sorocaba*. Tomos Primeiro e Segundo. Rio de Janeiro: E. e H. Laemmert, 1854-1857. A obra teve uma segunda edição, revista pelo autor, em 1877. Trata-se de trabalho de fôlego, voltado para a reconstituição do passado colonial do país recém-independente, contribuindo igualmente para a justificação e fortalecimento da monarquia constitucional e do Império, liderado por Pedro II. Sobre o tema, ver Glezer & Guimarães (coord), *Francisco Adolfo de Varnhagen....*, cit., p. 11-25; Costa, "A Independência na historiografia brasileira", cit., p. 56-60.

O foco inicial de sua interpretação está no passado colonial, na valorização das instituições coloniais portuguesas e no "processo civilizatório" por elas ensejado, onde estariam fincadas as origens nacionais que teriam como corolário a presença da Corte bragantina na América[36]. Nessa versão, impregnada pelas propostas políticas dos ilustrados luso-brasileiros de fins do século XVIII, a construção do Império português que a Corte no Brasil viabilizava teria promovido um desenrolar pacífico e gradual à independência, estabelecendo-se paulatinamente um sistema de governo constitucional, comandado por D. João VI. Entretanto, as Cortes em Lisboa adotaram conduta "desagregadora" esfacelando qualquer possibilidade de preservação do Reino Unido português.

Para Varnhagen, o governo de D. João VI deveria ter se antecipado às circunstâncias, implantando reformas políticas para minimizar o impacto da Revolução de 1820 e das exigências dos "revolucionários" em Portugal e no Brasil. Lamentou a falta de ação da Coroa, pois o agravamento das tensões, em função das atitudes "arbitrárias e intolerantes" dos deputados portugueses, fez com que o rompimento entre os dois Reinos se tornasse "inevitável". No entanto, não compreendia que a Independência fosse um confronto entre "brasileiros" e "portugueses" ou uma oposição entre colônia e metrópole, pois o próprio governo português tomou a iniciativa de conceder a "emancipação" ao Brasil, transformando-o em Reino. Nesse sentido, a questão da "união" ou "separação" entre Brasil e Portugal relacionava-se, para ele, ao fato de "brasileiros" e "portugueses" residentes na porção americana não se submeterem aos encaminhamentos que as Cortes pretendiam conferir às relações luso-brasileiras. E foi em razão da ameaça da "recolonização" que as províncias do Rio de Janeiro, Minas Gerais e São Paulo se articularam, em 1822, em torno do Príncipe Real, para organizar um governo "perpetuamente livre".

---

[36] Oliveira, *A astúcia liberal...*, cit., p.28-34; Costa, "A Independência na historiografia brasileira", cit., p. 56-60.

A despeito de descrever dissidências internas aos "partidistas" da Independência, explorando, em especial, o confronto entre José Bonifácio e o "partido liberal", a atenção de Varnhagen estava na figura de D. Pedro. Tal como Silva Lisboa, procurou acompanhar a trajetória do Príncipe que vai pavimentando o caminho para se tornar Imperador, o que pode ser interpretado como um espelho das veredas que a nação percorreu desde os primórdios da colonização até o momento da separação de Portugal. De início com poderes frágeis e contestados, D. Pedro vai adquirindo, ao longo da narrativa, liderança e carisma, tornando-se o símbolo da autoridade suprema e unificadora da nação, o que para o autor possibilitou a "transição" rumo à consolidação da Independência.

Os cem anos da Independência e o entrelaçamento entre memória do Império e História da República

"Tem-se dito da independência do Brasil que foi um desquite amigável entre os Reinos Unidos...A independência teve, aliás, o caráter de uma transação [estabelecida] na permanência da dinastia de Bragança..."[37].

As lutas políticas e simbólicas do período que transcorreu entre a proclamação da República no Brasil (1889) e os anos de 1920 modificaram a escrita da História e o campo da historiografia brasileira. Como observou Ângela de Castro Gomes "neste momento, introduzem-se e rearranjam-se acontecimentos e personagens, produzem-se debates e interpretações que se consagram e estabelecem-se parâmetros sobre as formas de narrar a história da nação", afirmando-se a República sem rejeições ou rompimentos com o passado monárquico, configurando-se

---

[37] Manuel de Oliveira Lima, *O movimento de Independência, 1821/1822*. São Paulo: Melhoramentos, 1922, p.8.

uma leitura conciliadora com a experiência do Império[38]. Eram momentos de crise política e social, não somente no Brasil, e de profunda incursão sobre o passado na direção do delineamento de narrativas capazes de dar conta da história nacional, configurando-se, simultaneamente, preocupações em relação aos parâmetros em que deveriam se situar o ofício do historiador e o conhecimento histórico. Interpretado como científico, porque pautado em procedimentos objetivos de leitura, cotejamento e autenticação de documentos, o saber histórico deveria ser também um saber ensinável, prestando-se à formação de cidadãos e à difusão de uma consciência nacional coletiva, fundada em um passado socialmente compartilhado, o que conferia aos museus e, notadamente, aos livros didáticos e à literatura infantil, papel de destaque na construção de uma cultura política republicana e de uma História nacional[39].

Em relação à Independência e ao Império, nesse período, entretanto, predominaram interpretações engendradas por monarquistas e por antigos membros do partido conservador convertidos à República que, em publicações, como *A década republicana*, não só veicularam crítica contundente ao regime e às políticas públicas até então implementadas como engrandeceram o legado que o Império havia deixado à nação. Como sublinhou Maria de Lourdes Janotti, aquela obra era um libelo político que se apresentava com a estrutura de um livro de História dedicado a comparar a dimensão construtora e unificadora

---

[38] Ângela de Castro Gomes, "Rascunhos de história imediata: de monarquistas e republicanos em um triângulo de cartas", *Remate de Males*. Campinas, IEL/UNICAMP, n. 24, 2004, pp. 9-31. Sobre a incorporação da interpretação conciliadora da História na decoração interna do Museu Paulista, inaugurada por ocasião do Centenário da Independência, ver: Cecilia Helena de Salles Oliveira, *O Espetáculo do Ypiranga. Mediações entre história e memória*. São Paulo: Museu Paulista da USP, 2000.

[39] Ângela de Castro Gomes, "O contexto historiográfico da criação do Museu Histórico Nacional: cientificismo e patriotismo na narrativa da história nacional", *Anais do Seminário Internacional 90 anos do Museu Histórico Nacional*. Rio de Janeiro: MINc/MHN, 2014, pp. 26-27.

do Império ao caráter supostamente destruidor que a República manifestava. A narrativa, mesmo valorizando, sobretudo, o Segundo Reinado, remontava a 1808, à Independência e aos governos de Pedro I e da Regência para comprovar que o Império construiu uma identidade nacional e projetou o Brasil no conjunto das nações europeias, diferenciando-o de "republiquetas" do continente americano[40].

No início do século XX, ocorreu um "diálogo convergente"[41], de natureza política e historiográfica, possível pelo governo federal controlar a ação de militares e civis radicais, o que aproximou desiludidos do novo regime, monarquistas e republicanos vinculados às elites cafeicultoras e membros das oligarquias estaduais. O consenso pactuado por intelectuais que integravam a Academia Brasileira de Letras e o Instituto Histórico e Geográfico Brasileiro naquela ocasião, permitiu que, em momento assinalado pela expansão do nacionalismo, as interpretações sobre a positividade da monarquia na construção da nacionalidade fossem entrelaçadas à compreensão da "evolução" contínua do país, à inevitabilidade dos acontecimentos e à necessidade de suplantar o vínculo exclusivo entre a nação e a monarquia[42].

Esse "diálogo" encontra-se expresso de forma emblemática nas obras de Manuel de Oliveira Lima, cujas repercussões chegam até hoje[43]. Sua interpretação, esboçada em 1910 e detalhada em 1922,

---

[40] Maria de Lourdes Janotti, *Os subversivos da República*. São Paulo: Brasiliense, 1986, p. 212.

[41] Maria de Lourdes Janotti, "O diálogo convergente: políticos e historiadores no início da República...", cit., pp.119-144.

[42] Marson, "Do império das 'revoluções' ao império da escravidão...", cit., pp. 142-150.

[43] Manuel de Oliveira Lima, *Formação histórica da nacionalidade brasileira* (1910). 3ª. ed. Rio de Janeiro: Topbooks; São Paulo: Publifolha, 2000; Lima, *O movimento de Independência...*, cit.. Uma das maiores demonstrações da influência de Oliveira Lima na compreensão da Independência e da formação do Império encontra-se na galeria de retratos e esculturas dos "homens e mulheres ilustres" do Brasil, exposta permanentemente, desde os anos de 1920, nas dependências de um dos mais importantes museus brasileiros, o Museu Paulista da USP. Chamada de "panteão nacional", essa galeria deu materialidade a duas premissas

fundamentou-se em amplo conjunto de fontes, notadamente os relatos deixados por diplomatas, agentes que, como ele próprio se considerava, faziam e narravam a História[44]. Seguindo veredas abertas particularmente por Silva Lisboa, Armitage e Varnhagen, Oliveira Lima formulou uma argumentação alicerçada em três pressupostos. O primeiro deles foi o de que a Independência e a "unidade nacional" foram instauradas com a vinda da Corte portuguesa para o Rio de Janeiro, em 1808, pois esse episódio teria significado o rompimento do regime colonial e a organização de um governo soberano de modo que, mesmo integrado à monarquia portuguesa, o Brasil era um reino autônomo e emancipado. Nesse sentido, a proclamação de 7 de setembro de 1822 seria a reafirmação de uma condição política já configurada, adotando-se, porém, a "solução radical" da separação, dada a tentativa de "recolonização" das Cortes em Lisboa.

O segundo pressuposto foi o de que a sociedade originada da colonização portuguesa podia ser equiparada às sociedades forjadas pelas colonizações inglesa e espanhola na América, assim como às sociedades europeias. O Brasil não podia ser visto como atrasado ou inferior às demais ex-colônias americanas em virtude da independência ter sido produzida pela corte portuguesa transplantada. Pelo contrário, para Oliveira Lima, a colonização ibérica promovera a formação de uma "democracia racial e social", preservada na transformação da colônia em nação, que se mostrava "avançadíssima" quando comparada aos

---

de Oliveira Lima: a de que haveria vínculos profundos e fecundos de continuidade entre o movimento de colonização portuguesa na América e a fundação do Império; e a de que os verdadeiros ideais republicanos foram construídos no Império sendo possível, por meio dos estadistas do século XIX, estabelecer uma "conciliação" entre monarquia e república, ambos os regimes concorrendo para a consolidação de uma identidade nacional singular e, ao mesmo tempo, integrada à América. O idealizador desse "panteão" foi Affonso d'Escragnolle Taunay e os principais fundamentos historiográficos desse conjunto decorativo encontram-se em sua obra *Grandes vultos da Independência Brasileira*. São Paulo: Melhoramentos, 1922; bem como no *Guia das Exposições do Museu Paulista*. São Paulo: Imprensa Oficial do Estado, 1937.

[44] Gomes, "Rascunho da história imediata...", cit., p. 10.

Estados Unidos, por exemplo. Nos "trópicos" não teriam se fixado os padrões do Antigo regime, e o governo metropolitano constituía uma autoridade isenta e paternalista que se sobrepunha aos proprietários de terras e escravos que "não formavam uma aristocracia ou oligarquia". Além disso, seriam imprecisas as fronteiras entre proprietários e "plebeus", uma vez que as diferenças sociais estariam pautadas na riqueza e na posse do saber, não se constituindo "privilégios" exclusivos de nascimento ou raça. A vinda da Corte teria fortalecido essas condições proporcionando a emergência de uma "monarquia híbrida", misto de absolutismo e democracia que, na visão do autor, poderia ser designada "democracia coroada" ou "presidencialismo hereditário", marca representativa da identidade nacional[45].

Frente a essa argumentação, os acontecimentos ocorridos entre 1821 e 1822 teriam que ser analisados à luz das circunstâncias americanas, da atuação universalizante das sociedades secretas e da política "recolonizadora" das Cortes em Lisboa. Foram as atitudes intolerantes e desorganizadoras das Cortes que inviabilizaram a criação de uma "monarquia dual". Ao invés desse caminho, verificou-se uma "transição pacífica" do Estado metropolitano para o Estado nacional liberal, um "desquite amigável" que preservou a unidade do território e acabou por esvaziar as pretensões revolucionárias dos segmentos que desejavam a república naquele momento. O princípio da autoridade se manteve durante o curso dos acontecimentos pelo carisma e pela disposição de D. Pedro à qual se aliou a figura "ordeira e construtora" de José Bonifácio trabalhando ambos contra os "liberais republicanos" que consideravam a monarquia uma solução provisória. Entretanto, para o autor, ao longo do processo político, os "republicanos" se convenceram de que, naquele momento, a sociedade, apesar das qualificações com as quais foi descrita, não estava inteiramente preparada para uma "revolução jacobina" que redundasse em uma república.

---

[45] Lima, *O movimento...*, cit., pp. 16, 25, 303, 367; Oliveira, *A astúcia liberal...*, cit., p. 34-41.

Apesar das "classes dirigentes latino-americanas" seguirem todas os mesmos princípios, no Brasil a fundação do Império e a opção monárquica camuflaram ideais republicanos, o que teria sido fundamental para convencer os "reacionários" da Santa Aliança e a "grande massa inculta instintivamente tradicionalista". Nesse sentido, o terceiro pressuposto que informa a narrativa de Oliveira Lima é o de que o Império foi uma "república disfarçada": externamente apresentava o aparato secular da realeza, mas internamente escondia um conteúdo liberal e constitucional adequado aos princípios americanos e aos padrões sociais estabelecidos pela colonização portuguesa. Assim, ao final da narrativa, projeta-se não somente a figura brilhante de D. Pedro, personagem capaz de canalizar para si as decisões que teriam levado à "transição pacífica" como, principalmente, adquiriram dimensão especial os "republicanos" que, mesmo se indispondo contra José Bonifácio, souberam reconhecer o Império e apoiar sua consolidação.

A interpretação de Oliveira Lima externou um consenso entre os governos republicanos dos anos de 1910 e 1920 e o Instituto Histórico Geográfico Brasileiro, demonstrando um enorme interesse de políticos e intelectuais na formulação de uma História que guardasse coerência e unidade, adequada ao patriotismo nacionalista. Essa articulação projetou-se, entre outros aspectos, na revitalização da memória e no translado dos restos mortais de Pedro II para o Brasil, na revogação do banimento da família imperial e nos festejos do Centenário, que envolveram, entre outras tantas inaugurações, a do Museu História Nacional, no Rio de Janeiro, dedicado "ao culto do passado da nação"[46].

---

[46] Gomes, "O contexto historiográfico da criação do Museu Histórico Nacional...", cit., p. 16-32.

Reelaborações sobre a Independência: da revolução à transição conservadora

"Quanto à revolução da Independência, dei-lhe uma amplitude maior que a geralmente adotada...O período que vai da chegada de D. João à instituição do Império (1808/1822) é um período preparatório. O seguinte, até a revolta de 7 de abril de 1831, de transição; não há quem não reconheça no 7 de abril um complemento do 7 de setembro. A menoridade é a fase de ebulição, em que as diferentes classes e grupos sociais se disputam a direção do nosso estado nacional brasileiro..."[47].

A partir dos anos de 1930, como observou Vavy Pacheco Borges, ainda era possível verificar relações estreitas entre o conhecimento histórico e uma concepção de história herdada do século XIX, valorizando-se uma "biografia nacional" com um sentido "verdadeiro e natural" gerado desde os primórdios da colonização, de que teria resultado a nação brasileira. Ao mesmo tempo, porém, eram evidentes os laços entre a história política vivida e a história política registrada por memorialistas e historiadores, pautadas na compreensão de que 1930 fora uma ruptura que estava em curso e não demonstrava sinais de arrefecimento. A intensidade do debate e a emergência de inúmeras vozes envolvidas nas circunstâncias à época promoveram a retomada e atualização do conceito de "revolução", ora utilizado no sentido das movimentações militares e civis frequentes desde os anos de 1920 ora no sentido de transformações estruturais para a sociedade brasileira[48].

---

[47] Caio Prado Júnior, *Evolução política do Brasil e outros estudos*. 5ª. ed. São Paulo: Brasiliense, 1966, p. 9. A primeira edição da obra circulou em 1933 e somente a partir de 1957 passou a incluir "outros estudos". Sobre a trajetória do autor e especificamente a obra *Evolução política*, ver Paulo Henrique Martinez, *A dinâmica de um pensamento crítico: Caio Prado Júnior, 1928-1935*. São Paulo: Editora da Universidade de São Paulo, 2008.
[48] Vavy Pacheco Borges, "Anos Trinta e política: história e historiografia", in: Freitas (org), *Historiografia brasileira em perspectiva*, cit., pp. 159-182.

Tratava-se, também, de buscar uma nova identidade nacional, mais coerente com as instituições republicanas e os nacionalismos tão discutidos nas primeiras décadas do século XX. Datam deste período algumas das interpretações mais renomadas sobre as características do país e de sua população, a exemplo das obras de Manuel Bonfim, Gilberto Freire, Oliveira Vianna e Sérgio Buarque de Holanda, entre outros. Essas interpretações partilharam alguns pressupostos comuns, entre os quais o de que a colonização do Brasil, diferentemente da colonização dos Estados Unidos da América, fora realizada por uma metrópole mestiça e atrasada; o de que a colonização se processou em meio natural inóspito e degradador; o de que as instituições constitutivas do país, particularmente a monarquia e o liberalismo do século XIX, pautavam-se em princípios incompatíveis com a realidade física e social; e o de que o caráter do povo brasileiro estava ancorado no patriarcalismo e no legado da escravidão[49]. Todos esses aspectos, aqui apenas sumariados, aliados às heranças da historiografia originada no Instituto Histórico e Geográfico Brasileiro, contribuíram para compor um quadro complexo de questões políticas e sociais que permeavam o debate nacional e o tema da Independência, e das quais não estavam distantes, igualmente, as preocupações em relação aos procedimentos do historiador. Além disso, a partir dos anos de 1930, mas, sobretudo, nos anos de 1950 e 1960, ganhou expressividade a produção de conhecimentos históricos gerada nas universidades criadas no país, abrindo-se um leque de possibilidades metodológicas e interpretativas com maior potencial de inovação. Seguindo esse fio condutor, selecionei as obras de três historiadores que trouxeram aportes originais ao estudo do período e do tema, tornando-se referências a partir das quais podemos recompor o diálogo com os antigos, especialmente os intérpretes do século XIX, bem como construir

---

[49] Stella Bresciani, "Identidades inconclusas no Brasil do século XX – fundamentos de um lugar comum", in: Stella Bresciani & Márcia Naxara, *Memória e (res)sentimento*. 2ª. ed. Campinas: Editora da Universidade Estadual de Campinas, 2004, pp. 399-426.

pontes para situar os termos das discussões históricas e historiográficas mais recentes, tratadas no próximo item.

O primeiro autor a ser considerado é Caio Prado Júnior[50]. A despeito de referir-se à Independência em diferentes momentos de sua trajetória, os marcos essenciais de sua interpretação foram formulados na década de 1930 quando, interrogando a "história oficial" e os historiadores que se prendiam "à superfície dos fatos", conferiu à Independência a dimensão de um processo revolucionário, resultante da evolução das forças produtivas no interior da sociedade colonial e de uma luta de classes entre "brasileiros, proprietários rurais" e "negociantes, representantes de interesses metropolitanos"[51]. A seu ver, a "revolução" se estendeu pela primeira metade do século XIX, abrangendo desde a chegada da Corte portuguesa, em 1808, até a definição política e institucional do Império, na década de 1850. Ao propor esse encaminhamento, Caio Prado interrogava a versão segundo a qual a Independência estava atrelada aos termos de uma oposição formal

---

[50] Caio Prado Júnior (1907-1990) era paulista e formou-se em Direito. Tornou-se um dos mais importantes intelectuais brasileiros do século XX, contribuindo para a formulação de interpretações originais, pautadas no estudo do marxismo e do materialismo dialético. Deixou extensa obra como político, escritor e historiador, entre as quais se destacam *Evolução política do Brasil*, já mencionada, e *Formação do Brasil Contemporâneo*. São Paulo: Brasiliense, 1942. Costa, "A Independência na historiografia brasileira", cit., p. 76-81.

[51] Caio Prado procurou delinear as linhas mestras da "evolução" do Brasil, sublinhando a dimensão mercantil do empreendimento colonizador e os modos pelos quais esse desígnio determinou a exploração da terra, a dominação sobre as populações indígenas e a configuração de relações de conflito e opressão entre colonos e colonizadores desde o século XVI, caracterizando igualmente a utilização do trabalho escravo. Caio Prado Júnior, *Evolução política...*, cit., p. 7-28. Importa realçar que, ao estudar a Independência, Caio Prado lidou com diferenciado jogo de escalas: em Evolução política o foco foi o tempo curto das lutas políticas, prevalecendo o caráter de ruptura do movimento de superação da condição colonial; mas na obra *Formação do Brasil Contemporâneo* é a longa duração que emerge, discutindo-se a prevalência de práticas sociais, econômicas e culturais que remetiam ao passado colonial. Costa, "A Independência na historiografia...", pp. 76-81; Oliveira, *A astúcia liberal...*, cit., p. 41-47.

entre colônia e metrópole, atentando para os conflitos sociais do período, cuja origem encontrava-se nas transformações que haviam se operado na economia e na sociedade coloniais entre os séculos XVII e XVIII. Desse momento teriam resultado a emergência de violentos confrontos de interesses entre "nacionais e lusitanos", embate este que seria a contradição fundamental geradora da "emancipação", vocábulo que sugere o entendimento do autor na direção de que a "revolução da Independência" conseguira garantir a autonomia política, mas não chegara às últimas consequências em termos da destruição das heranças coloniais.

Ao mesmo tempo em que reconhece o peso da vinda da Corte portuguesa na definição do processo político nos inícios do século XIX, Caio Prado chamou a atenção para o fato de que 1808 não seria apenas marco da Independência, mas episódio que provocou o descontentamento de comerciantes portugueses vinculados ao regime colonial, ensejando a Revolução de 1820 e as tentativas de "recondução do Brasil à condição de colônia". A despeito de preservar um enredo formulado desde Silva Lisboa e atrelado à memória que D. Pedro desejava resguardar, diferentemente dos historiadores que precederam e de modo inédito, Caio Prado destacou as repercussões da Revolução do Porto no interior da sociedade colonial. Em sua argumentação, o movimento constitucional motivou, no Brasil, o desencadeamento de contradições e manifestações sociais, fazendo com que as "massas" se insurgissem contra a ordem estabelecida. Ressaltou a heterogeneidade das reivindicações bem como a atuação de três grandes forças políticas: os "reacionários", defensores do passado colonial; as "classes superiores" da colônia que buscavam consolidar posições alcançadas durante o governo de D. João no Brasil; e as "forças populares" que almejavam libertação econômica e social. Mas, o predomínio político do chamado "partido brasileiro" freou o ímpeto da "revolução da Independência", quebrando-se o "jugo colonial" sem que as estruturas econômico-sociais fossem atingidas. O movimento caracterizou-se, assim, mais como um "arranjo político", uma "transferência pacífica de poderes da metrópole para o governo brasileiro" do que uma ruptura semelhante à provocada pela "burguesia" na Europa contra o regime absolutista. Valorizou, entretanto, o modo como a "classe proprietária brasileira" valeu-se do ideário liberal para defender seus propósitos, apesar de frisar a incompatibilidade entre a situação no Brasil e nas nações europeias.

Trabalhando em perspectiva temporal mais longa, retomou argumentos de Armitage e de políticos liberais do século XIX para demonstrar que a "revolução" desdobrou-se em confrontos entre forças "nativistas" e "recolonizadoras" durante o Primeiro Reinado, o que provocou a Abdicação de Pedro I, passo fundamental na progressiva libertação do país dos legados da colonização. Entre os anos de 1830 e 1840, a sociedade conheceu a continuidade das "agitações populares" bem como a atuação dos liberais e "democratas" que pretendiam aprofundar o rompimento com a metrópole e o passado. Foram supostamente, porém, vencidos pela "reação conservadora" na década de 1850, o que teria obstado a concretização dos propósitos de uma "revolução burguesa liberal"[52].

A originalidade da interpretação de Caio Prado foi retomada e reelaborada por Emília Viotti da Costa, em 1968[53]. Também interpretou a Independência como uma "revolução" na qual atuaram forças "conservadoras" e "radicais", estas vinculadas às "classes populares". Para delineá-la, propôs que a análise se concentrasse nos quadros da "crise do Antigo regime" e no âmbito das lutas "liberais e nacionalistas" em curso na Europa e na América, desde os fins do século XVIII.

---

[52] Prado Júnior, *Evolução política...*, cit., p. 39-54.

[53] Emília Viotti da Costa, "Introdução ao estudo da emancipação política do Brasil", in: Carlos Guilherme Mota (org), *Brasil em Perspectiva*. 3ª. ed. São Paulo: Difel, 1971, pp. 64-125. Emilia Viotti da Costa (1928-2017) realizou sua formação acadêmica no Departamento de História da Universidade de São Paulo, onde se tornou professora em 1964. Perseguida pela ditadura militar, foi aposentada compulsoriamente em 1969, radicando-se nos EUA, na Universidade de Yale. Escreveu várias obras sobre o processo de formação política do Brasil e também sobre os sentidos da escravidão na América.

Tributária de estudos realizados notadamente por Fernando Novais[54], a autora relacionou o rompimento político entre colônia e metrópole à desorganização do "sistema colonial mercantilista" e à "transição do capitalismo comercial para o capitalismo industrial", condições históricas que demarcavam o advento do imperialismo britânico. Inscrevendo o movimento separatista em periodização ampliada que se situou entre os fins do século XVIII e as décadas iniciais do século XIX, Viotti da Costa atribuiu às chamadas Inconfidências, manifestações de rebeldia contra a dominação colonial nos anos de 1780 e 1790, o caráter de precursoras da Independência, afirmando que desde antes de 1808 evidenciavam-se interesses contraditórios entre colonos, negociantes metropolitanos e governo português. A transformação da colônia em sede da monarquia e as ambiguidades da política adotada por D. João no Brasil só fizeram agravar descontentamentos e oposições entre produtores e comerciantes brasileiros e portugueses, aos quais se aliaram reivindicações de comerciantes estrangeiros.

Esses descontentamentos provocaram o desenvolvimento de ideias liberais tanto na colônia quanto na metrópole e o crescimento no número de proprietários e negociantes que defendiam formas representativas de governo, colocando-se em xeque a possibilidade de uma monarquia dual e, principalmente, a continuidade dos vínculos entre Brasil e Portugal. A revolução de 1820 e as pretensões supostamente "recolonizadoras" das Cortes apressaram o desfecho do processo. Segundo a autora, o "grupo conservador" no Brasil, vinculado às "classes agrárias" capitaneou as decisões, fazendo com que a "revolução" apresentasse limites muito precisos: definida a "emancipação" da metrópole, foram mantidas as "estruturas coloniais" e a monarquia constitucional apresentou uma "fachada liberal", desvinculada, no entanto, da realidade e das reivindicações libertárias das "massas populares". Nesse sentido, Viotti da Costa aprofundou as

---

[54] Fernando Novais, *Brasil e Portugal na crise do antigo sistema colonial, 1777-1808*. São Paulo: Hucitec, 1979.

incompatibilidades entre o liberalismo e a "estrutura" da sociedade colonial, particularmente a escravidão, já esboçadas por Caio Prado e por outros intérpretes da formação histórica do Brasil[55]. Dessa forma, novamente aqui a interpretação ressalta a incompletude da "revolução liberal", associando Independência e "emancipação", pois as heranças coloniais não teriam sido efetivamente superadas pelos políticos e "classes" que construíram o Império.

Pouco tempo depois, também Maria Odila da Silva Dias encontrou em Caio Prado referências importantes para formular uma compreensão original sobre a Independência e a fundação do Império no Brasil, contraditando, entretanto, muitos dos pontos sublinhados por Viotti da Costa[56]. Amparou-se, igualmente, em reflexões de Sérgio Buarque de Holanda, em Varnhagen, em Pereira da Silva e em seus próprios estudos sobre o imperialismo inglês[57]. Indicando o matizado quadro no qual se inscreveu a Independência e considerando esquemática demais a associação entre "emancipação", "interesses de classes agrárias" e pressões comerciais britânicas, propôs uma abordagem diferenciada da sociedade colonial e daquele momento histórico. Além de sugerir o abandono da tradicional imagem de um confronto entre colônia e metrópole, questionou tanto o apego ao episódio de

---

[55] Bresciani, "Identidades inconclusas no Brasil do século XX...", cit., pp. 399-426; Marson & Oliveira, "Introdução", in: *Monarquia, liberalismo e negócios no Brasil...*, cit., p. 9-33.

[56] Maria Odila da Silva Dias, "A interiorização da metrópole, 1808-1853", in: Carlos Guilherme Mota (org), *1822: dimensões*. São Paulo: Perspectiva, 1972, pp. 160-184. Maria Odila da Silva Dias é atualmente professora aposentada, mas continua mantendo atividades acadêmicas. Formou-se no Departamento de História da Universidade de São Paulo, onde defendeu dissertação de mestrado e tese de doutorado. Realizou estágios de aperfeiçoamento nos Estados Unidos e na Inglaterra, debruçando-se sobre a formação histórica e política do Brasil e sobre aspectos específicos da sociedade brasileira, notadamente a respeito da inserção das mulheres no mundo do trabalho.

[57] Maria Odila da Silva Dias, *O fardo do homem branco. Southey, historiador do Brasil. Um estudo dos valores ideológicos do Império do comércio livre*. São Paulo: Nacional, 1974.

7 de setembro de 1822 quanto o atrelamento do movimento a um processo revolucionário e nacionalista.

A seu ver, seria necessário investir na análise da "transição da colônia ao Império", trabalhando-se com a longa duração – o período entre 1808 e 1853 – no âmbito das relações entre a vinda da Corte para o Rio de Janeiro, a fundação de um Império português na América e a expansão mercantil britânica no Atlântico sul. Ponto de inflexão, 1808 teria assinalado a ruptura entre Brasil e Portugal e, simultaneamente, o recrudescimento da presença portuguesa e a implantação de movimento interno de colonização, evidenciado durante o governo joanino e continuado nas décadas seguintes[58]. Essa circunstância peculiar seria um demonstrativo das articulações entre "classes dominantes nativas" e "portugueses emigrados" na direção de um novo Império, configurando-se formas de acomodação e integração entre esses grupos, disso resultando uma "coesão das classes dominantes" em torno do governo monárquico. A outra face dessa composição social teria sido o agravamento dos confrontos e da competição entre "portugueses do Reino" e "portugueses do Brasil". Para Dias, a "história da emancipação política" em termos da separação de Portugal estaria diretamente relacionada a esse embate e seria uma questão "doméstica" do Reino europeu, expressa de modo contundente na Revolução de 1820.

A despeito de voltar-se para as repercussões da revolução portuguesa na sociedade colonial, chamando a atenção para uma maior visibilidade das tensões sociais e raciais, a autora fixou-se na "reação conservadora das elites" frente ao movimento em Portugal e a densidade das contradições sociais no Brasil. A seu ver, a minoria privilegiada "não desejava a separação", aspecto frisado por Pedro I,

---

[58] Ilmar R. de Mattos também compartilhou o entendimento de que a configuração do Império poderia ser interpretada como uma "expansão para dentro" ensejada, desde 1808, pela reorganização da corte portuguesa no Rio de Janeiro. Ver: Ilmar R. de Mattos, "Construtores e herdeiros: a trama de interesses na construção da unidade política", *Almanack Brasiliense*, n. 1, 2005, pp. 8-26.

em 1823, e por Pereira da Silva, na década de 1860. Aceitou-a perante as ações das Cortes em Lisboa e, nesse entendimento, a atuação dos "constitucionalistas" no Brasil não teria o peso que a historiografia geralmente concede a eles. A declaração de 1822 não só seria "reacionária" e "absolutista" como não teria interferido na conformação do Império, em andamento desde 1808, e intrinsecamente vinculada ao "enraizamento dos interesses portugueses" no Brasil e à "interiorização da metrópole". Por meio desse encaminhamento, a argumentação de Dias deslocou o debate histórico e historiográfico do episódio da separação de Portugal para as repercussões de longo prazo provocadas pela presença da Corte portuguesa no Rio de Janeiro, associando a gênese da nacionalidade à "interiorização da metrópole" e à ação de "portugueses adventícios". O que, em outras palavras, diferenciava o processo em curso no Brasil dos movimentos independentistas das demais colônias americanas e reiterava a compreensão do "atraso" da sociedade e da impossibilidade do pensamento liberal encontrar ressonâncias que ultrapassassem a dimensão de mero aparato[59].

Irredutíveis umas às outras, as interpretações sobre a Independência que procurei pontuar não se esgotam nos aspectos aqui retratados, além do que foram engendradas em momentos históricos particulares e por interrogações pautadas pela historicidade de sua produção. No entanto, argumentações tão diversas não se justificariam apenas a partir desse reconhecimento. Caberia perguntar, também, se o fundamento dessas divergências não estaria na própria complexidade do momento em que a Independência do Brasil se configurou, assim como na matização das falas, posições, lutas e memórias que os protagonistas registraram. "Como compreender que a Independência tenha sido, concomitantemente, uma 'revolução liberal', uma 'transição pacífica', um 'desquite amigável' e uma 'reação conservadora'

---

[59] Oliveira, *A astúcia liberal*..., cit., pp. 50-53; Costa, "A Independência na historiografia brasileira", cit., pp. 96-98.

senão através de circunstâncias intrincadas que permitiram múltiplas leituras e versões?"[60].

Para Maria de Lourdes Vianna Lyra, as ambiguidades e as contradições historiográficas que cercam o tema demandam a desmistificação da data de 7 de setembro, a compreensão da inexistência de uma unidade político-administrativa no período colonial, e a investigação dos conflitos de interesse que, entre os fins do século XVIII e o início do século XIX, ora opunham ora aproximavam os segmentos proprietários e mercantis radicados nas duas partes principais em que se dividia a monarquia portuguesa. A essas questões deveria ser acrescentada uma outra, talvez uma das mais importantes, qual seja, a problematização da premissa de que haveria, na América portuguesa, do início do século XIX, um só projeto de Brasil, pautado na separação de Portugal e na formação de um Estado imperial[61]. Como observado no próximo item, todos esses questionamentos vêm sendo debatidos desde os anos de 1990.

Perspectivas contemporâneas e ampliação dos campos de investigação

"O passado não é livre. Ele é regido, gerido, preservado, explicado, contado, comemorado ou odiado. Quer seja celebrado ou ocultado, permanece uma questão fundamental do presente. Por esse passado, normalmente distante, mais ou menos imaginado, estamos prontos para lutar.... nós o apagamos, esquecemos, remetemos à frente de outros episódios, voltamos, reescrevemos a história"[62].

As interpretações sobre a Independência do Brasil, legadas pela historiografia produzida entre o século XIX e meados do século XX,

---

[60] Oliveira, *A astúcia liberal...*, cit., p. 59.
[61] Lyra, "História e historiografia...", cit., p. 124-127.
[62] Régine Robin, *A memória saturada*. Trad. C. Dias & G. Costa. Campinas: Ed. da Unicamp, 2016, p. 31.

sofreram transformações profundas nos últimos trinta anos[63]. Em concomitância à produção acadêmica resultante de trabalhos de investigação desenvolvidos no âmbito de programas de pós-graduação em História espalhados pelo país[64], organizaram-se grupos de pesquisa, a exemplo daquele que foi coordenado por István Jancsó na década de 2000[65], que, reunindo estudiosos de diferentes instituições, contribuíram enormemente para ampliar, sofisticar e tornar mais complexas as interrogações lançadas sobre aquele período histórico. Ao lado da extensa exploração de fontes primárias, tem-se verificado a adoção de orientações teóricas que repensaram a supremacia do "econômico", a separação entre práticas políticas, relações sociais e cultura, e, sobretudo, os esquemas de explicação presididos por oposi-

---

[63] As considerações aqui apresentadas resultaram de dois estudos anteriores: Marson & Oliveira, "Introdução", cit., pp. 9-33; e Cecília Helena de Salles Oliveira, "Independência e revolução: temas da política, da história e da cultura visual", *Almanack*, n. 25, 2020.

[64] Consultar, além das obras já citadas neste artigo, Lúcia Maria Paschoal Guimarães & Maria Emília Prado (org), *O liberalismo no Brasil Imperial*. Rio de Janeiro: Revan/UERJ, 2001; José Murilo de Carvalho (org), *Nação e cidadania no Império: novos horizontes*. Rio de Janeiro: Civilização Brasileira, 2007; Gladys Sabina Ribeiro (org), *Brasileiros e cidadãos: modernidade política, 1822/1930*. São Paulo: Alameda, 2008.

[65] Trata-se do Projeto Temático: *A fundação do Estado e da Nação brasileiros, 1750/1850*. São Paulo: FAPESP/Universidade de São Paulo (IEB/MP)/Universidade Federal de São Paulo, 2000/2008. A proposta do projeto foi inspirada em discussões levantadas, principalmente, pelo artigo "Peças de um mosaico (ou apontamentos para o estudo da emergência da identidade nacional brasileira", por István Jancsó & João Paulo Pimenta, e publicado na *Revista de História das Ideias*, da Universidade de Coimbra, v. 21, 2000, pp. 389-440. Desse trabalho coletivo resultaram, entre outras, as coletâneas: István Jancsó (org), *Brasil: formação do Estado e da nação...*; István Jancsó (org), *Independência: história e historiografia...*; Cecilia Helena de Salles Oliveira; Vera Lucia Nagib Bittencourt & Wilma Peres Costa (org), *Soberania e conflito: configurações do Estado Nacional no Brasil do século XIX*. São Paulo: Hucitec/FAPESP, 2010, e o livro: Márcia Berbel; Rafael Marquese & Tâmis Parron, *Escravidão e política. Brasil-Cuba, 1790/1850*. São Paulo: Hucitec/FAPESP, 2010.

ções binárias, a exemplo de dominados x dominadores e colônias x metrópoles.

No estágio atual dos conhecimentos, a Independência do Brasil despregou-se da "História-memória nacional" que a articulava a episódios recortados – como a proclamação de 7 de setembro de 1822 –, a personagens e situações fragmentadas e, particularmente, a uma compreensão restritiva dos processos em curso no início do século XIX, pois estava associada ao marco cronológico e simbólico de uma "emancipação", transcorrida entre 1808 e 1822, que pouco ou quase nada parecia representar para a sociedade e a política à época.

Apesar da diversidade metodológica e temática das contribuições mais recentes de historiadores que se dedicam ao período, é possível identificar alguns pressupostos de análise que balizam conhecimentos acumulados desde, pelo menos, os anos de 1980 e 1990.

Adquiriram relevância pesquisas que discutiram a emergência e desdobramento de projetos políticos e de poder distintos da proposta de monarquia constitucional, identificando-se que, tanto a opção monárquica quanto a construção de um Império na América, impuseram-se a outras alternativas sem que estas deixassem de mobilizar segmentos da sociedade nos anos de 1820 e 1830[66]. Explorando e divulgando

---

[66] Consultar, entre outros: Marcello Basile, *Ezequiel Correa dos Santos: um jacobino na Corte do Rio de Janeiro*. Rio de Janeiro: FGV, 2001; Marcello Basile, *O império em construção: projetos de Brasil e ação política na Corte regencial*. Rio de Janeiro: UFRJ, 2004 (tese); Silvia Carla Pereira de Brito Fonseca, *A ideia de República no Império do Brasil: Rio de Janeiro e Pernambuco, 1824/1834*. Rio de Janeiro: UFRJ, 2004 (tese); Carlos Eduardo França de Oliveira, *Construtores do Império, defensores da província: São Paulo e Minas Gerais na formação do Estado nacional e de poderes locais, 1824/1834*. Porto Alegre: ANPUH/Editora PUCRS, 2017; Walquíria de Rezende Tofanelli Alves, *Expectativas para a "nação portuguesa" no contexto da Independência: o projeto de Joaquim José da Silva Maia, 1821/1823*. Campinas: Unicamp, 2018 (mestrado). Marisa Saenz Leme, *Monopólios fiscal e da violência nos projetos de Estado no Brasil independente: um contraponto entre imprensa "liberal radical" e "liberal moderada"*. Franca: UNESP, 2020 (livre docência).

coleções documentais de natureza variada, a exemplo de periódicos, publicações avulsas, correspondência oficial e particular, decisões de governo no Rio de Janeiro e nas demais províncias, inúmeros estudos revelaram um espectro de propostas políticas complexo, nuançado e enraizado em diferentes segmentos da sociedade colonial, rompendo-se com a interpretação de que, à época, as relações sociais estavam pautadas em oposições binárias simplificadoras da própria dinâmica interna àquela sociedade[67]. Concomitantemente à evidenciação e análise de projetos políticos e sua repercussão, o foco das atenções se deslocou da Corte do Rio de Janeiro para outras cidades e províncias, o que ensejou a compreensão espaço-territorial de manifestações e reivindicações que, por muito tempo, haviam ficado submetidas a um olhar fixado no Rio de Janeiro, como se a Corte e a cidade que a abrigava pudessem expressar a diversidade e multiplicidade de circunstâncias que se verificaram, por exemplo, em Belém, em Salvador, no Rio Grande de São Pedro ou mesmo nas regiões de Montevidéu e Buenos Aires[68].

O reconhecimento de que a Independência foi resultante de lutas políticas e do embate entre projetos simultâneos – muito embora divergentes no tocante à construção da nação e das instâncias de poder – adveio, também, do desenvolvimento de investigações que, ao invés de privilegiarem o lugar do Estado e de sua organização, se voltaram para a produção econômica, as relações de trabalho e, notadamente,

---

[67] Ver, entre outros, os artigos da coleção *O Brasil Imperial*, organizada por Keila Grinberg e Ricardo Salles, já citada; Lúcia Maria Bastos Pereira das Neves, *Corcundas e constitucionais. A cultura política da Independência, 1820/1822*. Rio de Janeiro: Revan/FAPERJ, 2003; Marco Morel, *As transformações dos espaços públicos. Imprensa, atores políticos e sociabilidades na cidade imperial, 1820/1840*. São Paulo: HUCITEC, 2005.

[68] Consultar, entre outros: os artigos da coletânea *Soberania e Conflito*, já mencionada; João Paulo Pimenta, *A Independência do Brasil e a experiência hispano-americana, 1808/1822*. São Paulo: Hucitec, 2015; e João Paulo Pimenta, *Tempos e espaços das Independências. A inserção do Brasil no mundo ocidental, 1780/1830*. São Paulo: Intermeios/ PPGHS-USP, 2017.

para a produção e irradiação da cultura e da cultura política[69]. Menção especial merecem estudos e reflexões que, questionando profundamente o "atraso" e os aparentes desajustes entre a sociedade colonial e a configuração das relações de mercado, indicaram, ao contrário, a compatibilidade entre liberalismo e escravidão e o peso da chamada "segunda escravidão" no movimento de expansão da produção cafeeira no centro-sul e da produção açucareira no nordeste, polos de sustentação de grupos políticos e de pressão que acabaram por dirigir a configuração do Império e da monarquia nas primeiras décadas do século XIX[70].

Cabe destacar, ainda, na formulação do campo de conhecimentos e pressupostos em que se situam atualmente as análises sobre a Independência, os estudos sobre o universo cultural e conceitual compartilhado pelos protagonistas da separação de Portugal e da organização do Império. O leque de trabalhos que abordaram a imprensa da época e outras formas de manifestação literária e artística, a exemplo das obras editadas pela Tipografia Régia durante o governo de D. João VI e da produção da Academia de Belas Artes, trouxe ao debate concepções e formas de entendimento que mostraram ampla circulação e apropriação de ideias de um lado e outro do Atlântico, bem como a difusão de referenciais de pensamento e ação políticos

---

[69] Ver, entre outros: João Feres Júnior (org), *Léxico da história dos conceitos políticos no Brasil*. Belo Horizonte: UFMG, 2009; Manoel Luiz Salgado Guimarães, *Historiografia e nação no Brasil, 1837/1857*. Rio de Janeiro: EDUERJ, 2011; Marco Morel & Tânia Maria Bessone Ferreira (org), *História e imprensa: representações culturais e práticas de poder*. Rio de Janeiro: DP&A/FAPERJ, 2006; Paulo Knauss, Maria Fernanda Bicalho [et al.], *Cultura política, memória e historiografia*. Rio de Janeiro: Editora da FGV, 2009; Martha Abreu; Raquel Soihet & Rebeca Gontijo (org), *Cultura política e leituras do passado: historiografia e ensino de História*. Rio de Janeiro: Civilização Brasileira/FAPERJ, 2007.

[70] Sobre o tema, consultar, entre outras, as obras de: Maria Sylvia de Carvalho Franco, *Homens livres na ordem escravocrata*. São Paulo: IEB/USP, 1968; Dale Tomich, *Pelo prisma da escravidão*. São Paulo: EDUSP, 2011; Rafael de Bivar Marquese & Ricardo Salles (orgs), *Escravidão e capitalismo histórico no século XIX: Cuba, Brasil e Estados Unidos*. Rio de Janeiro: Civilização Brasileira, 2016.

que encontravam no restante da América seus focos principais. Também nesse âmbito o que os estudos mais recentes indicam é o oposto de possíveis incompatibilidades. As personagens que atuaram naquele período usaram, transformaram e reinterpretaram – segundo interesses, necessidades imediatas e projetos de longo prazo – argumentos, metáforas e premissas constitutivas dos discursos e narrativas da época, e que conformavam, tanto no continente europeu quanto no americano, experiências inéditas de definição e funcionamento de governos constitucionais e representativos[71].

Nesse sentido, a desvinculação da Independência a um evento singular, possibilitou a recuperação de sua dimensão como tema da política, tratado exaustivamente no âmbito das diferentes partes constitutivas do então Império português, sobretudo a partir da segunda metade do século XVIII[72]. Além disso, ganhou força a compreensão da impossibilidade de investigar a Independência fora dos horizontes das revoluções liberais que ocorreram no final do século XVIII e no século XIX tanto na Europa quanto na América[73]. Vale dizer, o

---

[71] Consultar, entre outras, a coletânea *Monarquia, liberalismo e negócios no Brasil, 1780/1860*, já citada; Wilma Peres Costa, "Entre tempos e mundos: Chateaubriand e a outra América", *Almanack*, v. 11, 2010, pp. 1-21; Silvana Mota Barbosa [et al] (org), *Estudos de história e política no segundo reinado*. Juiz de Fora: Clio, 2018; Silvana Mota Barbosa, Alexandre Barata & Maria Fernanda Martins (orgs), *Dos poderes do Império: cultura política, redes sociais e relações de poder no Brasil do século XIX*. Juiz de Fora: Editora da Universidade Federal de Juiz de Fora, 2014; Andrea Slemian, *Sob o império das leis*. São Paulo: Hucitec, 2009.

[72] Consultar, especialmente: Maria de Lourdes Viana Lyra, *A utopia do poderoso império*. Rio de Janeiro: Sette Letras, 1994.

[73] Consultar os artigos das coletâneas organizadas por István Jancsó, já mencionadas, bem como: François-Xavier Guerra. *Modernidad e Independencias. Ensayos sobre las revoluciones hispánicas*. Madrid: Mapfre, 1992; José Carlos Chiariamonte, *Nación y estado em Iberoamerica. El linguaje politico en tiempos de las Independencias*. Buenos Aires: Sudamericana, 2004; João Paulo Pimenta, "A Independência do Brasil como revolução: história e atualidade de um tema clássico", *História da Historiografia*, 3, 2009, pp. 53-82; Marson & Oliveira, "Introdução", cit., p. 9-36.

movimento separatista integra os processos políticos, sociais e culturais que resultaram na formação das nações e dos Estados nacionais no mundo ocidental, o que não só aproxima os eventos que ocorriam na América portuguesa das demais experiências coetâneas como provoca o redimensionamento dos aspectos e problemas que os singularizaram.

Voltando ao começo, e aos entrelaçamentos entre depoimentos de época e narrativas de historiadores, uma questão que parece sempre demandar cuidado e reflexão é: por que nos tempos atuais ainda nos comovem e instigam as versões sobre a Independência? Mais do que premissas objetivas de conhecimento sobre quem somos e o percurso temporal das sociedades a que pertencemos, o que se apresenta é "a possibilidade de compreender o pensamento historiográfico, visto como testemunho engajado de sua época e interessado em redescobrir o passado, integrando-se dialeticamente com seu objeto"[74].

---

[74] Janotti, "O diálogo convergente...", cit., p. 121.

CADERNO DE IMAGENS

Jean-Baptiste Debret (1768-1848), Vista do largo do palácio, no Rio de Janeiro.
Vista geral da cidade, a partir do mar. Paris: Firmin Didot Frères, 1839
(BBM-USP, Acervo Digital. https://digital.bbm.usp.br/handle/bbm/3297)

Friedrich Salathé (1793-1858). Salvador, c.1830, detalhe
(http://www.cidade-salvador.com/seculo19/salathe.htm)

Jean-Baptiste Debret (1768-1848). Mulata a caminho do campo para as festas de Natal. Concurso escolar, na véspera de Santo Aleixo. Paris: Firmin Didot Frères, 1839 (BBM-USP, Acervo Digital. https://digital.bbm.usp.br/handle/bbm/3330)

*Johann Moritz Rugendas (1802-1858). Punições públicas: praça Santa Ana, Rio de Janeiro, c. 1827.
(https://pt.m.wikipedia.org/wiki/Ficheiro:Johann_Moritz_Rugendas_in_Brazil.jpg)*

Jean-Baptiste Debret (1768-1848). Cerimônia de coroação de D. Pedro I, Imperador do Brasil, no Rio de Janeiro, 1º de dezembro de 1822. Paris: Firmin Didot Frères, 1839 (BBM-USP, Acervo Digital. https://digital.bbm.usp.br/handle/bbm/3608)

Jean-Baptiste Debret, 1768-1848, Pano de boca executado para representação extraordinária no teatro da corte, por ocasião da coroação do Imperador D. Pedro I. Paris: Firmin Didot Frères, 1839 (BBM-USP, Acervo Digital. https://digital.bbm.usp.br/handle/bbm/3430).